Jurisdição, processo e direito
na contemporaneidade

Coordenação:

Jurisdição, processo e direito
na contemporaneidade

Daniel Ferreira (Org.)

 Rua Clara Vendramin, 58 . Mossunguê . Cep 81200-170 . Curitiba . PR . Brasil
Fone: (41) 2106-4170 . www.intersaberes.com.br . editora@editoraintersaberes.com.br

Conselho editorial Dr. Ivo José Both (presidente), Drª Elena Godoy, Dr. Neri dos Santos, Dr. Ulf Gregor Baranow • **Editora-chefe** Lindsay Azambuja • **Gerente editorial** Ariadne Nunes Wenger • **Assistente editorial** Daniela Viroli Pereira Pinto • **Preparação de originais** Letra & Língua Ltda. – ME • **Edição de texto** Letra & Língua Ltda. – ME, Guilherme Conde Moura Pereira • **Projeto gráfico** Mayra Yoshizawa • **Capa e diagramação** • Iná Trigo • **Iconografia** Regina Claudia Cruz Prestes

Dados Internacionais de Catalogação na Publicação (CIP)
(Câmara Brasileira do Livro, SP, Brasil)

Jurisdição, processo e direito na contemporaneidade/Daniel Ferreira (organizador). Curitiba: InterSaberes, Madrid: Marcial Pons, 2020.

Vários autores
Bibliografia.
ISBN 978-65-5517-830-2

1. Direito processual 2. Jurisdição 3. Processo (Direito) I. Ferreira, Daniel.

20-47877   CDU-347.9

Índices para catálogo sistemático:
1. Direito processual   347.9

Maria Alice Ferreira – Bibliotecária – CRB-8/7964

ISBN do suporte eletrônico 978-65-5517-850-0

1ª edição, 2020.
Foi feito o depósito legal.
Informamos que é de inteira responsabilidade dos autores a emissão de conceitos.
Nenhuma parte desta publicação poderá ser reproduzida por qualquer meio ou forma sem a prévia autorização da Editora InterSaberes.
A violação dos direitos autorais é crime estabelecido na Lei n. 9.610/1998 e punido pelo art. 184 do Código Penal.

 Av. Brigadeiro Faria Lima, 1462 . conj. 64/5 . Torre Sul Jardim Paulistano
CEP 01452-002 . São Paulo-SP . Fone: (11) 3192-3733 . www.marcialpons.com.br

ISBN: 978-84-9123-999-4

© MARCIAL PONS EDITORA DO BRASIL LTDA

Impresso no Brasil

Todos os direitos reservados.
Proibida a reprodução total ou parcial, por qualquer meio ou processo – Lei n. 9.610/1998.

Sumário

9 · Seção 1 – Textos dos autores estrangeiros convidados

11 · Democracia, eleições, direito eleitoral

Jorge Miranda

41 · ¿Cómo es possible la legitimidad por vía de legalidad?

Jürgen Habermas

71 · Les principes generaux du droit et la hierarchie des normes

Pierre Brunet

93 · Sistema jurídico, principios jurídicos y razón práctica

Robert Alexy

111 · Seção 2 – Textos dos autores brasileiros convidados

113 · Suprema Corte dos Estados Unidos: estrutura e estabilidade jurisdicional

Alexandre Coutinho Pagliarini
Carolina Heloisa Guchel Berri

155 · Hermenêutica constitucional e o Supremo Tribunal Federal

Carlos Mário da Silva Velloso

197 · O princípio da eficiência, para além da retórica

Daniel Ferreira

227 · Decisão administrativa: as raízes da estrutura administrativa brasileira e a matriz teórica do processo de tomada de decisões na Administração Pública

Eduardo Ramos Caron Tesserolli

257 · Os direitos sexuais e reprodutivos na ordem jurídica internacional e o Habeas Corpus 124.306 no Supremo Tribunal Federal

Estefânia Maria Queiroz Barboza
Larissa Tomazoni

287 · Congresso Nacional e tratados internacionais: o regime constitucional de 1988

Francisco Rezek

327 · Aspectos da crise mundial da democracia representativa

Manoel Gonçalves Ferreira Filho

345 · A democracia ideal e as propostas liberal e marxista-leninista: uma nota sobre a perspectiva de Hans Kelsen

Marcelo Porciuncula

373 · Quanto de direitos humanos o capitalismo suporta?

Martonio Mont'Alverne Barreto Lima

393 · Os direitos humanos podem ser genuinamente universais?

Vinicius Hsu Cleto

Prefácio

Este é mais um trabalho que resulta da parceria da Marcial Pons com a InterSaberes, a qual imprime internacionalidade ao Programa de Pós-Graduação em Direito (PPGD) do Centro Universitário Internacional Uninter, uma vez que a Editora Marcial Pons tem sede em Madri e, a partir da Espanha, expande suas atividades pela Europa e mundo afora. Tal casamento editorial ocorreu diretamente em razão da atuação do diretor-executivo da empresa espanhola, o professor-doutor Marcelo Porciuncula, a quem o Centro Universitário Internacional Uninter e a Editora InterSaberes agradecem pela sua decisiva intervenção em favor da avença.

Todo o trabalho publicado neste livro e aqui prefaciado resulta do planejamento estratégico do coordenador do PPGD Uninter, o professor-doutor Daniel Ferreira, que foi o responsável pela montagem de todo o projeto editorial, incluindo autores cujos textos guardam pertinência temática com a área de concentração e as linhas de pesquisa do Mestrado Acadêmico em Direito Uninter. Em virtude de o projeto editorial ser totalmente condizente com o que se produz cientificamente no mestrado, por seus professores e seus discentes, o título escolhido para esta publicação liga-se absolutamente bem tanto com a linha histórica do mestrado quanto com a jurisdicional; com esmero e carinho, o organizador do livro o batizou com o nome *Jurisdição, processo e direito na contemporaneidade*.

Chamará a atenção dos leitores brasileiros, espanhóis e d'alhures o fato de esta obra reunir autores do peso de – entre os estrangeiros – **Jorge Miranda, Jürgen Habermas, Pierre Brunet e Robert Alexy**, bem como de – entre os brasileiros – **Carlos Mário da Silva Velloso, Francisco Rezek, Manoel Gonçalves Ferreira Filho, Marcelo Porciuncula e Martonio Mont'Alverne Barreto Lima**. A essa "turma de peso" Daniel Ferreira teve o talento de agregar alguns de seus professores e mestrandos do PPGD, além dos que assinam este prefácio; são eles – igualmente grifados em negrito: **Carolina Heloísa Guchel Berri, Eduardo Ramos Caron Tesserolli, Estefânia Maria Queiroz Barboza, Larissa Tomazoni e Vinicius Hsu Cleto**.

É evidente que os professores e alunos do PPGD Uninter escreveram textos que são "a cara" do mestrado. Todavia, o que leva este livro a ser forte candidato às mais altas qualificações da Capes é o fato de que também escreveram sobre os assuntos do mestrado autores do quilate de Jorge Miranda, Jürgen Habermas, Pierre Brunet, Robert Alexy, Carlos Mário da Silva Velloso, Francisco Rezek, Manoel Gonçalves Ferreira Filho, Marcelo Porciuncula e Martonio Mont'Alverne Barreto Lima. Isso significa o seguinte: o Centro Universitário Internacional Uninter oferta um dos melhores Cursos de Mestrado Acadêmico em Direito do Brasil, visto que, devidamente internacionalizado, oferece ao mundo luso-hispânico um Habermas, um Brunet... Logo, qualquer um que manusear este livro e quiser citar alguns de seus iconográficos autores terá de referenciar a Marcial Pons, a InterSaberes e Daniel Ferreira.

Eis uma contribuição de peso, e o peso é internacional...

Curitiba, inverno de 2020.

O professor e a aluna do Mestrado Acadêmico em Direito Uninter:

Alexandre Coutinho Pagliarini
Amanda Viega Spaller

Seção 1

*Textos dos autores estrangeiros
convidados*

Jorge Miranda
Jürgen Habermas
Pierre Brunet
Robert Alexy

Democracia, eleições, direito eleitoral[i]

Democracia, elecciones, derecho electoral

Democracy, elections, electoral law

---

i   Artigo anteriormente publicado pela Editora InterSaberes *In*: PAGLIARINI, A. C.; CLETO, V. H. **Direito e jurisdições**: interna e internacional. Curitiba, 2018. p. 65-100.

Jorge Miranda

Professor catedrático jubilado da Faculdade de Direito da Universidade de Lisboa. Professor catedrático da Faculdade de Direito da Universidade Católica Portuguesa.

Resumo: Trata-se de Conferência proferida no Instituto Fevereiro Leite, do Recife, em 1º de Junho de 2012. São abordadas noções essenciais da democracia, como representação, soberania popular, princípio da maioria, Estado de Direito, eleições e princípios constitucionais.

Palavras-chave: Democracia. Eleições. Direito Eleitoral.

Resumen: Esta es una conferencia dada en el Instituto Fevereiro Leite, Recife, el 1 de junio de 2012. Se abordan nociones esenciales de democracia, tales como representación, soberanía popular, principio de mayoría, estado de derecho, elecciones y principios constitucionales.

Palabras clave: Democracia. Elecciones. Ley Electoral.

Abstract: This article is based upon a Conference which was hosted by the Fevereiro Leite Institute, in Recife, on June, the 1st, 2012. Essential notions related to democracy are approached, such as representation, popular sovereignty, the majority principle, Rule of Law, elections, and constitutional principles.

Keywords: Democracy. Elections. Electoral Law.

Sumário: 1. Democracia e soberania do povo. 2. Democracia e princípio representativo. 3. Representação e eleição política. 4. Princípio democrático e Estado de Direito. 5. Os valores da democracia. 6. O princípio da maioria. 7. A eleição, ato jurídico. 8. Eleição e procedimento. 9. Eleições e contencioso eleitoral. 10. O Direito Eleitoral político, segmento do Direito Constitucional. 11. Os princípios constitucionais.

Sumario: *1. Democracia y soberanía del pueblo. 2. Democracia y principio representativo. 3. Representación y elección política. 4. Principio democrático y estado de derecho. 5. Los valores de la democracia. 6. El principio de la mayoría. 7. La elección, acto jurídico. 8. Elección y procedimiento. 9. Elecciones y litigios electorales. 10. Derecho Electoral Político, segmento de Derecho Constitucional. 11. Los principios constitucionales.*

Summary: *1. Democracy and people's sovereignty. 2. Democracy and the representative principle. 3. Representation and political election. 4. Democratic principle and Rule of Law. 5. The democratic values. 6. The majority principle. 7. Election, a juridical act. 8. Election and procedure. 9. Elections and electoral dispute. 10. Political Electoral Law, a Constitutional Law's segment. 11. Constitutional principles.*

1
Democracia e soberania do povo

I – Por democracia entende-se a forma de governo em que o poder é atribuído ao povo, à totalidade dos cidadãos (quer dizer dos membros da comunidade política) e em que é exercido de harmonia com a vontade expressa pelo povo, nos termos constitucionalmente prescritos.

Não é simples titularidade do poder no povo ou reconhecimento ao povo da origem ou da base da soberania. Não basta declarar que o poder em abstrato pertence de raiz ao povo ou que vem de Deus *per populum* (como defenderam Autores medievais). Nem que o poder constituinte, a aprovação da Constituição positiva, compete ao povo, ficando os poderes constituídos para os governantes.

Democracia exige exercício do poder pelo povo, pelos cidadãos, em conjunto com os governantes; e esse exercício deve ser atual, e não potencial, deve traduzir a capacidade dos cidadãos de formarem uma vontade política autónoma perante os governantes. Democracia significa que a vontade do povo, quando manifestada nas formas constitucionais, deve ser o critério de ação dos governantes.

II – Numa análise puramente normativa, sem dúvida o poder, a soberania não pode ser senão um poder do Estado, tal como (mas por maioria de razão) o povo e o território só são povo e território dentro do Estado. O poder não se identifica com o Estado, mas somente o Estado tem poder, soberania, jurisdição (soberania ou jurisdição pessoal e territorial).

A doutrina clássica alemã da soberania do Estado continua válida, desde que assim entendida: a soberania é do Estado como entidade jurídica global e complexa, e não dos órgãos do Estado, nem dos titulares dos órgãos, nem do povo, porque ligá-la aos órgãos – meros centros institucionalizados de formação da vontade – ou aos governantes ou aos governados – pessoas atomisticamente consideradas – significaria fracioná-la em visão unilateral.

A soberania surge como um feixe de faculdades ou direitos que o Estado exerce relativamente a todos as as pessoas singulares e coletivas de Direito público e privado existentes dentro do seu ordenamento jurídico. A definição das condições dessas pessoas, a atribuição da capacidade de direitos, a imposição de deveres e de sujeições, eis então algumas das manifestações do poder político.

O povo não é, porém, objeto da soberania. Configurado o Estado como pessoa coletiva, o povo ou coletividade de cidadãos tem de ser, antes, o substrato de tal pessoa jurídica. Apenas cada pessoa ou cada uma das instituições em que se incorporam podem ser objeto de direitos compreendidos na soberania ou, mais rigorosamente, sujeitos de relações jurídicas com o Estado.

III – O que acaba de ser recordado não esgota o exame do poder no Estado, porquanto logo se vê que é imprescindível definir as posições relativas dos governantes e do povo perante ele.

O ponto de clivagem fundamental de todas as formas de governo está nisto. Ou os governantes (certa ou certas pessoas) governam em nome próprio, por virtude de um direito que lhes é reservado, sem nenhuma interferência das restantes pessoas na sua escolha ou nos seus atos de governantes. Ou os governantes governam em nome do povo, por virtude de uma investidura que a Constituição estabelece a partir do povo, e o povo tem a possibilidade de manifestar uma vontade jurídica e politicamente eficaz sobre eles e sobre a atividade que conduzem.

No primeiro caso, estamos diante de autocracia (com diferentes concretizações históricas, a que correspondem também diversas formas de governo). No segundo caso, diante da democracia.

Poderá talvez atalhar-se que essa distinção não deixa de ser excessivamente formal. A objeção, porém, não procede, pois para qualificar qualquer regime político não basta ler as proclamações constitucionais, importa confrontá-las com as consequências que o Direito, decretado e vivido, extrai delas; e se se recorrer a uma investigação interdisciplinar para se procurar o suporte real do poder (Chefe do Estado, Parlamento, Executivo, órgãos formais ou partidos, governantes ou classes dominantes, etc.), haverá sempre aí que concluir pela coincidência ou não do efetivo exercício do poder com o título jurídico da sua atribuição ou não ao povo.

2
Democracia e princípio representativo

I – Nos Estados modernos, a democracia está umbilicalmente ligada à ideia de representação política. Uma democracia direta, como a ateniense ou a de pequenos cantões suíços, seria inviável em Estados com milhões de cidadãos, em territórios mais ou menos extensos e que têm de trabalhar para viver (ao contrário dos 25.000 cidadãos da antiga Atenas).

A doutrina da representação política foi elaborada, como se sabe, quase ao mesmo tempo pela doutrina política inglesa (com Locke e Burke) e pela francesa (desde Montesquieu a Sieyès e a B. Constant). Vale a pena recordar os elementos mais significativos do pensamento desses autores, com os seus matizes específicos.

O Parlamento – diz Burke (*Discurso aos eleitores de Bristol*, em 1777) – não é um congresso de embaixadores de interesses diferentes e hostis, interesses que cada um tem de sustentar como representante e advogado contra outros representantes e advogados. O Parlamento é, sim, uma assembleia deliberativa de uma única nação, com um só interesse, o do todo, e que deve guiar-se não pelos interesses locais, mas pelo bem geral, resultado da razão geral do todo.

Montesquieu ocupa-se da representação política no mesmo célebre capítulo de *De l'Esprit des Lois* (o VI do livro XI, aparentemente votado à Constituição da Inglaterra), em que formula a separação dos poderes. "Como, num Estado livre, qualquer homem que se repute dotado de uma alma livre, deve ser governado por si mesmo, o povo deveria ter em si mesmo o poder legislativo. Mas, como isso é impossível nos grandes Estados e oferece muitos inconvenientes nos pequenos, é preciso que o povo faça, pelos seus representantes, tudo aquilo que não pode fazer por si próprio".

Na véspera da Revolução Francesa, Sieyès (*Qu'estce que le tiers état?*) apela para a representação política para justificar a transformação dos Estados Gerais em Assembleia Constituinte, defende um governo exercido por procuradores do povo e distingue entre aquilo a que chama a "vontade comum real" e aquilo a que chama a "vontade comum representativa". Esta, a vontade comum representativa, não é uma plena vontade, não é uma vontade ilimitada, é uma porção da grande vontade comum nacional, em que os delegados agem não por direito próprio, mas por direito de outrem.

Cite-se ainda o que escreve Benjamin Constant em 1815 (*De la liberté des anciens comparée à celle des modernes*): "É necessário que tenhamos liberdade, e têlaemos". Mas como a liberdade de que precisamos é diferente da dos antigos, é preciso, para essa liberdade, outra forma de organização política, que não seja a mesma que os antigos adotaram. Na forma antiga, quanto mais o homem consagrasse o seu tempo ou a sua força ao exercício dos seus direitos políticos, mais ele se julgava livre. Na espécie de liberdade dos modernos, mais o exercício dos nossos direitos políticos nos deixa tempo para o exercício dos nossos direitos privados, mais essa liberdade nos é preciosa. E daí, a necessidade do sistema representativo, que não é outra coisa senão uma organização com a ajuda da qual uma nação descarrega nalguns indivíduos dela mesma aquilo que ela não pode fazer por si só.

"Os pobres tomam conta dos seus próprios negócios; os ricos tomam intendentes. É a História das nações modernas. O sistema representativo é uma procuração dada a um certo número de homens pela massa do povo que quer que os seus interesses sejam por eles defendidos".

II – Em contrapartida, são bem conhecidas as observações de Rousseau (*Du Contrat Social*, livro III, cap. XVI) contra a representação:

> *A soberania não pode ser representada pela mesma razão por que ela não pode ser alienada: ela consiste essencialmente na vontade geral, e a vontade não se representa; ela é a mesma ou é outra, não há meio termo. Os deputados do povo não são, portanto, e não podem ser seus representantes; eles apenas são seus comissários, e não podem, por si, concluir nada definitivamente. Toda a lei que o povo em pessoa não ratifique é nula; não é lei. O povo inglês pensa ser livre, mas engana-se; só o é durante a eleição dos membros do Parlamento; e logo que estes são eleitos, fica sendo escravo, não é nada. Nos curtos momentos da sua liberdade, usa-a de tal modo que merece perdê-la.*

E mais adiante: "Não sendo a lei senão a declaração da vontade geral, é claro que no poder legislativo o povo não pode ser representado; mas pode e deve sê-lo no poder executivo, que é apenas a face aplicada da lei".

Rousseau ligava as ideias de representação ao feudalismo, pois nas antigas repúblicas ela não existia, e propugnava um sistema que possa reunir "a autoridade exterior de um grande povo com a polícia adequada e a boa ordem de um pequeno Estado" (tal viria a ser a forma de governo democrático radical ou comissarial da Constituição jacobina francesa de 1793).

III – Seria a tese do governo representativo, e não de governo comissarial, que vingaria com as grandes revoluções do século XVIII e XIX e que iria triunfar – embora nunca definitivamente – nos séculos XX e XXI.

E é o seu princípio que consta do art. 21º, nº 1, da Declaração Universal dos Direitos do Homem, ao estabelecer que toda a pessoa tem o direito de tomar parte na direção dos negócios públicos do país, quer diretamente, quer por intermédio de *representantes livremente eleitos*; e do art. 21º, nº 2, de harmonia com o qual a vontade do povo é o fundamento da autoridade dos poderes públicos e deve exprimir-se através de *eleições honestas* a realizar periodicamente por sufrágio universal e igual, com voto secreto ou segundo processo equivalente que salvaguarde a liberdade de voto.

3
Representação e eleição política

I – Em todas as épocas e mais ou menos por toda a parte se observa a prática da eleição política, por diverso que seja o contexto em que se insira. Não está ausente das repúblicas aristocráticas e muitas das monarquias começaram por ser eletivas ou baseadas na cooptação, para somente mais tarde, consolidadas, se tornarem hereditárias.

O constitucionalismo, o constitucionalismo moderno viria introduzir um dado novo. Propondo-se, simultaneamente, garantir a liberdade e relegitimar o poder, elevaria a eleição a instrumento periódico de escolha dos governantes; através dela, criaria uma relação constante com os governados – a representação política; e instituiria o sufrágio individual, direto ou indireto (em vez de sufrágio orgânico), tanto devido a uma visão individualista do mundo como devido aos antigos laços grupais vindos da Idade Média já se terem esbatido perante os laços mais fortes criados pelo poder centralizador e pelo sentimento nacional.

II – Não há representação política sem eleição, ato jurídico ou feixe de atos jurídicos. Mas a inversa não é verdadeira: *v. g.*, além das monarquias eletivas, a eleição de juízes de tribunais constitucionais ou de titulares de outros órgãos independentes pelo Parlamento [em Portugal, arts. 163.º, alíneas *h)* e *i)*, e 222.º, n.º 1, da Constituição].

O sentido da eleição política é que muda do governo constitucional liberal do século XIX para o governo democrático dos séculos XX e XXI. Naquele, tem caráter instrumental: em ambiente social homogéneo, com identificação natural entre a formação e os interesses de eleitores e elegíveis (o povo burguês), reduz-se a técnica de designação dos governantes (à laia do sorteio ou da rotação nas Cidades-Estados da Antiguidade). Com a democracia representativa, a eleição torna-se a peça essencial do sistema, torna-se a via de assegurar a coincidência da vontade dos governantes com a vontade do povo e a prossecução do interesse coletivo de harmonia com o titular deste, o povo. E ela tanto vai incidir sobre o futuro como sobre o passado, pelo juízo individualizado ou global de responsabilidade política que exprime sobre a ação dos governantes no período ou legislatura anterior.

Com efeito, ter um poder jurídico significa ter um poder de querer; por conseguinte, atribuir o poder no Estado ao povo significa em democracia que a vontade do povo se há de converter em vontade do Estado. Configurada, primeiro, fora do aparelho estatal, a eleição (fonte da índole representativa dos órgãos governativos) é agora um ato do Estado e o colégio eleitoral um órgão constitucional *sui generis*.

III – Em que medida se justifica qualificar de mandato a situação jurídica dos representantes?

Decerto, não se pode assimilar ao mandato de Direito privado. A representação política é uma espécie de representação necessária imposta pela lei, ao passo que o mandato representativo civil pressupõe representação voluntária. E não há transferência de poderes: os representantes eleitos são simples titulares de órgãos com competências constitucionalmente prescritas (se bem que uma Constituição democrática seja obra do povo e, assim, os poderes dos representantes mediatamente provenham do povo).

Apesar disso, o elemento volitivo patente na eleição habilita a falar num mandato de Direito público: na medida em que são os eleitores que, escolhendo este e não aquele candidato, aderindo a este e não àquele programa, constituindo esta e não aquela maioria de governo, dinamizam a competência constitucional dos órgãos e dão sentido à atividade dos seus titulares (apesar de não lhe poderem definir o objeto).

A representação não degrada a autoridade dos governantes. Pelo contrário, ela reforça-a; e reforça-a por eles se tornarem *não senhores*, mas *servidores do povo* à luz da Constituição e das leis.

IV – Os regimes autoritários e totalitários dos séculos XX e XXI, apesar de se oporem ao Estado constitucional do liberalismo político (ou de o quererem ultrapassar) ainda mantiveram, entre outras formas, a eleição e a representação política.

Nos regimes marxistas de tipo soviético, em certa medida retorna-se ao modelo jacobino: democracia unânime, unidade do poder, precariedade do mandato dos membros das assembleias (sem ser rigorosamente imperativo), sujeição à destituição.

Nos regimes fascistas e autoritários de direita, se não se chegava a suprimir o sufrágio direto e individual, a doutrina realçava o sufrágio corporativo e a representação institucional como mais conformes com os seus princípios.

Por outra banda, ao passo que nos regimes soviéticos era levada às últimas consequências a dependência dos governantes do partido único, em certos regimes de direita a preocupação maior consistia em subtrair a política a qualquer influência dos partidos (foi o caso do regime português de Salazar), tudo num quadro de reduzido pluralismo, pelo que a eleição não podia ser uma verdadeira escolha em sentido substancial.

4
Princípio democrático e Estado de Direito

Democracia e Estado de Direito não se confundem. Houve democracia sem Estado de Direito (a democracia jacobina, a cesarista, a soviética e, mais remotamente, a ateniense). E houve Estado de Direito sem democracia (de certo modo, na Alemanha do século XIX).

Mas a democracia representativa postula Estado de Direito. Postulao pela sua complexidade organizatória e procedimental, traduzido na separação de poderes e no respeito da lei (Estado de Direito *formal*). E postula-o pela exigência de garantia dos direitos fundamentais: o direito de sufrágio e os demais direitos políticos se valem em si mesmos pelo valor da participação, valem, sobretudo, enquanto postos ao serviço da autonomia e da realização das pessoas (Estado de Direito *material*).

Não basta proclamar o princípio democrático e procurar a coincidência entre a vontade política manifestada pelos órgãos de soberania e a vontade popular manifestada por eleições. É necessário estabelecer um quadro institucional e que essa vontade se forme em liberdade e em que cada pessoa tenha a segurança da previsibilidade do futuro. É necessário que se não sejam incompatíveis o elemento objetivo e o elemento subjetivo da Constituição e que, pelo contrário, eles se desenvolvam simultaneamente.

Há uma interação de dois princípios substantivos – o da soberania do povo e o dos direitos fundamentais – e a mediatização dos princípios adjetivos da constitucionalidade e da legalidade. Numa postura extrema de irrestrito domínio da maioria, o princípio democrático poderia acarretar a violação do conteúdo essencial de direitos fundamentais; assim como, levado aos últimos corolários, o princípio da liberdade poderia recusar qualquer decisão política sobre a sua modelação; ora, o equilíbrio obtém-se através do esforço de conjugação, constantemente renovado e atualizado, de princípios, valores e interesses, bem como através de uma complexa articulação de órgãos políticos e jurisdicionais, com gradações conhecidas.

Nisso consiste o *Estado de Direito democrático* (como se diz na Constituição portuguesa) ou o *Estado democrático de Direito* (como consta da Constituição brasileira).

5
Os valores da democracia

I – Há quem propenda a afastar a democracia de quaisquer valoração; o relativismo dir-se-ia o seu cunho próprio. No entanto, tal enfoque seria redutor e até contraditório em si mesmo.

Com efeito, o relativismo democrático só pode ser um relativismo político, não, de modo algum, um relativismo filosófico. Ele envolve um pluralismo de ideias, de correntes de opinião, de forças políticas – acompanhado ou garantido pela não assunção de nenhuma pelo Estado (quer dizer, pela *laicidade* ou pela não confessionalidade do Estado, nessa perspetiva); não equivale a indiferentismo filosófico, convertido em atitude perante a vida ou erigido em doutrina oficial.

O relativismo vale na esfera política, no jogo de ideologias, programas e partidos em disputa pelo poder para o conformar através do voto da maioria. Não pode impor-se à esfera individual, do pensamento, das convicções e das crenças das pessoas, sob pena de se negar a si mesmo, absolutizando-se. Bem pelo contrário (como escreve Jean Lacroix) afirmar o relativismo na ordem relativa é precisamente permitir ao absoluto afirmar-se na ordem do absoluto. O sistema democrático é o único que pressupõe o convívio das diferenças (acrescenta Norberto Bobbio); logo, por definição, ele não as nega ou esconde; reconhece-as e salvaguarda-as, sim, na sua existência e na sua manifestação.

II – Qualquer forma de governo funda-se em certos valores que, conferindo-lhe sentido, vêm, por um lado, alicerçar o consentimento dos governados e o projeto dos governantes e, por outro lado, construir a matriz ideal de todos quantos por ela se batem.

Assim, por detrás da diversidade de conceções e formulações teóricas, avultam valores políticos sem os quais a democracia aparece desprovida de razão de ser. E eles são a liberdade e a igualdade, tal como constam da Declaração de Direitos da Virgínia, de 1776, da Declaração de 1789 e da maior parte das Constituições democráticas.

É porque todos os seres humanos são livres e iguais que devem ser titulares de direitos políticos e, assim, interferir conjuntamente, uns com os outros, na definição dos rumos do Estado e da sociedade em que têm de viver. É porque todos são dotados de razão e de consciência (como proclama, por seu lado, a Declaração Universal de 1948) que eles são igualmente chamados à participação cívica, capazes de resolver os seus problemas não pela força, mas pelo confronto de ideias e pelo seu sufrágio pessoal e livre.

A liberdade revela-se, portanto, do mesmo passo, fundamento e limite de democracia. Revela-se fundamento, visto que a participação na condução dos destinos comuns pressupõe a liberdade. E revela-se limite, visto que a democracia (insistimos ainda) não pode pôr em causa a liberdade, e a maioria é sempre maioria de conjuntura, não maioria definitiva, pronta a esmagar os direitos da minoria.

III – É ainda em virtude de uma opção pela liberdade, e não, simplesmente, por impossibilidade da democracia direta (de um qualquer seu sucedâneo), que se justifica a democracia representativa, porquanto:

- apenas na democracia representativa se distinguem (sem se cortarem pontes) espaço público e espaço privado, a esfera do Estado e a esfera da sociedade;
- do mesmo modo, apenas na democracia representativa se distinguem o cidadão e a pessoa na sua vida própria, não deixando esta ser absorvida pelo cidadão total (caso da Atenas antiga e, sobretudo, dos regimes totalitários do século XX);

- apenas a democracia representativa assegura a separação de poderes e a responsabilidade política dos governantes perante os governados;

- somente a democracia representativa propicia o pluralismo e o contraditório (sem prejuízo do compromisso) no âmbito das assembleias representativas.

Não por acaso têm-se dito, muitas vezes, que ela não constitui um *minus* no confronto com a democracia direta. Constitui um *majus*.

IV – A dificuldade – real e bem grave – está em que a democracia representativa se tornou, por toda a parte, democracia de partidos; e estes tendem a ocupar todo o espaço público e a deixar pouca margem de atuação para os cidadãos neles não integrados e para o próprio Parlamento.

A resposta há de consistir, então, em:

- Exigência de democraticidade interna de partido com garantias jurisdicionais das minorias [como, embora timidamente, já consta dos arts. 51°, n° 5 e 223°, n° 2, alínea *h*) da Constituição portuguesa];

- Eleições primárias, como nos Estados Unidos;

- Abertura das candidaturas parlamentares a grupos de cidadãos;

- Complementação por formas de democracia semidireta (referendo, iniciativa popular, até revogação popular de mandato ou *recall*) e de democracia participativa (de grupos e de associações em procedimentos que lhes digam respeito – complementação, não substituição);

- Sobretudo, e sempre, mais e mais educação para a cidadania.

6
O princípio da maioria

I – Se o sufrágio é o modo específico de participação política dos cidadãos, particularmente em democracia representativa, a maioria é o critério de decisão – de decisão quer do conjunto dos cidadãos nas eleições e no referendo, quer dos órgãos do Estado de natureza colegial. Governo representativo é *governo de maioria*.

Contrapostos aos sistemas eleitorais maioritários, nem por isso os sistemas proporcionais deixam de observar o princípio: *primo*, porque apenas as candidaturas que atinjam determinado montante ou cifra (em razão do número de parlamentares a eleger por círculo, distrito ou circunscrição eleitoral) obtêm mandatos; *secundo*, porque são as que obtêm *mais votos* que obtêm mais mandatos.

Mas por que motivo deve a maioria ser o critério da democracia? Por que devem governar os candidatos que recebem mais votos? Por que deve a lei ter o sentido querido pela maioria?

Está longe de ser pacífica a resposta.

Há quem sustente que se trata de simples ficção ou convenção, de mera regra instrumental ou de preferência. Ou quem, pelo contrário, identifique maioria com manifestação de racionalidade. Mas há ainda quem afirme que lhe subjaz um conteúdo axiológico, seja o princípio da igualdade, seja o princípio da liberdade, seja (porventura) um e outro.

De harmonia com a ideia de igualdade (que remonta a Aristóteles e que Rousseau levaria às últimas consequências), é porque todos os cidadãos têm os mesmos direitos e devem ter o mesmo grau de participação na vida coletiva que deve prevalecer a maioria; a vontade do maior número entre iguais converte-se em vontade geral; e esta fica sendo a vontade do Estado.

De harmonia com a ideia de liberdade (especialmente enfatizada por Kelsen), a maioria resulta da autodeterminação dos membros da comunidade política; qualquer decisão imposta deve ser reduzida ao mínimo; tendo de haver uma ordem social, esta não pode estar em contradição senão com a vontade do menor número possível de indivíduos.

Mas também aqui se torna necessário invocar um fundamento axiológico. Sem este não se explicam nem o consentimento, nem a própria obrigatoriedade da decisão decorrente do voto.

E ele encontra-se não apenas na igualdade, nem apenas na liberdade, e sim no enlace de uma outra. Não numa presunção puramente negativa, de que ninguém conta mais do que os outros, mas no reconhecimento da dignidade cívica de todas as pessoas. Não numa liberdade com separação de uns dos outros, mas numa liberdade com integração numa sociedade de todos. Em suma, na exigência de uma *igualdade livre* ou de uma *liberdade igual para todos*.

II – A maioria não é fonte de verdade ou de justiça; é apenas forma de exercício de poder, ou meio de ação.

Não há, nem deixa de haver verdade nesta ou naquela opção política; há só (ou tem de se pressupor que haja) referência ao bem comum. Naturalmente, quando se suscitem problemas de verdade, sejam quais forem – religiosos, morais, filosóficos, científicos ou técnicos – não cabe decisão de maioria.

Por outro lado, a decisão de maioria implica publicidade, não pode ter por objeto questões do foro privado. Porém, a divisão entre as duas esferas, a pública e a privada, apresenta-se hoje bastante ténue.

III – Tão pouco se admitem decisões de maioria que afetem o conteúdo essencial dos direitos fundamentais ou o conteúdo essencial da própria democracia representativa – mais especificamente, o pluralismo, os direitos das minorias e a possibilidade de alternâncias e de alternativas.

Democracia representativa não é só governo de maioria. Envolve uma dialética necessária de maioria e minoria, sendo a maioria de hoje a minoria de amanhã e a minoria de hoje a maioria de amanhã.

IV – As minorias políticas são sempre contingentes e variáveis. Diversas, porque permanentes, são as minorias étnicas nacionais, linguísticas e religiosas – que existem em não poucos Estados e que se repercutem nas respectivas estruturas constitucionais.

Sobre os direitos dos membros dessas minorias à proteção contra quaisquer discriminações e à preservação da sua identidade não pode ainda incidir a decisão de maioria.

V – A decisão da maioria pressupõe a competência para decidir, seja em diferentes escalões de poder (dos Estados federais ou federados, das regiões autónomas, quando existam, e dos municípios), por referência ou não a um princípio de subsidiariedade; seja dentro do mesmo escalão entre os seus órgãos.

Nem sequer não vale qualquer vontade maioritária, somente vale a que se forma no respeito das normas – constitucionais, legais, estatutárias, regimentais – que a estruturam e regulam. Donde, limites formais ou procedimentais, a acrescer aos materiais e aos orgânicos.

Instrumento de controlo da maioria é a justiça constitucional: controlo dos limites materiais e do procedimento; controlo indispensável, sobretudo, para garantia dos direitos fundamentais.

À legitimidade democrática corresponde a legitimidade do controlo jurisdicional como legitimidade das minorias frente à maioria.

Nem se verifica aqui contradição, e tão só complementaridade. A justiça constitucional apenas se afigura contramaioritária ao inviabilizar esta ou aquela pretensão da maioria, não no contexto global do sistema.

7
A eleição, ato jurídico

I – Eleição pressupõe pluralidade de participantes ou de votos, colégio eleitoral.

Observada a relação entre colégio eleitoral e eleição, afigura-se claro que:

　　a. A eleição em órgão colegial é ato unitário, ao lado dos demais atos provenientes desse órgão – ato unitário, com a marca da colegialidade;

　　b. Também é ato unitário a eleição em colégio eleitoral *ad hoc*, cujos membros se reúnem fisicamente (com a diferença de que o colégio se esgota com a prática desse ato e os seus membros cessam as funções com ele ou com a decisão de eventual contencioso suscitado).

II – As dúvidas concernem à eleição nas outras categorias de colégios eleitorais *ad hoc* e à que cabe ao eleitorado, complexo de cidadãos eleitores, mormente quando este se desdobre numa pluralidade de colégios.

Será possível reconduzir à unidade os votos dos eleitores? Será possível – ou necessário – tomar centenas, milhares, milhões de votos expressos em locais dispersos (muitos fora do país) como componentes de um único ato jurídico? E como enquadrar os resultados dos colégios eleitorais locais no colégio eleitoral global?

III – Cuidando apenas do eleitorado (mas o que vale para ele vale *mutatis mutandis* para os outros colégios), justifica-se responder afirmativamente às perguntas assim formuladas, porque:

　　a. Os aspectos naturalísticos e sociológicos do ajuntamento ou da dispersão dos eleitores não devem prevalecer sobre os aspectos jurídicos das relações institucionais inerentes à eleição;

　　b. O sufrágio não se circunscreve a um direito de exercício coletivo como o direito de manifestação e o direito de greve. Ele está predisposto sob uma organização e implica um procedimento ou vários procedimentos de natureza jurídico-pública;

c. Esses procedimentos são constitucional e legalmente imprescindíveis para o funcionamento do Estado, por deles depender a designação dos titulares dos órgãos da função política;

d. A votação ocorre de acordo com uma regra de simultaneidade – realiza-se no mesmo dia em todo o território eleitoral, salvo casos restritos de votos antecipados, mas, mesmo estes, só, no fim, são contados (no Direito português, arts. 79ºA, nº 2 e 87º da Lei nº 14/79, de 16 de maio); e os resultados são anunciados ou proclamados na mesma hora ou no mesmo dia;

e. Sejam quais forem as circunstâncias e as motivações subjetivas de cada eleitor, o sufrágio adquire o sentido objetivo de participação com os demais em obra comum e em vinculação à vontade maioritária que se convola em vontade coletiva;

f. A validade da eleição não depende tanto da validade de cada ato singular de voto quanto da validade das operações que possam afetar a formação da vontade comum – só se marca nova votação em qualquer assembleia de voto em caso de impossibilidade da primeira ou só se repete a votação em caso de nulidade quando esteja em causa o resultado global (cfr., em Portugal, arts. 90º, nº 1 e 119º da Lei nº 14/79).

IV – Para se chegar à votação há que percorrer um *iter* mais ou menos longo – desde a marcação da sua data à apresentação das candidaturas, aos atos jurídicos ligados à campanha eleitoral e à constituição das assembleias de voto. E nesse procedimento (ou série de procedimentos) intervêm ou podem intervir, além das candidaturas e dos cidadãos eleitores, vários órgãos do Estado, políticos, administrativos e jurisdicionais. Mas a votação situa-se, forçosamente, num certo e determinado tempo.

Tudo reside então em apreender a dialética da pluralidade dos votos e a agregação que se efetua através do apuramento. Se os votos, as manifestações de vontade dos cidadãos eleitores possuem conteúdos divergentes, nem por isso deixam de se dirigir a um mesmo efeito jurídico, à luz do interesse do Estado que é o normal funcionamento dos seus órgãos governativos. E pode, então, a final, falar-se num único ato jurídico, embora complexo – a eleição.

V – De resto, a teoria geral do Direito há muito vem distinguindo entre atos simples e complexos – sendo simples os que não se decompõem em outros atos e complexos os que resultam da conjugação de outros atos, com significado jurídico próprio; e nos atos complexos, por seu turno, considera homogéneos os que possuem o mesmo conteúdo com vontades paralelas, e heterogéneos os que possuem conteúdos diferentes, vontades divergentes, com decisão pelo *princípio da maioria*.

Dentre os atos complexos avultam os atos colegiais – aqueles em que o conjunto de declarações está submetido a uma regra que permite extrair juridicamente a vontade (normativa) da entidade a que respeita.

Manifestamente, a eleição, mesmo sem reunião física dos cidadãos, integra-se na categoria dos atos complexos e colegiais.

VI – Poderia contrapor-se que, fazendo-se a eleição por círculos, distritos ou circunscrições eleitorais locais (plurinominais ou uninominais), o esquema conceitual acabado de formular seria inaplicável à configuração de eleições a nível nacional.

Não é assim. Tal como se passa das assembleias de voto para cada um desses colégios eleitorais locais, passa-se destes para o colégio eleitoral global. E, assim como em cada colégio se obtém a designação destes ou daqueles representantes, igualmente no âmbito global se obtém a composição da assembleia a constituir e, através dela, a formação ou não desta ou daquela maioria. Continua a encontrar-se uma finalidade objetiva comum.

A divisão do território eleitoral em círculos, distritos ou circunscrições territoriais decorre de razões de funcionalidade, destina-se (ou deveria destinar-se) a propiciar o conhecimento dos candidatos pelos eleitores e só, muito lateralmente, pode ligar-se a qualquer espécie de representação local. E os Deputados representam todo o país (ou, numa região autónoma, toda a região) e não os círculos por que são eleitos, como se lê em Portugal, na Constituição de 1976 (art. 152º, nº 2); e esta é uma exigência insuperável dos Parlamentos modernos.

VII – Tão pouco se afigura obstáculo de maior a eleição em sistema proporcional, com o aparente retalhar do eleitorado pelas candidaturas, às quais corresponderiam outros tantos colégios eleitorais (quer dizer: cada candidatura com Deputados eleitos assentaria num próprio colégio eleitoral, o dos seus eleitores).

A representação proporcional desempenha um papel ambivalente. Por um lado, propiciando a presença no Parlamento das diversas correntes políticas é certo que torna nítidas ou mais nítidas as divergências que existam no eleitorado. Em contrapartida, essa presença constitui um fator de comunicação, de integração política e de confluência de orientações ou opções programáticas. O espectro da distribuição de votos pelas candidaturas tem por detrás o eleitorado como um todo.

8
Eleição e procedimento

I – É conhecido o conceito de procedimento como pluralidade de atos que se sucedem no tempo, com intervenção de vários sujeitos, relativamente autónomos ou autonomizáveis e que se traduzem num ato jurídico complexo que os congloba ou substitui.

Reconduz-se a eleição a procedimento? Depende do sentido que se lhe dê.

Sem dúvida, pode e deve falarse em procedimento relativamente à sucessão de atos, desde a marcação do dia da votação. A única ressalva é que aí não se encontram somente procedimentos verdadeiros e próprios.

Já não é procedimento a eleição enquanto ato que integra os votos de todos os eleitores, dada a simultaneidade *jurídica* desses atos independentemente de qualquer descontiguidade espacial ou temporal.

II – Sem considerar agora o recenseamento ou alistamento eleitoral (ele próprio um procedimento), relativamente a cada eleição sucedemse diferentes momentos, a que correspondem atos e procedimentos com características próprias.

São procedimentos preparatórios:

a. A marcação da data das eleições;

b. A propositura de candidaturas;

c. A constituição das assembleias e secções de voto e das mesas.

E, quando haja eleições parlamentares, a distribuição dos mandatos pelos círculos, distritos ou divisões eleitorais.

São procedimentos perfectivos:

a. A votação, abrangendo não apenas o exercício do sufrágio pelos eleitores como ainda outros atos por eles praticados e os atos da mesa, dos candidatos e dos delegados;
b. O apuramento, parcial e geral (na medida em que se mostra inseparável da votação).

E é procedimento integrativo de eficácia a proclamação dos resultados de apuramento geral.

III – Para além disso, para que qualquer eleição se realize têm de ser efetuadas múltiplas operações materiais como a feitura dos boletins de voto, o arranjo dos locais destinados a assembleias de voto, o fornecimento dos materiais de trabalho das respetivas mesas, em papel ou eletrónicos, e das assembleias de apuramento.

E, sobretudo, por imperativo democrático, tem de se desenvolver e organizar um tempo de promoção das candidaturas – a campanha eleitoral em que, sem prejuízo de numerosos atos jurídicos, avultam também operações políticas e materiais.

9
Eleições e contencioso eleitoral

I – Os procedimentos eleitorais são necessariamente marcados em democracia pelo contraditório político. E, a seu lado, não raro como sua consequência, surgem controvérsias, litígios, conflitos jurídicos. Daí o contencioso eleitoral político enquanto conjunto de meios organizatórios e processuais destinados à sua solução. Assim como há *procedimentos* eleitorais, também há *processos* eleitorais perante órgãos jurisdicionais.

Pois bem: o direito de acesso aos órgãos e meios processuais deve considerar-se um direito fundamental inerente ao princípio da participação política e aos direitos dele decorrentes, desde o direito de sufrágio e o de ser eleito ao de associação para apresentação de candidaturas e ao de promoção de propaganda eleitoral. Eleições *livres e justas* (para usar uma locução corrente) exigem um contencioso eleitoral estruturado segundo os cânones do Estado de Direito. E também por aqui se vislumbra a ligação incindível entre democracia e Estado de Direito.

Especificamente para esse efeito, no Brasil podem os cidadãos eleitores servir-se do mandado de segurança, do mandado de injunção e do *habeas corpus* (art. 121, § 4º da Constituição); na Espanha, do recurso de amparo (art. 102º da Constituição); em Portugal, dos recursos eleitorais [art. 223º, nº 2, alínea *c*) da Constituição] em certos casos de ação popular (art. 52º) e da intimação para proteção de direitos, liberdades e garantias (art. 109º do Código de Processo nos Tribunais Administrativos).

II – O contencioso eleitoral político tem de dar resposta a uma tríplice demanda – de direitos fundamentais, de periodicidade das eleições e renovação dos titulares de órgãos nos prazos constitucionais e da legitimação dos eleitores.

Como suas características, podem ser enunciados:

a. É contencioso constitucional, porque as eleições políticas são atos materialmente, senão formalmente constitucionais;

b. Sofre modulações e variações consoante os atos e procedimentos em que se enxerta;

c. Depende do tempo no sentido de, salvo o contencioso do recenseamento, ser um contencioso ocasional ou sazonal, só atuável quando haja eleições (ou referendos);

d. Depende do tempo no sentido da máxima celeridade processual por causa da sucessão de atos e procedimentos com datas pré-marcadas ou inadiáveis;

e. Nele entrelaçam-se elementos objetivistas e elementos subjetivistas;

f. É contencioso de plena jurisdição, porque, independentemente da anulação ou declaração de nulidade de um ato, o órgão competente pode decretar uma providência adequada a cada caso, com vista à plena regularidade e validade dos procedimentos e até substituir-se à entidade recorrida na prática de um ato sempre que tal se torne necessário.

III – Tal como o progresso do Estado de Direito tem vindo a manifestar-se, na Europa e em alguns países fora da Europa (desde o Chile à África do Sul, a Angola e à Coreia do Sul), na criação de Tribunais Constitucionais, também no domínio da apreciação da validade e da regularidade das eleições é uma verdadeira e própria justiça eleitoral (utilize-se ou não esse nome) que tem vindo a emergir, ultrapassando, de vez, os controlo administrativos e o sentido constitutivo da verificação de poderes pelos Parlamentos.

Hoje, tudo está em optar entre um de três caminhos possíveis:

- Atribuição aos tribunais comuns, em moldes próximos do controlo difuso;
- Atribuição ao Tribunal Constitucional (ou a órgão homólogo, jurisdicionalizado);
- Criação de tribunais especializados.

Na maior parte das experiências recentes [entre as quais a portuguesa, segundo o art. 223º, nº 2, alínea *c*) da Constituição], domina o segundo modelo. Ao invés, no Brasil, desde 1934, existem tribunais eleitorais, com jurisdição própria, embora compostos, na sua maior parte, por juízes provenientes de outros tribunais (cfr. arts. 92º e 118º e segs., da Constituição de 1988).

10
Direito eleitoral político, segmento do Direito constitucional

I – À eleição corresponde o Direito eleitoral; à eleição política o Direito eleitoral político – o conjunto de normas respeitantes aos procedimentos ou processos eleitorais políticos.

Assim, primeiro que tudo, ele tem por objeto as eleições para os titulares dos órgãos de função política e as eleições para os titulares de órgãos de funções diversas, mas com relevância política. Tem por objeto, portanto, as eleições para os órgãos políticos do Estado, de regiões autónomas, quando existam, e dos municípios (que, de resto, por toda a parte, aparecem, duma maneira ou doutra, integradas na organização do poder político).

Às eleições para os Parlamentos nacionais assimilam-se, nos Estados-membros da União Europeia, as eleições para o Parlamento Europeu, reguladas, em cada um, pela sua legislação interna e por algumas (ainda poucas) normas comunitárias.

Em segundo lugar, Direito eleitoral político é o que se reporta às eleições em assembleias representativas e, eventualmente, em quaisquer outros órgãos do Estado (federal ou federado, quando seja caso disso) e de entidades infraestatais, como regiões autónomas e municípios – sejam para cargos internos (*v.g.*, presidência do Parlamento), sejam para outros cargos (desde a Presidência da República, em certos países, às dos juízes dos Tribunais Constitucionais), independentemente da natureza desses atos, em regra, só designativa, e não também representativa.

Em terceiro lugar, o Direito eleitoral político não pode deixar de abranger as eleições no seio dos partidos políticos (pelo menos, dos partidos de âmbito nacional e com assento no Parlamento). Sujeitos primaciais do contraditório político, os partidos não podem ser estranhos ao Direito eleitoral. Associações de Direito constitucional, as eleições que neles se efetuem, tanto para escolha dos titulares dos seus órgãos como para designação dos candidatos a eleições externas, implicam princípios e regras inseparáveis dos princípios e regras que dali decorrem.

Eleições relativas a órgãos do Estado e doutras entidades públicas, eleições no interior desses órgãos, eleições no âmbito aos partidos políticos – eis o tríplice domínio do Direito eleitoral político.

II – Quando se equaciona a questão da autonomia de certo setor da ordem jurídica atende-se a três tipos de critérios. Atende-se a critérios concernentes ao objeto das normas; ou ao diploma ou aos diplomas que o regulam; e aos princípios definidores do tratamento da matéria.

Em face destes critérios – do objeto, do instrumento legislativo e do sentido da regulamentação – é o Direito eleitoral um ramo autónomo de Direito? A resposta tem de ser negativa. Não há um Direito eleitoral *a se*; o Direito eleitoral pertence, sim, a qualquer ramo de Direito a que se reporte a eleição de que cuida.

Com efeito, as eleições que se realizem em associações de Direito privado pertencem ao Direito civil; se se tratar de eleições no âmbito das sociedades comerciais, tratar-se-á de Direito eleitoral comercial, parte integrante do Direito comercial; se se considerarem eleições sindicais, estaremos em Direito do Trabalho ou em Direito sindical; se se tratar de eleições em associações públicas, universidades ou outras pessoas coletivas de Direito público não territoriais, mover-nos-emos dentro do Direito administrativo; e finalmente, se olharmos para eleições com vista a órgãos do poder político, estaremos perante uma parte integrante do Direito constitucional.

Nem poderia deixar de ser assim. Se a eleição política é uma instituição básica do Estado constitucional representativo moderno, tudo quanto lhe respeita tem de ser considerado elemento participante do

Direito constitucional. As opções subjacentes a essas normas – sufrágio restrito ou sufrágio universal, voto obrigatório ou não, sujeitos de processos eleitorais, sistemas eleitorais traduzem outras tantas grandes opções constitucionais.

Cada Constituição não só se vai dirigir à regulamentação dos atos eleitorais que prevê como confere cunho próprio à eleição; e são, de todo em todo, diversas a eleição em sentido material de regimes pluralistas – assentes na liberdade política e na concorrência de partidos – e a eleição no âmbito de regimes autoritários e totalitários – degradada a processo meramente formal, sem conteúdo de livre escolha por parte dos cidadãos.

No que tange ao segundo critério, observe-se que raríssimas são as Constituições formais que não contêm normas sobre matérias eleitorais, mais ou menos vagas ou mais ou menos precisas e copiosas, embora sem nunca esgotarem o seu tratamento. Mas não é por haver múltiplos diplomas legislativos a completarem-nas que o Direito eleitoral fica fora do Direito constitucional. É o mesmo que acontece com os direitos fundamentais, por exemplo. Nenhuma Constituição, nem a mais regulamentaria, abarca tudo – por razões históricas, políticas e jurídicas conhecidas.

Finalmente, quanto ao terceiro critério, é óbvio que, precisamente até por causa disso, os princípios fundamentais de Direito eleitoral político são princípios constitucionais. Não há princípios de Direito eleitoral político que não sejam também princípios *político-constitucionais*, que não reflitam, direta ou indiretamente, princípios *axiológicos fundamentais* e que não se projetem ainda em princípios *constitucionais instrumentais*. Princípios constitucionais a par de outros, tanto recebem, pois, o influxo interpretativo e integrativo dos demais como sobre eles vêm, por seu turno, a influir.

Não por acaso, seis das Constituições dos países de língua oficial portuguesa enunciam os princípios gerais de Direito eleitoral no âmbito dos seus corpos normativos: a portuguesa (art. 113º), a brasileira (art. 14º), a caboverdiana (arts. 104º e segs.), a timorense (art. 65º), a moçambicana (art. 135º) e a angolana (art. 107º).

III – Assim como hoje se fala em Constituição económica ou em Constituição cultural, num Direito constitucional do trabalho ou num Direito constitucional tributário ou num Direito parlamentar, também pode e deve falar-se em Constituição eleitoral como parcela com contornos próprios dentro da Constituição.

Estas e outras diferenciações ou autonomizações mostram-se úteis, na tríplice medida em que propiciam uma mais nítida consciência do escopo da Constituição, em que permitem um aprofundamento da análise das diversas normas constitucionais e em que servem de apoio para a ponte entre essas normas e as correspondentes normas de Direito ordinário. Não devem acarretar a pulverização, a perda da unidade sistemática da Constituição ou o retorno a uma exegese sem futuro.

Tudo reside, pois, em manter a constante comunicação e o necessário equilíbrio entre as normas constitucionais sobre eleições e as demais normas.

IV – Porém, a nota individualizadora mais saliente do Direito eleitoral vem a ser mesmo a articulação de direitos fundamentais com organização e procedimento, porque o direito de sufrágio não pode exercer-se sem organização e sem procedimento e estes, conquanto integráveis na estrutura própria do poder, são daqueles indesligáveis. Mais do que em qualquer outro direito fundamental, está aqui presente a multidimensionalidade. Há que discernir situações jurídicas subjetivas e princípios objetivos, interesses individuais e interesses institucionais, valores da personalidade e valores comunitários.

Por outro lado e sem prejuízo da unidade imposta pela sua finalidade essencial e por causa dela – a expressão (ou a expressão autêntica) da vontade popular – o Direito eleitoral espraia-se por normas de diversos tipos: normas substantivas, normas sobre jurisdição e normas processuais, normas financeiras e normas sancionatórias.

Essas normas põem o Direito eleitoral em contacto com o Direito administrativo, o judiciário, o processual, o financeiro, o penal, o do ilícito de mera ordenação social; e algumas delas revestem, de certo modo, uma dupla característica (a de pertencerem, simultaneamente, ao Direito constitucional e a esses ramos, com as inerentes consequências para a sua interpretação e a sua integração).

V – Região específica do Direito constitucional, o Direito eleitoral haverá de ser estudado tendo sempre em conta aquilo a que se tem chamado realidade constitucional, ou realidade política, econômica, social e cultural do país a que pretende aplicar-se e de que depende, em larga medida, o seu modo de vigorar. E haverá, por conseguinte, quem o trabalhar de saber apreender – com espírito aberto, mas recusando qualquer sincretismo – dados imprescindíveis da História, da Sociologia e, sobretudo, da Ciência Política.

Se o Direito é inerente à experiência humana, o Direito eleitoral é inerente à experiência democrática. E, se a ciência jurídica, enquanto voltada para a resolução dos problemas decorrentes dessa experiência, se mostra ciência antecedente da ação, também o conhecimento sistemático do Direito eleitoral pode ser um contributo importante para que a cidadania se exerça com mais liberdade e seriedade.

Infelizmente, ainda são raras as obras gerais de Direito constitucional que dedicam ao Direito eleitoral a atenção devida e, sobretudo, que o integram nos seus sistemas. E, se a eleição é hoje muito mais estudada e compreendida como fenómeno jurídico *a se* do que no século XIX, daí não se tem passado – salvo em algumas poucas monografias – a uma construção dogmática abrangente de todos os aspetos substantivos e procedimentais que envolve e que a envolvam.

11
Os princípios constitucionais

I – Constituições ambas democráticas, a portuguesa e a brasileira enunciam princípios comuns de Direito eleitoral [arts. 10º, nº 1, 49º, 113º, 228º, alínea *h*), a primeira; arts. 14º, 16º e 60º, § 4ºII, a segunda]

São princípios constitucionais relativos aos eleitores:

1º Universalidade – como corolário ou manifestação do princípio geral da universalidade dos direitos.

2º Igualdade – é corolário ou manifestação do princípio geral da igualdade.

3º Individualidade – como sufrágio de cada pessoa singular, de cada cidadão, e não de qualquer grupo ou corporação.

4º Pessoalidade – o sufrágio é exercido pessoalmente, sem se admitir forma alguma de representação.

5º Liberdade – o sufrágio implica liberdade, e como garantia da liberdade, é secreto.

6º Imediatividade – a eleição política é direta e não por graus, embora com algumas exceções a nível local, no Direito português.

E são princípios respeitantes à inserção na organização de poder político e aos procedimentos:

1º Periodicidade – como corolário dos princípios representativo e da renovação (art. 118º) e condição *sine qua non* de alternância democrática.

2º Liberdade – a liberdade aqui refere-se não só aos eleitores mas também a todos os sujeitos de candidaturas [art. 113º, nº 3, alínea *a*)].

3º Igualdade de eleitores no sentido de proporcionalidade na relação entre o número de eleitores e o de representantes a eleger por círculos eleitorais (art. 149º, nº 2).

4º Igualdade – também tanto de eleitores como de candidatos, antes e depois das campanhas eleitorais.

5º Imparcialidade de entidades públicas – como corolário ou manifestação do princípio geral da imparcialidade.

6º Participação na administração eleitoral – a administração eleitoral assenta nos eleitores, como garantia de liberdade e como corolário, por seu turno, do princípio da democracia participativa.

7º Representação proporcional, sem prejuízo da relativa liberdade conformadora do legislador na sua concretização.

8º Estabilidade da lei eleitoral – em caso de dissolução de órgãos colegiais as novas eleições realizar-se-ão pela lei eleitoral vigente ao tempo da dissolução, sob pena de inexistência jurídica daquele ato (art. 113º, nº 6, da Constituição portuguesa) e, por identidade de razão, desde a convocação das eleições [art. 133º, alínea *b*)] tão pouco pode ser alterada a lei eleitoral; ou ainda, indo mais longe e melhor, a lei que altere o processo eleitoral não se aplica à eleição que ocorra até um ano da data da sua vigência (art. 16º da Constituição brasileira).

9º Jurisdicionalidade – o contencioso eleitoral cabe aos tribunais – seja o Tribunal Constitucional em Portugal [art. 223º, nº 2, alínea *c*) da Constituição], sejam tribunais especializados, os tribunais eleitorais no Brasil (arts. 118º e segs. da Constituição brasileira)

II – A par deste Direito eleitoral *substantivo*, encontra-se o Direito do contencioso eleitoral, um Direito eleitoral *adjetivo*, através do qual se procura garantir não só a regularidade final de todos os procedimentos como a adequação dos resultados à vontade real dos cidadãos eleitores.

Mas, naturalmente, os princípios de Direito eleitoral adjetivo reconduzemse aos de Direito processual constitucional, sendo uns estruturantes, outros instrumentais.

Como princípios estruturantes, todos reconduzíveis à ideia-força de processo equitativo (art. 20.º, n.º 4, 2.ª parte, da Constituição portuguesa) ou devido processo legal (art. 5º, LIV, da Constituição brasileira), apontem-se:

a. O princípio da igualdade dos intervenientes processuais;

b. O princípio do contraditório (*audiatur et altera pars*) ou de que os intervenientes processuais devem gozar de igualdade de oportunidades para expor as suas razões, procurando convencer o tribunal em dialética e recíproca fiscalização;

c. O princípio da legalidade dos atos do processo;

d. O princípio da fundamentação das decisões que não sejam de mero expediente.

E como princípios instrumentais:

a. O princípio do pedido na dupla vertente de necessidade de iniciativa externa para a abertura do processo e de fixação do objecto do processo pelo pedido;

b. O princípio do conhecimento oficioso do Direito;

c. O princípio da utilidade da decisão, em face da situação normativa que se verifique ou da sua relevância para as situações da vida;

d. O princípio da economia processual;

e. O princípio da celeridade;

f. O princípio do processo escrito.

*¿Cómo es possible la legitimidad
por vía de legalidad?*[i]

*Como é possível a legitimidade
por meio da legalidade?*

How legitimacy is possible through legality?

---

i   Artigo publicado originalmente em **Doxa, Cuadernos de Filosofía del Derecho**, nº 5, 1988. Traduzido ao espanhol por Manuel Jiménez Redondo.

Jürgen Habermas

Jürgen Habermas é filósofo, pensador político e possui trabalhos de grande destaque também em Ética, Teoria do Direito e Filosofia da Linguagem. Professor Emérito da Goethe University Frankfurt.

Resumen: En este artículo se argumentará que no existe una desconexión completa de la ley, la moral y la política. El se divide en tres partes que tratan principalmente sobre cómo lo Derecho natural racional contribuye a lo Derecho moderno en lo que concierne a los cambios en la ley, la moral y la política y cómo hoy se entrelazan.

Palabras clave: Razón. Reglas. Derecho natural racional. Derecho. Moral.

Resumo: Neste artigo se argumentará que não há uma desconexão completa entre lei, moral e política. Ele está dividido em três partes que tratam primordialmente sobre como o Direito natural racional contribui para o Direito moderno no que concerne às mudanças da lei, da moral e da política e como hoje se entrelaçam.

Palavras-chave*: Razão. Direito natural racional. Direito. Moral.*

Abstract: *This article will argue that there is no complete disconnection between law, moral and politics. It is divided into three parts that deal primarily with how rational natural Law contributes to modern Law in terms of changes in Law, moral and politics and how they are intertwined today.*

Keywords*: Reason. Rules. rational natural Law. Law. Moral.*

Sumario: 1. Introducción. 2. Razón y positividad: sobre el entrelazamiento de derecho, política y moral. 3. La sustitución del Derecho natural racional por la idea de Estado de Derecho. 4. La racionalidad de los procedimientos institucionalizados jurídicamente: cuestiones preliminares. 5. Conclusión.

Sumário: *1. Introdução. 2. Razão e positividade: no entrelaçamento de direito, política e moral. 3. A substituição do Direito natural racional pela ideia do Estado de Direito. 4. A racionalidade dos procedimentos institucionalizados juridicamente: questões preliminares. 5. Conclusão.*

Summary: *1. Introduction. 2. Reason and positivity: in the intertwining of law, politics and moral. 3. The replacement of rational natural Law by the idea of the Rule of Law. 4. The rationality of legally institutionalized procedures: preliminary issues. 5. Conclusion.*

1
Introducción

Voy a sostener la tesis de que la autonomización del sistema jurídico no puede significar una desconexión completa de derecho y moral, por un lado, y de política, por otro. El derecho, al convertirse en positivo, no rompe sus relaciones internas con la moral y la política. En la primera parte voy a bosquejar, a grandes rasgos, cómo el derecho moderno, con ayuda del Derecho Natural Racional, se diferenció del complejo tradicional que formaban moral, derecho y política. En la segunda parte me ocuparé de la cuestión de cómo del hundimiento del Derecho Natural Racional surge una idea de Estado de Derecho que de ninguna manera se limita a flotar impotentemente sobre una sociedad de alta complejidad y acelerado cambio. En la tercera parte, finalmente, estudiaré, desde una perspectiva interna, cómo derecho y moral se complementan hoy a la vez que se entrelazan.

2
Razón y positividad: sobre el entrelazamiento de derecho, política y moral

1. Si queremos entender por qué la diferenciación del derecho en modo alguno disuelve por completo el interno entrelazamiento de éste con la política y la moral, lo más adecuado es echar una ojeada retrospectiva sobre el nacimiento del derecho positivo. Este proceso se extiende en Europa desde fines de la Edad Media hasta las grandes codificaciones del siglo XVIII. También en los países del "common law" el derecho consuetudinario queda reorganizado bajo la influencia del derecho romano por el influjo ejercido por juristas de formación académica; en ese proceso el derecho queda sucesivamente adaptado a las condiciones del tráfico de la economía capitalista emergente y al poder burocrático de los Estados territoriales que entonces nacen. De este complicado proceso, rico en variantes y difícil de abarcar, voy a limitarme

a un punto de especial importancia en el contexto de nuestras consideraciones relativas a filosofía del derecho. Lo que esa positivación del derecho filosóficamente significa puede entenderse mejor sobre el trasfondo de la estructura trimembre del sistema jurídico medieval, que entonces se derrumba.

Desde una cierta distancia cabe todavía reconocer en nuestras propias tradiciones jurídicas correspondencias con aquellos tres elementos, que de acuerdo con algunos planteamientos de sociología jurídica comparada, habrían conformado la cultura jurídica de las viejas civilizaciones.[i] El sistema jurídico se ve coronado en estas culturas premodernas por un derecho sacro que se encargan de administrar e interpretar en cada caso especialistas en teología y en derecho. La pieza nuclear de ese sistema jurídico la constituye el derecho burocrático "puesto" por el rey o emperador (quien es al mismo tiempo juez supremo) en concordancia con aquellas tradiciones de derecho sacro. Y ambos tipos de derecho se encargan de dar forma a un derecho consuetudinario, por lo general no escrito, que en última instancia proviene de las tradiciones jurídicas de cada etnia. En el Medievo europeo las cosas eran algo distintas, por cuanto que el Derecho Canónico de la Iglesia católica significó el mantenimiento ininterrumpido de la elevada técnica jurídica y conceptual del Derecho Romano *clásico*, mientras que el derecho burocrático de los edictos y leyes imperiales, incluso antes del redescubrimiento del *Corpus Iustinianum*, a lo menos conectaban con la idea de *Imperium Romanum*. Incluso el derecho consuetudinario se debía a la cultura jurídica mixta romano-germánica de las provincias occidentales del imperio y desde el siglo XII fue objeto de transmisión escrita. Pero en los rasgos esenciales se repite la estructura que nos es conocida por todas las culturas superiores: la ramificación en derecho sacro y derecho profano, quedando el derecho sacro integrado en el horizonte de una de las grandes religiones universales, que se refieren al orden del cosmos o a una historia de la salvación. Este derecho divino o natural no está a disposición del príncipe, sino que representa más bien el marco legitimador dentro del cual el príncipe, a través de sus funciones de administración de justicia y de "posición" (creación) burocrática del derecho, ejerce su dominio profano. En este contexto habla Max Weber del "doble reino de la dominación tradicional".[ii]

---

i R. M. Unger, *Law and Society* (Nueva York, 1976).

ii Cfr. sobre este tema, W. Schluchter, *Die Entwicklung des okzidentalen Rationalismus*, Tubinga, 1980.

También en el Medievo se conserva este carácter tradicional del derecho. Todo derecho recibe su modo de validez del origen divino de un derecho natural interpretado en términos cristianos. No puede crearse nuevo derecho si no es en nombre de la reforma o restauración del buen derecho antiguo. Pero esta vinculación a la comprensión tradicional del derecho contiene ya una interesante tensión, que se da entre los dos elementos del derecho del príncipe. Como juez supremo, el príncipe está sometido al derecho sacro. Pues sólo así puede transmitirse la legitimidad de ese derecho al poder profano. De este respeto transido de "pietas" ante un orden jurídico intangible recibe su legitimación el ejercicio del poder político. Pero al mismo tiempo, el príncipe, que está situado en la cúspide de una administración organizada por cargos, hace también uso del derecho como un medio que otorga a sus mandatos, por ejemplo en forma de edictos, un carácter obligatorio para todos. Por este lado, el derecho como medio del ejercicio del poder burocrático sólo puede cumplir, empero, funciones de orden, mientras mantenga, por el otro, en forma de tradiciones jurídicas sacras, su carácter no instrumental, ese carácter que lo sitúa por encima del príncipe y que éste ha de respetar en su jurisprudencia. Entre esos dos momentos, el del carácter no instrumental del derecho que se presupone en la regulación judicial de los conflictos, y el carácter instrumental del derecho puesto al servicio de un determinado orden político, se da una indisoluble tensión. Esa tensión permanece oculta mientras no se ataque a los fundamentos sacros del derecho, y el pedestal que representa el derecho consuetudinario consagrado por la tradición se mantenga firmemente anclado en la práctica cotidiana.[i]

2. Pues bien, si se parte de que en las sociedades modernas cada vez pueden cumplirse menos estas dos condiciones, puede uno explicarse la positivación del derecho como una reacción a tales cambios.[ii] A medida que las imágenes religiosas del mundo se disuelven en convicciones últimas de tipo subjetivo y privado y las tradiciones de derecho consuetudinario quedan absorbidas por el derecho de especialistas que hacen un *usus modernus* de él, queda rota la estructura trimembre del sistema jurídico. El derecho se reduce a una sola dimensión y sólo ocupa ya el lugar que hasta entonces había ocupado el derecho

---

i   Cfr. Schlosser, *Grundzüge der neueren Privatrechtsgeschichte*, Heidelberg, 1982.

ii Este aspecto interno es pasado por alto por la interpretación funcionalista de este proceso de positivación; cfr. N. Luhmann, *Rechtssoziologie*, Opladen, 1983.

burocrático. El poder político del príncipe se emancipa de la vinculación al derecho sacro y se torna soberano. A él le compete la tarea de llenar por su propia fuerza, por medio de una legislación política, los huecos que deja tras de sí ese derecho natural administrado por teólogos. En adelante todo derecho tiene su fuente en la voluntad soberana del legislador político. Legislación, ejecución y aplicación de las leyes se convierten en tres momentos dentro de un proceso circular único, gobernado políticamente; y lo siguen siendo, aun después de diferenciarse institucionalmente en poderes del Estado.

Con ello cambia la relación que guardaban entre sí aquellos dos momentos que eran el carácter sacro del derecho, por un lado, y la instrumentalidad del derecho, por otro. Cuando se han diferenciado suficientemente los papeles, y en ello radica el significado de la división de poderes, las leyes anteceden a la jurisprudencia. Pero, ¿puede un derecho político, que es susceptible de cambiarse a voluntad, irradiar todavía ese tipo de autoridad que irradiaba antaño el derecho sacro?, ¿mantiene el derecho positivo todavía un carácter obligatorio, cuando ya no puede recibir su autoridad de un derecho previo y superior, como sucedía antaño con el derecho burocrático en el sistema jurídico tradicional? A estas preguntas el positivismo jurídico ha dado siempre respuestas afirmativas.[i] En una variante, el derecho queda privado de su carácter normativo en general y queda definido exclusivamente en términos instrumentales: el derecho se considera exclusivamente como mandato de un soberano (Austin). Con ello desaparece aquel primer momento del derecho tradicional como un residuo metafísico. La otra variante del positivismo jurídico se atiene a la premisa de que el derecho sólo puede cumplir su función nuclear de regulación judicial de los conflictos mientras las leyes que se aplican mantengan un momento de aquella incondicionalidad que tenían antaño. Pero este momento sólo puede radicar ya en la forma del derecho positivo, no en contenidos recibidos del derecho natural (Kelsen). Desde este punto de vista, el sistema jurídico, separado de la política y de la moral, con la jurisprudencia o administración de justicia como núcleo institucional, es el único lugar que queda, en que el derecho puede mantener su forma por su propia fuerza y con ello su autonomía. En ambos casos el resultado es que de la garantía metasocial de validez jurídica que antaño había representado el derecho sacro, puede prescindirse sin necesidad de buscarle sustituto.

---

i   N. Hörster, *Recht und Moral*, Gotinga, 1972.

Pero los orígenes históricos, tanto del derecho tradicional como del derecho moderno, hablan contra esta tesis. Pues el derecho antecede al nacimiento del dominio políticamente organizado, es decir, del dominio estatalmente organizado, mientras que el derecho sancionado estatalmente o el poder estatal organizado jurídicamente, surgen simultáneamente en forma de dominación política.[i] Según todas las apariencias, es la evolución arcaica del derecho la que empieza posibilitando la aparición de un poder político, en la que el poder estatal y el derecho estatal se constituyen recíprocamente. En esta constelación es difícil imaginar que alguna vez el derecho pudiera ser absorbido totalmente por la política o quedar escindido por completo del sistema político. Además, puede mostrarse que determinadas estructuras de la conciencia moral jugaron un papel importante en la aparición de la simbiosis entre derecho y poder estatal. Un papel similar juega la conciencia moral en el tránsito del derecho tradicional al derecho positivo profano, asegurado por el monopolio estatal del poder y puesto a disposición del legislador político. Aquel momento de incondicionalidad que incluso en el derecho moderno constituye un contrapeso a la instrumentalización política del medio que es el derecho, se debe al entrelazamiento de la política y el derecho con la moral.

3. Esta constelación se establece por primera vez con la simbiosis entre derecho y poder estatal. En las sociedades tribales[ii] neolíticas operan típicamente tres mecanismos de regulación de los conflictos internos: las prácticas de autoauxilio (alianzas y venganzas de sangre), la apelación ritual a poderes mágicos (oráculos y duelos rituales) y la mediación arbitral como equivalente pacífico de la violencia y la magia. Pero tales mediadores carecen todavía de la competencia de decidir las disputas de las partes de forma vinculante y dotada de autoridad o de imponer sus decisiones incluso contra el juicio de las lealtades dictadas por el sistema de parentesco. Junto con esta característica de urgibilidad, se echan también en falta los tribunales de justicia y los procesos y procedimientos judiciales. Además, el derecho permanece todavía estrechamente hermanado con la costumbre y las representaciones religiosas, de suerte que apenas puede distinguirse entre fenómenos genuinamente jurídicos y otros fenómenos. La concepción de la justicia subyacente a todas las formas de regulación de los conflictos está entretejida con la interpretación mítica del mundo. La venganza,

---

i   Sobre lo que sigue, cfr. U. Wesel, *Frühformen des Rechts*, Frankfurt, (1984).

ii   Cfr. U Wesler, *loc. cit.*, págs. 329 y ss.

la represalia, la compensación sirven al restablecimiento de un orden perturbado. Este orden, construido de simetrías y reciprocidades, se extiende por igual tanto a las personas particulares y a los grupos de parentesco, como a la naturaleza y a la sociedad en conjunto. La gravedad de un delito se mide por las consecuencias del hecho, no por las intenciones del agente. Una sanción tiene el sentido de una compensación por el perjuicio surgido, no del castigo de un malhechor que se ha hecho culpable de la transgresión de una norma.

Estas ideas concretistas de justicia no permiten todavía una separación entre cuestiones de derecho y cuestiones de hecho. En los procedimientos jurídicos arcaicos confluyen juicios normativos, ponderación inteligente de intereses y afirmaciones relativas a hechos. Faltan conceptos como el de responsabilidad o imputabilidad y culpa. No se distingue entre propósito o intención y comportamiento descuidado. Lo que cuenta es el daño objetivamente causado. No existe separación entre derecho civil y derecho penal. Todas las transgresiones jurídicas son, en cierto modo, delitos que exigen se compensen los daños. Tales distinciones sólo resultan posibles cuando surge un nuevo concepto que revoluciona el mundo de representaciones morales. Me refiero al concepto de norma jurídica independiente de la situación, de una norma jurídica que está por encima tanto de las partes litigantes, como del juez imparcial, es decir, de una norma jurídica previa y que se considere vinculante para todos. En torno a este núcleo cristaliza lo que L. Kohlberg llama conciencia moral "convencional". Sin tal concepto de norma el juez sólo puede tratar de convencer a las partes de que lleguen a un compromiso. Para ello puede valerse del influjo que ejerce su prestigio personal, del influjo que ejerce su *status*, que puede deberse a la riqueza o a la edad. Pero le falta poder político. No puede apelar todavía a la autoridad de una ley que de forma impersonal obligue a todos ni a la conciencia moral de los implicados.[i]

Propongo el siguiente experimento mental: supongamos que antes de que haya surgido algo así como una autoridad estatal se desarrollan ideas jurídicas y morales convencionales (en el sentido de Kohlberg). Entonces un jefe, a la hora (por ejemplo) de resolver un conflicto, puede apoyarse ya en el carácter vinculante de normas jurídicas reconocidas, pero al carácter moralmente vinculante de su juicio no puede añadirle todavía el carácter fácticamente coercitivo de un potencial de sanción estatal. Y, sin embargo, su papel de jefe, que hasta ese momento

---

i   L. Posipil, *Anthropologie des Rechts. Recht und Gesellschaft in archaischen und modernen Kulturen*, Munich, 1982.

descansaba sobre su influjo y prestigio fácticos, puede sufrir un cambio importante. Tres secuencias son importantes en este escenario. Tal jefe, en tanto que protector de normas intersubjetivamente reconocidas, participará, en primer lugar, del aura del derecho que él administra. La autoridad normativa del derecho se transmitiría de la competencia de juez al poder de mando del jefe, poder de mando ligado a la competencia de juez por vía de identidad personal. El poder fáctico del influyente se transformaría entonces gradualmente en el poder dotado de autoridad normativa de alguien que puede dar órdenes y tomar decisiones colectivamente vinculantes. Pero para entonces se habría transformado también, en segundo lugar, la cualidad de las decisiones judiciales. Tras las normas jurídicas moralmente obligatorias, no estaría ya sólo la presión que en la vida cotidiana de una tribu se ejerce sobre los individuos para que se conformen a las normas, o el poder fáctico de una persona prominente, sino la sanción con que amenaza un príncipe dotado de poder político legítimo. Habría surgido así el modo de validez ambivalente que caracteriza al Derecho estatal, un modo de validez en que se funden reconocimiento y coerción. Pero con ello, y en tercer lugar, el poder político se habría hecho con un medio con cuya ayuda puede crear una organización de cargos y ejercer burocráticamente ese poder. Como medio de organización, el derecho recibe entonces, junto a su aspecto de incondicionalidad de derecho objetivo, también un aspecto instrumental.

Si bien estas consideraciones tienen también un contenido empírico,[i] lo que ante todo me importa es la aclaración de relaciones conceptuales. Sólo en las imágenes del mundo que se van haciendo cada vez más complejas se forma una conciencia moral de nivel convencional (siempre en el sentido de L. Kohlberg); sólo una conciencia ligada a normas ancladas en la tradición y moralmente obligatorias hace posible la transformación del poder fáctico en un poder normativo; sólo cuando se dispone de poder legítimo es posible imponer políticamente normas jurídicas; sólo el derecho coercitivo puede utilizarse para la organización del poder estatal; si se analiza en detalle este entrelazamiento de moral inserta en una imagen religiosa del mundo, poder jurídicamente legitimado y administración estatal organizada en forma jurídica, resulta clara la insostenibilidad de los dos conceptos positivistas de Derecho, a los que me he referido anteriormente.

---

i   K. Eder, *Die Entstehung staatlich organisierter Gesellschaften*, Frankfurt, 1976; J. Habermas, *Zur Rekonstruktion des historischen Materialismus*, Frankfurt, 1976.

4. La reducción de las normas jurídicas a mandatos de un legislador político implica que el derecho se disuelve, por así decirlo, en política. Pero con ello se descompone el concepto mismo de lo político. Pues, bajo tal premisa, la dominación política ya no puede entenderse como poder legitimado jurídicamente. Pues un derecho que queda totalmente al servicio del sistema político pierde su fuerza legitimante. En cuanto la legitimación se entiende como operación propia del sistema político, estamos abandonando *nuestros* conceptos de derecho y política. La misma consecuencia se sigue de la otra idea de que el derecho positivo podría mantener su autonomía por sus propias fuerzas, mediante las operaciones dogmáticas de un sistema judicial fiel a la ley, autonomizado frente a la política y a la moral. En cuanto la validez jurídica pierde toda relación moral (y, por tanto, toda relación que vaya más allá de la decisión del legislador) con los aspectos de justicia, se torna difusa la identidad del derecho mismo. Pues se pierden entonces los puntos de vista legitimadores bajo los que el sistema jurídico pudiera verse obligado a mantener una determinada estructura.

Si damos por sentado que las sociedades modernas no pueden renunciar al derecho (ni con el pseudónimo de "derecho" pueden sustituirlo por otro equivalente funcional, es decir, por una práctica de tipo completamente distinta) la positivación del derecho plantea un problema, incluso ya por razones conceptuales. Pues al derecho sacro desencantado -ya un derecho consuetudinario vaciado, que ha perdido su sustancia- hay que buscarle un equivalente que permita al derecho positivo mantener un momento de incondicionalidad. Se trata del equivalente que en el mundo moderno se desarrolló primero en forma de Derecho Natural Racional, el cual no sólo fue importante para la filosofía del derecho, sino que, en lo que a dogmática jurídica se refiere, tuvo una importancia directa para las grandes codificaciones y para la práctica judicial de desarrollo del derecho.[i]

En este contexto quisiera llamar la atención sobre dos puntos: *a)* en el Derecho Natural Racional se articula una etapa nueva, postradicional, de la conciencia moral, que liga el derecho moderno a principios y lo asienta sobre el terreno de una racionalidad procedimental; *b)* Unas veces fue la positivación del derecho como tal y otras la necesidad de fundamentación nacida de esa positivación lo que pasó a primer plano como fenómeno necesitado de explicación; correspondientemente, las teorías del contrato social se desarrollaron en direcciones opuestas. Pero en ninguno de los dos casos lograron establecer

---

i F. Wiaker, *Privatrechsgeschichte der Neuzeit*, Gotinga, 1969, 249 ss.

una relación plausible entre los momentos de incondicionalidad e instrumentalidad, que caracterizan al derecho.

    a. El Derecho Natural Racional reacciona al hundimiento del derecho natural basado en la religión y en la metafísica y a la "desmoralización" de una política interpretada crecientemente en términos naturalistas y guiada por intereses de autoafirmación. En cuanto el Estado monopolizador de la violencia logra, en su papel de legislador soberano, convertirse en fuente exclusiva del derecho, este derecho rebajado a medio de organización corre el riesgo de perder toda relación con la justicia y con ello su genuino carácter de derecho. Con la positividad de un derecho que se vuelve dependiente del soberano estatal, no desaparece la problemática de la fundamentación, sino que no hace más que desplazarse hacia la base ahora mucho más estrecha que representa una ética profana, de tipo postmetafísico y desligada de las imágenes religiosas del mundo.

    La figura más básica del derecho privado burgués es el contrato. La autonomía del contrato capacita a las personas jurídicas privadas para generar derechos subjetivos. Pues bien, en la idea del contrato social, esa figura de pensamiento es objeto de una interesante interpretación, para justificar moralmente el poder ejercido en forma de derecho positivo, para justificar moralmente la "dominación legal-racional" (en el sentido de Weber). Un contrato que cada individuo autónomo concluye con todos los demás individuos autónomos sólo puede tener por contenido algo que razonablemente redunde en el bien de cada uno. Por esta vía sólo resultan aceptables aquellas regulaciones que puedan contar con el asentimiento no forzado de todos. Esta idea básica delata que la razón del derecho natural moderno es esencialmente razón práctica, la razón de una moral autónoma. Esta exige que distingamos entre normas y principios y procedimientos justificatorios, procedimientos conforme a los cuales podamos examinar si las normas, a la luz de principios válidos, pueden contar con el asentimiento de todos.

    Con la idea de contrato social, al ponerse en juego tal procedimiento para la justificación de los órdenes políticos organizados jurídicamente, el derecho positivo queda sometido a principios morales. Desde la perspectiva de una lógica evolutiva (en el sentido de Piaget) resulta obvia la hipótesis de que en el tránsito a la modernidad es de nuevo un cambio de la conciencia moral el que marca la pauta a la evolución del derecho.

b. El Derecho Natural Racional aparece en versiones distintas. Autores como Hobbes se sienten más bien fascinados por el fenómeno de que el derecho puede cambiarse a voluntad; autores como Kant se sienten fascinados por el *déficit* de fundamentación de ese nuevo derecho que se ha vuelto positivo. Como es sabido, Hobbes desarrolla su teoría bajo premisas que privan tanto al derecho positivo como al poder político de todas sus connotaciones morales; el derecho establecido por el soberano ha de arreglárselas sin un equivalente racional del derecho sacro desencantado. Pero, naturalmente, al desarrollar una teoría que no hace sino ofrecer a sus destinatarios un equivalente racional de aquel derecho sacro, Hobbes se ve envuelto en una contradicción realizativa (en el sentido que da a esta expresión K.-O. Apel). El contenido manifiesto de su teoría, que explica cómo el derecho totalmente positivado funciona de forma ajena a toda moral, cae en contradicción con el papel *pragmático* de la misma teoría, que trata de explicar a sus lectores por qué podrían tener buenas razones como ciudadanos libres e iguales para decidir someterse a un poder estatal absoluto.

Kant hace después explícitos los supuestos normativos que la teoría de Hobbes lleva implícitos y desarrolla desde el principio su teoría del derecho en el marco de la teoría moral. El principio general del derecho, que objetivamente subyace a toda legislación, resulta para Kant del imperativo categórico. De este principio supremo de la legislación se sigue a su vez el derecho subjetivo originario de cada uno a exigir de todos los demás miembros del sistema jurídico el respeto a su libertad en la medida en que esa libertad se pueda poner en concordancia con la igual libertad de todos conforme a leyes generales.

Mientras que para Hobbes el derecho positivo es, en última instancia, un medio de organización del poder político, para Kant cobra un carácter esencialmente moral. Pero tampoco en estas versiones más maduras logra el Derecho Natural Racional resolver la tarea que él mismo se propone de explicar racionalmente las condiciones de legitimidad de la dominación legal. Hobbes sacrifica la incondicionalidad del derecho a su positividad, en Kant el derecho natural o moral, deducido a *priori* de la razón práctica, cobra tal predominio, que el derecho amenaza con disolverse en moral: el derecho queda rebajado a un modo deficiente de moral.

Kant inserta de tal suerte el momento de incondicionalidad en los fundamentos morales del derecho que el derecho positivo queda subsumido bajo el Derecho Natural Racional. En ese derecho, integralmente prejuzgado por el Derecho Natural Racional, no queda espacio alguno para el aspecto instrumental del derecho, del que el legislador político ha de servirse en las tareas de dirección que le competen. Tras hundirse el baldaquino del derecho natural cristiano, no quedan sino las columnas que representan una política interpretada en términos naturalistas, por un lado, y un derecho sustentado por el poder de decisión política, por otro. Kant reconstruye el edificio destruido procediendo a una simple sustitución: el Derecho Natural Racional, fundamentado en términos autónomos, es el encargado de ocupar el puesto vacante que había dejado el derecho natural de tipo religioso y metafísico. Con ello, en comparación con la estructura trimembre del derecho tradicional, cambia ciertamente la función mediadora de la jurisprudencia o administración de justicia, que había transmitido la legitimación sacra al príncipe y a su dominación burocrática; ahora la jurisprudencia queda por debajo del legislador político y se limita a administrar los programas de éste. Pero ahora, los poderes del Estado, en sí diferenciados, quedan bajo la sombra de una *res publica noumenon* deducida a partir de la *Razón*, que debe encontrar en la *res publica phainomenon* una reproducción lo más fiel posible. La positivación del derecho, en tanto que realización de principios del Derecho Natural Racional, queda sometida a los imperativos de la razón. Pero si la política y el derecho pasan a desempeñar el papel subordinado de órganos ejecutores de las leyes de la razón práctica, la política pierde su competencia legisladora y el derecho su positividad. De ahí que Kant tenga que recurrir a las premisas metafísicas de su doctrina de los "dos reinos" para distinguir entre sí, de forma altamente contradictoria, legalidad y moralidad.[i]

3
La sustitución del Derecho Natural Racional por la idea de Estado de Derecho

1. El Derecho Natural Racional no sólo se abandonó por razones filosóficas. La situación que ese derecho trataba de interpreter se hizo tan compleja que le resultó inabarcable. Muy pronto quedó claro que la

---

i   W. Kersting, *Wohlgeordnete Freiheit*, Berlín, 1984, 16 ss.

dinámica de una sociedad integrada a través de mercados ya no podía quedar captada en los conceptos normativos del derecho ni mucho menos podía deternérsela en el marco de un sistema jurídico proyectado a *priori*. Toda tentativa de deducir de principios supremos, de una vez por todas, los fundamentos del derecho privado y del derecho público, tenía que fracasar ante la complejidad de la sociedad y de la historia. Las teorías del contrato social – y no solamente las idealistas entre ellas – estaban planteadas en términos demasiado abstractos. No habían reflexionado sobre los supuestos sociales de su *individualismo posesivo*. No se habían confesado a sí mismas que las instituciones básicas del derecho privado, que son la propiedad y el contrato, así como los derechos subjetivo-públicos de protección frente al Estado democrático sólo podían prometer justicia bajo las condiciones de una ficticia economía de pequeños propietarios. Simultáneamente, las teorías del contrato social, y no solamente las que procedían en términos apriórricos, estaban planteadas en términos demasiado concretistas. No se habían percatado de la alta movilidad de la situación social y habían subestimado la presión adaptativa que ejerce el crecimiento capitalista y en general la modernización social.

En Alemania el contenido moral del derecho natural quedó separado de la teoría del derecho y fue primero proseguido por las vías paralelas que representan la dogmática del derecho privado y la idea de Estado de Derecho, para quedar después vaciado en términos positivistas en el curso del siglo XIX. Desde el punto de vista de la ciencia jurídica el derecho se agotaba en lo esencial en el código civil administrado por juristas. Aquí, en el sistema del derecho privado mismo, no por parte de un legislador democrático, habían de quedar asegurados los contenidos morales del derecho.[i] F. C. von Savigny, que construyó la totalidad del derecho privado como un edificio de derechos subjetivos, opinaba, siguiendo a Kant, que la forma del derecho subjetivo es en sí misma moral. Los derechos subjetivos generales delimitan ámbitos de autonomía privada y garantizan la libertad individual por vía de facultades individuales. La moralidad del derecho consiste en que "a la voluntad individual se le señala un ámbito en el que puede dominar con independencia de toda voluntad extraña".[ii] Pero con el desarrollo fáctico del derecho quedó claro que los derechos subjetivos son algo

---

i   H. Coing, "Das Verhältnis der positiven Rechtswissenschaft zur Ethik im 19. Jahrhundert", en: K. Blühdorn/ J. Ritter (eds.), *Recht und Freiheit*, Frankfurt, 1970, 11 ss.

ii F. C. von Savigny, *System des heutigen Römisches Rechts*, I (1940), 333.

secundario frente al derecho objetivo y que ni siquiera son capaces de ofrecer la base conceptual para el sistema del derecho privado. El concepto de derecho subjetivo es objeto entonces de una reinterpretación positivista y queda purificado de todas sus asociaciones normativas. Según la definición de B. Windscheid los derechos subjetivos se limitan a transformar los mandatos del orden jurídico objetivo en facultades de sujetos jurídicos individuales.

Una evolución paralela puede constatarse en la evolución de la idea de Estado de Derecho, que Kant, notémoslo bien, sólo había introducido bajo reservas hipotéticas. Los teóricos alemanes del siglo XIX están interesados ante todo en domesticar en términos constitucionales el poder administrativo de los monarcas. Möhl y Welker todavía defienden en el *Vormärz* que las leyes abstractas y generales son el medio apropiado para fomentar por igual en todos los ciudadanos "el desarrollo más multilateral posible, y racional, de todas las fuerzas espirituales y corporals".[i] Pero tras la fundación del Reich, Gerber y Laband desarrollan ya la teoría de la ley, como mandato del soberano, de una instancia legisladora no ligada en lo que a contenidos se refiere. Es este concepto positivista de ley el que, finalmente, los constitucionalistas progresistas de la República de Weimar, tales como Heller, suponen al legislador parlamentario: "En el Estado de Derecho se llaman leyes sólo las normas jurídicas dictadas por la asamblea legislativa y todas las normas jurídicas dictadas por la asamblea legislativa".[ii]

Me he detenido a recordar este desarrollo, que no es un desarrollo del que pueda decirse que sea típicamente alemán, porque en él la erosión que experimenta ese concepto de ley moralizado en términos de Derecho Natural Racional, puede explicarse desde la doble perspectiva del especialista en dogmática jurídica y del juez, por un lado, y del legislador, poco a poco parlamentarizado, por otro. En los países anglosajones, en que la idea de Estado de Derecho se desarrolló desde el principio como "rule of law" en consonancia con los desarrollos democráticos, el proceso judicial equitativo (*fair and due process*) fue el modelo de interpretación unitaria que se aplicó a la legislación a la vez que a la jurisprudencia o administración de justicia. En Alemania, la destrucción positivista del Derecho Natural Racional se efectuó por dos caminos separados. Ciertamente que tanto en la

---

i   Cfr. I. Mauss, "Entwicklung und Funktionswandel des bürgerlichen Rechtstaat", en: M. Tohidipur (ed.), *Der bürgerliche Rechtstaat*, I, Frankfurt, 1978, 13 ss.

ii   H. Heller, *Ges. Schriften*, II, Leiden, 1971, 226.

dogmática del derecho privado como en la teoría del derecho constitucional queda desmentida la construcción de Kant, conforme a la cual política y derecho quedaban sometidos a los imperativos morales del Derecho Natural Racional -pero ello por una doble vía, a saber: desde el punto de vista del sistema judicial, por un lado, y desde el punto de vista del legislador político, por otro. De ahí que a aquellos que, tras el hundimiento de la construcción que representó el Derecho Natural Racional, tampoco quedaron muy convencidos por la alternativa que representaba el positivismo jurídico, el *mismo* problema se les presentará de forma distinta por ambos lados.

Al problema se le puede dar en términos generales la siguiente versión. Por un lado, los fundamentos morales del derecho positivo no pueden explicarse en forma de un Derecho Natural Racional superior. Por otro lado, tampoco se los puede liquidar sin sustituirlos, so pena de privar al derecho de ese momento de incondicionalidad del que esencialmente necesita. Pero entonces hay que mostrar cómo en el interior del derecho positivo mismo puede estabilizarse el punto de vista moral de una formación imparcial del juicio y de la voluntad. Para satisfacer esta exigencia no basta con que determinados principios morales del Derecho Natural Racional queden positivados como contenidos del derecho constitucional. Pues de lo que se trata es precisamente de la contingencia de los contenidos de un derecho que puede cambiarse a voluntad. La moralidad integrada en el derecho positivo ha de tener más bien la fuerza trascendendora de un procedimiento que se regula a sí mismo, que controla su propia racionalidad.

2. Bajo la presión de este problema, aquellos sucesores de Savigny que no querían darse por contentos con la interpretación positivista de los derechos subjetivos trataron de convertir al derecho científico de los juristas en fuente de legitimación. Savigny, en su teoría de las fuentes del derecho, había asignado aun a la justicia y a la dogmática jurídica la tarea todavía modesta y derivada de "poner en forma científica ante la conciencia, y de exponer, el derecho positivo procedente de la costumbre y la legislación".[i] En cambio, G. F. Puchta sostiene a fines de siglo la idea de que la producción del derecho no ha de ser sólo asunto del legislador político, pues de otro modo el Estado no se fundaría en "derecho", es decir, no podría ser Estado de Derecho. Antes bien, compete a la justicia, yendo más allá del derecho vigente, la tarea productiva de una prosecución y complementación constructivas del

---

i   F. C. von Savigny, *Allgemeine Natur der Rechtsquellen* (1840), 44.

derecho vigente, dirigidas por principios.[i] Este derecho de los jueces habría de obtener del método científico de fundamentación, es decir, de los argumentos de una jurisprudencia que procede científicamente, esa autoridad independiente que Puchta quiere atribuirle. Ya Puchta ofrece un punto de apoyo para una teoría, que, desde la perspectiva de la jurisprudencia, hace derivar de una racionalidad procedimental inserta en el propio discurso jurídico los fundamentos legitimadores de la legalidad.

Desde la perspectiva del legislador, resulta obvia una interpretación análoga, aun cuando la discusión parlamentaria se enderece directamente a la formación de compromisos y no, como el discurso jurídico, a una fundamentación científicamente disciplinada de los juicios. También por este lado se planteó para aquellos que no podían conformarse con el positivismo democrático de la ley la cuestión de sobre la base de qué razones pueden pretender legitimidad las leyes producidas por mayorías parlamentarias. Ya Kant, siguiendo el concepto de autonomía de Rousseau, había dado un primer paso para destacar en el procedimiento de la legislación democrática misma el punto de vista moral de la imparcialidad. Como es sabido, Kant convierte en piedra de toque de la juridicidad de cada ley pública el criterio de si podría haber surgido de la "voluntad unida de un pueblo".[ii] Ciertamente que el propio Kant contribuyó a que en seguida se confundieran dos significados diversos de "universalidad" o "generalidad" de la ley: la generalidad o universalidad semántica de la ley abstractamente general vino a sustituir a aquella generalidad procedimental que caracteriza a la ley producida democráticamente como expresión de "la voluntad unida del pueblo".

En Alemania, en donde la discusión sobre teoría de la democracia sólo revivió en los años veinte de este siglo, esta confusión tuvo dos desafortunadas consecuencias. Por un lado, se pasó por alto el prolijo *onus probandi* que asume una teoría de la democracia, planteada en términos procedimentales, *onus probandi* que aún hoy está por desempeñar. En primer lugar habría que mostrar en términos de teoría de la argumentación cómo en la formación de la voluntad parlamentaria del legislador se compenetran discursos relativos a objetivos políticos y discursos relativos a fundamentaciones morales con el control jurídico de las normas. En segundo lugar, habría que aclarar en qué se distingue un acuerdo alcanzado argumentativamente de un compromiso negociado y cómo el punto de vista moral se hace valer

---

i   G. H. Puchta, *Vom Recht* (1841), 52 ss.

ii   I. Kant, *Grundlegung der Metaphysik der Sitten*.

a su vez en las condiciones que han de cumplir los compromisos para poder ser considerados "fair". Y en tercer lugar, y sobre todo, habría que reconstruir cómo habrían de institucionalizarse por vía de procedimientos jurídicos la imparcialidad de las decisiones del legislativo; empezando por la regla de la mayoría, pasando por las reglas que rigen las discusiones parlamentarias, hasta el derecho electoral y, la formación de la opinión pública en el espacio público político. Este análisis habría de dejarse guiar por un modelo que expusiese la conexión que se da entre los presupuestos necesarios de la comunicación, relativos a la formación discursiva de las decisiones colectivas, y una negociación de intereses que pueda considerarse "fair". Sólo sobre este trasfondo podría analizarse críticamente el sentido normativo y la práctica efectiva de tales procedimientos.[i]

Pero además esa confusión de generalidad procedimental y generalidad semántica de las leyes dictadas por el parlamento tuvo como consecuencia que se pasara por alto la problemática autónoma de la aplicación del Derecho. Aun cuando la racionalidad procedimental (una racionalidad plena de contenidos morales) del legislativo quedara suficientemente asegurada institucionalmente, las leyes (se trate o no del derecho regulador que caracteriza al Estado Social) no tienen nunca una forma semántica tal que de ella resulte una determinación que sólo deje al juez una aplicación algorítmica. Como demuestra la hermenéutica filosófica,[ii] las operaciones interpretativas en la aplicación de las reglas comportan siempre operaciones constructivas que desarrollan el Derecho. De ahí que el problema de la racionalidad procedimental se plantee de nuevo de forma distinta para la práctica de las decisiones judiciales y para la dogmática jurídica.

En los procedimientos legislativos, esta moralidad emigrada al Derecho positivo puede imponerse por vía de que los discursos sobre objetivos políticos queden sometidos a las restricciones del principio de que sean susceptibles de asentimiento general, es decir, a las restricciones del punto de vista moral que hemos de respetar cuando se trata de *fundamentar* normas. Pero en una *aplicación* de normas, que resulte sensible al contexto, la imparcialidad del juicio no queda ya asegurada porque nos preguntemos qué es lo que todos podrían querer, sino preguntándonos si se han tenido adecuadamente en cuenta todos los aspectos relevantes de una situación dada. Antes de poder decidir

---

i   U. Neumann, *Juristiche Argumentationslehre, Darmstadt*, 1986, 70 ss.

ii   J. Esser, *Vorverständnis und Methodenwahl in der Rechtsfindung*, Frankfurt, 1972.

qué normas, que a veces pueden colisionar entre sí y por tanto han de jerarquizarse a la luz de principios, han de aplicarse a un caso, hay que aclarar si la descripción de la situación es adecuada y completa en lo tocante a los intereses afectados. Como ha demostrado Klaus Günther,[i] en los contextos de fundamentación de normas la razón práctica se hace valer examinando si los intereses son *susceptibles de universalización*, y en los contextos de aplicación de normas, examinando si se han tenido en cuenta de forma *adecuada* y *completa* todos los contextos relevantes a la luz de reglas que pueden colisionar entre sí. Y esto es lo que han de materializar los procedimientos jurídicos que hayan de institucionalizar la imparcialidad de la administración de justicia.

3. A lo que apunto con estas consideraciones es a la idea de un Estado de Derecho, con división de poderes, que extrae su legitimidad de una racionalidad que garantice la imparcialidad de los procedimientos legislativos y judiciales. Con ello no se habría obtenido otra cosa que un estándar crítico para el análisis de la realidad constitucional. Y sin embargo, esa idea no se limita a oponerse abstractamente (en un impotente deber-ser) a una realidad que tan poco corresponde a ella. Antes bien, la racionalidad procedimental, emigrada ya parcialmente al derecho positivo constituye (tras el hundimiento del Derecho Natural Racional) la única dimensión que queda en que puede asegurarse al derecho positivo un momento de incondicionalidad y una estructura sustraída a ataques contingentes.

4
La racionalidad de los procedimientos institucionalizados jurídicamente: cuestiones preliminares

1. Para que en sociedades de nuestro tipo pueda ser posible una legitimidad mediante legalidad, la fe en la legalidad, que ya no puede contar con las certezas colectivas que antaño habían proporcionado la religión y la metafísica, tiene que apoyarse en cierto sentido en la "racionalidad" del derecho. Pero tampoco se ha confirmado la suposición de Max Weber de que la base de la fuerza legitimadora de la legalidad es una racionalidad autónoma, exenta de moralidad, inmanente al

---

i   K. Günther, "Das Prinzip der Unparteilichkeit und die funktionale Bestimmtheit des Rechts" (Ms 1986).

derecho como tal. Una dominación ejercida en las formas del derecho positivo, obligadas siempre a justificarse, debe su legitimidad al contenido moral implícito de las cualidades formales del derecho. Pero el formalismo del derecho no debe pensarse en términos excesivamente concretistas ligados a determinados rasgos semánticos, sino que la fuerza legitimadora la tiene los procedimientos que institucionalizan exigencias y requisitos de fundamentación y justificación y la vía por la que se procede al desempeño argumentativo de tales exigencias y requisitos. La fuente de legitimación no debe buscarse tampoco en una sola dirección. No ha de buscarse sólo en un lugar, sea el legislador político o la administración de justicia. Pues bajo las condiciones de una política ligada a las obligaciones del Estado Social, ni siquiera el legislador democrático más cuidadoso puede ligar a la justicia y a la administración mediante la forma semántica de la ley; pues no es posible prescindir del derecho regulatorio ligado al Estado Social. Acerca del núcleo racional (en sentido práctico-moral) de los procedimientos jurídicos, sólo cabe decidir cuando se analiza cómo a través de la idea de imparcialidad, tanto la fundamentación de las normas como la aplicación de regulaciones vinculantes establecen una conexión constructiva entre el Derecho vigente, los procedimientos legislativos y los procedimientos de aplicación del Derecho. Esta idea de imparcialidad constituye el núcleo de la razón práctica. Si dejamos por el momento a un lado el problema de la *aplicación* imparcial de las normas, la idea de imparcialidad nos aparece desplegada, desde el aspecto sobre todo de *fundamentación* de las normas, en las teorías de la moral y las teorías de la justicia que proponen un procedimiento para poder enjuiciar las cuestiones prácticas desde un punto de vista moral. La racionalidad de tal procedimiento puro, previo a toda institucionalización, se mide viendo si en él el *moral point of view*, queda articulado de forma adecuada.

En la actualidad veo *tres candidatos serios* para tal teoría procedimental de la justicia. Los tres vienen de la tradición kantiana, pero se distinguen por los modelos a que recurren para explicar el procedimiento de toma imparcial de decisiones colectivas.[i] John Rawls sigue partiendo del modelo del contrato social e inserta en la descripción de la "posición original" las restricciones normativas bajo las que el egoísmo racional de las partes libres e iguales acaba conduciendo a

---

i   J. Habermas, "Gerechtigkeit und Solidarität", en W. Edelstein G. Nunner (eds.), *Bestimmung der Moral*, Frankfurt, 1986.

la elección de principios normativamente correctos.[i] La "fairness" de los resultados viene asegurada por el procedimiento por el que esos resultados se obtienen. L. Kohlberg utiliza, en vez de eso, el modelo de G. H. Mead de la reciprocidad de perspectivas entrelazadas entre sí. En vez de una "posición original" idealizada, tenemos una asunción ideal de rol *(ideal role-taking)* que exige del sujeto que juzga moralmente ponerse en lugar de todos aquellos que se verían afectados por la entrada en vigor de la norma en cuestión.[ii] A mi juicio, ambos modelos tienen la desventaja de que no hacen del todo justicia a la pretensión cognitiva de los juicios morales. En el modelo del contrato nuestras convicciones morales quedan *asimiladas* a decisiones de elección racional, y en el modelo de la "asunción de rol" a ejercicios empáticos de comprensión. De ahí que K.-O. Apel y yo hayamos propuesto entender la argumentación moral misma como el procedimiento adecuado de formación de una voluntad racional. El examen de pretensiones de validez hipotéticas representa tal procedimiento porque quien quiere argumentar seriamente ha de estribar en las suposiciones idealizantes que comporta una forma de comunicación tan exigente como es el discurso práctico. Todo participante en una práctica argumentativa tiene que suponer pragmáticamente que en principio todos cuantos pudieran verse afectados podrían participar como iguales y libres en una búsqueda cooperativa de la verdad en la que la única coerción que puede hacerse es la coerción sin coerciones que ejercen los buenos argumentos.[iii]

No voy a entrar aquí en las discusiones acerca de teoría moral. En nuestro contexto nos basta constatar que existen candidatos serios para una teoría procedimental de la justicia. Pues sin tal constatación quedaría en el aire mi tesis de que el derecho procedimentalizado y la fundamentación moral de principios remiten el uno al otro. La legalidad sólo puede engendrar legitimidad en la medida en que el orden jurídico reaccione reflexivamente a la necesidad de fundamentación surgida con la positivación del Derecho, y ello de suerte que se institucionalicen procedimientos jurídicos de fundamentación que sean permeables a los discursos morales.

---

i   J. Rawls, *A Theory of Justice*, Oxford, 1972.

ii   L. Kohlberg, *The Philosophy of Moral Development*, San Francisco, 1981.

iii   J. Habermas, *Moralbewusstsein und kommunikatives Handeln*, Frankfurt, 1983.

2. Sin embargo, no deben confundirse los límites entre derecho y moral. Los procedimientos que ofrecen las teorías de la justicia para explicar cómo puede entenderse algo desde un punto de vista moral sólo tienen en común con los procedimientos jurídicamente institucionalizados el que la racionalidad del procedimiento ha de garantizar la «validez» de los resultados obtenidos conforme a tales procedimientos. Pero los procedimientos jurídicos cumplen aproximativamente las exigencias de una racionalidad procedimental perfecta porque quedan ligados a criterios institucionales y a criterios independientes, recurriendo a los cuales puede establecerse desde la perspectiva de un no implicado si una decisión se produjo o no conforme a Derecho. El procedimiento que representan los discursos morales, es decir, los discursos no jurídicamente regulados, no cumplen esta condición. Aquí la racionalidad procedimental es imperfecta o incompleta. La cuestión de si se ha enjuiciado algo desde un punto de vista moral es algo que sólo puede decidirse desde la perspectiva de los participantes, pues aquí no hay criterios externos o previos. Ninguno de estos procedimientos puede prescindir de idealizaciones, si bien éstas – como ocurre en el caso de los presupuestos de la práctica de la argumentación – no tienen alternativa alguna, es decir, resultan inevitables en el sentido de una necesidad trascendental débil.

Por otro lado, son precisamente las debilidades de una racionalidad procedimental imperfecta de este tipo las que desde puntos de vista funcionales explican por qué determinadas materias necesitan de una regulación jurídica y no pueden dejarse a reglas morales de corte postradicional. Sea cual fuere el procedimiento conforme al que hemos de juzgar si una norma podría encontrar un asentimiento no coaccionado, es decir, racionalmente motivado, de todos los posibles afectados, tal procedimiento no garantiza ni la infalibilidad, ni la univocidad ni la obtención del resultado en el plazo deseado. Una moral autónoma sólo dispone de procedimientos falibilistas de fundamentación de las normas. Este alto grado de indeterminación cognitiva se ve además reforzado porque una *aplicación* (que resulte sensible al contexto) de reglas sumamente abstractas a situaciones complejas -que hay que describir de la forma más adecuada posible y de la forma más completa posible en lo que se refiere a sus aspectos relevantes- entraña además una incertidumbre estructural adicional.[i] A esta debilidad cognitiva responde una debilidad motivacional. Toda moral postradicional exige un distanciamiento respecto de las evidencias de las formas de vida

---

i   K. Günther, *loc. cit.*

en las que aproblemáticamente uno ha crecido. Y tales convicciones morales desconectadas de la eticidad concreta de la vida cotidiana no llevan sin más consigo la fuerza motivacional necesaria que haga también efectivos en la práctica los juicios morales. Cuanto más se interioriza la moral y cuanto más autónoma se vuelve, más se retira al ámbito de lo privado. De ahí que en todos aquellos ámbitos de acción en que los conflictos, los problemas funcionalmente importantes, y las materias de importancia social exigen tanto una regulación unívoca como a plazo fijo, y vinculante, sean las normas jurídicas las encargadas de resolver las inseguridades que se presentarían si todos esos problemas se dejasen a la regulación puramente moral del comportamiento. La complementación de la moral por un derecho coercitivo puede justificarse, pues, moralmente.

Apel habla en este contexto del problema de qué puede en definitiva exigirse en el contexto de una ética universalista, que como tal ha de ser por fuerza una ética exigente.[i] Pues, incluso las normas moralmente bien fundadas sólo son exigibles en la medida en que aquéllos que ajusten a ellas su comportamiento puedan esperar que también los otros se comporten de conformidad con esas normas. Pues sólo a condición de una observancia de las normas practicada por todos, cuentan las razones que pueden aducirse para la justificación de tales normas. Pues bien, como de las convicciones morales no cabe esperar que cobren para todos los sujetos una obligatoriedad que en todos los casos las haga efectivas en la práctica, la observancia de tales normas sólo es exigible (si nos situamos en la perspectiva de lo que Weber llamaba una ética de la responsabilidad) si cobran obligatoriedad jurídica.

Rasgos importantes del derecho positivo se tornan comprensibles si entendemos el derecho desde este punto de vista de una compensación de las debilidades de una moral autónoma. Las expectativas de comportamiento jurídicamente institucionalizadas cobran *fuerza vinculante* mediante su acoplamiento con el poder de sanción estatal. Se extienden a aquello que Kant llamaba aspecto externo de la acción; no a los motivos e intenciones, para los que no se puede forzar a nadie. La *administración profesional* del derecho fijado por escrito, público y sistemáticamente configurado, exonera a las personas jurídicas privadas de los costes que se exigen del individuo cuando se trata de la solución moral de los conflictos de acción. Finalmente, el Derecho

---

i   K. O. Apel. "Kann der postkantische Standpunkt der Moralität noch eimal in subtantielle Sittlichkeit aufgehoben werden?", en: W, Kuhlmann (ed.). *Moralität und Sittlichkeit*, Frankfurt, 1986.

positivo debe sus *rasgos convencionales* a la circunstancia de que es puesto en vigor por las decisiones de un legislador político y de que, en principio, es cambiable a voluntad.

Esta dependencia del derecho respecto de la política explica también el carácter instrumental del derecho. Mientras que las normas morales son fines en sí, las normas jurídicas son también medios para objetivos políticos. Pues no sólo sirven, como ocurre en el caso de la moral, para la solución imparcial de los conflictos de acción, sino también para la puesta en práctica de programas políticos. Los objetivos colectivos y las medidas políticas que los traducen a la práctica deben su fuerza vinculante a su forma jurídica. En este aspecto, el derecho se sitúa entre la política y la moral; y correspondientemente, como ha mostrado Dworkin, en el discurso jurídico los argumentos relativos a interpretación de las leyes, en el caso de aplicación de éstas, se unen tanto con argumentos relativos a objetivos políticos, como con argumentos relativos a justificaciones morales.

3. La cuestión de la legitimidad de la legalidad ha hecho que en nuestras consideraciones quedara hasta ahora en primer plano el tema "derecho y moral". Hemos aclarado cómo se complementan mutuamente un derecho exteriorizado en términos convencionales (siempre en el sentido que a esta expresión da L. Kohlberg) y una moral interiorizada. Pero más que esta relación de complementariedad nos interesa el simultáneo entrelazamiento de derecho y moral. Este se produce porque en el Estado de Derecho se hace uso del derecho positivo como medio para distribuir cargas de argumentación e institucionalizar vías de fundamentación y justificación, que se hallan abiertas en dirección a argumentaciones morales. La moral ya no flota sobre el derecho (como todavía sugiere la construcción del Derecho Natural Racional) como un conjunto suprapositivo de normas. Emigra al interior del derecho positivo, pero sin agotarse en derecho positivo. Mas esta moralidad que no solamente se enfrenta al derecho, sino que también queda atada al derecho mismo es de naturaleza puramente procedimental. Se ha desembarazado de todo contenido normativo determinado y ha quedado sublimada en un procedimiento de fundamentación de contenidos normativos posibles. Así, un derecho procedimental y una moral procedimentalizada pueden controlarse *mutuamente*. En los discursos jurídicos el tratamiento comunicativo de cuestiones práctico-morales queda, por así decirlo, domesticado por vía de institucionalización jurídica; ese tratamiento viene limitado, en lo que a método se refiere, por la vinculación al derecho vigente; en la dimensión objetiva viene limitado en lo tocante a temas y cargas de la prueba; en la

dimensión social viene limitado en lo tocante a presupuestos de participación y a inmunidades y distribución de papeles; y en la dimensión del tiempo, en lo tocante a plazos de decisión. Pero, a la inversa, también la argumentación moral queda institucionalizada como un procedimiento abierto, que obedece a su propia lógica y controla así su propia racionalidad. La estructuración jurídica no penetra en el interior de la argumentación de modo que ésta quede atascada en los límites del derecho positivo. El derecho mismo deja en franquía y estimula una dinámica de fundamentación y justificación, que también puede llegar a trascender la letra del derecho vigente, de forma no previsible por éste.

Naturalmente, que a esta concepción habría que diferenciarla atendiendo a los diversos contextos que representan los discursos que se producen en las ciencias jurídicas, en los tribunales de justicia por parte de los jueces y por parte de los abogados, o también atendiendo a los diversos ámbitos de temas, desde las cuestiones próximas a la moral hasta cuestiones puramente técnicas. Entonces, la correspondiente práctica de toma de decisiones podría reconstruirse también desde el punto de vista de hasta qué punto los procedimientos jurídicos dejan espacio para la lógica de la argumentación o distorsionan sistemáticamente el juego argumentativo mediante restricciones en que implícitamente se hacen valer coacciones externas. Naturalmente que tales efectos no solamente se reflejan en las regulaciones relativas a procedimientos jurídicos, sino también en el modo como tales regulaciones se llevan a la práctica. A veces se da una clase especial de argumentos que se presta muy bien a tal reconstrucción; en la práctica de decisiones judiciales es fácil, por ejemplo, someter a ese tipo de reconstrucción las fundamentaciones de las sentencias que ponen entre paréntesis puntos de vista normativos para sustituirlos por argumentos relativos a imperativos funcionales que se dan por supuestos. Precisamente en tales ejemplos queda claro que la justicia y el sistema jurídico reaccionan ciertamente a la sociedad, pero que no son autónomos frente a ella. La cuestión de si hay que someterse a imperativos sistémicos, bien sea de la economía o del aparato estatal mismo, incluso cuando tales imperativos quebrantan o merman principios bien fundados, no es algo que en última instancia se decida en los tribunales de justicia, tampoco en el espacio público jurídico, sino en las luchas políticas acerca del trazado de límites entre sistema y mundo de la vida.

Ahora bien, hemos visto que la fuerza legitimadora, que tiene su asiento en la racionalidad de los procedimientos jurídicos, no sólo se comunica a la dominación legal a través de las normas procedimentales de la jurisprudencia o administración de justicia, sino en mayor grado aún a través de los procedimientos del poder legislativo democrático: Que los procedimientos parlamentarios puedan tener un núcleo racional en sentido práctico moral, no es algo que a primera vista resulte tan plausible. Pues todo parece reducirse a la adquisición de poder político y a una competición (regida por ese poder) de intereses en pugna, de suerte que las discusiones parlamentarias serían accesibles a lo sumo a un análisis empírico, pero no a una reconstrucción crítica conforme al modelo de una negociación "fair" de compromisos, ni mucho menos de una formación discursiva de la voluntad colectiva. En este lugar no puedo ofrecer ningún modelo satisfactorio. Pero sí quiero subrayar la existencia de toda una serie de teorías de la constitución, centradas en torno a la idea del proceso que la constitución regula, las cuales se atienen a un planteamiento crítico-reconstructivo.[i] La regla de la mayoría, las normas de procedimiento parlamentario, las leyes electorales, etc., se analizan desde el punto de vista de cómo pueden asegurar en los procesos de decisión parlamentaria que se tengan presentes por igual todos los intereses afectados y todos los aspectos relevantes de la cuestión de que se trate. Una debilidad de estas teorías la veo no precisamente en este planteamiento como tal, sino en que no desarrollan sus puntos de vista normativos a partir de una lógica de la argumentación moral ni tampoco los aplican a las condiciones comunicativas que una dinámica de fundamentación ha de cumplir para no resultar distorsionada. Por lo demás, el proceso intraparlamentario de decisiones sólo constituye un pequeño segmento de la vida pública. La calidad racional de la legislación política no sólo depende de cómo trabajan en el Parlamento las mayorías elegidas y las minorías protegidas. Depende también del nivel de participación y del nivel de formación de los participantes, del grado de información y de la claridad con que en el seno de la opinión pública quedan articuladas las cuestiones de que se trate. La calidad de la vida pública viene en general determinada por las oportunidades efectivas que abra el espacio público político con sus medios de comunicación y sus instituciones.

---

i J. Choper, *Judicial Review and National Political Process*, 1980; J. H. Ely, *Democracy and Distrust* (1980); para una crítica de la obra de Ely, cfr. "The Past of Constitutional Theory -and its Future", Ohio State Law Journal, 1981, 223 ss.

5
Conclusión

La idea de Estado de Derecho, que he tratado de reformular, aunque apunte un poco alto, no por ello resulta delirante, sino que brota del suelo mismo de la realidad jurídica, para convencerse de ello basta tener presente que esa idea es el único criterio que tenemos para medir la autonomía del sistema jurídico. Si se cerrara esa dimensión en la que las vías de fundamentación jurídica se abren a la argumentación moral, ni siquiera podríamos saber ya qué podría significar eso de autonomía del derecho si no es autonomía sistémica. La autonomía no es algo que un sistema jurídico cobre por sí para sí sólo. Autónomo es un sistema jurídico sólo en la medida en que los procedimientos institucionalizados para la legislación y la administración de justicia garantizan una formación imparcial de la voluntad y del juicio y por esta vía permiten que penetre, tanto en el derecho como en la política, una racionalidad procedimental de tipo ético. No puede haber derecho autónomo sin democracia realizada.

*Les principes generaux du droit et
la hierarchie des normes*[i]

*Los principios generales del derecho
y la jerarquía de las normas*

*Os principios gerais do direito e
a hierarquia das normas*

---

i Artigo publicado originalmente em *L'architecture du droit. Mélanges en l'honneur* de Michel Troper, Études coord. par D. de Béchillon, Pierre Brunet, V. Champeil-Desplats et E. Millard, Paris, Economica, 2006, p. 207-221.

Pierre Brunet

Professor de Direito Público e de Teoria do Direito da Université de Paris I, Panthéon-Sorbonne.

Seção 1

> *La tranquillité de l'âme a deux ennemis:*
> *l'inaptitude à rien changer et l'inaptitude à rien supporter.*
>
> Sénèque (trad. Paul Veyne)

Résumé: Cet article vise à analyser à quoi peut servir la théorie du droit, comment placer les principes dans la hiérarchie des normes et quels dilemmes se posent à la doctrine lorsqu'on s'interroge sur la place des principes généraux du droit dans l'ordre juridique. Ainsi, l'étude est divisé en thèmes sur la valeur des principes, en plus de mener une analyse critique de ses variantes supposées positivistes et réalistes, de façon à proposer des pistes de sorte à résoudre ces dilemmes principiologiques.

Mots-clés: Principes. Droit. Théorie du droit. Droit français.

Resumen: Este artículo tiene como objetivo analizar para qué la teoría del derecho se puede utilizar, cómo colocar los principios en la jerarquía de las normas y cuales son los dilemas que la doctrina encuentra cuando se cuestiona el lugar de los principios generales del derecho en el orden legal. Siendo así, este estudio se divide en temas sobre lo valor de los principios, además de realizar un análisis crítico de sus variantes supuestamente positivista y realista, a fin de proponer posibles formas de resolver estos dilemas principiológicos.

Palabras clave*: Principios. Derecho. Teoría del derecho. Derecho francés.*

Resumo: Este artigo tem por objetivo analisar para que a teoria jurídica pode ser usada, como situar os princípios na hierarquia de normas e quais os dilemas encontrados pela doutrina quando se questiona o lugar dos princípios gerais do direito na ordem jurídica. Sendo assim, o estudo divide-se em tópicos sobre o valor dos princípios, além de realizar uma análise crítica sobre suas variantes supostamente positivista e realista, para então, propor possíveis maneiras de solucionar esses dilemas principiológicos.

Palavras-chave*: Princípios. Direito. Teoria jurídica. Direito francês.*

Index: 1. Introduction. 2. Les principes ont une valeur infra-législative et supra-décrétale. 2.1. Présentation. 2.2. Examen critique. 3. Les principes ont une valeus législative. 3.1. Variante prétendument positiviste. 3.1.1. Exposé. 3.1.2. Examen critique. 3.2. Variante prétendument réaliste. 3.2.1. Exposé. 3.2.2. Examen critique. 4. Dissolution du problème.

Sumario: *1. Introdución. 2. Los principios tienen valor infralegislativo y supradetaltal. 2.1. Presentación. 2.2. Revisión crítica. 3. Los principios tienen valor legislativo. 3.1. Variante supuestamente positivista. 3.1.1. Expuesto. 3.1.2. Revisión crítica. 3.2. Variante supuestamente realista. 3.2.1. Expuesto. 3.2.2. Revisión crítica. 4. Disolución del problema.*

Sumário: *1. Introdução. 2. Os princípios têm valor infralegislativo e supradecretal. 2.1. Apresentação. 2.2. Revisão crítica. 3. Os princípios têm valor legislativo. 3.1. Variante supostamente positivista. 3.1.1. Exposto. 3.1.2. Revisão crítica. 3.2. Variante supostamente realista. 3.2.1. Exposto. 3.2.2. Revisão crítica. 4. Dissolução do problema.*

1
Introduction

"À quoi peut bien servir la théorie du droit?" Quel juriste se piquant de théorie ne s'est jamais vu poser une telle question comme si elle appelait une réponse argumentée susceptible d'ouvrir une discussion entre deux universitaires ravis de perdre un peu de temps. Mais très vite, l'interrogé se rend compte que la question faussement ingénue masque en réalité le début d'un réquisitoire: on lui demande de prouver que la théorie du droit sert à quelque chose avec la forte présomption qu'elle ne sert à rien.

Et pourtant! Combien de questions pourraient non pas être résolues mais tout simplement dissoutes si l'on prenait quelque peu en considération certains enseignements que procure la théorie du droit. On voudrait ici tenter, modestement, de déplacer un peu la perspective sur laquelle s'épuisent les juristes dès lors qu'il est question des principes généraux du droit. Que le lecteur toutefois se rassure: on ne l'ennuiera pas avec une démonstration académique sur le "pouvoir normatif des juges" et ce, parce qu'en réalité ce pouvoir est, à un degré ou à un autre, implicitement sinon explicitement admis par tous ceux qui ont à traiter des principes généraux du droit. Mais une autre question suscite bien des désaccords: comment situer les principes dans la hiérarchie des normes?

La question a-t-elle seulement un sens? On pourrait de prime abord en douter tant elle est rarement posée en théorie du droit. Paradoxalement, elle revient régulièrement dans la doctrine laquelle a produit plusieurs théories sur la question. Bizarrement enfin, cette question ne se pose dans le système juridique français que pour les principes dit généraux mais non pour les principes fondamentaux reconnus par les lois de la République.[i] On dispose ici d'une explication très pratique: ces derniers sont, dans l'ordre juridique français, nécessairement situés au rang constitutionnel parce que la catégorie des principes fondamentaux reconnus par les lois de la République est elle-même une création de la Constitution de 1958 via le Préambule de 1946. Fort bien. Mais il demeure que si ces principes sont "reconnus" par des lois, on pourrait leur attribuer une valeur législative. On s'aperçoit ainsi qu'il n'y a là rien d'évident et on mesure combien l'explication rapportée – et largement partagée – traduit un ensemble de présupposés qu'il convient d'expliciter. Parmi eux, il en est un qui pèse plus lourd que d'autres: le droit ne saurait être réduit à un ensemble de normes arbitraires que les hommes se donnent; s'ils se les donnent, c'est qu'elles correspondent à quelque chose qui se trouve au-delà de leur seule volonté, éventuellement capricieuse quand bien même elle serait générale, et dont la loi serait l'expression. Contrairement aux apparences, le formalisme n'est donc pour rien dans cette explication: il est mis au service d'un irréductible rationalisme fort rassurant, que l'on peut comprendre sans approuver.

C'est ce même rationalisme qui explique les dilemmes que rencontre la doctrine lorsqu'elle s'interroge sur la place des principes généraux du droit dans l'ordre juridique: si ces principes ont une valeur législative, cela signifie que le juge pourrait s'emparer du pouvoir législatif; s'ils se situent au-dessus de la loi, cela signifie que le juge ordinaire pourrait contrôler cette dernière; et s'ils se situent sous la loi, comment expliquer qu'ils puissent s'imposer à l'Administration ou aux sujets de droit?

---

i   Sur ce point, il faut évidemment mentionner l'ouvrage de Véronique Champeil-Desplats, *Les principes fondamentaux reconnus par les lois de la République. Principes constitutionnels et justification dans les discours juridiques*, Economica-PUAM, 2001.

À chaque fois, bien sûr, surgit l'arrière-plan politique d'une question en apparence toute juridique car s'interroger sur la place des principes généraux dans l'ordre juridique revient à s'interroger sur la place des juges en démocratie. Or, comme on va le voir, aussi diverses soient-elles, les thèses doctrinales relatives à la place des principes généraux cherchent toutes à concilier le pouvoir créateur des juges avec le principe démocratique selon lequel les juges ne font pas la loi. Afin de gagner en clarté, on examinera les thèses les unes après les autres avant de proposer une autre façon de poser le problème.

2
Les principes ont une valeur infra-législative et supra-décrétale

Cette thèse fut défendue avec brio par René Chapus[i] et est aujourd'hui très largement répandue.

2.1 Présentation

Selon cette thèse, les principes n'ont d'autre valeur que celle que le juge peut leur donner. Dire cela ne revient pas à affirmer que le juge attribue lui-même telle ou telle valeur à un principe mais, au contraire, cela signifie que le juge ne peut pas donner aux principes une autre place que celle qu'il occupe lui-même dans la hiérarchie des organes: "Le niveau auquel se situe la valeur juridique des principes généraux du droit ne peut résulter que du rang de leur source formelle. En droit français, il est de principe que la valeur d'une norme juridique est en relation avec le rang de l'organe qui l'édicte (la hiérarchie des normes d'origine commune se déterminant d'après les formes et procédures d'édiction)".[ii]

---

i   Dans deux articles qui comptent aujourd'hui parmi les classiques du droit administratif: R. Chapus, "De la soumission au droit des règlements autonomes", *Dalloz*, 1960, chr.119 ; et "De la valeur juridique des principes généraux du droit et des autres règles jurisprudentielles", *Dalloz*, 1966, chr.99, désormais repris dans L'administration et son juge, PUF, 1999, p. 93 s. et p. 112 s. Les citations renvoient à cette édition. V. aussi Droit administratif général, Paris, Montchrestien, t. 1, 11e éd., n° 106.

ii R. Chapus, "De la soumission au droit des règlements autonomes", *cit.*, p. 105.

Il reste donc à déterminer à quel rang le juge est situé dans la hiérarchie des sources formelles du droit. Pour ce faire, "il n'est d'autre méthode que de rechercher auxquelles des normes soumises à son jugement il est supérieur, et auxquelles de ces normes il est inférieur".[i]

Faut-il pour autant se situer sur les deux plans de l'activité du juge administratif, à savoir, celui de l'interprétation et celui de l'appréciation de la validité des normes? Non, répond-on car dans le contentieux de l'interprétation des actes "le juge est de plain-pied avec toute norme qu'il interprète" et cela parce que "interpréter" c'est, nous dit-on, rien d'autre que "définir et faire connaître ce qu'est le contenu d'une norme édictée par une autre autorité".

Autrement dit, "le juge explicite ce qu'a voulu l'auteur de la norme et c'est ce dernier qui s'exprime par la voix du juge".[ii]

L'interprétation est donc une explicitation du sens objectif de la loi, de sorte que "l'interprétation se confond avec la norme interprétée: elle représente le contenu même de l'acte en cause. De ce fait, elle s'imposera avec la valeur qui est celle de la norme à laquelle elle s'applique et dont elle ne se détache pas". D'où une conclusion: il est impossible de déterminer le rang du juge si l'on s'en tient au niveau des normes qu'il peut interpréter. Ce serait même à la réflexion inutile: dès l'instant que l'on a admis que l'interprétation n'est pas un acte de volonté mais de connaissance, le produit de cet acte n'est pas une norme imputable au juge mais à l'auteur de la norme-objet de l'interprétation.

En revanche, les choses changent du tout au tout quand on se place sur le plan de "l'appréciation de la validité des normes juridiques" car là "des rapports de supériorité et d'infériorité se manifestent" puisque le juge peut invalider certaines normes, lesquelles sont elles-mêmes inférieures à d'autres dont le juge ne peut ou ne doit pas examiner la validité.

Dès lors, on s'aperçoit que, dans le cadre du contrôle de la légalité des actes administratifs, le juge n'est plus un "traducteur" mais un "serviteur des lois" et un "censeur des décrets". Dans ces conditions, sa place se situe "entre celle de l'organe législatif et celle de l'autorité administrative". Les principes généraux du droit du juge administratif sont donc dotés d'une valeur infra-législative et supra-décrétale: "L'œuvre du juge administratif, en tant qu'il s'exprime lui-même (et non comme interprète du droit écrit), ne peut se situer qu'au niveau qui est le

---

i   *Ibid.*, p. 106 pour toutes les citations.

ii *Ibid.* Comme on l'aura compris, ici "interpréter" c'est connaître.

sien dans le domaine des sources formelles du droit. Pour le connaître, un constatation suffit: le juge administratif est soumis à la loi dont il ne peut pas apprécier la validité; il est au contraire en mesure d'invalider les actes des titulaires du pouvoir réglementaire".[i]

2.2 Examen critique

Cette thèse est justiciable d'une première objection: elle repose sur une pétition de principe selon laquelle le juge est *soumis* à la loi. Or, encore faut-il s'entendre sur ce que "être soumis à la loi" veut dire. Pour René Chapus, cela signifie que le juge ne dispose pas du pouvoir de la rendre invalide. Mais si l'on demandait pourquoi, on se verrait répondre que le juge ne dispose pas de ce pouvoir parce qu'il est un juge et qu'un juge est soumis à la loi Cette thèse se fonde donc sur la définition "officielle" de l'office du juge et reprend l'antienne du positivisme le plus classique: le juge est toujours subordonné à la loi soit parce que son action suit la loi, soit parce que la solution du litige se trouve dans la loi. Et comme pour le positivisme le plus classique, on observe une confusion entre les sources "officielles" et les sources "réelles". Mais si cette soumission était à ce point évidente, si les sources officielles étaient à ce point réelles, pourquoi le juge devrait-il recourir à des principes? Or c'est précisément lorsque ces lois n'existent pas ou lorsque le juge veut y déroger qu'il en vient à utiliser des principes. Il n'est alors plus subordonné à la loi ni à quelque norme que ce soit sinon celles qu'il invoque lui-même. On mesure ainsi que le juge n'est pas soumis à la loi: il s'y soumet volontairement. Ce qui revient à dire qu'il peut aussi s'en affranchir. Ainsi, faire dépendre la valeur d'un principe général du droit de la place que le juge occupe dans la hiérarchie des organes en ayant préalablement – et implicitement – admis que le juge ne peut remettre en cause la loi et donc qu'il ne saurait le faire, c'est résoudre la question avant de l'avoir posée et affirmer ce que l'on doit prouver car, en réalité, le problème n'est pas de savoir si le juge aura le pouvoir de remettre en cause la loi à l'aide d'un principe qu'il aura créé mais s'il la remet effectivement en cause à l'aide du principe qu'il crée.

De là une seconde objection qui tient à une contradiction propre à la thèse examinée. En effet, parce que René Chapus entend se fonder sur un critère organique et formel pour analyser la situation du juge au regard de la loi, il subordonne celui-ci au législateur lorsqu'il cherche à décrire la place qu'occupe le juge dans la hiérarchie des organes.

---

i   R. Chapus, *Droit administratif général*, ibid.

C'est encore ce que traduit l'idée – assez confuse au premier abord – selon laquelle, lorsque le juge administratif utilise un principe général du droit, il "s'exprime lui-même" et non en tant qu'interprète du droit écrit. Il faut cependant lever une équivoque: ce faisant, René Chapus entend reprendre la distinction entre les deux types de contentieux, celui de l'interprétation et celui de l'annulation des actes administratifs et, comme on l'a compris, le juge s'exprime lui-même seulement dans le second cas.[i] Notons, pour ne plus y revenir, que la signification de l'expression "s'exprimer soi-même" est loin d'être claire lorsqu'elle est employée non pas à propos d'un être réel, d'une personne physique faite de chair et d'os mais d'un organe juridique dont la volonté n'a que la consistance des actes qu'on lui impute. Par ailleurs, à moins de voir dans le juge un César en puissance, la proposition selon laquelle "le juge s'exprime lui-même" paraît maladroite car on voit mal en quoi pourrait consister le lien de subordination du juge à la loi si l'on reconnaît, à ce même juge et dans le même temps, la faculté de s'exprimer lui-même: il serait donc l'auteur de la norme et non plus l'"interprète" de la loi? Enfin, et surtout, en admettant que le juge n'est plus un interprète du droit écrit mais qu'il "s'exprime lui-même" lorsqu'il utilise un principe général, peut-on encore affirmer qu'il est subordonné à la loi et, mieux encore, peut-on le faire en prétendant se fonder sur un critère organique et formel? La réponse ne peut qu'être négative. En effet, si une analyse organique et formelle permet peut-être de concevoir le juge comme subordonné au législateur tant que le juge fait usage de la loi et fonde sur elle sa décision, elle atteint ses limites lorsqu'il s'agit de rendre compte de cette situation spécifique dans laquelle la décision du juge n'est précisément plus fondée sur une loi mais sur un principe. On pourrait chercher à expliquer que, si le juge n'est certes pas un interprète des dispositions matérielles de loi, c'est encore en vertu de la loi qu'il dispose du pouvoir de créer des principes généraux du droit ou, autre variante, que la loi l'habilitant à exercer un contrôle de la légalité des actes lui confèrerait également le pouvoir de créer les normes au regard desquelles la légalité de ces actes sera contrôlée. Une telle solution devrait pourtant être écartée car, en réalité, l'habilitation est dépourvue de la moindre sanction. Dans ces conditions, on doit reconnaître que le juge est souverain en vertu de la loi comme l'est le peuple en vertu de la Constitution: l'organe qui a le pouvoir légal de tout faire dispose d'un pouvoir supérieur à celui de tous les autres organes. Afin d'éviter une telle conclusion, on pourrait vouloir décrire les "principes"

---

i   Autrement dit, la théorie de l'interprétation mobilisée rendrait compte du contentieux de l'interprétation, non de l'annulation.

comme des réalités objectives. Mais ce serait tomber de Charybde en Scylla: si les principes *existaient* réellement, la question de leur place ne saurait être résolue à l'aide du critère tiré de leur "source formelle".

Il semble en définitive que cette thèse confonde deux formes de soumission du juge à la loi: une soumission juridique et une soumission politique voire idéologique. Juridiquement, le juge est certes soumis à la loi en tant qu'elle lui attribue une compétence d'application (dont il faut aussitôt dire que, parce qu'elle reste formelle, il en est le maître). De là, on peut être tenté de considérer que le juge est tenu de *toujours* respecter la lettre de la loi ou du moins son esprit et poser qu'il y est donc *toujours* soumis. Mais une telle déduction relève de la morale et non du droit objectif: en posant qu'il est *toujours* soumis à la loi, on ne décrit pas un fait, on prescrit un comportement déterminé voire une certaine manière de rendre compte de son action.

3
Les principes ont une valeur législative

Cette thèse a été défendue selon deux points de vue assez différents. On distinguera donc, pour les besoins de l'exposé deux variantes: l'une prétendument positiviste et l'autre prétendument réaliste.

3.1 Variante prétendument positiviste

3.1.1 Exposé

Selon une autre thèse, elle aussi largement répandue, les principes généraux du droit "ne sont pas autre chose qu'une synthèse constructive accomplie par le juge à partir des données juridiques que lui fournit un milieu donné".[i] Ainsi, la valeur des principes généraux du droit dépend de la place à laquelle se situent les données juridiques dont le juge opère la synthèse. Une longue citation permet de comprendre comment

---

i G. Vedel, *Cours de droit administratif*, Paris, 1951-1952, p. 167. Cette conception a été développée par la suite dans le manuel de droit administratif du Doyen Vedel repris par le Professeur Delvolvé, *Droit administratif général*, t. 1, Paris, PUF, coll. Thémis, 12e éd., 1992, p. 473 et s. V. aussi, B. Jeanneau, *Les principes généraux du droit dans la jurisprudence administrative*, Paris, LGDJ, 1954, p. 240 s. qui parle d'un pouvoir "quasi-législatif" du juge.

s'articule cette thèse tout entière fondée sur l'idée que l'activité créatrice du juge reste définitivement subordonnée au droit: "ce serait une erreur de voir dans la création du droit par le juge administratif une opération purement arbitraire. Le juge 'découvre' le droit plus qu'il ne l'' invente'. D'autre part, il ne s'agit pas davantage pour lui de mettre en formules un droit naturel éternel ou en tout cas préexistant. Le juge administratif, dans cette œuvre de découverte ou de construction du droit, a deux guides: tout d'abord, *en certains cas, le juge administratif a un guide dans le fait que, si le législateur n'a pas expressément tranché la question même soumise au juge, il a, de façon concordante, donné une solution dans des cas plus ou moins analogues. Ainsi, en remontant au principe dont les textes spéciaux sont des applications, le juge découvre une règle générale susceptible de s'appliquer à un ensemble de situations non prévues par les textes, mais que l'on peut résoudre en s'inspirant de ceux-ci.* Les 'principes généraux du droit', au sens de cette expression dans la jurisprudence du Conseil d'État, sont une mise en œuvre de cette méthode d'interprétation constructive. *Il peut se faire que la question posée ne reçoive aucune solution sûre par cette première voie (...) en ce cas le juge administratif se fait vraiment législateur. Mais il ne traduit pas dans sa jurisprudence un état d'âme subjectif: il s'inspire des nécessités propres à l'Administration, du respect des droits des citoyens, de l'état des croyances juridiques du moment, etc.*".[i]

Puis, cette doctrine distingue trois grandes catégories de principes: au niveau le plus bas se trouvent les principes qui ont une valeur supplétive et qui s'appliquent à défaut de texte contraire; au niveau intermédiaire se trouvent les principes qui ont une valeur législative: ils s'imposent à l'Administration; ce sont des lois générales que la loi écrite applique mais le législateur peut "valablement" y déroger; enfin, au niveau supérieur se trouvent les principes à valeur constitutionnelle: ils s'imposent au législateur et peuvent être modifiés par le seul constituant. Ainsi, cette thèse prétend-elle se fonder sur la nécessaire unité de l'ordre juridique national qui serait une donnée majeure du droit positif français en ce qu'elle traduirait l'unité de l'État.[ii]

Dans ces conditions, la place des principes dans la hiérarchie des normes ou des sources s'impose au juge qui ne dispose d'aucune liberté en la matière. Une telle conception revient à présenter la hiérarchie des

---

i   *Droit administratif général*, t. 1, *op. cit.*, p. 488.
ii *Ibid.*, p. 482.

sources comme un ensemble formel révélant des valeurs substantielles: les principes seraient cette substance nécessaire que révèlent certains textes formels contingents.[i]

3.1.2 Examen critique

Cette variante appelle toutefois deux observations critiques.

D'une part, cette thèse emploie l'expression "principes généraux du droit" en deux sens différents: tantôt pour désigner la catégorie de principes que seul le juge administratif utilise, tantôt pour désigner les principes qu'utilisent tous les juges y compris le juge administratif. En jouant de la sorte sur l'ambiguïté de l'expression, elle présuppose la "nécessaire unité" de l'ordre juridique mais ne la démontre pas et le problème reste entier ou, si l'on préfère, la question résolue avant d'avoir été posée.[ii]

D'autre part, elle se fonde sur un présupposé éthique cognitiviste dont on prend la mesure dès lors qu'on s'interroge sur les critères permettant d'identifier la valeur de ces principes. Comme on l'aura remarqué, ces principes généraux couvrent toute l'échelle des sources du droit, de la Constitution au règlement en passant par la loi ou les conventions internationales. Cette coïncidence ne résulte pas d'une éventuelle correspondance entre la hiérarchie des normes et celle des organes. Elle procède, là encore, de cette croyance en une rationalité du droit où ce dernier est conçu comme un ensemble de normes fondées sur des valeurs objectives que l'on peut connaître et transcrire, en droit positif, par le biais des principes. Au fond, les principes s'imposent aux juges parce qu'ils ne sont que la formalisation de valeurs extérieures à eux.

Dans ces conditions, et contrairement aux apparences ou aux croyances de ceux qui la défendent, cette thèse n'est pas positiviste car le présupposé qui la fonde conduit à considérer que le droit ne se

---

i   V. B. Genevois, v° "Principes généraux du droit", Encyclopédie Dalloz; J.-M. Maillot, *La théorie administrativiste des principes généraux du droit. Continuité et modernité*, Paris, Dalloz, p. 77: "lorsqu'un principe général puise sa source dans l'interprétation d'un texte, sa valeur juridique est similaire à celle du texte interprété" et p. 85 s.

ii   Sur cette question, v. J. Meunier, "Les principes non écrits dans la jurisprudence constitutionnelle et administrative. éléments de cartographie", in *Mélanges Raymond Goy, Du droit interne au droit international*, Presses Universitaires de Rouen, 1998, p. 119 s.

réduit pas au produit de l'activité volontaire des hommes, mais qu'il consiste en un ensemble de normes qui existeraient par elles-mêmes indépendamment de la volonté humaine. En d'autres termes, les principes créés par les juges traduiraient la rationalité profonde de l'ensemble des normes que le législateur est parvenu à exprimer. C'est encore parce qu'ils sont conformes à cette rationalité que les principes ne sauraient être considérés comme une pure création des juges: ils répondent à des valeurs que l'on conçoit comme objectives et donc extérieures à ceux qui les énoncent lesquels, en dernière analyse, se conforment à ce que le droit exige d'eux. Les principes révèleraient les valeurs auxquelles le droit positif doit correspondre et qu'il doit exprimer parce que, loin de n'être qu'un ensemble de prescriptions, il est un ensemble de valeurs que la société se donne à elle-même. Or, le présupposé initial qui veut que l'on puisse connaître des valeurs se heurte à une objection sceptique bien connue: quand bien même on admettrait que le droit vise à réaliser la justice, il y autant de conceptions de la justice qu'il y a de personnes pour en parler.

3.2 *Variante prétendument réaliste*

De son côté, Alain-Serge Mescheriakoff a fort habilement cherché à montrer qu'il n'y a pas de rapport hiérarchique entre la loi et les principes mais une relation matérielle où la loi en tant qu'acte du Parlement est une loi spéciale qui peut déroger à la loi générale que serait le principe.[i]

3.2.1 Exposé

Reprochant à René Chapus de considérer "les rapports qu'entretiennent les principes généraux du droit avec les lois et avec les règlements comme de même nature, *ce que ne confirme pas le droit positif*", il entreprend de définir la "supériorité" d'une norme sur une autre à partir de l'analyse de Kelsen et retient qu'"une norme est supérieure à une autre si le fondement de validité de la seconde se trouve dans la première". Il ajoute: "en d'autres termes, une norme est inférieure à une autre si pour être valide elle doit être conforme aux dispositions de cette autre la concernant. Par suite, si une règle de droit est posée en contradiction avec une norme juridique supérieure, elle doit être annulable,

---

i A. -S. Mescheriakoff, "La notion de principes généraux du droit dans la jurisprudence récente", AJDA 1976, p. 596 s. not. p. 606 s.

soit empêchée d'être définitive. Le raisonnement juridictionnel donne une excellente illustration de cette relation de supériorité, lorsque le juge contrôle la conformité d'une règle à une autre; la norme supérieure constitue alors la prémisse majeure du syllogisme. La supériorité d'une norme sur une autre est donc garantie par l'existence d'un contrôle de la seconde par rapport à la première".[i] De là, il conclut que si les principes généraux du droit sont supérieurs au règlement, ils ne peuvent être considérés comme "inférieurs" à la loi ni elle "supérieure" à eux: la relation entre les principes généraux du droit et la loi n'est pas hiérarchique parce que "le Conseil d'État n'utilise la notion de principes généraux du droit qu'à défaut de loi applicable en la matière et que si le règlement administratif contesté n'a pas empiété sur le domaine législatif défini par la Constitution. La jurisprudence le confirme".[ii]

Ainsi, il n'y aurait pas de relation hiérarchique entre la loi et les principes généraux du droit parce qu'il n'existe aucun conflit possible entre eux: ce sont des sources de droit complémentaires l'une de l'autre. Dans ces conditions, il ne fait aucun doute que les principes consacrés par le juge administratif ont une valeur législative. Pour autant, ces principes juridiques ne s'imposent pas au législateur car la loi écrite peut y déroger[iii]: les principes sont des lois générales, le législateur peut y déroger par une loi spéciale.

3.2.2 Examen critique

Nonobstant son incontestable mérite, cette thèse appelle deux objections. D'une part, elle repose elle aussi sur une pétition de principe. Certes,

---

i   *Ibid*, p. 605.

ii *Ibid.*, p. 606. Il ajoute: "ainsi, pour le Conseil d'État, l'existence d'une loi applicable exclut celle des principes généraux du droit. Ceux-ci suppléent à l'absence de celle-là. On ne peut que constater que du point de vue fonctionnel les deux catégories de normes jouent le même rôle". Je souligne.

iii Ainsi, par ex. J.-D. Combrexelle, concl. sur CE, Ass., 3 décembre 1999, *Caisse de crédit mutuel de Bain-Tresbœuf*, RFDA 2000, p. 582: "La règle proposée (selon laquelle le rapporteur qui, pour le compte d'une autorité administrative indépendante, a instruit le dossier d'une sanction ne peut participer à la séance au cours de laquelle est prise la sanction) a valeur de principe général du droit auquel la loi pourrait, le cas échéant, *déroger* dans les limites définies par le Conseil constitutionnel". Cette règle est elle-même justifiée par J.-D. Combrexelle au nom du principe d'impartialité.

aujourd'hui comme hier, une analyse du droit positif permettrait probablement de constater que les lois et les principes n'entrent jamais en conflit. Mais est-ce vraiment parce que "le Conseil d'État n'utilise la notion de principes généraux du droit qu'à défaut de loi applicable", autrement dit parce qu'il y a une lacune? Et en quel sens entend-on le terme de "lacune"? Dès lors, la question qui se pose est de savoir si le juge est tenu de n'utiliser la notion de principe général du droit qu'en cas de lacune, ou s'il est le maître de l'identification d'une lacune législative. Inférer la valeur des principes sans avoir pris la peine de répondre à cette question revient à tenir pour acquis ce qu'il fallait démontrer. Or, il y a de très nombreux cas pour lesquels on peut sérieusement douter du défaut de loi applicable.

De là, également, une contradiction: on ne peut à la fois soutenir que le juge est le créateur des principes généraux en se fondant sur une théorie réaliste de l'interprétation et considérer comme une évidence qu'il crée ces principes à défaut de loi applicable. Le réalisme impose de distinguer au moins deux types de lacunes: celles logiques ou techniques et celles idéologiques ou axiologiques.[i] Or, si les premières sont extérieures aux juges, les seconds sont le pur produit de leur volonté. On peut éclairer cela d'un exemple bien connu: lorsqu'en 1973, le Conseil d'État décide de faire de l'article du Code du travail selon lequel "aucun employeur ne peut, sauf dans certains cas, licencier une salariée en état de grossesse" un principe général du droit qui "s'applique aux femmes employées dans les services publics", il ne le fait pas à défaut d'une loi applicable *pour des raisons techniques* mais en se fondant sur un jugement de valeur selon lequel ce qui est bon pour les salariées du privé doit l'être également pour celles du public. Une loi applicable? Il y en avait une. Mais elle ne permettait pas de parvenir aux mêmes fins.

Enfin, si l'on admet que le juge s'impose à lui-même de ne jamais opposer ses propres normes à celles du législateur, on doit reconnaître qu'il établit bien une hiérarchie entre les unes et les autres. Certes, cette hiérarchie n'est pas "juridique" au sens où la norme créée par le juge ne doit pas être conforme à celle créée par le législateur mais elle est au

---

i   N. Bobbio, *Teoria generale del diritto* (1960), Turin, Giappichelli, rééd. 1993, p. 237 s.; R. Guastini, Teoria e dogmatica delle fonti, 1998, Milano, Giuffrè, p. 244 s.

moins axiologique: la norme créée par le juge ne saurait valoir autant que celle créée par le législateur.[i]

On mesure ainsi le caractère insatisfaisant de chacune des solutions proposées en doctrine. C'est que toutes reposent sur le présupposé erroné que la hiérarchie des normes s'impose aux interprètes parce que cette hiérarchie est considérée, aurait dit Kelsen, comme statique, au repos, donnée une fois pour toutes, en sorte qu'il suffirait de la constater. Or, une analyse réaliste permet de comprendre que ce sont les interprètes qui "font" la hiérarchie des normes.

4
Dissolution du problème

Disons-le brutalement: les principes ne viennent pas s'insérer dans une hiérarchie de normes qui serait posée une fois pour toutes mais la hiérarchie résulte de l'activité même de production du droit, ou encore, il n'y a pas de hiérarchie mais une hiérarchisation des normes par ceux qui les produisent. Le dédicataire de ces lignes a d'ailleurs admirablement su dire pourquoi l'expression "hiérarchie des normes" était "trompeuse": c'est qu'elle laisse penser que les normes occupent une place ou un rang indépendamment de la hiérarchie, comme si elles pouvaient exister juridiquement avant d'être insérées dans une hiérarchie. Or, "les normes n'existent pas en dehors de la hiérarchie et l'on ne peut pas dire qu'elles sont hiérarchisées. C'est seulement le système juridique – autrement dit, le droit – qui l'est".[ii] C'est pourquoi Kelsen expliquait de son côté que le système juridique précède la norme et non l'inverse: une norme ne peut pas exister juridiquement si elle n'appartient pas au système juridique. C'est ce que signifie la formule certes quelque peu étrange selon laquelle la validité est le "mode d'existence spécifique"[iii] des normes: ce mode est spécifique parce qu'une norme n'existe jamais seule. Cela conduisait Kelsen à affirmer qu'une norme est dite supérieure à une autre si elle détermine le mode de production de cette norme. Le propos souffre toutefois d'un excès de formalisme auquel les réalistes ont su remédier en insistant sur la volonté de

---

i   Sur la distinction entre hiérarchie juridique, logique et axiologique, v. R. Guastini. *Teoria e dogmatica delle fonti*, 1998, Milano, Giuffrè, p. 124.

ii   M. Troper, *La philosophie du droit*, PUF, Que sais-je, p. 77-78.

iii   H. Kelsen, *Théorie pure du droit*, trad. Ch. Eisenmann, Paris Dalloz, 1962, p. 13 s.

l'interprète dans le choix de la norme susceptible de prévaloir sur l'autre en cas de conflit entre les deux (mais il est inutile d'insister sur ce point).

En effet, si c'est bien l'interprète qui identifie le "rang" auquel se situent les normes, on ne peut pas reconnaître l'invalidité d'une norme à partir de son rang inférieur, préalablement identifié, pas plus qu'on ne peut reconnaître la validité d'une norme à partir de son rang supérieur: une norme ne prévaut pas sur une autre parce qu'elle *est* supérieure mais elle est *dite* supérieure parce que l'organe qui en fait application l'impose à une autre. Ainsi, est supérieure la norme que le juge tient pour telle. La maxime *lex superior* dont on croit qu'elle vient résoudre une antinomie entre deux normes ne décrit donc pas un fait – la supériorité d'une norme sur une autre – mais constitue une justification de la solution de l'antinomie préalablement identifiée.[i] On en veut pour preuve la jurisprudence tant de la Cour de Cassation que du Conseil d'État par laquelle les juges ont fini par faire prévaloir la norme européenne même antérieure sur la loi nationale postérieure en reconnaissant à cette norme européenne une supériorité qu'ils lui avait jusque-là refusée[ii] (il n'est pas nécessaire de multiplier les exemples). Encore faut-il ajouter que le juge est seul maître du choix de la maxime de résolution de l'antinomie et que ce qui vaut pour la maxime *lex superior* vaut tout autant pour la maxime, ô combien ambiguë, dite *lex specialis*. Certes, ce critère de spécialité est conçu comme ne devant pas laisser place aux préférences personnelles parce que, lorsqu'il établit qu'une règle est générale, le juge est censé n'avoir recours qu'à un jugement de fait concernant l'étendue des dispositions normatives (validité matérielle, personnelle).[iii] Cela étant, son pouvoir d'appréciation ne souffre aucune limite: est donc générale la norme que le juge tient pour telle.

Il reste que le choix du critère matériel comme critère de résolution d'éventuels conflits entre les principes et la loi présente un double avantage: celui de faire coexister la loi et le principe et de prévenir d'éventuels conflits entre eux.

Pour le comprendre, il faut suivre l'analyse lumineuse que Riccardo Guastini a proposée des trois sens différents dans lesquels le verbe

---

i   R. Guastini, *ibid.*; M. Troper, *ibid.*

ii   On pense évidemment aux arrêts *Sté Jacques Vabre* (1975) et *Nicolo* (1989) tous deux fondés sur la supériorité des traités sur les lois tirée de l'article 55 de la Constitution.

iii   N. Bobbio, *Teoria generale del diritto*, op. cit, p. 209-217 et Essais de théorie du droit, trad. M. Guéret, Paris, LGDJ-Bruylant, chap. 6, p. 89 s.

"déroger" est employé par les maximes contenant les prétendus critères de résolution des antinomies (*lex posterior, lex superior, lex specialis*). En effet, lorsqu'on dit d'une loi postérieure qu'elle "déroge" à une loi antérieure, on veut en réalité dire qu'elle l'abroge. Lorsqu'on dit d'une loi supérieure qu'elle "déroge" à une loi inférieure, on veut en réalité dire qu'elle la prive de toute validité. Il n'y a donc de dérogation proprement dite que lorsqu'on dit d'une loi spéciale qu'elle "déroge" à une loi générale.[i]

Dès lors, l'utilisation de chacune de ces maximes ou critères de résolution d'une antinomie entre le principe et la loi ne produit pas les mêmes conséquences. Les maximes *lex posterior* et *lex superior* conduisent inévitablement à faire prévaloir l'une des deux normes sur l'autre: l'antinomie est certes résolue mais c'est toujours au détriment de l'une des normes en cause. L'arrêt *Koné* vient ici confirmer l'analyse[ii]: en consacrant l'existence d'un "principe fondamental reconnu par les lois de la République" que le Conseil constitutionnel n'avait jusque-là jamais identifié, le Conseil d'État prouve deux choses: l'une, qu'il peut fabriquer une norme supérieure à la loi quand cela lui semble nécessaire (c'est-à-dire "juste"); l'autre, qu'il lui paraît préférable d'habiller cette norme d'une supériorité "objective" à laquelle il ne peut se soustraire: d'où la qualification retenue qui a suscité tant de commentaires.[iii]

Il existe toutefois un moyen de faire coexister le principe et la loi: admettre que la loi formelle est une loi spéciale qui, sans pour autant l'abroger ni l'invalider, ne se conforme pas à un principe lui-même entendu comme loi générale. Elle est l'exception à la règle qui, comme le veut le proverbe, confirme la règle. Ainsi, ce critère ne sert-il pas à résoudre une antinomie mais à la dissoudre[iv] et le juge qui le met en œuvre fait d'une pierre deux coups: en même temps qu'il préserve la liberté voire la souveraineté du législateur, il s'affranchit d'une étroite subordination à la loi.

---

i   R. Guastini, *Teoria e dogmatica delle fonti*, 1998, Milano, Giuffrè, p. 232.

ii   CE, Ass., 3 juillet 1996, *Koné*, Rec. 255.

iii   Pour une démonstration s'attachant aux "contraintes juridiques" pesant sur le Conseil d'État dans l'affaire, v. V. Champeil-Desplats, op. cit., p. 188-189 et "L'arrêt Koné, produit et source de contraentes", in M. Troper, V. Champeil-Desplats et Ch. Gregorczyk (dir.), *Théorie des contraintes juridiques*, Paris-Bruxelles, LGDJ- Bruylant, p. 53-61.

iv   R. Guastini, *ibid*.

Cette justification en produit d'ailleurs d'autres: une fois posé que les principes sont des normes matériellement plus générales que les lois, il reste à justifier qu'elles ne sont pas le fruit de la volonté du juge. Et, là encore, les solutions envisageables ne sont guère nombreuses: la plus pacifique d'entre elles consiste à affirmer que ces normes ne résultent d'aucune volonté imputable à quiconque mais qu'elles sont l'expression d'une conscience. Ainsi n'est-il pas rare de lire chez certains membres des juridictions que "l'affirmation d'un nouveau principe général du droit est moins la création *ex nihilo* d'une règle vraiment nouvelle que la reconnaissance et la consécration d'une norme jusqu'alors inexprimée mais néanmoins sous-jacente",[i] ce qui est une autre manière de dire que les principes sont des normes implicites "dans la société".[ii] Il ne faut ici jamais oublier que si l'on cherchait la norme justifiant la validité de ces principes, on aurait bien du mal à la trouver: hormis une habilitation purement formelle, les principes n'ont matériellement aucune autre justification que la "justice". Ce point n'est pas le moins important. En effet, au-delà des faux-semblants sur le pouvoir créateur ou normatif des juges lorsqu'ils créent, dégagent ou identifient des principes, une question cruciale demeure: pourquoi les juges éprouvent-ils le besoin de consacrer un principe plutôt que de tirer une norme nouvelle d'une loi existante (fait dont le juge administratif est devenu coutumier comme chacun sait)? Bref: pourquoi des principes plutôt que rien, ou inversement, pourquoi rien plutôt que des principes?

Nul doute qu'une telle question appellerait quantité de réponses différentes procédant elles- mêmes d'analyses diverses. Dans l'espace qui nous est ici offert, retenons-en une seule: les juges ne créent pas des principes parce que l'ordre juridique souffre d'une lacune à combler – les principes généraux ne sauraient être confondus avec de vulgaires règles techniques. Invoquer des principes c'est, au contraire, faire un choix de valeurs qui ne peut lui-même être justifié que par d'autres valeurs. Cela ne signifie pas que les principes sont imposés par la "justice" mais, si l'on se veut plus réaliste, que les juges – quoi qu'ils en disent – se sentent autorisés à juger la loi. Et ajoutons, pour éviter toute méprise, que ces principes que consacrent les juges nous informent beaucoup sur les juges et fort peu sur la justice en tant que telle car il n'existe pas de justice en dehors de l'opinion que s'en font les juges. On tient alors un élément de réponse à une autre question souvent posée: pourquoi si peu de principes? Précisément parce qu'ils ne peuvent être justifiés que par référence à la "justice", laquelle est

---

i   D. Labetoulle, concl. sur CE, Sect., 27 octobre 1978, *Debout*, Rec. 395.

ii   R. Guastini, *ibid.*, p. 283.

chose trop labile pour être utilisée à tout bout de champ par les juges.[i] Et tout est là: la parcimonie reste, pour les juges, le meilleur moyen de concilier les principes de leur raison juridique avec les exigences de la volonté démocratique. Aucune norme morale ici, mais une nécessité stratégique voire politique: de même qu'il vaut mieux prévenir un conflit, mieux vaut éviter d'avoir à qualifier la loi formelle de loi spéciale dérogeant à la loi générale, au risque de paraître usurper un pouvoir qui n'est pas le sien.[ii]

La question de la place des principes dans la hiérarchie des normes présente ainsi le mérite de nous faire toucher du doigt la pertinence d'une théorie réaliste de l'interprétation désormais familière. Elle permet également de comprendre que la "hiérarchie des normes" dont parlent les juges ne consiste guère en la description du mode de production du droit au sens où l'entendait Kelsen mais en une donnée objective, qui existe indépendamment d'eux et à laquelle ils ne peuvent

---

[i] C'est peut-être pour la même raison que tous les "principes" utilisés par le juge administratif français ne sont pas systématiquement rattachés à la catégorie des "principes généraux du droit"; le terme semble parfois ne dénoter rien d'autre qu'une norme générale dont le fondement de validité se trouverait dans une autre norme positive ; on pense, par exemple, au "principe de transparence" appliqué à la passation des contrats et imposé par les sources européennes (v. P. Brunet, "L'empire du principe de transparence ou le côté obscur de la force", *Revue des Contrats*, 2006-2, p. 487-495).

[ii] Rien d'étonnant, dès lors, à ce que les membres des juridictions en viennent parfois à faire l'apologie de l'autolimitation des juges (v. M. Ameller, "Principes d'interprétation constitutionnelle et autolimitation du juge constitutionnel" (OCDE, Istanbul, mai 1998 disponible à l'adresse Internet: http://www.conseil-constitutionnel.fr/dossier/quarante/notes/princint.htm)). Certes, raisonner ainsi n'est pas banal: c'est, dans le même temps, avouer sa puissance et craindre ses effets. On peut cependant rester sceptique quant à l'idée que les "techniques d'interprétation" garantissent l'autolimitation car cela ne revient qu'à déplacer le problème et continuer à se bercer de l'illusion que les auteurs des normes se soumettent aux normes qu'ils créent. N'est pas Ulysse qui veut...

se soustraire, une hiérarchie, en un mot, naturalisée.[i] Or, et le paradoxe n'est qu'apparent, cette naturalisation de la hiérarchie des normes remplit une fonction non négligeable dans le discours judiciaire sinon juridique car elle constitue une excellente garantie que les décisions des juges n'excèderont pas les limites du cadre que cette hiérarchie impose; elle fournit à ceux qui une justification du pouvoir normatif qu'ils se reconnaissent; elle contribue, en un mot, à l'objectivation du droit.

Si la théorie du droit ne dispose certes pas d'une réponse toute faite aux questions des juristes, du moins peut-elle servir à deux usages: poser les questions autrement, poser d'autres questions.

---

i   Naturalisation qui prend parfois la forme des "exigences inhérentes à la hiérarchie des normes", expression dont le Conseil d'État est devenu très friand après son arrêt *Nicolo* (sauf erreur, depuis l'arrêt du 18 juin 1993, *Institut français d'opinion*, Rec. 178) et qu'il semble employer pour désigner toutes les normes qu'il fera prévaloir, le cas échéant, sur la loi nationale ou une interprétation de cette dernière qu'une autorité administrative produirait dans une circulaire.

*Sistema jurídico, principios
jurídicos y razón práctica*[i]

*Sistema jurídico, princípios
jurídicos e razão prática*

*Legal system, legal principles
and practical reason*

---

i   Artigo publicado originalmente em **Doxa, Cuadernos de Filosofía del Derecho**, nº 5, 1988. Tradução ao espanhol feita por Manuel Atienza. Este texto fez parte da palestra proferida pelo autor nas IV Jornadas de Lógica e Informática Jurídicas, realizadas em San Sebastián (Espanha) em setembro de 1988.

Robert Alexy

Professor Catedrático de Direito e Filosofia do Direito na Universidade Christian Albrecht de Kiel (Alemanha).

Resumen: Este artículo explica la teoría de principios, la distinción entre reglas y principios y los criterios de distinción adoptados por Dworkin. También analiza la pregunta sobre la existencia de una única respuesta correcta para cada caso legal (¿hay solo una respuesta correcta?), pregunta esta que plantea una gran cantidad de otras cuestiones y discusiones, como se analizará en el estudio.

Palabras clave: Principios. Reglas. Teoría de la argumentación jurídica. Derecho. Moral.

Resumo: Este artigo explica a teoria dos princípios, a distinção entre regras e princípios e os critérios de distinção adotados por Dworkin. Também analisa a questão sobre a existência de uma única resposta correta para cada caso jurídico (existe apenas uma resposta correta?), questão esta que suscita muitas outras dúvidas e discussões, como será analisado neste estudo.

Palavras-chave*: Princípios. Regras. Teoria da argumentação jurídica. Direito. Moral.*

Abstract: *This article explains the theory of principles, the distinction between rules and principles and the criteria of distinction adopted by Dworkin. It also analyzes the question about the existence of a single correct answer for each legal case (is there only one correct answer?), this question that raises a lot of other questions and discussions, as will be analyzed in the study.*

Keywords: *Principles. Rules. Legal argumentation theory. Law. Moral.*

Sumario: 1. Introducción. 2. Teoria de los principios. 2. 1. Reglas y principios. 2. 1. 1. La generalidad como criterio de distinción. 2. 1. 2. Los criterios de distinción de Dworkin. 2. 1. 3. Conflictos de reglas y colisiones de principios como puntos de apoyo para la obtención de criterios de distinción adecuados. 2. 1. 4. El núcleo de la diferencia entre reglas y principios. 2. 1. 5. Los principios y la separación entre Derecho y moral. 2. 2. Teoría de los principios y única respuesta correcta. 2. 2. 1. Teorías fuertes y débiles de los principios. 2. 2. 2. Teoría de los principios y teoría de los valores. 2. 2. 3. Orden estricto. 2. 2. 4. Orden débil. 2. 2. 4. 1. Condiciones de prioridad. 2. 2. 4. 2. Estructuras de ponderación. 2. 2. 4. 3. Prioridades *prima facie*. 3. Argumentación jurídica y razón práctica. 3. 1. Un modelo de tres niveles del sistema jurídico. 3. 2. Supuestos básicos de la teoría de la argumentación jurídica. 3. 3. Teoría procedimental. 3. 4. Discurso, única respuesta correcta, razón práctica. 3. 4. 1. Reglas del discurso. 3. 4. 2. Única respuesta correcta. 3. 4. 3. Razón y corrección relativa.

Sumário: *1. Introdução. 2. Teoria dos princípios. 2. 1. Regras e princípios. 2. 1. 1. A generalidade como critério de distinção. 2. l. 2. Os critérios de distinção de Dworkin. 2. l. 3. Conflitos de regras e colisões de princípios como pontos de apoio para a obtenção de critérios adequados de distinção. 2. 1. 4. O núcleo da diferença entre regras e princípios. 2. 1. 5. Os princípios e a separação entre direito e moral. 2. 2. Teoria dos princípios e única resposta correta. 2. 2. 1. Teorias fortes e fracas dos princípios. 2. 2. 2. Teoria dos princípios e teoria dos valores. 2. 2. 3. Ordem estrita. 2. 2. 4. Ordem fraca. 2. 2. 4. 1. Condições prioritárias. 2. 2. 4. 2. Estruturas de ponderação. 2. 2. 4. 3. Prioridades prima facie. 3. Argumentação jurídica e razão prática. 3. 1. Um modelo de três níveis do sistema jurídico. 3. 2. Premissas básicas da teoria da argumentação jurídica. 3. 3. Teoria procedimental. 3. 4. Discurso, única resposta correta, razão prática. 3. 4. l. Regras do discurso. 3. 4. 2. Única resposta correta. 3. 4. 3. Razão e correção relativa.*

Summary: *1. Introduction. 2. Principles Theory. 2. 1. Rules and principles. 2. 1. 1. Generality as a distinction criterion. 2. l. 2. Dworkin's distinction criterion. 2. l. 3. Conflicts of rules and collisions of principles as points of support for obtaining adequate distinction criterion. 2. 1. 4. The core of the difference between rules and principles. 2. 1. 5. The principles and the separation between law and moral. 2. 2. Principles Theory and the only correct answer. 2. 2. 1. Strong and weak Principles Theory. 2. 2. 2. Principles Theory and Values Theory. 2. 2. 3. Strict order. 2. 2. 4. Weak order. 2. 2. 4. 1. Priority Conditions. 2. 2. 4. 2. Structures of weighing. 2. 2. 4. 3. Prima facie priority. 3. Legal Argumentation and practical reasoning. 3. 1. A three-level model of the legal system. 3. 2. Basic premises of the Legal Argumentation Theory. 3. 3. Procedural theory. 3. 4. Discourse, only correct answer, practical reasoning. 3. 4. l. Rules of discouse. 3. 4. 2. Only correct answer. 3. 4. 3. Razón and relative correction.*

1
Introducción

¿Existe para todo caso jurídico una única respuesta correcta? Esta pregunta formula uno de los problemas más discutidos de la actual filosofía del Derecho. Quien desencadenó la discusión fue el filósofo del Derecho de Oxford, Ronald Dworkin. La tesis de Dworkin de que existe una única respuesta correcta para cada caso se incluye en una teoría de los sistemas jurídicos que se distingue fundamentalmente de teorías positivistas como las de Hart y Kelsen. Según la perspectiva positivista, el sistema jurídico es, al menos en lo esencial, un sistema de reglas que se pueden identificar como reglas jurídicas sobre la base de su validez y/o eficacia. Un tal sistema jurídico es siempre, por diversos motivos, un sistema abierto; sobre todo, por causa de la vaguedad del lenguaje del Derecho, la posibilidad de conflictos entre normas y la existencia de casos no regulados. Si un caso cae en un espacio vacío del sistema jurídico que no puede tampoco ser llenado en forma intersubjetivamente obligatoria con ayuda de la metodología jurídica, entonces por definición el juez no está vinculado por el sistema jurídico. Debe decidir por medio de fundamentos extrajurídicos. Su situación se asemeja en todo a la del legislador. En este caso no se puede hablar de una única respuesta correcta ya dada por el sistema jurídico, que sólo cabe reconocer.

Dworkin contrapone a este modelo de reglas del sistema jurídico un modelo de principios. Según el modelo de principios, el sistema jurídico está compuesto, además de por reglas, de un modo esencial, por principios jurídicos. Los principios jurídicos deben permitir que también exista una única respuesta correcta en los casos en que las reglas no determinan una única respuesta correcta. La única respuesta correcta o verdadera sería así la que mejor pueda justificarse a través de una teoría substantiva que contenga aquellos principios y ponderaciones de principios que mejor se correspondan con la constitución, las reglas de Derecho y los precedentes. Dworkin reconoce que con esto no se ha encontrado ningún procedimiento que muestre necesariamente la única respuesta correcta. Sin embargo, ello no constituye una objeción en contra de su existencia. Un juez ideal, al que Dworkin llama "Hércules", equipado con "*superman skill, learning, patience and acumen*", es decir, con habilidad, sabiduría, paciencia y agudeza sobrehumanas, estaría en situación de encontrar la única respuesta correcta. Al juez real le corresponde la tarea de aproximarse a este ideal lo más posible.

La teoría de Dworkin de una única respuesta correcta plantea una gran cantidad de cuestiones.

Aquí sólo cabe considerar una parte de ellas. Mi intervención se dividirá en dos partes. El objeto de la primera parte es la teoría de los principios. Se tratará de mostrar que los criterios de Dworkin para la distinción entre reglas y principios afectan ciertamente a puntos importantes, pero no al núcleo. Si se los analiza a fondo, queda claro que una teoría de los principios por sí sola no está en condiciones de sostener la tesis de la única respuesta correcta, lo que, sin embargo, no hace que disminuya su importancia para la filosofía jurídica, la metodología jurídica y la dogmática jurídica. En la segunda parte pretendo captar los déficits de la teoría de los principios a través de una teoría de la argumentación jurídica orientada de acuerdo con el concepto de razón práctica. La unión de ambas teorías constituye la base de una teoría del Derecho en la que rige una versión débil de la tesis de la única respuesta correcta.

2
Teoria de los principios

2.1 Reglas y principios

Tanto las reglas como los principios pueden concebirse como normas. En tal caso, de lo que se trata es de una distinción dentro de la clase de las normas. Los criterios de distinción que se ofrecen son numerosos y de diverso tipo.

2.1.1 La generalidad como criterio de distinción

El criterio de distinción más frecuentemente citado es el de la generalidad. Según ello, los principios son normas de un grado de generalidad relativamente alto, y las reglas, normas de un grado relativamente bajo. Un ejemplo de norma de un grado relativamente alto de generalidad es la norma de que todos gozan de libertad de creencias. En cambio, tiene un grado relativamente bajo de generalidad una norma que dice que todo recluso tiene el derecho de apartar a otros reclusos de sus creencias. Quien considera la generalidad como decisiva llega a la conclusión de que entre las reglas y los principios existe sólo una distinción de grado. Esto puede designarse como la "tesis débil de la separación". La tesis fuerte de la separación la representa, en cambio, quien afirma que la diferencia entre reglas y principios no es simplemente de grado, sino de tipo cualitativo. Esta tesis es correcta. Queda por saber cómo hay que fundamentarla.

2.1.2 Los criterios de distinción de Dworkin

Dworkin emplea dos argumentos. El primero dice que las reglas son aplicables en la forma todo-o-nada (*all-or-nothing-fashion*), pero en cambio los principios no. Si se da el supuesto de hecho de una regla, existen sólo dos posibilidades. O la regla es válida, y entonces deben aceptarse las consecuencias jurídicas, o no es válida, y entonces no cuenta para nada en la decisión. En cambio, los principios, aun cuando según su formulación sean aplicables al caso, no determinan necesariamente la decisión, sino que solamente proporcionan razones que hablan en favor de una u otra decisión. El segundo argumento, vinculado con el anterior, hace valer que los principios tienen una dimensión que las reglas no exhiben, es decir, una dimensión de peso (*dimension of weight*) que se muestra en las colisiones entre principios. Si colisionan dos principios, se da un valor decisorio al principio que en el caso de colisión tenga un peso relativamente mayor, sin que por ello quede invalidado el principio con el peso relativamente menor. En otros contextos, el peso podría estar repartido de manera opuesta. En cambio, en un conflicto entre reglas que sucede, por ejemplo, cuando una regla manda algo y otra prohíbe lo mismo, sin que una regla establezca una excepción para la otra, al menos una debe siempre ser inválida.

Puede dudarse de la solidez del argumento todo-o-nada si se tiene en cuenta la posibilidad de que con ocasión de la decisión de un caso se introduzca en una regla una nueva excepción hasta entonces desconocida. Pero en tal caso, el segundo argumento de Dworkin, la tesis de que los conflictos de reglas ofrecen una estructura enteramente distinta a la de las colisiones entre principios, ofrece un criterio de distinción adecuado. Esta tesis lleva además directamente a un punto decisivo para la teoría de los principios. Por ello se analiza más detenidamente en relación con dos decisiones del Tribunal Constitucional alemán.

2.1.3 Conflictos de reglas y colisiones de principios como puntos de apoyo para la obtención de criterios de distinción adecuados

En la primera decisión se trata de un conflicto entre una norma jurídica del Estado federal (*Bund*) y una norma de un *Land*.[i] La norma jurídica del *Land* prohíbe la apertura de puestos de venta los miércoles desde las 13 horas, mientras que la norma federal lo permite hasta las 19 horas. El tribunal resuelve este caso según la norma de conflicto "El Derecho federal prevalece sobre el Derecho del *Land*" (Art. 31 de la Ley Fundamental), mientras que declara nula la norma jurídica del *Land*. Este es un caso clásico de un conflicto de reglas. Las dos normas son contradictorias. Una permite lo que la otra prohíbe. Si ambas fueran válidas, la apertura los miércoles por la tarde estaría tanto permitida como prohibida. La contradicción se elimina declarando a una norma nula, por tanto, no válida, y expulsándola así del orden jurídico.

De manera enteramente distinta procede el tribunal en una decisión sobre la celebración de un juicio oral contra un inculpado al que amenaza el peligro de un ataque de apoplejía y un infarto.[ii] Las normas en colisión son, por un lado, la norma del Art. 2, ap. 2, párr. 1 de la Ley Fundamental, que reconoce al individuo un derecho fundamental a la vida y a la integridad física, y, por otro lado, el principio del Estado de Derecho, en cuanto que impone al Estado el deber de garantizar un eficiente funcionamiento de las instituciones del Derecho penal. Si existiera sólo el derecho fundamental, entonces la celebración de un juicio oral que pusiera en peligro la vida y la salud de un inculpado habría que calificarla sencillamente de prohibida. Si existiera sólo el deber del Estado de cuidar de un eficiente funcionamiento de las instituciones jurídicas, entonces habría que considerar el juicio oral simplemente como obligatorio o, cuando menos, permitido. El tribunal habría, por tanto, podido resolver el caso eliminando del ordenamiento jurídico bien el derecho fundamental, o bien el deber. Si hubiera hecho esto habría tratado la colisión de las correspondientes normas como una *contradicción* y, por ello, como un conflicto de reglas. El proceder del tribunal, sin embargo, es de un tipo enteramente distinto. No habla de una contradicción entre ambas normas, sino de una *tensión*, y subraya que ninguna de ellas goza "simplemente de primacía frente a la otra", lo que sería el caso si una de las normas, como en el conflicto

---

i   BverfGE, 1, 283 (292).
ii BverfGE, 51, 324.

de reglas, hubiese sido declarada inválida. El caso ha de ser resuelto más bien a través de una ponderación, con lo cual todo depende de si "el interés del inculpado contrario a la celebración, en el caso concreto pesa de un modo claro esencialmente más que los intereses a cuya protección debe servir la medida estatal". Este es un caso prototípico de colisión de principios. El factor decisivo lo constituye el principio al que le corresponde un peso relativamente mayor en el caso concreto. Al principio que juega en sentido contrario se le hace retroceder, pero no se le declara inválido.

2.1.4 El núcleo de la diferencia entre reglas y principios

Podría pensarse que con ello se ha dicho todo lo esencial sobre la estructura lógica de los principios, y que ahora, sobre esta base, podría comprobarse la corrección de la tesis de Dworkin de la única respuesta correcta. Sin embargo, esto sería precipitado. Se podría preguntar por qué colisionan los principios de la manera descrita. Sólo esta cuestión, no planteada por Dworkin, lleva al núcleo de la diferencia entre reglas y principios. Si no se capta esto, difícilmente puede esperarse extraer las conclusiones correctas de la presencia en el orden jurídico tanto de reglas como de principios.

El punto decisivo para la distinción entre reglas y principios es que los *principios* son normas que ordenan que se realice algo en la mayor medida posible, en relación con las posibilidades jurídicas y fácticas. Los principios son, por consiguiente, *mandatos de optimización* que se caracterizan porque pueden ser cumplidos en diversos grados y porque la medida ordenada de su cumplimiento no sólo depende de las posibilidades fácticas, sino también de las posibilidades jurídicas. El campo de las posibilidades jurídicas está determinado a través de principios y reglas que juegan en sentido contrario.

En cambio, las *reglas* son normas que exigen un cumplimiento pleno y, en esa medida, pueden siempre ser sólo o cumplidas o incumplidas. Si una regla es válida, entonces es obligatorio hacer precisamente lo que ordena, ni más ni menos. Las reglas contienen por ello *determinaciones* en el campo de lo posible fáctica y jurídicamente. Lo importante por ello no es si la manera de actuar a que se refiere la regla puede o no ser realizada en distintos grados. Hay por tanto distintos grados de cumplimiento. Si se exige la mayor medida posible de cumplimiento en relación con las posibilidades jurídicas y fácticas, se trata de un principio. Si sólo se exige una determinada medida de cumplimiento, se trata de una regla.

2.1.5 Los principios y la separación entre Derecho y moral

No es difícil reconocer que la presencia de principios, por tanto, de mandatos de optimización, en el sistema jurídico tiene consecuencias en cuanto al carácter de éste y al concepto de Derecho, que sobrepasan con mucho el aspecto metodológico. Donde esto es más claro es en los principios constitucionales, como los de dignidad humana, libertad, igualdad, democracia, Estado de Derecho y Estado social. Si una constitución contiene estos seis principios, ello significa que se han incorporado a ella las formas principales del Derecho racional de la modernidad. El carácter de los principios significa que no se trata simplemente de normas vagas, sino que con ellas se plantea una tarea de optimización. Dicha tarea es jurídica en cuanto a la forma; en cuanto al fondo, sin embargo, es siempre también moral, a causa de su contenido moral. Puesto que algo análogo vale para muchos otros principios, la teoría de los principios ofrece un punto de partida adecuado para atacar la tesis positivista de la separación entre Derecho y moral.

El problema de la relación entre Derecho y moral ha de plantearse de nuevo bajo el aspecto de la vinculación entre la argumentación jurídica y la moral. Sobre la base del concepto de principio obtenido cabe preguntar ante todo si es posible una teoría de los principios que determine para cada caso justamente una respuesta.

2.2 Teoría de los principios y única respuesta correcta

2.2.1 Teorías fuertes y débiles de los principios

Supongamos que se pudiera crear una lista en cierto modo completa de los principios de un sistema jurídico. Puesto que no contendría nada sobre el peso relativo de los principios, es decir, sobre la relación de prioridad entre ellos, ciertamente podría decirnos qué es lo que hay que tomar en consideración, pero no qué es lo que tiene preferencia en cuanto al resultado. Por ello, no sería mucho más que un catálogo de puntos de vista o de topoi. Esta simple relación de principios representa, desde el punto de vista de su rendimiento, la variante más débil de una teoría de los principios. La variante más fuerte sería una teoría que contuviera, además de todos los principios, todas las relaciones de prioridad abstractas y concretas entre ellos y, por ello, determinara unívocamente la decisión en cada uno de los casos. Si fuera posible una teoría de los principios de la forma más fuerte, sería sin duda acertada la tesis de Dworkin de la única respuesta correcta.

2.2.2 Teoría de los principios y teoría de los valores

Para descubrir lo fuerte que pueda ser una teoría de los principios desde el punto de vista de su rendimiento, hay que fijarse en la semejanza que tienen los principios con lo que se denomina "valor". En lugar de decir que el principio de la libertad de prensa colisiona con el de la seguridad exterior, podría decirse que existe una colisión entre el valor de la libertad de prensa y el de la seguridad exterior. Toda colisión entre principios puede expresarse como una colisión entre valores y viceversa. La única diferencia consiste en que en la colisión entre principios se trata de la cuestión de qué es debido de manera definitiva, mientras que la solución a una colisión entre valores contesta a qué es de manera definitiva mejor. Principios y valores son por tanto lo mismo, contemplado en un caso bajo un aspecto *deontológico,* y en otro caso bajo un aspecto *axiológico.* Esto muestra con claridad que el problema de las relaciones de prioridad entre principios se corresponde con el problema de una jerarquía de los valores.

2.2.3 Orden estricto

Los problemas de una jerarquía de los valores jurídicamente relevantes se han discutido con frecuencia. Se ha mostrado así que no es posible un orden que conduzca en cada caso precisamente a un resultado; a tal orden habría que llamarlo "orden estricto". Un orden estricto solamente sería posible si el peso de los valores o de los principios y sus intensidades de realización fueran expresables en una escala numérica, de manera calculable. El programa de semejante orden cardinal fracasa ante los problemas de una medición del peso y de la intensidad de realización de los principios jurídicos o de los valores jurídicos, que sea más que una ilustración de un resultado ya encontrado.

2.2.4 Orden débil

El fracaso de los órdenes estrictos no significa sin embargo que sean imposibles teorías de los principios que sean más que un catálogo de topoi. Lo que es posible en un orden débil que consista de tres elementos: 1) un sistema de condiciones de prioridad, 2) un sistema de estructuras de ponderación y 3) un sistema de prioridades *prima facie*.

Condiciones de prioridad

El que las colisiones entre principios deban resolverse mediante ponderación en el caso concreto, no significa que la solución de la colisión sea solamente significativa para el caso concreto. Antes bien, pueden establecerse, con ocasión de la decisión para casos concretos, relaciones de prioridad que son importantes para la decisión de nuevos casos.

Un ejemplo lo ofrece el caso Lebach del Tribunal Constitucional alemán, en el que se trataba de una información televisiva repetida, no amparada ya por un interés informativo actual, sobre un delito grave, emitida poco antes de la excarcelación del autor.[i] La argumentación del tribunal se desarrolla en tres niveles. En el primer nivel constata una colisión entre la protección fundamental e igual de la personalidad y la libertad de información. En el segundo nivel establece que, bajo una condición determinada y relativamente abstracta, esto es, la de una información actual sobre un delito grave, existe una prioridad de principio o *prima facie* en favor de la libertad de información. En el tercer nivel decide finalmente que bajo cuatro condiciones que se dan en el caso Lebach, a saber, una 1) información televisiva repetida, 2) no amparada ya por un interés informativo, 3) sobre un delito grave, 4) que pone en peligro la resocialización del autor, la protección de la personalidad prevalece sobre la libertad de información. Esto significa que tienen validez las consecuencias jurídicas del principio prevaleciente y que, por tanto, la emisión del programa televisivo está prohibido bajo estas cuatro condiciones. Lo último lleva a una idea fundamental para la relación de los niveles de la regla y de los principios, que se puede formular en una ley de colisión: las condiciones, bajo las que un principio prevalece sobre otro, forman el supuesto de hecho de una regla que determina las consecuencias jurídicas del principio prevaleciente.

---

i   BverfGE, 35, 202.

Las condiciones de prioridad establecidas hasta el momento en un sistema jurídico y las reglas que se corresponden con ellas proporcionan información sobre el peso relativo de los principios. Sin embargo, a causa de la posibilidad de nuevos casos con nuevas combinaciones de características, no se puede construir con su ayuda una teoría que determine para cada caso precisamente una decisión. Pero de todos modos, abren la posibilidad de un procedimiento de argumentación que no se daría sin ellas. Este procedimiento, desde luego, debe ser incluido en una teoría completa de la argumentación jurídica.

Estructuras de ponderación

En contra del concepto de una teoría de los principios basada en condiciones de prioridad podría hacerse valer que, puesto que las condiciones de prioridad implican reglas, sólo se necesitaría tomar en consideración estas reglas. Esta objeción lleva a un segundo elemento fundamental de la teoría débil de los principios, a la ley de la ponderación. Los principios, en cuanto mandatos de optimización, exigen una realización lo más completa posible, en relación con las posibilidades jurídicas y fácticas. La referencia a las posibilidades *fácticas* lleva a los bien conocidos principios de adecuación y necesidad. La referencia a las posibilidades *jurídicas* implica una ley de ponderación que puede ser formulada como sigue: Cuanto más alto sea el grado de incumplimiento o de menoscabo de un principio, tanto mayor debe ser la importancia del cumplimiento del otro. La ley de ponderación no formula otra cosa que el principio de la proporcionalidad en sentido estricto. Con ello se dice, grosso modo (lo que se puede demostrar de manera exacta) que el principio de proporcionalidad, con sus tres principios parciales ya mencionados, se sigue lógicamente del carácter principal de las normas, y éste de aquél. Esto no es sólo interesante para un examen teórico-estructural. Significa que una teoría de los principios conduce a estructuras de argumentación racional, lo que no vale para un simple catálogo de topoi. A pesar de esta contribución a la racionalidad práctica que no hay que infravalorar, es, sin embargo, también clara la urgencia con que la teoría de los principios necesita un complemento a través de una teoría de la argumentación jurídica de mayor alcance.

Prioridades prima facie

El tercer elemento de una teoría débil de los principios son las prioridades *prima facie*. Ya se mencionó un ejemplo. En una información actual sobre un delito grave, a la libertad de información le corresponde una prioridad *prima facie* frente a la protección de la personalidad. Las prioridades *prima facie* establecen cargas de la argumentación. De esta manera crean un cierto orden en el campo de los principios. Desde luego, no contienen una determinación definitiva. Si son más fuertes los argumentos en favor de una prioridad de un principio que juega en sentido contrario, se cumple suficientemente con la carga de la prueba. Con ello, el orden depende de nuevo de la argumentación.

3
Argumentación jurídica y razón práctica

3.1 Un modelo de tres niveles del sistema jurídico

Las reflexiones anteriores muestran que es imposible una teoría fuerte de los. principios de forma que determine para cada caso precisamente una respuesta. Esto es así no sólo a causa de la limitación del poder del conocimiento humano, que podría superar un Hércules dworkiano, sino también por razones lógicas en sentido más amplio. Pero de todos modos es posible una teoría débil de los principios. Esta, sin embargo, no determina para cada caso una única respuesta correcta. Sin embargo, la idea de una única respuesta correcta no tiene por qué ser abandonada. Se puede seguir manteniendo por dos vías. La primera la recorre quien afirma que la existencia de una única respuesta correcta no depende de que exista un procedimiento que permita mostrarlo. Esta no se seguirá aquí. La segunda vía se abre con la comprensión de que la adición de un nivel de los principios al de las reglas no lleva todavía a un modelo completo del sistema jurídico. Los principios, como las reglas, no regulan por sí mismos su aplicación. Si se quiere lograr un modelo adecuado del sistema jurídico, entonces se debe añadir a estos dos niveles que expresan, en relación con la cuestión de la corrección de la decisión, el lado pasivo del sistema jurídico, otro lado activo referido a esta cuestión. Los niveles de la regla y de los principios deben ciertamente complementarse con un tercero, a saber, con una teoría de la argumentación jurídica, que dice cómo, sobre la base de ambos niveles, es posible una decisión racionalmente fundamentada. Una respuesta concluyente a la cuestión de la única respuesta correcta sólo es posible refiriéndose a estos tres niveles.

3.2 Supuestos básicos de la teoría de la argumentación jurídica

El punto de partida de la teoría de la argumentación jurídica es que en la jurisprudencia se trata en definitiva siempre de cuestiones prácticas, por tanto, de lo que está ordenado, prohibido y permitido. La argumentación jurídica es por ello un caso especial de la argumentación práctica en general. Es un caso especial porque está situada bajo una serie de vínculos institucionales que brevemente pueden caracterizarse como la vinculación a la ley, al precedente y a la dogmática. Estos vínculos, que pueden concebirse mediante un sistema de reglas y formas específicas de la argumentación jurídica, no llevan sin embargo en cada caso precisamente a un resultado. Esto vale tanto para la subsunción bajo reglas como para la ponderación de principios. Por lo que respecta a los principios, ha quedado claro que su estructura, en cuanto mandatos de optimización, lleva a que, siempre que exhiban un contenido moral, en su aplicación haya que contestar siempre cuestiones morales.

Este es un aspecto de la tesis general de que en todos los casos más o menos problemáticos son necesarias valoraciones que no pueden extraerse obligatoriamente del material autoritativamente fijado. La racionalidad de la argumentación jurídica depende por ello esencialmente de sí, y con qué alcance, estas valoraciones adicionales son susceptibles de un control racional.

3.3 Teoría procedimental

La cuestión de la racionalidad de la fundamentación jurídica lleva así a la cuestión de la posibilidad de fundamentar racionalmente los juicios prácticos o morales en general. La discusión de esta cuestión se ha visto obstaculizada largo tiempo por la oposición entre dos posiciones básicas extremas de las que siempre se presentan nuevas variantes: por un lado, las posiciones subjetivas, relativistas, decisionistas y/o irracionalistas y, por otro lado, las posiciones objetivistas, absolutistas, cognocistivistas y/o racionalistas. No existe sin embargo ningún motivo para una semejante actitud todo-o-nada. Ciertamente no son posibles teorías morales *materiales* que para cada cuestión práctica permitan extraer con seguridad intersubjetivamente concluyente precisamente una respuesta, pero sí que son posibles teorías morales *procedimentales* que formulan reglas o condiciones de la argumentación o decisión práctica racional. Una versión especialmente prometedora de una teoría moral procedimental es la del discurso práctico racional.

3.4 Discurso, única respuesta correcta, razón práctica

3.4.1 Reglas del discurso

La pieza nuclear de la teoría del discurso está formada por un sistema de reglas del discurso y de principios del discurso, cuya observancia asegura la racionalidad de la argumentación y de sus resultados. En otro lugar he tratado de formular explícitamente este sistema a través de un sistema de 28 reglas. Las reglas se extienden desde aquéllas que exigen no contradicción, claridad lingüística y verdad empírica, pasando por aquéllas que expresan la idea de universalizabilidad, entre otras cosas asegurando a cada uno el derecho a tomar parte en el discurso y a cada uno la misma consideración en el discurso, hasta aquéllas que rigen para la argumentación consecuencialista, la ponderación y el análisis de la formación de convicciones normativas. Este sistema de reglas que pretende formular algo así como un código de la razón práctica, no sólo complementa las reglas específicas del discurso jurídico, sino que constituye también la base para su justificación y crítica, en el marco de una justificación y crítica del sistema jurídico en su conjunto.

3 4.2 Única respuesta correcta

La cuestión de la única respuesta correcta depende esencialmente de si el discurso práctico lleva a una única respuesta correcta para cada caso. Llevaría a ello si su aplicación garantizara siempre un consenso. Ya un simple esbozo muestra claramente que varias de sus exigencias, bajo condiciones reales, sólo se pueden cumplir de manera aproximada. Esto ya excluye un consenso para cada cuestión. Por tanto, una única respuesta correcta para cada caso sólo podría admitirse recurriendo a cinco idealizaciones, a saber: 1) tiempo ilimitado, 2) información ilimitada, 3) claridad lingüística conceptual ilimitada, 4) capacidad y disposición ilimitada para el cambio de roles y 5) carencia de prejuicios ilimitada.

3.4.3 Razón y corrección relativa

Aquí queda aún por ver si sobre la base de semejantes idealizaciones es posible una única respuesta correcta para cada caso o si las diferencias antropológicas de los participantes en el discurso que obstaculizan el discurso hacen que, pese a las idealizaciones, puedan existir casos sin una única respuesta correcta. En todo caso, está claro que en la realidad no existe ningún procedimiento que permita, con una seguridad intersubjetivamente necesaria, llegar en cada caso a una única respuesta correcta. Esto último no obliga sin embargo a renunciar a la idea de la única respuesta correcta, sino que únicamente da ocasión para determinar su *status* con más precisión. El punto decisivo aquí es que los respectivos participantes en un discurso jurídico, si sus afirmaciones y fundamentaciones han de tener un pleno sentido, deben, independientemente de si existe o no una única respuesta correcta, elevar la pretensión de que su respuesta es la única correcta. Esto significa que deben presuponer la única respuesta correcta como idea regulativa. La idea regulativa de la única respuesta correcta no presupone que exista para cada caso una única respuesta correcta. Sólo presupone que en algunos casos se puede dar una única respuesta correcta y que no se sabe en qué casos es así, de manera que vale la pena procurar encontrar en cada caso la única respuesta correcta. Las respuestas que se encuentren, en el marco de este intento, sobre la base del nivel de la regla y de los principios, de acuerdo con los criterios de la argumentación jurídica racional, que incluyen los de la argumentación práctica general, también responden entonces, aunque no sean las únicas respuestas correctas, a las exigencias de la razón práctica y, en este sentido, son al menos relativamente correctas.

Seção 2

*Textos dos autores brasileiros
convidados*

Alexandre Coutinho Pagliarini
Carlos Mário da Silva Velloso
Carolina Heloísa Guchel Berri
Daniel Ferreira
Eduardo Ramos Caron Tesserolli
Estefânia Maria Queiroz Barboza
Francisco Rezek
Larissa Tomazoni
Manoel Gonçalves Ferreira Filho
Marcelo Porciuncula
Martonio Mont'Alverne Barreto Lima
Vinícius Hsu Cleto

Suprema Corte dos Estados Unidos: estrutura e estabilidade jurisdicional[i]

Suprema Corte de los Estados Unidos: estructura y estabilidad jurisdiccional

Supreme Court of the United States: structure and jurisdictional stability

---

i   Artigo inédito.

Alexandre Coutinho Pagliarini

Pós-Doutorado em Direito Constitucional pela Universidade de Lisboa. Doutor e mestre em Direito do Estado pela PUC/SP. Professor Titular do Mestrado e da Graduação em Direito do Centro Universitário Internacional Uninter. Tradutor francês-português-francês e inglês-português-inglês. Advogado constitucionalista e internacionalista.

Carolina Heloisa Guchel Berri

Mestre em Direito pelo Centro Universitário Internacional Uninter. Membro da Associação Brasileira de Direito Processual. Graduada em Intensive Legal English pela Universidade da Califórnia. Pós-Graduada em Direito Médico e Hospitalar pela Escola Paulista de Direito. Pós-Graduada em Direito Tributário pela Universidade Anhanguera. Graduada em Direito pela Universidade Regional de Blumenau. Professora do Curso de Direito do Centro Universitário Leonardo da Vinci (Uniasselvi). Advogada.

Resumo: Este artigo científico disseca a Suprema Corte dos Estados Unidos, seu *background*, sua estrutura, sua importância para a democracia estadunidense, suas características, a história do direito constitucional norte-americano, bem como sua organização governamental e judiciária. Isso tudo para concluir que há forte tradição e cultura próprias dos Estados Unidos que formam o *judicial review* e o papel da Suprema Corte desde outrora até os atuais dias, construindo de forma singular um modelo constitucional conhecido pela terminologia anglófona *common law*. Conhecendo-se minuciosamente a Suprema Corte dos Estados Unidos, será possível perceber, inexoravelmente, que o *common law* que pratica não é objeto de importação por países como o Brasil.

Palavras-chave: Direito constitucional dos Estados Unidos. *Common law*. Suprema Corte norte-americana.

Resumen: Este artículo científico disecciona la Suprema Corte de los Estados Unidos, sus antecedentes, su estructura, su importancia para la democracia estadounidense, sus características, la historia del derecho constitucional estadounidense, así como su organización gubernamental y judicial. Todo esto para concluir que existe una fuerte tradición y cultura típica de los Estados Unidos que han formado la revisión judicial y el papel de la Suprema Corte desde entonces hasta la actualidad, construyendo singularmente un modelo constitucional conocido por el derecho consuetudinario de terminología de habla inglesa. Conociendo en detalle a la Suprema Corte de los Estados Unidos, será posible darse cuenta, inexorablemente, de que el derecho consuetudinario que practica no está sujeto a importación por países como Brasil.

Palabras clave: *Derecho constitucional de los Estados Unidos. Common law. Suprema Corte de los Estados Unidos.*

Abstract: This scientific article dissects the Supreme Court of the United States, its background, its structure, its importance for American democracy, its characteristics, the history of American Constitutional Law, as well as its governmental and judicial organization. All of this to conclude that there is a strong tradition and culture typical of the United States that form the judicial review and the role of the Supreme Court from the time to the present day, singularly building a constitutional model known by the English-speaking terminology common law. Knowing the United States Supreme Court in detail, it will be possible to realize, inexorably, that the common law that it practices is not subject to import by countries like Brazil.

Keywords: United States constitutional law. Common law. Supreme Court of the United States.

Sumário: 1. Introdução. 2. A origem. 3. Organização governamental. 4. Organização judiciária. 5. Competência. 6. Método jurisdicional. 7. Seleção dos juízes no sistema judiciário norte-americano. 8. O papel da Suprema Corte em questões cruciais da sociedade. 8.1. Marbury *vs.* Madison. 8.2. Dred Scott *vs.* Sandford. 8.3. Plessy *vs.* Ferguson. 8.4. Buck *vs.* Bell. 8.5. Brown *vs.* Board of Education. 8.6. Engel *vs.* Vitale. 8.7. Gideon *vs.* Wainwright. 8.8. Roe *vs.* Wade. 8.9. Cruzan *vs.* Director of the Missouri Department of Health. 8.10. Bush *vs.* Gore. 8.11. Roper *vs.* Simmons. 8.12. Obergefell *vs.* Hodges. 8.13. Reflexões sobre o papel da Suprema Corte. 9. Considerações finais.

Tabla de contenido: *1. Introducción. 2. El origen. 3. Organización del gobierno. 4. Organización judicial. 5. Competencia. 6. Método jurisdiccional. 7. Selección de jueces en el sistema judicial de los Estados Unidos. 8. El papel de la Suprema Corte en cuestiones cruciales de la sociedad. 8.1. Marbury vs. Madison. 8.2. Dred Scott vs. Sandford. 8.3. Plessy vs. Ferguson. 8.4. Buck vs. Bell. 8.5. Brown vs. Board of Education. 8.6. Engel vs. Vitale. 8.7. Gedeón vs. Wainwright. 8.8. Roe vs. Wade. 8.9. Cruzan vs. Director of the Missouri Department of Health. 8.10. Bush vs. Gore. 8.11. Roper vs. Simmons. 8.12. Obergefell vs. Hodges. 8.13. Reflexiones sobre el papel de la Corte Suprema. 9. Consideraciones finales.*

Summary: *1. Introduction. 2. The origin. 3. Government organization. 4. Judicial organization. 5. Competence. 6. Jurisdictional method. 7. Selection of judges in the American judicial system. 8. The role of the Supreme Court in crucial issues of society. 8.1. Marbury vs. Madison. 8.2. Dred Scott vs. Sandford. 8.3. Plessy vs. Ferguson. 8.4. Buck vs. Bell. 8.5. Brown vs. Board of Education. 8.6. Engel vs. Vitale. 8.7. Gideon vs. Wainwright. 8.8. Roe vs. Wade. 8.9. Cruzan vs. Director of the Missouri Department of Health. 8.10. Bush vs. Gore. 8.11. Roper vs. Simmons. 8.12. Obergefell vs. Hodges. 8.13. Reflections on the role of the Supreme Court. 9. Final considerations.*

1
Introdução

O direito comparado revela-se cada vez mais importante, dada a crescente comunicação dos assuntos antes somente internos de cada Estado e de seus indivíduos. Além disso, a experiência jurídica alheia tem o condão de enriquecer e contribuir para a evolução do direito interno dos Estados.

Sabe-se que há inúmeras outras ordens jurídicas que não aquela aqui discutida (*common law*), as quais devem ser respeitadas tanto no âmbito nacional quanto no direito comparado.

No entanto, o ponto central deste estudo é a Suprema Corte e seu papel no controle de constitucionalidade norte-americano, sendo analisadas, mesmo que de forma breve, suas primícias, suas principais características e seu modo de atuar.

2
A origem

Com a proclamação da independência norte-americana no ano de 1776 e sua consagração em 1783, surgiu o anseio de trazer ao povo a autonomia de um direito norte-americano. Nessa toada, seguiram-se acontecimentos extremamente importantes na história estadunidense, especialmente na seara constitucional, com a Constituição dos Estados Unidos (*U.S. Constitution*), promulgada e ratificada em 1787, e a Carta de Direitos (*Bill of Rights*), de 1791.

A *U.S. Constitution* foi redigida pelos *founding fathers* ("pais fundadores"), cuja experiência colonial os deixou muito cautelosos a respeito de um governo central poderoso demais e com potencial de tirania, refletindo em três principais estruturas desenhadas para combater possível abuso de poder pelo governo: federalismo (*federalism*), separação de poderes (*separation of powers*) e freios e contrapesos (*checks and balances*).

A criação de sistemas judiciais é uma grande característica do Estado moderno, com origem na Europa. Somente a partir do século XVIII, com a ratificação da Constituição dos Estados Unidos, o Judiciário norte-americano ganhou legitimidade para atuar.

Por meio da Constituição dos Estados Unidos, atualmente composta por 7 artigos e 27 emendas, foi criada a Suprema Corte, mais especificamente em seu Artigo III, trazendo disposições específicas a respeito do Poder Judiciário, nos seguintes moldes:

ARTIGO III

Seção 1

O Poder Judiciário dos Estados Unidos será investido em uma Suprema Corte e nos tribunais inferiores que forem oportunamente estabelecidos por determinações do Congresso. Os juízes, tanto da Suprema Corte como dos tribunais inferiores, conservarão seus cargos enquanto bem servirem, e perceberão por seus serviços uma remuneração que não poderá ser diminuída durante a permanência no cargo.

Seção 2

A competência do Poder Judiciário se estenderá a todos os casos de aplicação da Lei e da Eqüidade ocorridos sob a presente Constituição, as leis dos Estados Unidos, e os tratados concluídos ou que se concluírem sob sua autoridade; a todos os casos que afetem os embaixadores, outros ministros e cônsules; a todas as questões do almirantado e de jurisdição marítima; às controvérsias em que os Estados Unidos sejam parte; às controvérsias entre dois ou mais Estados, entre um Estado e cidadãos de outro Estado, entre cidadãos de diferentes Estados, entre cidadãos do mesmo Estado reivindicando terras em virtude de concessões feitas por outros Estados, enfim, entre um Estado, ou os seus cidadãos, e potências, cidadãos, ou súditos estrangeiros. Em todas as questões relativas a embaixadores, outros ministros e cônsules, e naquelas em que se achar envolvido um Estado, a Suprema Corte exercerá jurisdição originária. Nos demais casos supracitados, a Suprema Corte terá jurisdição em grau de recurso, pronunciando-se tanto sobre os fatos como sobre o direito, observando as exceções e normas que o Congresso estabelecer. O julgamento de todos os crimes, exceto em casos de impeachment, será feito por júri, tendo lugar o julgamento no mesmo Estado em que houverem ocorrido os crimes; e, se não houverem ocorrido em nenhum dos Estados, o julgamento terá lugar na localidade que o Congresso designar por lei.

Seção 3

A traição contra os Estados Unidos consistirá, unicamente, em levantar armas contra eles, ou coligar-se com seus inimigos, prestando-lhes auxílio e apoio. Ninguém será condenado por traição se não mediante o depoimento de duas testemunhas sobre o mesmo ato, ou mediante confissão em sessão pública do tribunal. O Congresso terá o poder de fixar a pena por crime de traição, mas não será permitida a morte civil ou o confisco de bens, a não ser durante a vida do condenado. (ESTADOS UNIDOS, 1787)

A Lei Judiciária de 1789 (conhecida como *First Judiciary Act*), que organizava na época o Judiciário, trouxe disposições a respeito da cúpula do Judiciário, denominando-a de *Supreme Court of the United States* (Suprema Corte dos Estados Unidos).

Apesar de ter dispositivo específico na Constituição, a Suprema Corte dos Estados Unidos, no início, não estava sedimentada na prática, muito menos tinha definida sua atuação, legitimidade e competência, nem mesmo contava com sede autônoma em seus primórdios.

A Suprema Corte norte-americana tem sede em Washington e jurisdição sobre todo o território nacional. Todavia, antes de a capital ser construída, funcionou em Nova Iorque e lá realizou sua primeira sessão em 2 de fevereiro de 1790; depois mudou-se para a Filadélfia, onde permaneceu até a construção da capital, em 1800. Já em Washington, funcionou em diferentes salas (Chambers) no Capitólio, primeiro naquilo que é conhecida hoje como Old Supreme Court Chamber (1819-1860) e depois na Old Senate Chamber, que antes havia sediado as reuniões do Senado, local em que a Suprema Corte permaneceu por três quartos de século, de 1860 a 1935, ano da conclusão do seu majestoso prédio, que é sua sede desde então. A sede própria é fruto de iniciativa de William Howard Taft, que em 1929 conseguiu do Congresso os recursos para o início da obra. Chief Justice Taft foi o único homem na história dos Estados Unidos a exercer a Presidência da República (1909-1913) e a Presidência da Suprema Corte (1921-1930). (SOUTO, 2019, p. 4)

William J. Brennan Jr. (1992, p. 61) explana que, apesar de ratificada, a Carta de Direitos (*Bill of Rights*) "entrou num longo período de hibernação", e a própria Suprema Corte não atuou na defesa dos direitos garantidos constitucionalmente até 1857.

Oportuno relembrar, conforme Sampaio (2002), mesmo que de forma breve, o cenário histórico mundial ligado à jurisdição constitucional, no qual surge a ideia de *lex fundamentalis*, o que se verificou em Atenas, na Grécia Antiga, separando lei superior do que atualmente seriam as normas infraconstitucionais; estas deveriam estar em conformidade com a lei superior, sob pena de não poder ser aplicadas pelos juízes e acarretar ação pública de ilegalidade. Ainda, no direito romano havia mecanismo semelhante por meio do Senado. No direito natural, também se observa técnica similar, entabulando a ideia de Santo Tomás de Aquino. Já no século XVII, Sir Edward Coke, no julgamento do *Bonham's Case*, em 1610, defendeu a análise pelos juízes a respeito das leis em consonância ao *common law*, visando fortalecer o *common law* prejudicado na época pelas jurisdições especializadas, como a *equity*.

Inobstante os dados históricos importantes ora mencionados, inigualável marco para o sistema de controle de constitucionalidade foi o caso Marbury *vs.* Madison (5 U.S. 137, 1803), julgado pela Suprema Corte dos Estados Unidos no ano de 1803, trazendo um novo norte para a jurisdição constitucional e verdadeira independência e legitimidade para a Suprema Corte. Antes disso, nada ocorreu de forma tão crucial a ponto de se inaugurar efetivamente uma tradição do *judicial review*, com a legitimidade da Suprema Corte. Recordando, os *founding fathers* nada trouxeram especificamente a respeito, vindo a se aprofundar a matéria com a discussão entre os federalistas (Adams) e os antifederalistas (Jefferson).

Em suma, apesar de outros momentos históricos repercutirem na formação do *judicial review* como um todo, foi no julgamento do caso Marbury *vs.* Madison que o controle de constitucionalidade encontrou seu suporte e sua solidificação, trazendo a soberania da Constituição e a legitimidade do Judiciário, mais especificamente da Suprema Corte no papel de defesa da Constituição.

Sobre as dificuldades para a afirmação institucional do Judiciário Supremo norte-americano nos primeiros tempos após a positivação da Carta Magna e mediante a reviravolta proporcionada pelo julgamento do caso Marbury *vs.* Madison,

> *é possível identificar dois entraves ao surgimento do controle de constitucionalidade (judicial review): a insistência dos Estados em, na defesa da liberdade, apesar de conceber a Constituição como texto fundamental, considerá-la como não vinculante em relação ao seu Poder Legislativo; e a desconfiança que os cidadãos possuíam em relação ao Poder Judiciário, no sentido de que a common law era considerada muito complexa, o que se pensava que poderia impossibilitar um controle público dos atos jurisdicionais, vez que a compreensão do conteúdo das leis demandava a existência de um conhecimento deveras técnico. Em torno da afirmação do judicial review estavam assentados no fato de que não se imaginava um órgão do poder judicial anulando atos de instituições que possuíam representatividade perante a população. Contudo, tudo isso sucumbiu diante do julgamento do caso Marbury versus Madison.* (PAIXÃO; BIGLIAZZI, 2008, p. 153)

Em outras palavras, o controle de constitucionalidade nos Estados Unidos, ao contrário do que ocorre no Brasil, não tem previsão expressa constitucional, mas decorre da jurisprudência da própria Suprema Corte, que interpretou o Artigo VI da Constituição, estabelecendo a máxima: "a supremacia da constituição e o dever dos juízes de negar cumprimento a qualquer lei contrária à mesma" (CAPPELLETTI, 1984, p. 47).

Destarte, na combinação de três fatores, quais sejam: (1) a independência norte-americana; (2) a Constituição positivada dos Estados Unidos; e (3) o julgamento do caso Marbury *vs.* Madison, verifica-se a legitimidade da Suprema Corte norte-americana, bem como a inauguração do *judicial review* (controle de constitucionalidade) no direito constitucional.

3
Organização governamental

Interessante disposição a fim de compreender, mesmo que de forma suscinta, a organização governamental dos Estados Unidos encontra-se na Décima Emenda da respectiva Constituição, a qual determina claramente a larga competência e independência dos estados-membros dos Estados Unidos: "Os poderes não delegados aos Estados Unidos pela Constituição, nem por ela negados aos Estados, são reservados aos

Estados ou ao povo" (ESTADOS UNIDOS, 1787). Com isso, quer-se dizer que, ao contrário do que ocorre na história do direito constitucional brasileiro, a federação norte-americana, além de centrípeta, deixou ao centro o que as periferias quiseram deixar.

A estrutura do governo dos Estados Unidos apresenta duas características que ecoam em seu sistema jurídico, quais sejam, a separação dos poderes e o federalismo (BURNHAM, 2006).

Quanto à separação dos poderes, estabelece limites de competência a cada um deles – Executivo, Legislativo, Judiciário –, atuando cada qual como poderes independentes e interdependentes institucionalmente, respeitando a liberdade do poder fragmentado (TRIBE, 1988). O Artigo I da Constituição prevê que o Congresso tem o poder de elaborar leis; o Artigo II, que o Presidente tem o poder de executar as leis; e o Artigo III, que o Judiciário tem o poder de interpretar as leis. Como consectário, os *founding fathers* estabeleceram também na Constituição o sistema de freios e contrapesos (*checks and balances*), segundo o qual cada um dos poderes exerce alguma restrição sobre o poder do outro; por exemplo, o Congresso tem o poder de elaborar leis, mas o Presidente pode vetar, o Presidente pode firmar tratados, mas o Senado tem de aprovar, os Juízes têm mandato vitalício atuando com independência, mas o Presidente e o Senado juntos os selecionam.

No que tange ao federalismo, com dimensão federal e estadual, grande autonomia dos estados e soberania garantida à Federação, caracteriza-se pela independência e poder, cada qual com seu próprio sistema jurídico (ALMEIDA, 2016). Tão claro que, para William Burnham (2006), os Estados Unidos têm 51 governos diferentes.

Assim, o sistema do federalismo, no qual o governo federal divide com os governos estaduais poder e competência, é a chave do governo norte-americano. Ao mesmo tempo que a Federação é soberana, cada Estado tem grande independência para se autogerir, inclusive no âmbito judicial. Como explica Gregório Assagra de Almeida (2016), "cada Estado norte-americano possui o seu próprio sistema jurídico, composto, geralmente, por normas próprias sobre direito processual, sobre direito civil etc.", e podem optar pela adoção da *Federal Rules of Civil Procedure* (a exemplo de nosso Código de Processo Civil), mas não são obrigados a tanto, pelo que, atualmente, cerca de 35 dos 50 estados adotam esse regulamento, e os demais têm regramento próprio.

4
Organização judiciária

A organização judiciária dos Estados Unidos é formada por dois níveis: estadual e federal. Com relação às Cortes estaduais, a Constituição e a legislação de cada estado as regulamentam; já sobre as Cortes federais, a Constituição dos Estados Unidos, em seu Artigo III, Seção 1, cria especificamente a Suprema Corte e concede ao Congresso a competência para criar as demais Cortes federais abaixo da Suprema.

Portanto, a legislação ordinária federal (*U.S. Statutes*) traz a organização do Poder Judiciário, que pode ocorrer por meio de *Acts* (leis advindas da cooperação entre Executivo e Legislativo), atos unicamente do Poder Executivo e resoluções da Suprema Corte (CASTRO JR., 2002).

A figura do júri é muito presente na primeira instância, no julgamento de crimes e em situações na esfera cível, participando a sociedade diretamente dos julgamentos. As partes, na esfera cível, e o acusado, na esfera criminal, podem renunciar a essa garantia constitucional, optando pelo julgamento por um juiz.

Há juízes estaduais e juízes federais, e os regramentos a respeito da justiça estadual dependem da organização de cada estado-membro, os quais têm autonomia para tanto.

A Justiça Federal (*Federal Courts*), no primeiro grau de jurisdição, é composta pelas Cortes Distritais (*US District Courts, Trial Courts* ou *Courts of Original Jurisdiction*) e pelas Cortes de Competência Especial (*Special Jurisdiction Courts*). Já no segundo grau de jurisdição, é composta por 13 Cortes regionais, ou 13 Circuitos, denominadas *Courts of Appeals*, formadas por uma Corte específica para o Distrito Federal da Columbia/Washington, por uma Corte chamada de *Court of Appeals for the Federal Circuit* para recursos contra a *US Courts of Claims* e a *US Court of International Trade*, e por 11 Cortes Regionais, chamadas de *US Court of Appeals for the Circuit*.

Com jurisdição limitada, o sistema de Cortes federais atua em casos que envolvem a discussão da constitucionalidade de uma lei, leis federais e tratados firmados pelos Estados Unidos, casos envolvendo embaixadores e ministros, disputas entre dois ou mais estados, lei do almirantado, falência e *habeas corpus*.

> *As cortes federais não são tribunais de jurisdição geral, pois só podem decidir as questões que lhes tenham sido atribuídas por atos do Congresso, e este, por sua vez, só lhes pode deferir jurisdição sobre nove categorias de casos e controvérsias listados no Artigo III, da Constituição de 1787, de modo que tais categorias permitem que as cortes federais de primeiro grau desempenhem papel importante na demanda de direitos federais e na solução de conflitos interestaduais e internacionais.* (CASTRO JR., 2002, p. 155)

A Justiça Estadual (*State Courts*) em primeira instância é composta pelo que denominam de *Trial Courts*, no nível intermediário, pelas Cortes de Apelação (*Court of Appeals*), e como última instância estadual há a Suprema Corte (*Supreme Court*).

Com jurisdição geral, o sistema de Cortes estaduais atua na maioria dos casos criminais, nas sucessões (envolvendo testamentos e propriedades), na maioria dos casos de contratos, responsabilidade civil, direito de família, entre outros.

> *No plano estadual, as Constituições Estaduais regulamentam a organização judiciária, através dos State Statutes (normas adotadas em cooperação entre Executivo e Legislativo), e as regras votadas em seus judiciários superiores, enfatizando-se que a matéria não é de competência remanescente, e a legislação federal não pode interferir na soberania estatal (state sovereignty), mesmo a título de implied powers (poderes implícitos).* (CASTRO JR., 2002, p. 157)

Sobre eventuais casos de conflitos de jurisdição entre as Cortes estadual e federal, a resolução acontece por meio das regras de direito internacional privado norte-americano, denominado *Conflict of Laws* (CASTRO JR., 2002).

Como último grau de jurisdição, a Suprema Corte dos Estados Unidos será analisada a seguir, com o estudo de sua composição, de sua competência e de seu papel no *judicial review*.

5
Competência

A Suprema Corte é um dos três órgãos do governo federal dos Estados Unidos, a única Corte efetivamente mencionada na Constituição de 1787, competindo-lhe julgar casos que discutam temas de direito constitucional, lei federal e tratados que estavam sendo discutidos nas Cortes federais e nas Supremas Cortes estaduais. Além disso, a Suprema Corte é legitimada para julgar casos que envolvam direitos de almirantado ou marítimo, casos em que os Estados Unidos sejam parte, casos de conflito entre dois ou mais estados da nação, entre cidadãos de estados diferentes ou países estrangeiros, entre um estado e indivíduo ou países estrangeiros, entre cidadãos do mesmo estado em caso de conflito de propriedade em estados diferentes (CASTRO JR., 2002).

A Lei Judiciária de 1789, conhecida como *First Judiciary Act*, legitimou a Suprema Corte a julgar os recursos contra decisões das Cortes estaduais quando se questionasse a validade de lei federal ou de tratado, ou quando referidas decisões afrontassem a Constituição, tratados ou leis dos Estados Unidos (*"repugnant to the constitution, treaties, or laws of the United States"* – Seção 25), por meio do *writ of error* (COMMAGER, 1958). Nesse período, que se estendeu até 1891, a Suprema Corte atuava como se fosse um tribunal de revisão, aumentando consideravelmente o número de *mandatory appeals* (apelações que obrigatoriamente deveriam ser apreciadas), resultando, assim, em uma pauta impraticável em termos de números, com longos períodos para se proferir decisões e sem liberdade para julgamento dos casos relevantes.

Diante do cenário, a Lei Judiciária de 1891 (*Judiciary Act of* 1891) alterou o *First Judiciary Act* por meio de duas grandes mudanças: (1) a criação dos 13 Circuitos – *U.S. Courts of Appeals* (Cortes Federais de Apelação, o que, comparativamente, pode-se referir no Brasil aos Tribunais Regionais Federais), que passaram a atuar como intermediários entre primeira instância federal e Suprema Corte; e (2) a introdução do *writ of certiorari*, trazendo a liberdade da Suprema Corte para indicar quais casos a si trazidos das Cortes intermediárias seriam objeto de sua apreciação e quais não. Portanto, mesmo ainda existindo as apelações de conhecimento obrigatório para parte dos casos protocolados na Suprema Corte (*mandatory appeal*), instalou-se, a partir de 1891, importante nova dinâmica de funcionamento da Suprema Corte, com a possibilidade de, em algumas hipóteses, submeter ao seu julgamento apenas as questões mais relevantes político-administrativas e econômicas que a Corte reputasse devidas, influenciando, com isso, o sistema judicial como um todo e a opinião pública da nação.

Por meio do *writ of certiorari* (avocatória do processo), também conhecido como *the cert*, a Suprema Corte analisa, em cada caso a si trazido, se há razões imperiosas para julgamento do caso, o que se denomina *compelling reasons*. Trata-se de um ato discricionário da Suprema Corte, pois não precisa haver a justificativa ou qualquer explanação a respeito da aceitação do caso para julgamento ou não; se quatro dos nove *Justices* (Juízes) se manifestarem favoráveis, será concedido o *writ of certiorari*, situação chamada de *rule of four*. As regras a respeito do *certiorari* são determinadas pelo Regimento da Suprema Corte (*Supreme Court Rules*), as quais serão analisadas ao longo deste estudo.

Para a Associação dos Advogados (*American Bar Association*), teve importante repercussão a liberdade da Suprema Corte por meio do *writ of certiorari*, especialmente diante da grande quantidade de petições negadas por aquela Corte a partir dessa mudança, pois o cenário anterior era a Suprema Corte como "fácil desaguadouro dos recursos dos processos judiciais" (CASTRO JR., 2002, p. 172). Isso porque, ainda na primeira metade do século XX, questões simplórias e triviais tentavam alcançar a Suprema Corte, e cada vez mais o Congresso compreendia a relevante função da Suprema Corte, reduzindo sua competência obrigatória para afastar casos irrelevantes e casos que necessitavam de jurisdição especializada. Nessa toada, no Ato de 1916, o Congresso houve por bem delimitar ainda mais a competência da Suprema Corte, afastando o julgamento de falências, registros de marca e recursos da Corte Distrital de Porto Rico, conferindo à Suprema Corte o exercício do *writ of certiorari* nos casos que discutissem a aplicação de legislação ou autoridades federais (CASTRO JR., 2002).

A Lei Judiciária de 1925 promoveu nova alteração ao *Judiciary Act* outrora vigente, conhecida como *Judge's Bill* (Lei dos Juízes), mais precisamente no tocante à jurisdição da Suprema Corte, dada a enormidade de processos pós-Primeira Guerra Mundial. Por meio dessa alteração, houve cristalino aumento da discricionariedade da Suprema Corte, a ela tendo sido concedido o controle quase total de sua atividade jurisdicional, restringindo ainda mais as apelações de conhecimento obrigatório (*mandatory appeals*). João Carlos Souto (2019) comenta que o grande responsável por essa Lei Judiciária de 1925 foi William Howard Taft, única pessoa na história dos Estados Unidos que exerceu o cargo de Presidente da República e posteriormente *Chief Justice* da Suprema Corte, exímio político em ambos os cargos exercidos. O mesmo autor menciona que referida Lei Judiciária redefiniu o papel da Suprema Corte não por criar o *writ of certiorari* (até porque já existia), mas por lhe trazer novo sentido, estabelecendo os regramentos e as definições que até os dias atuais permanecem vigentes.

Outra alteração ocorreu por meio da Lei Judiciária de 1988 – *Supreme Court Case Selections Act of 1988* –, que tornou a apelação denominada *mandatory appeal* cada vez mais rara na jurisdição constitucional norte-americana, reduzindo severamente a possibilidade recursal à Suprema Corte por esse caminho.

Em suma, atualmente, a Suprema Corte tem competência originária (*trial jurisdiction* ou *original jurisdiction*) e competência recursal (*appellate jurisdiction* ou *review jurisdiction*), de acordo com o Artigo III, Seção 2, da Constituição. A competência originária é a jurisdição única para "todas as questões relativas a embaixadores, outros ministros e cônsules, e naquelas em que se achar envolvido um Estado" (ESTADOS UNIDOS, 1787).

Já a competência recursal é dividida em três modalidades: (1) apelação (*mandatory appeal*), (2) certificação (*certification*) e (3) *writ of certiorari* (submetido à discricionariedade da Corte). Nas duas primeiras modalidades, a Corte tem o dever de admitir o recurso e processá-lo (em tese); já no *certiorari*, a admissibilidade recursal é discricionária.

A apelação (*mandatory appeal*) é regulada atualmente pela Lei de 1988 já mencionada, que trouxe alteração ao Código dos Estados Unidos, excluindo grande parte da remessa obrigatória dos casos de apelação à Suprema Corte.

Por sua vez, a certificação (*certification*), muito mais rara, verifica-se quando uma Corte de segunda instância endereça para a Suprema Corte uma questão de direito federal para que esclareça um ponto duvidoso, estabelecendo uma espécie de precedente a ser seguido. Segundo Souto (2019, p. 75), "a certificação é muito pouco utilizada [...] levantamento feito no ano de 2010 informa que a Suprema Corte aceitou somente quatro certificações (consultas) em espaço de 64 anos, vale dizer, desde 1946, não obstante o instrumento existir desde o século XIX e ter relativa presença na vida judiciária do país".

Por fim, o *certiorari*, mais importante mecanismo recursal, que já existia desde o *Judiciary Act* de 1891, com a Lei de 1925 assumiu os contornos que o permeiam até hoje, tendo como característica a discricionariedade da Suprema Corte em definir qual caso justifica seu julgamento, deixando claro que a Regra n. 10 do Regimento da Suprema Corte trata de assunto de discricionariedade judicial, e não de direito. A concessão do *certiorari* ocorre em caso de haver razões imperiosas para julgamento do caso, o que se denomina *compelling reasons*.

Sobre os detalhes da Regra n. 10, seguem as observações de João Carlos Souto (2019, p. 78):

> *A petição do certiorari não será admitida se se basear em meros erros, de fato ou de direito, praticados em instâncias inferiores, consoante se extrai também da regra nº 10 do Regimento da Corte, de modo que essa diretriz exime o Tribunal de ter que corrigir eventuais equívocos cometidos anteriormente por outros órgãos do Judiciário.*
>
> *[...] Simultaneamente ao listar três situações que "indicam" a interposição do certiorari, a Regra nº 10 do Regimento ressalva a prerrogativa da Corte em admitir ou não o writ, ou seja, as três hipóteses não são determinantes, mas meramente indicativas, de modo que fica ressalvado o poder discricionário da Corte, a essa altura já percebido pelo leitor como algo absolutamente natural e onipresente. A primeira hipótese é de decisão de uma Corte Federal de Apelação (United States Court of Appeals) divergente de pronunciamento sobre uma relevante questão federal proferida por outra Corte Federal ou por Tribunal estadual de "último recurso" (an important federal question in a way that conflicts with a decision by a state court of last resort). A segunda é quando uma Corte estadual de última instância decidiu importante questão federal (a state court of last resort has decided an important federal question) que conflita com entendimento de outra Corte estadual de idêntica categoria ou com Corte de Apelação Federal (United States Court of Appeals). A terceira e última hipótese também se refere aos mesmos tribunais estaduais e federais, quando a decisão versar sobre importante questão federal que ainda não foi, mas deveria ser, resolvida pela Suprema Corte, ou, ainda, se qualquer deles decidiu uma importante questão federal de forma que esteja em conflito com pronunciamentos relevantes do Tribunal Supremo.*

Desse modo, a Corte analisa a *petition for writ of certiorari* protocolada e decide se o caso pode ser aceito para julgamento. Se quatro dos nove *Justices* (Juízes) se manifestarem favoráveis, será concedido o *writ of certiorari*, situação que se denomina *rule of four* (não há publicação das razões do acolhimento ou da negativa). As regras a respeito do *certiorari* são determinadas pelo Regimento da Suprema Corte (*Supreme Court Rules*), como já mencionado. Quando concedido (*grant the certiorari*), as partes são intimadas para a elaboração de razões escritas (*legal briefs*), depois acontecem os debates orais (*oral arguments*), dias após a Corte, por meio de seus nove integrantes, reúne-se a portas fechadas para discutir a matéria recursal, fixando o entendimento majoritário, fase conhecida como *case conference*, na qual os *Justices* discutem e compartilham os rascunhos (*drafts*) uns dos outros. Posteriormente, é indicado um *Justice* responsável pela elaboração do voto da maioria, denominada *opinion*, indicação esta feita, por tradição, pelo *Chief Justice*, que pode ser ele mesmo ou um de seus colegas, entre os *Justices*, que estiver com a maioria. Nessa fase, os *Justices* finalizam seus votos, direcionando-se à maioria ou aos dissidentes. Somente a versão final do voto é disponibilizada ao público, com a publicação do resultado.

Portanto, o julgamento em si acontece a portas fechadas, comunicando-se o resultado, o que possibilita a ampla discussão entre os *Justices*, bem como uma interação por intermédio dos *drafts* de cada qual. Isso viabiliza também uma real construção do resultado, a mudança de opinião e a busca por uma maioria, dialogando-se a fim de construir uma *opinion* da Corte, e não de cada um dos *Justices*, como em larga escala ocorre no Brasil.

Há quatro fases principais no julgamento: (1) leitura das inúmeras petições distribuídas, (2) sustentações orais, (3) discussão prévia como cada juiz votará e ajuste da pauta; e (4) redação dos votos (CASTRO JR., 2002).

Interessante que o *Chief Justice* (Presidente da Corte) é quem distribui as relatorias dos processos, atuando como porta-voz e representante da Corte, supervisionando o orçamento e administrando o pessoal. Além disso, o *Chief Justice* preside as sessões nas quais ocorrem a sustentação oral, bem como a sessão deliberativa, que se realiza às portas fechadas, falando por primeiro e votando por último (SOUTO, 2019).

Atualmente, o principal mecanismo de acesso à Suprema Corte (sendo quase a totalidade dos casos analisados) é o *writ of certiorari*. Aliado a isso, como verifica-se da evolução ora retratada, a cada novo

Judiciary Act e demais alterações legislativas, a Suprema Corte ganha mais discricionariedade para filtrar os casos que vão a julgamento pelo *writ of certiorari*; ou seja, o controle discricionário da referida Corte ganha força em detrimento do controle obrigatório[i].

O *certiorari* não é visto como uma solução perfeita para o controle de constitucionalidade nos Estados Unidos, mas como um meio possível de proporcionar à Suprema Corte desenvolver seu papel na uniformização do direito.

> *Para que o país tenha um sistema unificado e uniforme de justiça constitucional e legal, deve haver um único tribunal com poder para decidir a respeito de uma lei federal, supervisionar e corrigir, se necessário, as ações de outros tribunais que decidiram casos envolvendo questões federais. Como é fisicamente impossível para um só tribunal tomar todos ou mesmo uma grande fração de tais casos e dar-lhes a devida consideração [...] o país deve estar satisfeito com o melhor que pode ser feito, diante de tais circunstâncias.* (MADDEN, 1963, p. 159, tradução nossa)[ii]

Obviamente, há muitas críticas acerca da discricionariedade imanente do *certiorari*, designando à Suprema Corte poder de agenda sem necessidade de justificativa. Contudo, há juristas, como Richard Posner (2005), que afirmam que a Suprema Corte não é somente um órgão judicial, mas também um órgão político no sistema de freios e contrapesos, o que transparece nas decisões dos casos constitucionais na maior parte das vezes, até porque a Constituição envolve questões

---

i "The Supreme Court achieved its goal of limiting appellate jurisdiction as of right and expanding discretionary for a large class of cases" (NOWAK; ROTUNDA; YOUNG, 1978, p. 29-30). Ou, "A Suprema Corte alcançou seu objetivo de limitar a jurisdição de apelação como de direito e expandir a discricionariedade para uma grande classe de casos" (NOWAK; ROTUNDA; YOUNG, 1978, p. 29-30, tradução nossa).

ii No original: "If the country is to have a unified and uniform system of Constitutional and statutory justice, there must be a single tribunal with power to decide what the federal law is, and to supervise, and correct, if necessary, the actions of other tribunals which have decided cases involving federal questions. Since it is physically impossible for any single tribunal to take all, or even any large fraction of such cases and give them the full consideration [...] the country must be satisfied with the best that can be done, in the circumstances" (MADDEN, 1963, p. 159).

políticas, sendo objeto do julgamento por consequência, e não apenas certo ou errado a respeito de normas legais.

Estados Unidos e Brasil têm diferentes sistemas difusos de controle de constitucionalidade, principalmente porque, nos Estados Unidos, a Suprema Corte, em razão do *writ of certiorari*, tem liberdade para elaborar sua própria pauta na grande maioria dos casos a si direcionados, por meio da qual decide o que quer julgar sem necessidade de justificativa. Ainda, está presente sempre o efeito *erga omnes* quando declarada inconstitucionalidade de uma lei, e a decisão é *stare decisis*, precedente eficaz a todos os casos análogos e juízes, além da doutrina da questão política (*political question doctrine*), na qual questões de natureza fortemente política que deveriam ser reguladas cuidadosamente por lei devem, sempre que possível, ser deixadas ao crivo do Legislativo, ou seja, a decisão cabe ao Legislativo, e não ao Judiciário (CASTRO JR., 2002).

A respeito do funcionamento da Suprema Corte em si, cabe retratar que o quórum mínimo é de seis membros, sendo os julgamentos realizados por todos os membros, ou seja, sempre será decisão plenária, o que se chama de *en banc* ou *full bench*. O ano judiciário, denominado *term*, estabelece-se a partir da primeira segunda-feira de outubro e estende-se até junho ou, no máximo, julho.

Conforme dados da própria Suprema Corte, a cada mandato, aproximadamente 7.000 a 8.000 novos casos são a si direcionados, volume muito maior do que apresentado no século passado – em 1950, por exemplo, a Corte recebeu apenas 1.195 novos casos e, no mandato de 1975, recebeu apenas 3.940 (SUPREME COURT OF THE UNITED STATES, 2020b). A revisão plenária, com argumentos orais dos advogados, é atualmente concedida em cerca de 80 desses casos a cada mandato, e o Tribunal geralmente dispõe de cerca de 100 ou mais casos sem a revisão plenária. Em outras palavras, a Suprema Corte julga cerca de 100 casos por ano (no máximo), beirando a 1% dos casos protocolados. Até novembro de 2019, por exemplo, a Suprema Corte concedeu 48 *writs of certiorari*, tendo ainda mais sete meses de seu atual mandato adiante (SUPREME COURT OF THE UNITED STATES, 2020a).

Conforme apurou H. W. Perry Jr. (1991), a decisão recorrida é revertida depois da concessão do *certiorari* entre 65 e 75% dos casos. Assim, há fortes indícios de acolhimento do reclamo recursal caso aceito e concedido o *writ of certiorari*.

Em uma breve comparação com o cenário da Suprema Corte brasileira:

> *Na década de 1990, enquanto a Suprema Corte dos Estados Unidos julgava na casa de dezenas – e ainda continua a fazê-lo no século XXI – de processos por ano, o Supremo Tribunal Federal já atingia as dezenas de milhares. Em 1999, o STF julgou 56.307, em 2000 julgou 109.662, e, em 2017, proferiu 126.531 decisões, consoante Relatório encaminhado pela Presidência do Supremo Tribunal Federal ao Senado, em fevereiro de 2018. Considerando que o Presidente da Corte não recebe processos para relatar, é como se cada um dos dez ministros restantes julgasse individualmente pouco mais de 12 mil processos em um ano.* (SOUTO, 2019, p. 86)

Para finalizar, importantes observações a respeito da jurisdição da Suprema Corte:

> *A jurisdição da Suprema Corte pode ser dividida em originária e recursal. Esta, por sua vez, pode ser dividida em jurisdição recursal obrigatória e discricionária, também conhecida como jurisdição a certiorari. A área de jurisdição originária sobre casos entre estados ou envolvendo embaixadores e outros ministros públicos e cônsules é muito pequena. Esses casos são considerados de primeira instância pela Suprema Corte. A jurisdição recursal é muito mais ampla e inclui o poder, e em alguns casos a obrigação, de revisar casos. Em um número muito pequeno de casos, o Congresso requer a jurisdição recursal obrigatória na Suprema Corte. Muitas destas apelações são trazidas diretamente de uma corte distrital. A grande maioria dos casos chega até a Suprema Corte a partir da jurisdição recursal discricionária da corte sob a sua revisão a certiorari. Uma petição de um writ a certiorari é submetida pela parte prejudicada à decisão de uma corte inferior, para que ela seja revista. Caso quatro dos nove membros acatem o writ, ele será concedido e a questão será apreciada pela Suprema Corte. A corte aceita submeter à sua apreciação casos de grande interesse nacional, com o objetivo de uniformização nacional da questão. Ela recebe cerca de 8 mil pedidos de writ a certiorari por exercício (que*

> *inicia no começo de outubro e termina no final de junho ou no início de julho subsequente), mas apenas 100, aproximadamente, são concedidos. Quando a corte rejeita a concessão de um writ, não justifica a sua decisão. Ainda, a negativa de concessão de um writ a certiorari não pode ser considerada precedente de uma análise da questão legal do caso pela corte. [...]. As decisões da Suprema Corte sobre questões referentes às leis federais são irrecorríveis. Não podem, portanto, ser revertidas, exceto nestes casos: 1) a própria corte pode modificar a sua própria decisão em casos subsequentes; 2) a decisão da Corte está baseada na constituição, a qual pode ser emendada para mudar de forma prospectiva os efeitos da decisão tomada; 3) a decisão da Corte está baseada em uma lei que o Congresso pode emendar a fim de alterar os efeitos futuros de decisões da corte [...].* (FINE, 2011, p. 37-38)

Em suma, de longa data, verifica-se o grande poder destinado à Suprema Corte, que guarda ampla discricionariedade para estabelecer quais casos serão objeto de sua apreciação, visto que a maioria esmagadora da demanda está inserida nos casos sujeitos à concessão do *writ of certiorari*.

6
Método jurisdicional

Diversamente do Brasil, nos Estados Unidos o juiz obviamente guia-se pelas normas legais, mas utiliza como fonte primordial o *case law* em seu decidir, além do que, não atua como agente gerador de impulsos processuais, visto que o processo se dirige pela iniciativa das partes (*adversary* no cível e *accusatory* no criminal, pois depende do autor e do réu no cível, e do promotor e do réu no criminal).

Na prática, predomina o precedente, em razão da velocidade em comparação à lei, apesar de cada vez mais ter muitas leis, uma vez que "o processo de interpretação é, dessa forma, o método que define, delimita e concretiza (efetiva) as leis"; ou seja, é comum, quando há uma lei de um Estado sem julgamento, os advogados se socorrerem de lei semelhante em outro Estado que tenha tido decisão a respeito. Portanto, o precedente judicial é a principal fonte do direito norte-americano (CASTRO JR., 2002).

Para melhor compreensão, no *common law* haverá o contraste entre (a) o *common law* e o *judge-made law* (direito aplicado pelo juiz) e (b) o *statute law* (direito criado pelo legislador). A primordial fonte é o *case law*, mas esse pode ser modificado pela lei, que lhe é superior hierarquicamente, quando então se designa que um caso foi revogado por lei (*case reversed by statute*) (CASTRO JR., 2002, p. 160-161).

Não pode se falar que enquanto um juiz não decidiu não se aplica a lei, pois o método do *common law* é diverso do *civil law*. No sistema brasileiro, o operador do direito primeiro verifica se há lei para determinado caso e, após, realiza pesquisa na doutrina e jurisprudência; já nos Estados Unidos, o caminho é inverso, primeiro buscam-se *cases* e, após, verifica-se alguma lacuna, socorre-se à lei. Aqui, a lei tem papel primordial, e lá, secundário ao operador do direito.

Até porque o sistema jurídico norte-americano tem como ponto primordial a regra do precedente, um importante mecanismo que direciona o direito norte-americano, mormente o modo de decidir das Cortes, qual seja, a

> *doctrine of stare decisis, também chamada doctrine of precedents. Diga-se que a melhor tradução para doctrine no presente contexto, seria regra e portanto doctrine of precedentes seria, em português, "regra do precedente". Precedent é a única ou várias decisões de um appellate court, órgão coletivo de segundo grau, que obriga sempre o mesmo tribunal ou juízes que lhe são subordinados.* (SOARES, 1999, p. 40)

Stare decisis é a sustentação basilar do *common law*, um importante instituto do direito norte-americano por meio do qual uma Corte, por uma questão de previsibilidade, justiça e consistência, deve aplicar como precedentes princípios estabelecidos em casos anteriores a futuros casos similares ou análogos. Por uma questão de ordem pública, a Corte está vinculada por suas próprias decisões. Desse modo, o atuar da Suprema Corte baseia-se nos precedentes, julgamentos anteriores a respeito do tema tratado, pois o sistema jurídico e o posicionamento da Suprema Corte em si devem ser íntegros e coesos, garantindo a segurança jurídica. Destarte, apesar de um julgamento da Suprema Corte basear-se em um caso concreto, não se restringe ao efeito *inter partes*, mas sim *erga omnes*, em razão do *stare decisis* no sistema do *common law*, em que os precedentes têm força vinculante.

A respeito das fontes do direito norte-americano, Júlio César Rossi (2015, p. 59) preleciona:

> *Assim, considerando esses aspectos fundamentais das fontes de direito no sistema norte-americano, podemos concluir que elas são de duas ordens: primárias e secundárias. As primeiras refletem a estrutura do sistema jurídico, notadamente o federalismo e a separação de funções (poder), incluídos nessa categoria a Constituição da nação e as dos estados-membros, as leis federais e estaduais, os regulamentos, os atos administrativos federais e estaduais e o case law (judge-made law) nas duas esferas de governo.*
>
> *Em relação às fontes secundárias, elas explicam, discutem, interpretam, ressaltam, criticam e buscam por mudanças no direito. Em verdade, elas não criam direitos e obrigações legais. São típicas fontes dessa qualidade as resenhas sobre direito ou artigos científicos, dissertações, cartilhas, enciclopédias jurídicas, recomendações e propostas ao Poder Legislativo, além de outras fontes doutrinárias.*

Em outras palavras, como força motriz do sistema jurídico *common law* está a doutrina dos precedentes (*stare decisis*), vinculando o Judiciário ao respeito à integridade, à coesão e à segurança jurídica.

7
Seleção dos juízes no sistema judiciário norte-americano

Como já mencionado, há juízes estaduais e juízes federais no Poder Judiciário dos Estados Unidos e, com maior apreço à pesquisa, os juízes da Suprema Corte.

Com relação aos juízes federais, estes são selecionados pelo Presidente dos Estados Unidos e pela maioria simples dos Senadores, conforme disposição do Artigo III, Seção 1, da Constituição. Terri Peretti (2008, p. 3, tradução nossa) explica:

> *A seleção de juízes federais americanos sempre foi mais política e partidária do que em outras nações democráticas. Na Europa, há tribunais específicos para interpretar normas estaduais e constitucionais, e os juízes europeus*

> são mais frequentemente recrutados por meio de um sistema de serviço público que enfatiza o mérito. Já nos Estados Unidos, os tribunais federais exercem funções ordinárias legais e extraordinárias, e seus membros são selecionados seguindo o recrutamento, tradicionalmente um caminho de ativismo partidário.[i]

Além disso, o cargo de juiz federal é vitalício se o selecionado demonstrar bom comportamento (*good behavior*).

Já os juízes estaduais podem ser selecionados por diversas formas, a depender da legislação de cada um dos 50 estados, sendo as principais: (a) pelo governador; (b) pela legislatura (governador indica e uma comissão legislativa aprova), a exemplo de Connecticut, Virginia, entre outros; (c) em quase metade dos Estados Unidos, por eleição popular, algumas inclusive partidárias (republicanos *vs.* democratas); (d) chamado de *Missouri Plan*, criado em 1945, há a seleção pelo mérito, quando surge uma vaga, uma comissão por integrantes da associação de advogados, cidadãos indicados pelo governador e presidente da Corte respectiva indicam três candidatos, o governador seleciona um deles, que assume o cargo de juiz estadual por um ano e, após, concorre em eleição pela permanência. Geralmente, os juízes estaduais têm mandatos de 6 a 12 anos, com exceção de alguns estados que trazem limite de idade e de outros que determinam o cargo como vitalício.

Mais precisamente sobre o foco desta pesquisa – Suprema Corte –, os *Justices* são selecionados mediante nomeação pelo Presidente dos Estados Unidos e sabatina do Senado (desde 1925, o procedimento de sabatina, como grande propulsor Alexander Hamilton, em *O Federalista*, capítulo 76).

---

i   No original: "The selection of American federal judges has always been more political and partisan than in other democratic nations. In judicial systems in Europe, for example, the tasks of statutory interpretation and constitutional review are assigned to separate courts, with appointments to constitutional courts subject to super-majoritarian approval in light of their more political and discretionary duties. Moreover, European judges are more often recruited through a civil service system emphasizing merit. In contrast, American federal courts exercise both ordinary legal and extraordinary constitutional functions, while its members are selected by the president and a simple majority of senators. Additionally, recruitment has traditionally followed a path of partisan activism" (PERETTI, 2008, p. 3)

Nove *Justices* compõem a Suprema Corte, sendo um deles nomeado como *Chief Justice* (Juiz Presidente) e os demais como *Associate Justices* (Juízes Associados), em conformidade com a Lei Judiciária de 1869 (*Judiciary Act of 1869*). Mas nem sempre foi assim, variando de seis a dez *Justices* antes disso. O cargo é vitalício.

Conforme os dados mencionados, o cargo de juiz, desde a primeira instância até a Suprema Corte, é altamente politizado, dividindo-se entre os democratas e os republicanos de forma clara, tanto é que há inúmeras pesquisas a respeito da divisão polarizada da política nos Estados Unidos e as consequências ao cenário das Cortes[i].

Cabe ressaltar que a política faz tanto parte do Judiciário que, seguindo George Washington (que selecionou federalistas para suas 14 nomeações para a Suprema Corte), os demais presidentes recrutaram candidatos de dentro de seu próprio partido político (quase 90% das nomeações), e nenhum escolheu um candidato do partido oposto desde 1971, quando Richard Nixon escolheu Lewis Powell, um democrata conservador, como parte da estratégia eleitoral do presidente de cortejar o sul (PERETTI, 2008).

Bruce Ackerman (1988) discorre a respeito dos processos formais de alteração do texto constitucional previstos no Artigo V da Constituição, explanando também sobre a possibilidade de mudança constitucional informal realizada por meio de "nomeações transformativas", as quais são realizadas pelo Presidente dos Estados Unidos e pela maioria do Senado, e os presidentes podem conseguir assegurar mudanças significativas na seara constitucional sem o apoio político amplo e profundo que tais mudanças constitucionais exigem em uma democracia.

Até porque, conforme aponta Terri Peretti (2008), no que diz respeito às nomeações para a Suprema Corte, as rejeições no Senado foram muito mais frequentes no século XIX, quando um em cada três candidatos foi rejeitado.

---

i   "U.S. politics has in recent years been characterized by acute polarization. Its two major parties have become more internally cohesive, more extreme ideologically, and more distinct and opposed to one another in their policy preferences. [...] Scholars have just begun exploring the consequences of this political development for courts" (PERETTI, 2008, p. 1).

Apesar da polarização da política, verifica-se que a maioria das indicações judiciais é confirmada no Senado, tanto atual quanto historicamente (PERETTI, 2008). Além disso, os Presidentes podem tentar manter-se fora da região de impasse, reagindo estrategicamente às restrições do Senado, ao selecionar candidatos mais moderados, ajudando a explicar a taxa de confirmação de 90% para os candidatos da Suprema Corte desde o final da Guerra Civil (PERETTI, 2008).

Nos tribunais inferiores, as mudanças de confirmação foram mais significativas; as taxas de confirmação para os juízes dos tribunais de distrito e de circuito têm visto um declínio constante desde a década de 1970 e estão, atualmente, em uma baixa de 50 anos (PERETTI, 2008).

Cabe registrar que a atuação do Senado nas sabatinas sofre muita crítica, ao passo que há um foco obsessivo com a ideologia do candidato e oposição do grupo de interesse, deixando os senadores de examinar as habilidades legais e as credenciais profissionais de um candidato (PERETTI, 2008). A exemplo da obsessão pelo tema aborto, usado como um teste decisivo, como fizeram com o atual *Associate Justice* Clarence Thomas, que recebeu mais de 70 perguntas relacionadas à decisão Roe *vs.* Wade no Senado em suas audiências de confirmação (PERETTI, 2008).

Atualmente, o *Chief Justice* da *U.S. Supreme Court* é John Roberts, e os oito *Associate Justices* são Clarence Thomas, Ruth Bader Ginsburg, Stephen Breyer, Samuel Alito, Sonia Sotomayor, Elena Kagan, Neil Gorsuch e Brett Kavanaugh. Na ala dos republicanos (conservadores) estão Roberts, Thomas, Alito, Gorsuch e Kavanaugh (estes dois últimos indicados pelo Presidente Donald Trump); e na ala dos democratas (liberais/progressistas) estão Ginsburg, Breyer, Sotomayor e Kagan. Portanto, a maioria da Suprema Corte, atualmente, é conservadora.

Os *Justices* da Suprema Corte são, assim, indicados pelo Presidente dos Estados Unidos, em conformidade ao próprio partido político do Presidente, sujeitos à aprovação pelo Senado, sendo uma grande característica do cenário jurídico-constitucional norte-americano. Isso torna a escolha dos juízes um poder cada vez mais importante, diante da competência de interpretar garantias fundamentais, bem como pela discricionariedade envolvida no método de decidir quais casos se submetem à sua apreciação e ao seu julgamento, revolvendo e direcionando matérias salutares à nação, o que remonta à politização envolvida.

8
O papel da Suprema Corte em questões cruciais da sociedade

Quem diria que a Suprema Corte norte-americana, que, no início de sua história, não tinha força no cenário jurídico, nem mesmo sede, viria a se tornar o norte das questões mais sensíveis à nação, questões de salutar importância histórica, gerando vinculação a todas as outras esferas judiciais, bem como aos poderes Legislativo e Executivo.

Pode-se afirmar que a evolução da sociedade norte-americana é orientada pela evolução do arcabouço judicial da Suprema Corte em diversas matérias de extrema importância à sociedade, sendo oportuno mencionar brevemente casos líderes da Suprema Corte norte-americana, no que tange ao controle de constitucionalidade, que efetivamente marcaram a história do sistema judicial de precedentes norte-americano, impactando a evolução da sociedade nas matérias que se fizeram presentes.

8.1 Marbury vs. Madison

Um dos *leading cases* que merece menção é o caso Marbury vs. Madison, julgado em 1803 pela Suprema Corte.

No cenário histórico da época, John Adams figurava como Presidente dos Estados Unidos, considerado um federalista, tendo perdido as eleições presidenciais para o democrata republicano Thomas Jefferson. Antes de deixar a presidência, John Adams tomou algumas providências políticas, especialmente uma série de nomeações de seus aliados para alicerçar suas forças no Poder Judiciário e frustrar a agenda de Jefferson. Duas importantes nomeações merecem destaque: a nomeação de John Marshall para exercer o cargo de *chief justice* (presidente) da Suprema Corte e a de William Marbury para assumir o cargo de *justice of the peace* (juiz de paz) do Distrito de Colúmbia. O destaque a Marshall decorre da importância do cargo a ele atribuído e ao fato de ele ter sido Secretário de Estado de Adams, já o destaque a Marbury se verifica pelas consequências geradas a partir da não efetivação de sua nomeação pelo governo sucessor.

Na ocasião, o Senado aprovou as nomeações feitas, que, assinadas pelo Presidente, dirigiram-se ao Secretário de Estado para oficializá-las e proceder sua entrega. Ocorre que, como inúmeras nomeações restaram para os últimos momentos do governo de Adams, algumas não se perfectibilizaram, entre elas a de Marbury. Quando Jefferson assumiu o governo, nomeando como Secretário de Estado James Madison, este se recusou a levar a cabo a ordem de nomeações pendentes, muito provável pelas tensões políticas apresentadas na época.

Desse modo, Marbury acionou a Suprema Corte, pleiteando, por meio de *writ of mandamus*, a efetivação de sua nomeação, fazendo-o com supedâneo no § 13 do *Judiciary Act of 1789*, a fim de embasar a competência da Suprema Corte para tanto.

O julgamento ocorreu pela inconstitucionalidade de uma lei que criou uma competência à própria Suprema Corte, competência esta não prevista e fora dos moldes da Constituição, criando-se, assim, importante precedente, tanto quanto o *judicial review* (revisão judicial – possibilidade do Judiciário controlar a legalidade de uma norma), à fixação de competência daquela Corte, além de restar assente a primazia da Constituição. Marshall, mesmo com as dificuldades políticas envolvidas, de forma estratégica, verificou estar diante de um perfeito caso para desenvolver o princípio do *judicial review*, assegurando o papel do Judiciário e, principalmente, da Suprema Corte em seu papel de intérprete da Constituição.

Com inigualável pioneirismo à jurisdição constitucional, esse julgamento trouxe um marco para o sistema de controle de constitucionalidade das leis no constitucionalismo moderno, bem como uma verdadeira independência ao Poder Judiciário da época, cujo conteúdo alastrou-se mundo afora como uma inovação a ser observada pelos estudiosos de direito constitucional, uma vez que a justiça declarava inválida, para aquele caso concreto, uma lei votada regularmente por representantes do povo. De fato, isso chamou a atenção do mundo porque jamais se havia visto um Judiciário dar negação à aplicação da norma geral e abstrata do Legislativo.

Do teor do julgado, as célebres palavras de Marshall, que resumem o posicionamento da Suprema Corte: "It is emphatically the duty of the Judicial Department to say what the law is", ou "É enfaticamente o dever do Departamento Judicial dizer o que é a lei" [tradução nossa].

8.2 Dred Scott *vs.* Sandford

Em 1857, o caso Dred Scott *vs.* Sandford foi objeto de polêmico julgamento pela Suprema Corte.

O escravo Dred Scott moveu uma ação contra seu proprietário, que lhe tirou de Missouri, onde era permitida escravidão, e o levou para Illinois, onde a escravidão era proibida, trazendo-o de volta a Missouri tempos depois, o que o fez pleitear sua liberdade por ter residido em um estado livre.

Seu proprietário faleceu, levando o escravo a processar a viúva, sendo vitorioso em primeiro grau de jurisdição, mas perdendo na Suprema Corte Estadual de Missouri. A viúva contraiu novo matrimônio, e o escravo tornou-se propriedade do irmão dela, Sandford, contra o qual foi ajuizada nova ação, com insucesso nas primeiras instâncias, alcançando a Suprema Corte.

A Suprema Corte decidiu que Scott, como escravo, não poderia ser considerado um homem livre pelo simples fato de ter residido em um estado livre por um período de sua vida; além disso, como seus ancestrais vieram importados aos Estados Unidos e vendidos como escravos, Scott não era considerado cidadão e não tinha legitimidade para acessar o Judiciário; e, por fim, qualquer lei que privasse um proprietário de escravos de sua propriedade seria inconstitucional. O julgamento foi concluído por maioria de sete a dois.

Houve fortes críticas sobre a atuação da Suprema Corte nesse julgamento, pois grande parte da sociedade, à época, tinha a perspectiva que a Suprema Corte enfrentaria e daria um novo rumo à escravidão, coibindo-a. Ademais, esse julgamento reverberou em dois significativos acontecimentos: foi considerado uma das causas de vitória de Abraham Lincoln para a presidência em 1860, bem como um dos fatores que levaram à Guerra Civil em 1861. Referido julgamento não mais passou a ter valia em 1865 com o advento da Décima Segunda Emenda Constitucional, que aboliu a escravidão, corroborada pela Décima Quarta Emenda, em 1868, que concedeu cidadania aos ex-escravos.

8.3 Plessy *vs.* Ferguson

O caso Plessy *vs.* Ferguson, julgado em 1896 pela Suprema Corte, tratou da discussão sobre a violação da cláusula de proteção igualitária da Décima Quarta Emenda pela Lei de Veículos Separados do Estado de Louisiana, a qual exigia que as ferrovias fornecessem acomodações iguais, mas separadas para brancos e negros.

A ação foi ajuizada por Homer Plessy, negro que embarcou em um trem e sentou-se em um vagão reservado para passageiros brancos, tendo sido preso quando se recusou a mudar de lugar.

Por maioria, sete a um, a Suprema Corte julgou que a lei estadual não violou a Décima Quarta Emenda, não sendo considerada uma violação a disposição "separados, mas iguais" daquela lei. Em que pese o grande debate pelo dissidente John Marshall Harlan, pugnando pela inexistência de sistema de classes entre os cidadãos, a Suprema Corte posicionou-se com a decisão que solidificou a doutrina, chamada "separados, mas iguais", por aproximadamente seis décadas.

8.4 Buck *vs.* Bell

Em 1927, o caso Buck *vs.* Bell foi julgado pela Suprema Corte e referia-se à jovem Carrie Buck, diagnosticada com deficiência mental e encaminhada a uma instituição estatal após ter sido estuprada pelo sobrinho de seus pais adotivos, tendo engravidado e gerado o bebê decorrente do estupro sofrido.

O guardião nomeado de Buck, um dos dirigentes da instituição de saúde em que ela se encontrava, ajuizou a ação para atestar a constitucionalidade da Lei Estadual de Virgínia de 1924, que determinava a esterilização compulsória da mulher vista como incapaz de procriar por deficiência mental, a fim de que não propagasse sua linhagem genética.

Pela maioria de oito a um, a Suprema Corte decidiu que não havia na Emenda Oitava nem na Emenda Décima Quarta disposição que desabonasse a lei estadual.

Após esse julgamento, não cessaram as esterilizações compulsórias (sem consentimento) até a mudança de paradigma a partir de 1960, tanto de forma legal quanto doutrinária e jurisprudencial, mormente pelas consequências e atrocidades cometidas na Segunda Guerra Mundial.

O julgado em comento foi considerado uma das atuações mais constrangedoras na história da Suprema Corte, principalmente pelas palavras ofensivas e infelizes do *justice* Oliver Wendell Holmes, tal como, "três gerações de imbecis já são o suficiente".

8.5 Brown *vs.* Board of Education

Com outra postura, em 1954, a Suprema Corte julgou o caso Brown *vs.* Board of Education, mudando o norte até então adotado pela doutrina "separados, mas iguais", do caso Plessy *vs.* Ferguson, já comentado, e vindo a declarar a inconstitucionalidade da separação entre estudantes negros e brancos nas escolas públicas.

O caso tratava de uma menina negra de 8 anos de idade que teve negada sua matrícula em uma escola pública para brancos.

Com o teor do julgado, iniciou-se o progresso contra a segregação racial que havia na época em escolas públicas, além de um início da batalha contra a segregação racial nos Estados Unidos, com supedâneo da Décima Quarta Emenda.

8.6 Engel *vs.* Vitale

Em 1962, Engel *vs.* Vitale foi a julgamento na Suprema Corte, discutindo no sistema escolar de Nova Iorque uma oração diária não denominacional de devoção a Deus. A oração diária foi tida como inconstitucional, pois violadora da Primeira Emenda, sustentando-se que não é permitido ao governo patrocinar atividades religiosas.

8.7 Gideon *vs.* Wainwright

Mais um *leading case* em 1963 foi levado ao crivo da Suprema Corte, trazendo a história de Gideon, acusado pelo cometimento de um crime por invadir um salão de bilhar e danificá-lo, o qual, indigente, solicitou ao juiz estadual da Flórida que lhe fornecesse um advogado de forma gratuita, tendo seu pedido negado. Como consequência, pela péssima defesa que por si fez, acabou sendo preso, discutindo em sede recursal se o direito a um advogado se estendia aos réus criminais nos tribunais estaduais.

A Suprema Corte decidiu de forma unânime em favor de Gideon, sustentando que os réus criminosos indigentes devem receber assistência de advogado gratuitamente, tendo em vista a Sexta Emenda, inclusive nos tribunais estaduais.

8.8. Roe *vs.* Wade

Já em 1973, um dos casos mais polêmicos e controversos alcançou a Suprema Corte, tendo como objeto o aborto. O caso era originário do Estado do Texas, que se opunha à realização do aborto, tratando do pedido de Jane Roe (nome dado a Norma L. McCorvey no caso, a fim de manter seu anonimato) para possibilitar o aborto de gravidez supostamente decorrente de uma violação contra si.

Pela maioria de sete votos a dois, deixou assente a Suprema Corte a inconstitucionalidade da interferência do Estado na decisão da mulher sobre continuidade ou não da gravidez, obrigando todos os Estados a modificar suas leis, sob o fundamento de que a Décima Quarta Emenda, que trata do devido processo, assegura direito à privacidade à mulher, o que confere, consequentemente, à mulher a escolha de interromper ou não a gestação durante seu primeiro trimestre, livre de embaraços ou vedações pelo Estado; quanto ao segundo trimestre da gravidez, cada estado poderia regular a saúde materna; e quanto ao terceiro trimestre, cada estado poderia regular ou proibir.

Alguns detalhes cercam de controvérsias o caso. O primeiro é que a alegação de que sua gravidez decorreu de uma violação foi desmentida posteriormente, tendo sua advogada explicado que a conduta não foi totalmente ética, mas assim o fizeram por "boas razões". O segundo é que Hugh Hefner, fundador da Playboy, foi um dos financiadores, atuando como *amicus curiae*. O terceiro é que Roe deu à luz a filha enquanto o caso ainda estava tramitando, tendo sido encaminhada para adoção. Assim, o julgamento não reverteu em seu benefício, o que a deixou revoltada e a fez, anos mais tarde, tornar-se uma ativista do movimento *Pro Life*, totalmente contrário à sua ação, que, inclusive, tentou reverter sem sucesso. O quarto detalhe, entre outros sobre o caso, é que inúmeros estados aprovaram leis que vetam ou restringem o aborto, gerando discussão se este seria possível tendo em vista o julgado do caso em questão pela Suprema Corte, ou se estaria sendo preparado novo caso à Suprema Corte para possível reversão desse caso, até porque a maioria dos membros da Suprema Corte, atualmente, é conservadora. Em suma, essa questão ainda pode ser muito discutida.

8.9 Cruzan *vs.* Director of the Missouri Department of Health

Caso muito interessante foi julgado em 1990 pela Suprema Corte, iniciado em decorrência de um acidente de trânsito em 1983 que deixou Nancy Cruzan em estado vegetativo. Ela já estava nesse estado vegetativo há cinco anos, sem chance de recuperação, quando seus pais recorreram ao Judiciário para ter autorização de desligar os aparelhos que a mantinham viva, sob alegação de que, se pudesse optar, ela não desejaria permanecer naquele estado por mais 30 anos (estimativa médica).

Os pais de Cruzan tiveram procedência em primeira instância, mas foi revertida em segunda instância, tendo o caso alcançado a Suprema Corte.

Foi a primeira vez que a Suprema Corte lidou com um caso envolvendo o direito de morrer, decidindo, pela maioria de cinco a quatro, que: existe o direito de morrer; uma pessoa sem capacidade não tem o mesmo direito de uma pessoa com capacidade de decidir; cada estado tem o direito de negar à família se não tiver uma prova clara e convincente de que fosse o desejo da pessoa sem capacidade, para evitar abusos; não havia prova clara e convincente nos autos de que Cruzan desejaria o desligamento dos aparelhos que a mantinham viva.

Algumas curiosidades do caso: depois da decisão da Suprema Corte (junho de 1990), os pais de Cruzan juntaram mais provas e conseguiram a autorização judicial para remover o suporte de vida de Cruzan, tendo ela falecido em dezembro de mesmo ano. O julgamento teve grande impacto sobre as declarações de última vontade.

8.10 Bush *vs.* Gore

O caso Bush *vs.* Gore foi extremamente importante e merece ser trazido, mesmo que de forma breve, haja vista que decidiu a eleição presidencial do ano 2000, quando concorreram para presidente o candidato republicano George W. Bush e o candidato democrata Al Gore, revertendo a Suprema Corte a decisão da Suprema Corte da Flórida que havia determinado a recontagem de votos em algumas cidades da Flórida, pois seria como uma negação à proteção igualitária das leis. Assim, mesmo que de forma simplória e um tanto voluntarista, a decisão teve como consequência a vitória de George W. Bush.

8.11. Roper *vs.* Simmons

Em 2005, foi julgado pela Suprema Corte o caso de Simmons, que havia sido condenado à morte em 1993, quando tinha 17 anos. Em primeiro grau de jurisdição e em sede recursal, teve seus pedidos rejeitados, mas, em 2002, a Suprema Corte do Missouri suspendeu a execução de Simmons quando a Suprema Corte dos Estados Unidos decidiu o caso Atkins *vs.* Virginia pela inconstitucionalidade da execução de deficientes mentais, tendo sido reconsiderado seu caso em sede recursal.

No entanto, o governo recorreu à Suprema Corte, que, pela maioria de cinco a quatro, decidiu pela inconstitucionalidade da execução da pena de morte a pessoas por crimes cometidos antes dos 18 anos de idade, constituindo punição cruel e incomum, proibida pela Oitava Emenda.

8.12. Obergefell *vs.* Hodges

O último caso a ser aqui citado foi julgado em 2015 pela Suprema Corte, tendo como objeto o casamento entre pessoas do mesmo sexo, de importante impacto à sociedade, principalmente nos Estados Unidos, onde a cultura do casamento é muito forte.

O representante da ação foi James Obergefell, o qual viveu por 21 anos com John Arthur, em Ohio. O casal havia casado em outro estado, mas Ohio não reconhecia, e seu pedido específico era o reconhecimento formal do casamento na certidão de óbito de Arthur, quando ele morresse (o companheiro tinha esclerose lateral amiotrófica). O caso de Obergefell consolidou os demais casos.

Em suma, os peticionantes processaram suas agências estatais em Ohio, Michigan, Kentucky e Tennessee, que somente reconheciam casamento entre homem e mulher, para contestar a constitucionalidade da proibição desses estados no casamento entre pessoas do mesmo sexo ou a recusa em reconhecer casamentos entre pessoas do mesmo sexo que ocorreram em jurisdições que previam tais casamentos. Os demandantes em cada caso argumentaram que as leis estaduais violaram a cláusula de proteção igualitária e a cláusula do devido processo da Décima Quarta Emenda, e um grupo de autores também apresentou reivindicações sob a lei de direitos civis. Em todos os casos, em primeiro grau, o julgamento foi favorável, e em segundo grau, foi revertido.

Por maioria de cinco a quatro, a Suprema Corte decidiu que o casamento tem sido uma instituição central na sociedade desde os tempos antigos, mas não está alheio à evolução do direito e da sociedade, até porque, ao excluir casais do mesmo sexo do casamento, nega-se a eles a constelação de benefícios que os estados relacionam à instituição do casamento. Assim, entendeu que a Constituição alberga o direito ao casamento entre pessoas do mesmo sexo, em respeito às liberdades fundamentais protegidas pela cláusula do devido processo e proteção igualitária da Décima Quarta Emenda, pois a negação desse direito não asseguraria aos casais do mesmo sexo a mesma proteção sob a lei, sendo o direito de casar um direito fundamental inerente à liberdade da pessoa.

Sobre esse julgado, a maior discussão imperou na legitimidade legislativa para tratar sobre o tema e consequente ilegitimidade judicial para definir a matéria, seguindo o voto majoritário a linha de raciocínio da *living Constitution* (*living tree*, como denomina Wil Waluchow, 2005), afirmando que as gerações que escreveram e ratificaram a Carta de Direitos e a Décima Quarta Emenda não presumiram conhecer a extensão da liberdade em todas as suas dimensões e, então, confiaram às gerações futuras uma Carta protegendo o direito de todas as pessoas de desfrutar a liberdade à medida que se aprende seu significado.

8.13 Reflexões do papel da Suprema Corte

Da análise dos julgados brevemente expostos, depreende-se que, tradicional, cultural e historicamente, a Suprema Corte dos Estados Unidos revela-se um desaguadouro das questões mais cruciais e sensíveis à sociedade, norteando-as desde seus primórdios. E, como a grande maioria dos casos chega à Suprema Corte por meio do *writ of certiorari*, há discricionariedade na escolha dos temas a decidir pela própria Corte.

Ainda, verifica-se que o sistema de precedentes é o ponto central de seu modo de decidir e atuar, haja vista que a decisão se constrói baseada nos precedentes a respeito de cada matéria discutida, a fim de dar coerência à conduta da própria Suprema Corte. Tal sistema é integrado pelo *stare decisis*, que dá a força ao precedente nas decisões, além disso, conta com vários mecanismos, como *ratio decidendi, distinguishing, obiter dictum, overruling, overriding, prospective overruling, signaling*, entre outros. Portanto, há toda uma engenharia do sistema de precedentes que guia o modo de atuar da Suprema Corte e das demais instâncias inferiores por consentâneo.

Seção 2

Outra característica do modo de atuar da Suprema Corte é o efetivo debate do caso entre os *justices*, como era de se esperar de um julgamento por um colegiado de uma Suprema Corte. Essa característica pode ser verificada nos próprios acórdãos, nos quais se tenta unificar em um voto maioria e outros dissidentes, evitando-se vários votos individuais, bem como as menções que um *justice* faz ao argumento do outro no próprio voto. Pode ser em razão do próprio procedimento do julgamento na Suprema Corte, ocorrendo a portas fechadas o debate do caso entre os *justices* antes de se proferir os votos e anunciar o julgamento, o que demonstra que o caso foi realmente analisado e discutido entre seus pares. Afinal, a decisão não é de um ou outro *justice*, mas sim da Suprema Corte, composta por nove *justices*.

Sobre o mérito, cumpre registrar que várias discussões se destacam pela leitura dos julgados, sobretudo as questões acerca da igualdade; da legitimidade democrática do Judiciário *vs.* desrespeito ao Poder Legislativo; da Constituição com amplas disposições, dando azo a duas interpretações bem destacadas nos votos – *originalism vs. living Constitution*; da competência dos Estados para legislar a respeito; bem como do fato de a matéria não estar tratada na Constituição.

Outrossim, aspecto sempre muito discutido no cenário jurídico norte-americano é o ativismo judicial, que pode mostrar-se para o bem ou para o mal, e o risco desse ativismo, invadindo esferas de competência de outros poderes, ora negando normas legais vigentes, ora as criando. Nesse norte, cresce o número de legislações a tentar segurar o protagonismo do Judiciário e, especialmente, o ativismo.

Desse modo, torna-se claro que, mesmo com toda uma engenharia de sistema de precedentes, uma Carta Constitucional incontestee respeitada, legislação infraconstitucional em crescimento, cultura e história em harmonia com a evolução da sociedade em perfectibilizar os ditames constitucionais, não há cenário perfeito. Tanto é que, em alguns *leading cases* vistos, como exemplos Dread Scott *vs.* Sandford, Plessy *vs.* Ferguson e Buck *vs.* Bell, nem sempre se conduziu pela Suprema Corte da melhor forma a matéria tratada, havendo a própria constitucionalização da escravidão e da discriminação, muitas vezes excluindo o papel do Legislativo. A própria questão do aborto atualmente encontra-se em intenso debate, tomando o Legislativo de vários estados postura diversa da Suprema Corte no *leading case* analisado.

Em suma, o que se pode inferir é que histórica e culturalmente, a Suprema Corte guarda um papel de norteadora das questões tormentosas e impactantes à sociedade, apresentando-se como uma instituição vital ao seu país, em que pese as intempéries citadas.

Tendo em vista esse cenário, é irresponsável tomar o sistema jurídico norte-americano como um sistema perfeito a se "copiar", como muitos propagam no Brasil, mormente quando se adentra na temática dos precedentes, pois cada sistema jurídico, cada jurisdição constitucional e cada Suprema Corte guardam história, cultura, sistemática, normas e elementos singulares, não se podendo replicar modelos sem a base necessária para tanto, muito menos quando artificialmente intentado, sob pena de graves consequências ao direito interno.

No Brasil, parte da doutrina vem defendendo não só a aproximação do Brasil ao *common law*, mas a internalização de mecanismos do *common law* norte-americano, sobretudo a atuação da Suprema Corte e o sistema de precedentes lá existente, atribuindo a diversos fatores, em especial à vigência do Novo Código de Processo Civil, conferindo poderes ilimitados aos juízes, principalmente aos ministros do Supremo Tribunal Federal, deixando ao crivo de sua "vontade" e "criatividade" a tarefa de dar sentido ao direito com a última palavra, desnaturando o que efetivamente é o sistema de precedentes no *common law* e não se atendo à efetiva aplicação na prática brasileira, a exemplo de diversos dispositivos como *ratio decidendi/holding, obiter dictum, distinguishing, overruling, overriding, prospective overruling, signaling*, sem mencionar toda organização e inúmeras técnicas para se identificar em um julgado a *ratio decidendi*, tendo, inclusive, empresas especializadas em *law reports* para essa tarefa. O risco maior da ideia dos defensores do *precedentalismo/commonlização* é que propaga a superioridade do precedente em relação à própria lei, criando um verdadeiro direito dos Tribunais Superiores, o que não se admite em um Estado Democrático de Direito com suporte no princípio da legalidade, como é o caso do Brasil, pois resulta em claro autoritarismo, ativismo e discricionariedade.

Em cada sistema jurídico verifica-se que há erros e acertos, não sendo nenhum deles melhor ou pior, mas adequado e em evolução de acordo com sua própria sociedade. Os sistemas jurídicos não são intactos e imutáveis, pois guardam continuidade. Nesse sentido, como Heráclito clamou, os rios correm e nunca nos banhamos duas vezes na mesma água, mas sempre se seguirá um padrão, um caminho, do qual dependem sua própria existência e sua continuidade.

9
Considerações finais

Pelo estudo realizado, constata-se a singularidade em que emergiu a Suprema Corte e o controle de constitucionalidade no direito constitucional norte-americano, iniciando com uma cúpula do Poder Judiciário pouco reconhecida e evoluindo para um dos órgãos mais poderosos dos Três Poderes. O início foi tão importante que propiciou acontecimentos históricos com repercussão em todo o mundo: Constituição dos Estados Unidos, criação da Suprema Corte e o julgamento do caso Marbury vs. Madison, inaugurando o *judicial review*.

No que tange à organização governamental norte-americana, é salutar seu mínimo conhecimento, a fim de compreender como funcionam os mecanismos federal e estaduais, com grande competência dirigida aos estados.

A respeito do modo de atuar, importante característica é a discricionariedade (cada vez mais alargada) dos membros da Suprema Corte ao se manifestarem pelo recebimento ou não dos recursos a si dirigidos por meio do *writ of certiorari*, sem mencionar seu poder de agenda e o poder de pauta do *Chief Justice* (Presidente da Suprema Corte).

A política está enraizada e é parte integrante da própria atuação da Suprema Corte, desde a nomeação dos *Justices*, passando por sua sabatina e aprovação até o julgamento das questões apresentadas à Suprema Corte, quase unanimemente de ordem política.

Diferentemente do sistema *civil law*, que se verifica no Brasil (de origem romano-luso-franco-germânica, com primado da norma jurídica geral e abstrata posta no sistema pelo Congresso Nacional), no *common law*, de origem anglo-saxônica, o primado dirige-se à jurisprudência, ao *case law*, como fonte decisiva para a compreensão da lei. Nessa senda, como grande característica do direito norte-americano, a força dos precedentes judiciais com a doutrina do *stare decisis*, que guarda interessantes dinâmicas do sistema jurídico do *common law*, intenta trazer segurança jurídica, coerência, limitação ao Judiciário e isonomia entre os casos julgados.

Por derradeiro, convém observar que há inúmeras diferenças entre cultura, tradição, formação, competência e demais particularidades dos sistemas jurídicos *civil law* e *common law*, bem como de suas Supremas

Cortes, não se podendo afirmar que um deles é melhor ou pior, mas sim únicos e ímpares, cada qual com suas glórias e suas vicissitudes em decorrência de sua constante construção, devendo-se respeitar a tradição, a cultura e a evolução de cada sistema jurídico.

Referências

ACKERMAN, B. A. Transformative Appointments. **Harvard Law Review**, v. 101, p. 1.164, 1998.

ALMEIDA, G. A. de. O sistema jurídico nos Estados Unidos: common law e carreiras jurídicas (judges, prosecutors e lawyers) – o que poderia ser útil para a reforma do sistema processual brasileiro? **Revista de Processo**, v. 251, jan. 2016.

BRENNAN JR., W. J. Por que ter uma carta de direitos? **Revista de Direito Administrativo**, v. 189, p. 58-69, jul./set. 1992.

BURNHAM, W. **Introduction to the Law and Legal System of The United States**. United States of America: West, Thompson, 2006.

CAPPELLETTI, M. **O controle judicial de constitucionalidade das leis no direito comparado**. Tradução de Aroldo Plínio Gonçalves. Porto Alegre: Fabris, 1984.

CASTRO JR., O. A. de. **Teoria e prática do direito comparado e desenvolvimento**. Florianópolis: Fundação Boiteux, Unigranrio, 2002.

COMMAGER, H. S. **Documents of American History**. 6. ed. New York: Appleton-Century-Crofts, 1958.

ESTADOS UNIDOS. **Constituição dos Estados Unidos da América**. 1787. Disponível em: <http://www.direitoshumanos.usp.br/index.php/Documentos-anteriores-%C3%A0-cria%C3%A7%C3%A3o-da-Sociedade-das-Na%C3%A7%C3%B5es-at%C3%A9-1919/constituicao-dos-estados-unidos-da-america-1787.html>. Acesso em: 20 set. 2020.

FINE, T. M. **Introdução ao sistema jurídico anglo-americano**. Tradução de Eduardo Saldanha. São Paulo: Martins Fontes, 2011.

MADDEN, J. W. One Supreme Court and the Writ of Certiorari. **Hastings Law Journal**, v. 15, 1963.

NOWAK, J. E.; ROTUNDA, R. D.; YOUNG, J. N. **Constitutional Law**. St Paul, Minnesota: West Publishing, 1978.

PAIXÃO, C.; BIGLIAZZI, R. **História constitucional inglesa e norte-americana**. Brasília: UnB, 2008.

PERETTI, T. **Constructing Courts in Polarized Times**. In: Going to Extremes: the Fate of the Political Center in America, Conference at Dartmouth College, June 19-21, 2008.

PERRY JR., H. W. **Deciding to Decide**: Agenda-Setting in the United States Supreme Court. Cambridge: Harvard University Press, 1991.

POSNER, R. Foreword: a Political Court. **Harvard Law Review**, v. 119, n. 31, nov. 2005.

RAMIRES, M. **Crítica à aplicação de precedentes no direito brasileiro**. Porto Alegre: Livraria do Advogado, 2010.

ROSSI, J. C. **Precedente à brasileira**: a jurisprudência vinculante no CPC e no Novo CPC. São Paulo: Atlas, 2015.

SAMPAIO, J. A. L. **A constituição reinventada pela jurisdição constitucional**. Belo Horizonte: Del Rey, 2002.

SOARES, G. F. S. **Common law**: introdução ao direito dos EUA. São Paulo: Saraiva, 1999.

SOUTO, J. C. **Suprema Corte dos Estados Unidos**: principais decisões. 3. ed. São Paulo: Atlas, 2019.

SUPREME COURT OF THE UNITED STATES. **Granted/Noted Cases List**. Disponível em: <https://www.supremecourt.gov/orders/grantednotedlists.aspx>. Acesso em: 20 set. 2020a.

SUPREME COURT OF THE UNITED STATES. **The Supreme Court at Work**. Disponível em: <https://www.supremecourt.gov/about/courtatwork.aspx>. Acesso em: 20 set. 2020b.

TRIBE, L. H. **American Constitutional Law**. 2. ed. Estados Unidos, NY: The Foundation Press, 1988.

WALUCHOW, W. Constitutions as Living Trees: An Idiot Defends. **Canadian Journal of Law and Jurisprudence**, v. 18, issue 2, p. 207-247, jul. 2005.

*Hermenêutica constitucional e o
Supremo Tribunal Federal*[i]

*Hermeneutica constitucional y la
Corte Suprema de Brasil*[ii]

Constitutional hermeneutics and
the Brazilian Supreme Court

---

i   Artigo elaborado a partir de palestras proferidas no V Congresso Brasileiro de Direito Constitucional promovido pela PUC/Minas, Belo Horizonte, 25/10/2013, no XI Congresso Brasileiro de Direito Constitucional e Cidadania, em Londrina, PR, 28/03/2014, no Seminário Regional sobre Advocacia Pública, promovido pela AGU, Belo Horizonte, em 24.03.2014, e no XII Congresso de Direito Processual promovido pelo Instituto Brasileiro de Estudos de Direito da UNISSAU, Recife, PE, 10/05/2014. O artigo foi escrito em homenagem ao professor Ives Gandra da Silva Martins, jurista de nomeada e cidadão exemplar, que a comunidade jurídica brasileira estima, respeita e admira.

ii   Texto anteriormente publicado pela Editora InterSaberes *In:* PAGLIARINI, A. C.; CLETO, V. H. **Direito e jurisdições:** interna e internacional. Curitiba, 2018. p. 13-64.

Carlos Mário da Silva Velloso

Ministro aposentado, ex-presidente do Supremo Tribunal Federal e do Tribunal Superior Eleitoral; professor emérito da Universidade de Brasília (UnB) e da PUC/MG, em cujas Faculdades de Direito foi professor titular de Direito Constitucional e Teoria Geral do Direito Público; membro das Academias Brasileira de Letras Jurídicas e Internacional de Direito e Economia. Advogado.

Resumo: Longa foi a caminhada da hermenêutica, método de interpretação que tem por finalidade determinar o sentido real da norma jurídica, passando pelas Escolas da Exegese, Histórica e do Direito Livre, até fixar-se, em termos científicos, na hermenêutica jurídica contemporânea, em que a interpretação finalística se impõe, a partir da interpretação sistemática, lógico-formal, axiológica ou valorativa, com vistas a atingir o real significado da lei e os fins nesta colimados, operação em que avulta a função criadora do intérprete.

Palavras-chave: Hermenêutica. Constituição. Supremo Tribunal Federal.

Resumen: La trayectoria de la hermenéutica fue largo, un método de interpretación que apunta a determinar el significado real de la norma legal, pasando por las Escuelas de Exégesis, Historia y Derecho Libre, hasta establecerse, en términos científicos, en la hermenéutica legal contemporánea, en el que se impone la interpretación finalista, desde la interpretación sistemática, lógico-formal, axiológica o evaluativa, con miras a alcanzar el significado real de la ley y los fines de esta colimación, operación en la que aumenta la función creativa del intérprete.

Palabras clave: Hermenéutica. Constitución. Supremo Tribunal Federal.

Abstract: *Hermeneutics, a method of interpretation that aims to determine the real significance of juridical norms, have gone a long way. There were different conceptions of hermeneutics through history, such as the one affirmed by the Exegesis School, the Historical School, and the Free Law School. Today, it is scientifically based upon the Finalism doctrine of interpretation, which employs systematic, logical and evaluative methods. These operations tend to emphasize the creative function of judges.*

Keywords*: Hermeneutics. Constitution. Brazilian Supreme Court.*

Sumário: 1. Da hermenêutica ou interpretação do Direito: revisitando Miguel Reale. 1.1. A Escola da Exegese. 1.2. A Escola Histórica. 1.3. A Escola do Direito Livre. 1.4. A hermenêutica jurídica contemporânea. 2. Da hermenêutica constitucional: os métodos clássicos e os critérios e métodos próprios de interpretação constitucional.

2.1. A contribuição do neoconstitucionalismo para uma nova interpretação constitucional: a principiologia. 2.2. Colisões de normas, a ponderação de normas, a argumentação. 2.3. O método hermenêutico concretista de Peter Häberle: a interpretação aberta da Constituição e sua realização sob a Constituição de 1988. As mutações constitucionais. 2.4. O Supremo Tribunal Federal e as mutações constitucionais. O efeito prospectivo das decisões como garantia da segurança jurídica. 3. O desenvolvimento do constitucionalismo, o triunfo dos direitos fundamentais, a constitucionalização do Direito e o estabelecimento de método novo de criação da solução jurídica. 3.1. A hermenêutica constitucional e o Supremo Tribunal Federal: decisões progressistas. 4. Conclusões.

Sumario: *1. De la hermenéutica o interpretación del Derecho: revisitando a Miguel Reale. 1.1. La Escuela de la Exégesis. 1.2. La Escuela Histórica. 1.3. La Escuela de Derecho Libre. 1.4. Hermenéutica jurídica contemporánea. 2. De la hermenéutica constitucional: los métodos clásicos y los criterios y métodos de interpretación constitucional. 2.1. La contribución del neoconstitucionalismo a una nueva interpretación constitucional: principiología. 2.2. Colisiones de normas, ponderación de normas, argumentos. 2.3. Método hermenéutico concreto de Peter Häberle: la interpretación abierta de la Constitución y su realización en virtud de la Constitución de 1988. Cambios constitucionales. 2.4. El Tribunal Federal Supremo y los cambios constitucionales. El efecto prospectivo de las decisiones como garantía de seguridad jurídica. 3. El desarrollo del constitucionalismo, el triunfo de los derechos fundamentales, la constitucionalización de la ley y el establecimiento de un nuevo método para crear la solución legal. 3.1. Hermenéutica constitucional y la Corte Suprema de Brasil: decisiones progresivas. 4. Conclusiones.*

Summary: *1. Hermeneutics or interpretation: revisiting Miguel Reale. 1.1- The Exegetical School. 1.2. The Historical School. 1.3. The Free Law School. 1.4. Contemporary juridical hermeneutics. 2. Constitutional hermeneutics: classical methods, criteria, and specific methods of constitutional interpretation. 2.1. The contribution of neoconstitutionalism for a new constitutional interpretation: principles. 2.2. Clash of norms, weighing, argumentation. 2.3. The concretist method of Peter Häberle: open interpretation of the Constitution and its application to the Brazilian Constitution of 1988. 2.4. The Brazilian Supreme Court and constitutional mutations. Prospective effects of decisions as a means to assure juridical stability. 3. Development of constitutionalism, fundamental rights triumph, the influence of Constitution on Law and the establishment of a new method to create juridical solutions. 3.1. Constitutional hermeneutics and the Brazilian Supreme Court: progressive decisions. 4. Conclusions.*

1
Da hermenêutica ou interpretação do Direito: revisitando Miguel Reale

Registra Miguel Reale que o Código Civil de Napoleão,[i] promulgado em 1804, constituiu "ponto culminante" da Revolução Francesa: cientificamente elaborado, destacando-se, dentre os seus elaboradores, Jean-Etiene Portalis,[ii] representa *"um monumento da ordenação da vida civil, projetado com grande engenho e não menor arte."*[iii] Por isso, o entendimento da maior parte dos juristas da época era no sentido de que nada da vida havia que não estivesse estabelecido e prescrito no Código. Nada, portanto, haveria que fazer, senão observar, pontualmente, o que no Código de Napoleão estivesse disposto, literalmente. Ademais, o prestígio que a lei, como vontade geral, impeditiva de privilégios, adquiriu – todos os direitos são fixados pela lei, expressão da vontade geral, proclamava Rousseau – não admitia competisse com ela usos e costumes, tampouco a interpretação de seus termos, porque que o direito positivo é a lei.

Entretanto, juristas havia que insistiam que, não obstante admitir-se que o direito positivo é a lei, certo é que *"a Ciência do Direito depende da interpretação da lei segundo processos lógicos adequados."* Por isso, *"a interpretação da lei passou a ser objeto de estudos sistemáticos,"* destacando-se, por primeiro, a *Escola da Exegese*, que, no século XIX, sustentava *"que na lei positiva, e de maneira especial*

---

i "Minha verdadeira glória não foi ter vencido quarenta batalhas; Waterloo apagará a lembrança de tantas vitórias; o que ninguém conseguirá apagar, aquilo que viverá eternamente, é o meu Código Civil." Napoleão Bonaparte, "Memorial de Santa Helena."

ii PORTALIS, 1844.

iii REALE, 1987, p. 273.

no Código Civil, já se encontra a possibilidade de uma solução para todos os eventuais casos ou ocorrências da vida social." [i]

1.1 A Escola da Exegese

A Escola da Exegese lançou as bases da jurisprudência conceitual, entendendo-se esta como o instituto que tomava em linha de conta, com rigor, os preceitos inscritos na lei e não nas estruturas sociais, visualizada a interpretação sob dois prismas, o literal ou gramatical e o lógico-sistemático. Sob o primeiro, ao intérprete cumpria, basicamente, analisar a lei sob o ponto de vista literal, gramatical. *"Toda lei tem um significado e um alcance que não são dados pelo arbítrio imaginoso do intérprete, mas são, ao contrário, revelados pelo exame imparcial do texto."*[ii] Feita tal investigação filológica, seguir-se-ia o trabalho lógico-sistemático, é dizer, o exame da lei no conjunto do sistema, tudo no intuito de ser captada a *"mens legislatoris,"* a vontade ou a intenção original do legislador. É que do bojo da Revolução Francesa ressai o princípio, trabalhado doutrinariamente por Montesquieu, da separação dos poderes, no qual ao intérprete cumpria ficar adstrito à intenção original do legislador.

A Revolução Industrial, ocorrida no século XIX, implicou alteração nos fatos da vida, no ambiente social. As leis, elaboradas com base em fatos vigentes anteriormente, mostravam-se desajustadas para regular os fatos novos. A *Escola da Exegese* viu-se, então, superada.

1.2 A Escola Histórica

É nessa quadra que surge a *Escola Histórica*, inspirada no gênio de Savigny, que Reale resume da seguinte forma: *"Uma lei nasce obedecendo a certos ditames, a determinadas aspirações da sociedade, interpretadas pelos que a elaboram, mas o seu significado não é imutável. Feita a lei, ela não fica, com efeito, adstrita às suas fontes originárias, mas deve acompanhar as vicissitudes sociais."*[iii] Há de se aceitar, pois, uma *"compreensão progressiva"* da lei, compreensão que muito ficou a dever à *"Escola dos Pandectistas"* alemães, com

---

i   REALE, 1987, p. 274.

ii   REALE, 1987, p. 275.

iii REALE, 1987, p. 278.

base, sobretudo, no *Digesto*, ou *Pandectas*, coleção de textos organizada pelo Imperador Justiniano.

Windscheid, dos mais ilustres dos pandectistas, colocou a questão na *"interpretação da intenção possível do legislador, não no seu tempo, mas, sim, na época em que se situa o intérprete."*[i] Não se ignora a intenção do legislador. Todavia, essa intenção há de ser observada com base nos novos fatos da vida social. Na França, a *Escola dos Pandectistas* teve o endosso de G. Saleilles, que sustentava que é preciso que o intérprete vá além da lei e, *"através de sua exegese evolutiva, graças ao poder que tem o juiz de combinar, de maneira autônoma, diversos textos legais e integrá-los para atender a novos fatos emergentes."*[ii] Entretanto, tanto os pandectistas quanto os adeptos da Escola Histórica de Savigny não admitiam interpretação inovadora ou criadora.

1.3 A Escola do Direito Livre

Certo, o Direito, ciência da vida, com esta evolui. Ainda no século XIX surge, na França, por inspiração de François Gény, o movimento denominado de *"libre recherche"*, ou de livre pesquisa do Direito, com vistas a conciliar posições da *Escola da Exegese* com as necessidades contemporâneas. Não há falar no perquirir a intenção possível do legislador contemporaneamente, mas em conferir ao intérprete, ou seja, ao juiz, autonomia em face do texto frio da lei. O juiz, então, visualizará *"na lei os interesses que a lei intentou proteger,"* considerando, entretanto, *"o momento de aplicação da norma."* Seria *"o juiz uma espécie de legislador ad doc. Com isso, a busca do Direito se dá em um universo amplo e diversificado, pleno de aspectos axiológicos, sociológicos e filosóficos.*[iii] É dizer, o juiz, em face dos novos fatos sociais e tendo em consideração valores axiológicos e certos dados, dentre outros, dados culturais, demográficos, econômicos, históricos, religiosos, formula nova regra jurídica adequada aos novos fatos sociais. Reale esclarece o modo de proceder da livre pesquisa do Direito: *"Além do Código Civil, mas através do Código Civil."*

Adquire significativa expressão, na Alemanha, a obra de Zitelmann, no sentido da impossibilidade de admitir-se a existência de lacunas no Direito, dado que este há de ser entendido como ordenamento.

---

i   REALE, 1987, p. 279.

ii   REALE, 1987, p. 279.

iii POLETTI, p. 10.

Entretanto, lacunas podem ocorrer na lei. Mas não pode o juiz, pretextando a ocorrência de lacunas ou obscuridades na lei, deixar de decidir. É que o Direito é muito mais do que a lei, ao contrário do preconizado pela Escola da Exegese. Lecionava Zitelmann que, para o caso da existência de tais lacunas, a solução estaria no procurar o juiz modos e meios fora da lei, mas através da lei.

É dessa época os trabalhos de Eugen Ehrlich a propugnar por uma compreensão sociológica do Direito, sustentando, anota Ronaldo Poletti, *"o valor de uma "livre investigação", como oposição ao princípio da aplicação mecânica do mandato do legislador."*[i] Na linha do *"Direito Livre"*, Rudolf Stammler formula a doutrina do *"Direito Justo"*, ampliando-se o trabalho do juiz mediante a adoção da interpretação extensiva e da analogia. Hermann Kantorowicz foi outro eminente expositor do "Direito Livre". Seu livro, *"A luta pela Ciência do Direito"*, anota Poletti, *"é uma espécie de manifesto: junto do Direito estatal e antes dele há um Direito livre de valor igual, que nasce da opinião jurídica dos membros da sociedade, da sentença dos juízes e da Ciência Jurídica."*[ii] Para Kantorowicz, *"haja ou não lei que reja o caso, cabe ao juiz julgar segundo os ditames da ciência e de sua consciência, devendo ser devidamente preparado, por conseguinte, para tão delicada missão. O que deve prevalecer, para eles, é o direito justo, quer na falta de previsão legal (praeter legem) quer contra a própria lei (contra legem)."*[iii]

O certo é que, com tal liberdade de interpretação, não há falar em segurança jurídica. O que deve ser tomado em linha de conta, para que os interesses e os bens, nestes incluído o bem maior, a liberdade dos indivíduos, não fiquem ao sabor das intenções pessoais do intérprete, é que *"o Direito"*, leciona Miguel Reale, *"não pode prescindir de sua estrutura formal, tampouco de sua função normativa ou teleológica, de maneira que a conduta humana, objeto de uma regra jurídica, já se acha qualificada de antemão por esta, tal como o exigem a certeza e a segurança."* [iv]

É conveniente lembrar que foi com base na doutrina do *"Direito Livre"*, misturada com *"elementos ideológicos meta-jurídicos a serviço de fins totalitários,"* que foi sustentado, no nacional socialismo

---

i   POLETTI, p. 10.

ii   POLETTI, p. 10.

iii REALE, 1987, p. 284.

iv REALE, 1987, p. 285.

alemão, com sucesso, *"em face de dificuldades e problemas jurídicos, a possibilidade alternativa de decisão judicial com base no programa do partido ou na vontade presumida do Führer, tudo com fundamento na livre pesquisa do Direito."*[i]

1.4 A hermenêutica jurídica contemporânea

Contemporaneamente, entende-se que a interpretação da lei faz-se na compreensão de sua finalidade social, no seu todo. A interpretação finalística ou teleológica se impõe, certo que

> *fim da lei é sempre um valor, cuja preservação ou atualização o legislador teve em vista garantir, armando-o de sanções, assim como também pode ser fim da lei impedir que ocorra um desvalor. Ora, os valores não se explicam segundo nexos de causalidade, mas só podem ser objeto de um processo compreensivo que se realiza através do confronto das partes com o todo e vice-versa, iluminando-se e esclarecendo-se reciprocamente, como é próprio do estudo de qualquer estrutura social.*[ii]

Afirmavam os romanos, lembrou Heleno Cláudio Fragoso, em magnífico artigo de doutrina, *"que conhecer a lei não é descobrir seu significado literal, mas sim a sua força e seu poder ("Scire legis non hoc est verba earum tenere sed vim ac potestatem"). Para os romanos era manifesta a distinção entre as palavras da lei (verba) e seu conteúdo dispositivo (sententiam)."*[iii]

Avulta, no ponto, a interpretação sistemática, lógico-formal, que é, também, axiológica ou valorativa, realizando-se mediante o *"cotejo de enunciados lógicos e axiológicos para atingir a real significação da lei,"* tendo presente que *"tanto mais que esse cotejo não se opera no vazio, mas só é possível mediante contínuas aferições no plano dos fatos, em função dos quais as valorações se enunciam."*[iv]

---

i POLETTI, p. 10.
ii POLETTI, p. 10.
iii FRAGOSO, 1983.
iv REALE, 1987, p. 287.

A hermenêutica jurídica contemporânea, realizadora da Ciência do Direito do nosso tempo, é, sobretudo, criativa, lecionando Recasens Siches que a função do juiz, assim do intérprete, é necessariamente uma função criadora, acrescentando, anota Heleno Fragoso,

> *que não é exagerado afirmar que na quase totalidade do pensamento jurídico contemporâneo a concepção mecânica da função judicial caiu em definitivo descrédito. O legislador tem a ilusão de criar totalmente o direito. Essa ilusão suscita no juiz outra ilusão: a de que pode extrair todo o direito da lei. O que deve ser entendido é que a função do juiz é uma função criadora, porque as normas que compõem o sistema são sempre lacunosas.*[i]

Entretanto, *"a Ciência do Direito contemporânea não se deixou seduzir pelo canto da sereia do Direito Livre, continuando, em linhas gerais, a preferir as imperfeições de um Direito predeterminado ao risco de um Direito determinável, em cada caso,"* pelo juiz, em que o jurisdicionado ficaria ao sabor dos bons ou maus humores do magistrado. *"Prevaleceu, em suma, o valor da certeza, que é irmã gêmea da segurança, muito embora não se exclua, de maneira absoluta, se possa recusar aplicação a uma lei caída em evidente desuso."*[ii]

Há de ser dupla a visão do intérprete da lei: retrospectivamente, observando-se os fatos que a constituíram, originariamente; prospectivamente, tendo em consideração os fatos e valores contemporâneos. Ter-se-á, a partir daí, papel positivo e criativo do intérprete,[iii] na linha da lição de Kelsen de que a interpretação implica criação do direito, *"porque o juiz se situa dentro de um marco inevitavelmente dotado de certas amplitudes, no qual o órgão decisório pode validamente resolver de formas diversas, nenhuma das quais pode ser considerada como necessária ou única. Por mais precisa que a norma geral pretenda ser, a norma especial, criada por decisão do tribunal, sempre acrescentará àquela algo novo."*[iv]

---

i   RECASENS, p. 202.
ii   REALE, 1987, p. 289.
iii   REALE, 1987, p. 289.
iv   KELSEN, 1950, p. 152.

A interpretação se consegue, então, a partir, primeiro, da leitura da lei, para compreensão dos seus termos (interpretação dita gramatical, literal); em seguida, a norma é examinada no sistema, é dizer, no seu conjunto, porque o direito é um todo orgânico (interpretação lógico-sistemática). Ocorrerá, também, nessa fase, a verificação e o exame dos fatos e valores ocorrentes ao tempo da elaboração da norma e dos fatos e valores supervenientes, apoiando-se a interpretação, conclusivamente, leciona Alfredo Buzaid, sobre a *ratio legis* que *"é objetiva (não aquela subjetiva do criador da lei) e é atual (não aquela histórica do tempo em que a lei foi feita)."*[i] E acrescenta Buzaid, com a clareza que lhe era peculiar, que

> *dado o conceito de que a lei se destaca do seu autor e tem vida autônoma no meio social, surge em consequência que o seu fundamento racional deve aplicar-se de modo absoluto e na vida moderna. O intérprete, examinando uma norma, que tem cinquenta anos, não está incondicionalmente vinculado a procurar que razão induziu o legislador de então, mas qual é o seu fundamento racional hoje e sob esta medida decidir.*

Assim, conclui Buzaid, invocando Ferrara, *"pode ocorrer que uma norma ditada por uma certa ordem de razões adquira em seguida uma destinação e função diversa."*[ii] É que a lei, acrescentamos, é mais inteligente do que o legislador. Completada a operação, ter-se-á chegado aos fins colimados, à interpretação teleológica, assim aos fins sociais da lei. Teríamos utilizado, está-se a ver, dos métodos tradicionais de interpretação jurídica: o gramatical ou literal, o histórico, aqui incluído o sociológico, o sistemático e o teleológico ou finalista.

---

i   De Alfredo Buzaid na "Apresentação" de BAPTISTA, 1984.

ii   De Alfredo Buzaid na "Apresentação" de BAPTISTA, 1984. Ainda, FERRARA, 1911, p. 511.

2
Da hermenêutica constitucional: os métodos clássicos e os critérios e métodos próprios de interpretação constitucional

A hermenêutica jurídica "é um método de interpretação que tem por escopo determinar o sentido real da lei,"[i] ou da norma jurídica. As normas constitucionais são normas jurídicas. Assim, a hermenêutica constitucional ou a interpretação constitucional não deixa de lado os métodos clássicos de interpretação que foram vistos. Mas a interpretação constitucional não fica apenas nos métodos clássicos. Leciona Luís Roberto Barroso:

> *o fato é que as especificidades das normas constitucionais levaram a doutrina e a jurisprudência, já de muitos anos, a desenvolver ou sistematizar um elenco próprio de princípios aplicáveis à interpretação constitucional. Tais princípios, de natureza instrumental, e não material, são pressupostos lógicos, metodológicos ou finalísticos da aplicação das normas constitucionais.*

São eles, *"o da supremacia da Constituição, o da presunção de constitucionalidade das normas e atos do Poder Público, o da interpretação conforme a Constituição, o da unidade, o da razoabilidade e o da efetividade."*[ii]

Há que se atentar, ademais, para os critérios utilizados para solução de conflitos normativos: (i) o hierárquico: lei superior prevalece sobre lei inferior; (ii) o temporal ou cronológico: lei posterior prevalece sobre a anterior; (iii) o especial ou da especialização: lei especial prevalece sobre a lei geral.

No que toca à interpretação conforme a Constituição, o Supremo Tribunal Federal dela tem feito uso,[iii] enfatiza o ministro Gilmar

---

i   De Alfredo Buzaid na "Apresentação" de BAPTISTA, 1984

ii   BARROSO, 1996, p. 97-, mas também BARROSO, 2005.

iii   Rp 948, Min. Moreira Alves; Rp 1100, Min. Moreira Alves; Rp 1454, Min. Octávio Gallotti; Rp 1.389, Min. Oscar Corrêa; Rp 1.399, Min. Aldir Passarinho. Acórdãos em www.stf.jus.br/Jurisprudência.

Mendes.[i] Ela está, entretanto, sujeita a limites: (i) é admissível a interpretação conforme se não configurar violência contra a expressão literal do texto;[ii] (ii) se não alterar o significado do texto normativo, com mudança radical da própria concepção original do legislador.[iii] No ponto, é importante a posição inovadora do Supremo Tribunal, ressaltada no voto do ministro Gilmar Mendes, quando do julgamento da ADPF 132-RJ, que cuidou da união estável homoafetiva,[iv] que comentaremos quando examinarmos, mais à frente, decisões do Supremo Tribunal Federal consideradas progressistas.

Gilmar Mendes, cuja contribuição para a germanização da jurisdição constitucional brasileira é significativa, lembra que, além das conhecidas técnicas de interpretação conforme a Constituição, de declaração de nulidade parcial sem redução de texto, ou de declaração de inconstitucionalidade sem a pronúncia de nulidade, de aferição da *"lei ainda constitucional"*, do apelo ao legislador, são também utilizadas as técnicas de limitação ou restrição de efeitos da decisão, *"ex tunc"*, *"ex nunc"* e pro futuro.[v]

2.1 A contribuição do neoconstitucionalismo para uma nova interpretação constitucional: a principiologia

O neoconstitucionalismo, que surge na Europa na segunda metade da década de 1940, mais precisamente com a criação e instalação dos Tribunais Constitucionais europeus, contemporâneo do pós-positivismo, confere à jurisdição constitucional notável relevância e inaugura a nova interpretação constitucional em que a principiologia[vi] assume

---

i   Gilmar Mendes no voto na ADPF 132/RJ, (união estável homoafetiva), Rel. Min. Carlos Britto, em www.stf.jus.br/Jurisprudência.

ii   BITTENCOURT, 1949, p. 95.

iii   ADI 2.405, Rel. Min. Carlos Britto; Rp 1.417, Rel. Min. Moreira Alves; ADI 3.046, Rel. Min. Sepúlveda Pertence; ADI 2.405, Rel. Min. Carlos Britto. Em www.stf.jus.br/Jurisprudência. XAVIER, 2013.

iv   ADPF 132-RJ, Rel. Min. Ayres Britto.

v   Mendes, Gilmar, voto na ADPF 132-RJ (união estável homoafetiva), Rel. Min. Carlos Britto, loc. cit.

vi   Para boa compreensão da principiologia, sugere-se o livro de Humberto Ávila, "Teoria dos Princípios – Da definição à aplicação dos princípios jurídicos".

posição central.[i] Essa nova interpretação constitucional comete ao juiz papel relevante, de verdadeiro construtor do direito, porque lhe cabe, através da valoração do sentido das cláusulas abertas, de conceito indeterminado, realizar escolhas entre soluções possíveis.

Cláusulas gerais, princípios, colisões de normas constitucionais, ponderação, argumentação, constituem instrumentos de trabalho do intérprete.[ii] Nas cláusulas abertas, ocorrentes também nas normas de direito comum, deve o intérprete determinar-lhe o conceito, conceito de regra indeterminado. No ponto, deve o intérprete buscar ajuda no método de interpretação tópico-problemático, criação de Viehweg, que se realiza a partir do exame do caso concreto, ou das circunstâncias deste.[iii]

Assim, por exemplo, quanto às expressões ordem pública, interesse social, boa-fé, direito à vida, dignidade da pessoa humana, igualdade, o seu alcance dependerá da valoração dos fatores objetivos e subjetivos existentes nos fatos subjacentes à norma.[iv]

A principiologia, que assume relevância no novo constitucionalismo, que lhe confere normatividade, requer distinguir princípios de regras.[v] Aqueles consagram valores, constituem as vigas mestras do sistema. As regras descrevem condutas específicas. Conceituar os conteúdos dos princípios não constitui tarefa fácil, que importa conferir ao intérprete papel relevante.[vi]

Alisson Lucena menciona, invocando Bobbio, "*um direito principiológico abarcado por princípios constitucionais que servem como*

---

i   BARROSO et al, 2003.
ii BARROSO et al, 2003.
iii VIEHWEG, 1979. MENDONÇA, 2003.
iv BARROSO, 2010.
v   Para boa compreensão do tema, recomenda-se a leitura: Ferreira Filho, Manoel Gonçalves, "Princípios Fundamentais do Direito Constitucional", Saraiva, 2009; Ávila, Humberto, "Teoria dos Princípios – da definição à aplicação dos princípios jurídicos", Malheiros Editores, 13ª edição, 2012; Cunha, Sérgio Sérvulo da, "Princípios Constitucionais," Saraiva, 2ª edição, 2013.
vi Veja-se Luiz Lopes Souza Junior: "Hermenêutica e Interpretação Constitucional: métodos e princípios", em http://www.coladaweb.com/direito/hermenêutica-e-interpretação-constitucional.

requisitos à positivação de valores variáveis encontrados na sociedade em determinado momento histórico."[i] Acrescenta Lucena que,

> *neste viés, Zagrebelsky aduz que devido ao conteúdo político da Constituição e à sua função, o seu texto deve ser formado preponderantemente por princípios,*[ii] *haja vista que, por terem uma estrutura semântica aberta, podem ser utilizados em uma maior diversidade de casos, tornando-se necessária, portanto, uma atuação mais precisa do intérprete em adaptá-los em sua plenitude a determinado caso concreto. Ou seja, aqui, a interpretação cumpre uma função que vai muito além da de mero pressuposto de aplicação de um texto jurídico, para transformar-se em elemento de constante renovação da ordem jurídica.*[iii]

Antes de prosseguirmos, uma advertência: princípios, vimos, não têm conteúdo fixo. A sua conceituação, forte em valores e subjetivismo, depende, em grande parte, dos preceitos axiológicos perseguidos pelo intérprete. Por isso, a interpretação pode servir, muitas vezes, a uma gama de interesses que não se sustentam em critérios axiológicos legítimos, ou que não constituem padrão da sociedade. Já vi casos em que o princípio do respeito à dignidade humana foi invocado por pessoas com interesses conflitantes. O princípio estaria a amparar uns e outros, em termos de panaceia jurídica, o que representa banalização do nobre princípio.

2.2 Colisões de normas constitucionais, a ponderação, a argumentação

"A existência de colisões de normas constitucionais," leciona Luís Roberto Barroso, *"tanto as de princípios como as de direitos fundamentais, passou a ser percebida como um fenômeno natural – até*

---

i BOBBIO, 1996, p. 18-19. Lucena, Alisson, "A ADI 4.277 e o método hermenêutico concretista da "Constituição aberta" de Peter Häberle como forma de reafirmação dos princípios basilares do Estado Democrático de Direito", em http://blogsubjudice.blogspot.com.br/2013/a-adi-4277-e-o-metodo-hermeneutico.

ii ZAGREBELSY, 1992, p. 148.

iii LUCENA, em obra citada.

porque inevitável – no constitucionalismo contemporâneo." [i] A solução estaria, então, "*na ponderação de normas, bens ou valores, técnica a ser utilizada pelo intérprete, por via da qual ele (i) fará concessões recíprocas, procurando preservar o máximo possível de cada um dos interesses em disputa ou, no limite, (ii) procederá à escolha do direito que irá prevalecer, em concreto, por realizar mais adequadamente a vontade constitucional. Conceito chave na matéria é o princípio instrumental da razoabilidade.*"[ii].

A utilização da ponderação, entretanto, exige cautela. No voto que proferiu por ocasião no julgamento da ADI 4.451-MC-REF/DF, o ministro Dias Toffoli alerta para o perigo que pode decorrer da aplicação da ponderação, anotando que "*a mesma lei inflexível, por meio de ponderação, pode ser flexibilizada, chegando-se a um resultado absolutamente diverso, conforme juízos subjetivos e incontroláveis da autoridade, em desapego à segurança jurídica da norma legal.*"[iii] Perfeito o raciocínio, que tem a prestigiá-lo a lição autorizada de Eros Grau, a proclamar que

> *juízes, especialmente os chamados juízes constitucionais, lançam mão intensamente da técnica da ponderação entre princípios quando diante do que a doutrina qualifica como conflito entre direitos fundamentais. Como, contudo, inexiste, no sistema jurídico, qualquer regra ou princípio a orientá-los a propósito de qual dos princípios, no conflito entre eles, deve ser privilegiado, essa técnica é praticada à margem do sistema, subjetivamente, de modo discricionário, perigosamente. A opção por um ou outro é determinada subjetivamente, a partir das pré-compreensões de cada juiz, no quadro de determinadas ideologias. Ou adotam conscientemente certa posição jurídico-teórica, ou atuam à mercê dos que detêm o poder e do espírito do seu tempo, inconscientes dos efeitos de suas decisões, em uma espécie de "voo cego," na expressão de RÜTHERS. Em ambos os casos essas escolhas são perigosas.*

---

i   BARROSO, em obra citada.

ii   BARROSO, em obra citada.

iii Voto do ministro Dias Toffoli, ADI 4.451-MC-REF/DF, Rel. Min. Ayres Britto, em www.stf.jus.br/jurisprudência.

E acrescenta Eros Grau:

> *O que há em tudo de mais grave é, no entanto, a incerteza jurídica aportada ao sistema pela ponderação entre princípios. É bem verdade que a certeza jurídica é sempre relativa, dado que a interpretação do direito é uma prudência, uma única interpretação correta sendo inviável, a norma sendo produzida pelo intérprete. Mas a vinculação do intérprete ao texto – o que excluiria a discricionariedade judicial – instala no sistema um horizonte de relativa certeza jurídica que nitidamente se esvai quando as opções do juiz entre princípios são praticadas à margem do sistema jurídico. Então a previsibilidade e calculabilidade dos comportamentos sociais tornam-se inviáveis e a racionalidade jurídica desaparece.*[i]

Realmente, oferece perigo a utilização da ponderação. Ela somente deve ser praticada embasada em critérios objetivos, sérios. No antigo TFR e no Supremo Tribunal tive oportunidade de votar utilizando a ponderação diante da colisão de princípios. Numa execução de sentença proferida em ação de desapropriação, inexistentes juros e correção monetária, porque não deferidos a tempo e modo, a indenização apurada era irrisória. Colidiam dois princípios ou duas garantias constitucionais: coisa julgada (CF/art.5°, XXXVI) e preço justo, que é o preço de mercado (CF/art.5°, XXIV). Qual deveria prevalecer? Decidimos pelo preço justo. Argumentamos que, no conflito entre esses dois princípios, há de prevalecer aquele que, de forma imediata, ajusta-se à tábua dos direitos fundamentais consagrada na Constituição, tornando efetivo o respeito a um direito individual, a uma liberdade pública.[ii]

Segue-se, então, a importância da argumentação, que diz respeito à fundamentação da decisão. O intérprete deverá, principalmente quando se tratar de ponderação, demonstrar, mediante argumentação, que não se trata de decisão que retrate a vontade do intérprete, mas de decisão assentada ou que se baseia numa norma constitucional. Em suma, anota o ministro Toffoli, "a ponderação de princípios leva, na prática, à produção de uma norma cuja formulação conduz ao que Robert Alexy

---

i   GRAU, 2009, p. 16 e GRAU, 2009, p. 283.
ii TFR-EAC 39.153, DJ de 19.04.1979, Rev. TFR 67/3; RE 111.787-GO, Rel. p/acórdão, Min. Marco Aurélio, RTJ 136/1292; ERE 111.787-GO, Rel. Min. Moreira Alves, RTJ 158/576; www.stf.jus.br/jurisprudência.

chama de fundamentação jurídico-fundamental correta."[i] A motivação das decisões, de resto, constitui garantia do jurisdicionado e, mais do que isso, em se tratando de interpretação constitucional, de garantia de observância da ordem constitucional.

2.3 O método hermenêutico concretista de Peter Häberle: a interpretação aberta da Constituição e sua realização sob a Constituição de 1988. As mutações constitucionais

Relevante registrar o método hermenêutico concretista de Peter Häberle[ii] no fazer valer a supremacia da Constituição, em termos de concretização, tendo em vista o caso concreto. O método hermenêutico concretista de Häberle afasta-se do modelo interpretativo de uma sociedade fechada, em que a interpretação é de responsabilidade unicamente do Estado-juiz. Häberle propõe que o processo de interpretação constitucional deve ser integrado pelos cidadãos e grupos, ou sociedades, sem que se estabeleça relação em termos de *"numerus clausus"* dos intérpretes da Constituição. É dizer, a interpretação se faz pela "sociedade aberta", com a participação do povo, criador e destinatário da norma constitucional interpretada.[iii]

Nesse processo criativo de interpretação constitucional avulta o valor da dignidade humana, do direito à igualdade, à privacidade e à liberdade.

O método concretista de Häberle realiza-se, sob a Constituição vigente, através da atuação dos *"amici curiae"* e das audiências públicas,

---

i   ADI 4.451-MC-REF/DF, citada.

ii   Veja-se MENDES; VALE, 2009.

iii   É importante a leitura: Häberle, Peter, "Hermenêutica Constitucional – a sociedade aberta dos intérpretes da Constituição: contribuição para a interpretação pluralista e "procedimental" da Constituição," Sérgio Fabris Editor, Porto Alegre/RS, 1997, reimpressão/2002, tradução de Gilmar Mendes; Häberle, Peter, "Conversas Acadêmicas com Peter Häberle, Organizador Diego Valadés, Saraiva-IDP, 2009, traduzido do espanhol por Carlos dos Santos Almeida; Rosa, Igor Ramos, "Peter Häberle e a Hermenêutica Constitucional no Supremo Tribunal Federal", Sérgio Fabris Editor, Porto Alegre, RS, 2012.

conferindo à jurisdição constitucional caráter pluralista e aberto.[i] Nesse sentido, o Supremo Tribunal Federal tem sido exemplar, seja no admitir os "*amici curiae*", seja no convocar audiências públicas com a participação de extenso rol de especialistas em vários ramos do conhecimento humano.

A mutação constitucional, resultante da evolução da jurisprudência constitucional, "*fenômeno de mudança informal da Constituição pela via interpretativa, sem alteração formal do texto*," [ii] é tema fascinante da Justiça Constitucional, que Gilmar Mendes considera dos "*mais ricos da teoria do direito e da moderna teoria constitucional*,"[iii] acrescentando: "*casos de mudança na concepção jurídica podem produzir uma mutação normativa ou a evolução na interpretação, permitindo que venha a ser reconhecida a inconstitucionalidade de situações anteriormente consideradas legítimas*," dado que, segundo Häberle,

> *o Direito Constitucional vive, 'prima facie', uma problemática temporal. De um lado, a dificuldade de alteração e a consequente duração e continuidade, confiabilidade e segurança; de outro, o tempo envolve o agora mesmo, especialmente o Direito Constitucional. É que o processo de reforma constitucional deverá ser feito de forma flexível e a partir de uma interpretação constitucional aberta. A continuidade da Constituição somente será possível se passado e futuro estiverem nela associados.*[iv]

---

i   MENDES; VALE, 2009.

ii   REIS, 2007, p. 152. Luís Roberto Barroso leciona com a costumeira cientificidade: tem-se, com as mutações constitucionais, "interpretação constitucional evolutiva", com a "atribuição de novos conteúdos à norma constitucional, sem modificação do seu teor literal, " o que é necessário "em razão de mudanças históricas ou de fatores políticos e sociais que não estavam presentes na mente dos constituintes." BARROSO, 2009, p. 151.

iii   MENDES; VALE, 2009.

iv   Peter Häberle, "Zeit und Verfassung", nos termos de MENDES; VALE, 2009.

Ademais,

> *consequência dessa abertura para o mutante, toda interpretação é apenas um experimento em marcha, assim como a ideia de uma interpretação definitiva é uma contradição nos termos, na sempre oportuna lição de Hans-Georg Gadaner. Afinal, se tudo se transforma, se ninguém se banha duas vezes no mesmo rio – como se aprende com Heráclio – seria uma excrecência que só a vida do direito escapasse ao panta rhei da eterna transformação.*[i]

Na apresentação que faz do precioso livro de Adriano Sant'Ana Pedra,[ii] Dimitri Dimoulis lembra que

> *a mutação constitucional indica um verdadeiro dilema da teoria da interpretação constitucional. Como admitir que o texto normativo hierarquicamente supremo possa sofrer significativas mudanças em sua compreensão e aplicação quando nada muda em sua formulação? Não seria isso um escândalo ou mesmo uma "fraude"? Contraponto: como admitir (ou mesmo exigir) que um texto constitucional, destinado a vigorar por décadas ou séculos, não seja submetido a modificações tácitas e a atualizações constantes em um mundo caracterizado pelas vertiginosas mudanças em todos os campos da vida social?*[iii]

Bem por isso, anota Luís Roberto Barroso, pode o Supremo Tribunal Federal "*reapreciar a constitucionalidade de uma lei anteriormente considerada válida, à vista de novos argumentos, de novos fatos, de mudanças formais ou informais no sentido da Constituição ou de transformações na realidade que modifiquem o impacto ou a percepção da lei*,"[iv] dado que, "*pela própria linguagem adotada em seu texto, a Constituição é um corpo de normas jurídicas que formam um sistema aberto, ou aquilo que Theodor Viehweg chamou de sistema tópico, sujeito a uma constante reformulação, atualização e ampliação de seu*

---

i   MENDES; COELHO; BRANCO, 2010, p. 156.
ii SANT'ANNA, 2013.
iii É o que apresenta Dimitri Dimoulis na obra acima citada.
iv BARROSO, 2004, p. 152.

conteúdo normativo, o que só pode acontecer no contato da norma com a realidade, no momento da solução de problemas jurídicos."[i]

Rodrigo de Bittencourt Mudrovitsch e Lucas Faber de Almeida Rosa, integrantes do núcleo de direito público do Instituto Brasiliense de Direito Público (IDP), dissertaram, com propriedade, sobre o trabalho de doutrina do professor Jack Balkin, da Universidade de Yale, sobre processos de mutação constitucional e *framework originalism*, tese que *"busca conciliar duas concepções que são consideradas, pela doutrina norte-americana tradicional, como antagônicas e incompatíveis: originalismo e living constitution."* Enquanto que, *"de um lado, o originalismo defende a fidelidade ao texto original da Constituição, de modo que seu sentido inaugural não seja submetido ou flexibilizado diante das circunstâncias históricas que cercam a sua aplicação; por outro, a corrente defensora da living constitution preconiza que seu significado deve ser maleável aos influxos políticos, econômicos e sociais vigentes no momento de sua interpretação."*[ii]

Certo é que, não obstante o antagonismo das duas correntes, o *framework originalism*, em que *"os juízes constituem apenas parte dos atores institucionais que interferem na interpretação e alterações do texto constitucional"*, tem ampliado *"a análise da mutação constitucional, evidenciando o quanto a mudança da Lei Maior sofre influência de amplo espectro de fatores, como os movimentos sociais e as mobilizações de organização da sociedade civil."* Concluem Mudrovitsch e Rosa que *"diante do contexto histórico atual, em que a sociedade se debruça sobre sua Lei Maior e reflete sobre seu desenvolvimento, é necessário atentar na direção apontada por Jack Balkin, para a importância do papel que diversos fatores e instituições desempenham no processo de construção constitucional, de modo que seus resultados sejam efetivamente democráticos e concretos."*[iii]

---

i   VIEHWEG, 1991, p. 84-85.
ii   MUDROVITSCH; ROSA, 2013, p. 20.
iii   MUDROVITSCH; ROSA, 2013.

2.4 O Supremo Tribunal Federal e as mutações constitucionais. O efeito prospectivo das decisões como garantia da segurança jurídica

O Supremo Tribunal Federal tem realizado mutações constitucionais através de evolução na interpretação, não se descuidando, entretanto, de garantir situações consolidadas, mediante a modulação dos efeitos da decisão, tendo em consideração a segurança jurídica.[i]

Há que se atentar, vale ressaltar, para o fato de que essas mutações constitucionais, anotei em artigo de doutrina,[ii] com alteração de entendimento jurisprudencial consolidado, principalmente nos campos financeiro e tributário, pode, realmente, gerar insegurança jurídica. Misabel Derzi leciona, com a costumeira precisão, que:

> *toda decisão judicial, no momento em que se firma em uma das alternativas possíveis de sentido (a melhor) dos enunciados legislativos (inclusive da Constituição), configura encontro do Direito. Se, supervenientemente, o Poder Judiciário altera o seu entendimento e muda a sua decisão, escolhendo uma outra solução (antes possível, em razão do leque de significados da cadeia de signos), cria nova norma, específica e determinada. Tal norma nova equivale a uma nova lei, pois a lei anterior, ainda vigente no sentido formal, tinha sido dotada de um só conteúdo, unívoco, pois sofrera o esvaziamento dos demais sentidos alternativos, por decisão do próprio Poder Judiciário.*

Acrescenta Misabel que *"o problema da retroação das sentenças se apresenta, então, de forma aguda, nas hipóteses de reversão de jurisprudência."* Daí, concluir a ilustre professora da UFMG que, tendo em vista os *"princípios da segurança jurídica, da irretroatividade, da proteção da confiança e da boa-fé,"* a necessidade de a Corte efetivar a *"modulação dos efeitos das modificações jurisprudenciais danosas*

---

i   Notável o livro de Humberto Ávila, "Segurança Jurídica – entre permanência, mudança e realização no Direito Tributário", Malheiros Editores, 2ª edição, 2012. Indispensável, no ponto, a leitura do trabalho de: VELLOSO, 2013, p. 281. MELLO, 2007, p. 327.

ii   VELLOSO, 2013, p. 281.

ao contribuinte." [i] É salutar, portanto, o proceder do Supremo Tribunal em conferir efeitos prospectivos a decisões alteradoras da jurisprudência dominante.[ii] Convém anotar que não tem cientificidade, para o fim de impedir o efeito prospectivo de que falamos, o argumento, baseado na velha doutrina de Marshall, de que o ato inconstitucional é um natimorto. Nos Estados Unidos, pátria do efeito *ex tunc* da decisão de inconstitucionalidade, a Suprema Corte, no caso *Linkletter vs. Walker*, de 1965, *"tratou a questão da retroatividade como sendo puramente matéria política, a ser decidida de uma forma ou de outra em cada caso"*.[iii] A questão, segundo a Corte, não decorre de princípio inscrito na Constituição, mas em virtude de questão de política judicial (*"judicial policy"*), *"entendimento consolidado em 1967, no caso Stovall v. Denno, por critérios de prudência, que levam em consideração: (a) o propósito de adotar novos padrões, (b) a extensão da confiança das autoridades aplicadoras do direito nos velhos padrões, e (c) o efeito sobre a administração da justiça de uma aplicação retroativa dos novos padrões."*[iv] Gilmar Mendes e André Rufino do Vale elencam[v] um rol de acórdãos em que o Supremo Tribunal Federal realizou, mediante evolução de interpretação, mutações constitucionais. Vale mencionar, por exemplo: a) **RE 165.438-DF**, ministro Carlos Velloso: o Supremo reviu entendimento anterior fixado nos RREE 140.616, 141.290 e 141.367, no sentido de que a anistia (CF/1988, art. 8º do ADCT) não se aplicaria às promoções por merecimento de militares atingidos por atos de exceção. *"Após longo julgamento e ampla discussão"*, esclarecem Gilmar e André, *"o tribunal passou então interpretar, de forma mais ampla, o artigo 8º do ADCT da CF/88, no sentido de que, para a concessão de promoções, inclusive por merecimento, na aposentadoria ou na reserva, deve ser considerado, somente, o decurso de tempo necessário para alcançar o posto na hierarquia militar, de acordo com a legislação vigente;"* b) **Inquérito 687-Questão de Ordem**, ministro Sepúlveda Pertence, revogação da Súmula 394 – *"Cometido o crime durante o exercício funcional, prevalece a competência especial por prerrogativa de função, ainda que*

---

i   DERZI, 2009, p. 585-589.

ii   Os tributaristas têm reclamado que as modulações de efeitos de decisões que realizam mutações constitucionais têm sido feitas mais em proveito da Fazenda Pública.

iii   TRIBE, 1988, p. 30. CASTRO, 1997, p. 18. BARROS, 2001, p. 191.

iv   BARROS, 2001, p. 190-191; Stovall versus Denno, 388, U.S. 293 (1967).

v   MENDES; VALE, 2009.

o inquérito ou a ação penal sejam iniciados após a cessação daquele exercício." O Tribunal ressalvou os atos praticados e as decisões já proferidas baseadas na Súmula 394; c) **Conflito de Competência 7.204/ MG**, ministro Carlos Britto: O STF reviu decisão anterior e deu pela competência da Justiça do Trabalho para julgar ação de indenização por danos morais e patrimoniais decorrentes de acidente do trabalho, isto a partir da EC 45/2004. O Tribunal, modulando os efeitos da decisão, proclamou que o Supremo, *"guardião mor da Constituição, pode e deve, em prol da segurança jurídica, atribuir eficácia prospectiva às suas decisões, com a delimitação precisa dos respectivos efeitos, toda vez que proceder a revisões de jurisprudência definidora de competência ex ratione materiae. O escopo é preservar os jurisdicionados de alterações jurisprudenciais que ocorram sem mudança formal do Magno Texto;*" d) **HC 82.959**, ministro Marco Aurélio: o Supremo Tribunal, por seis votos a cinco, declarou a inconstitucionalidade do art. 2º, §1º, da Lei 8.072/90, mudando, radicalmente, a jurisprudência anterior, e conferiu efeitos prospectivos a declaração de inconstitucionalidade da vedação legal da progressão de regime penal para os crimes hediondos; e) **MMSS 26.602, 26.603 e 26.604**, ministros Eros Grau, Celso de Mello e Carmen Lúcia. Discutiu-se se os partidos políticos possuem direito a manter as vagas por eles conquistadas em eleições proporcionais, em caso de desfiliação dos parlamentares que as preenchem. O Supremo, mudando o entendimento anterior – MS 20.927, ministro Moreira Alves – decidiu que as vagas são dos partidos. Assim, os partidos têm direito a manter as vagas por eles preenchidas no sistema proporcional em caso de desfiliação dos parlamentares que as preenchem. No MS 20.927, o Supremo decidira que não há fidelidade partidária, pelo que não haveria perda de mandato na troca de partido. Desta forma, em 04/10/2007, o Supremo Tribunal reviu esse entendimento, mantendo decisão do TSE na Consulta 1.398/2007, de 27.03.2007. O Tribunal, modulando os efeitos de sua decisão, fixou um marco temporal a partir do qual os efeitos de sua decisão seriam produzidos, ou seja, a data da decisão do TSE na mencionada Consulta 1.398, de 27.03.2007; f) **RREE 349.703 e 466.343**, ministros Gilmar Mendes e Cézar Peluso, respectivamente: *status* normativo dos tratados internacionais de direitos humanos na ordem interna. No RE 80.004/ SE, ministro Cunha Peixoto, julgado em 01/06/1977, o Supremo Tribunal decidiu que os tratados internacionais firmados pelo Brasil e incorporados ao direito interno, seriam equivalentes às leis ordinárias. Posteriormente, em 1995, o Supremo Tribunal, no HC 72.131, ministro Moreira Alves, confirmou esse entendimento, o mesmo tendo ocorrido no julgamento da ADI 1.480/DF, ministro Celso de Mello (04.09.1997).

Entretanto, no julgamento dos RREE 349.703, ministro Gilmar Mendes, e 466.343, ministro Cezar Peluso, o Supremo reviu a sua jurisprudência e passou a adotar a tese da supralegalidade dos tratados internacionais de direitos humanos. Gilmar Mendes e André do Vale esclarecem o entendimento do Supremo Tribunal:

> *os tratados sobre direitos humanos não podem afrontar a supremacia da Constituição, mas têm lugar especial reservado no ordenamento jurídico. Equipará-los à legislação ordinária significa subestimar o seu valor especial no contexto do sistema de proteção dos direitos da pessoa humana. Assim, diante do inequívoco caráter especial dos tratados internacionais que cuidam da proteção dos direitos humanos, entende-se que a sua internalização no ordenamento jurídico, por meio do procedimento de ratificação previsto na Constituição, tem o condão de paralisar a eficácia jurídica de toda e qualquer disciplina normativa infraconstitucional com ela conflitante.*[i]

3
O apogeu da Constituição: o triunfo dos direitos fundamentais, o desenvolvimento do constitucionalismo, a constitucionalização do direito: o estabelecimento de método novo de criação da solução jurídica

O apogeu da Constituição e o triunfo dos direitos fundamentais representa ponto culminante do desenvolvimento do constitucionalismo, desenvolvimento ou evolução que vem se processando por etapas, anotei em trabalho de doutrina.[ii] Escrevi que, na primeira etapa, dá-se o surgimento da ideia de constituição ou do constitucionalismo, é dizer, a ideia de constituição escrita limitadora do poder estatal, que surge no bojo das revoluções liberais ocorridas na segunda metade do Século XVIII – a Revolução da Independência norte-americana, de

---

i   MENDES; VALE, 2009.
ii VELLOSO, 2013, p. 281.

1776, e a Revolução Francesa de 1789, contemporâneas das primeiras Declarações de Direito: a de Virgínia, de janeiro de 1776, anterior à Declaração de Independência, e a Declaração dos Direitos do Homem e do Cidadão, de agosto de 1789, que dão nascimento aos direitos fundamentais de primeira geração – os direitos individuais. Registrei que, na segunda etapa, a Constituição é reconhecida como lei, lei maior, que deve ser cumprida. Na Europa continental ela ocorre após a 2ª Guerra, na segunda metade dos anos 1940, com a criação dos tribunais constitucionais europeus e a restauração da Corte Constitucional austríaca, que fora criada em 1920 e extinta, em 1938, com a invasão da Áustria pelos exércitos de Hitler. Na primeira metade do Século XX, dá-se, com as Constituições do México e de Weimar, de 1917 e 1919, o surgimento do constitucionalismo social e, no seu bojo, dos direitos sociais, que a Constituição brasileira de 1934 consagrou. Convém registrar que a Suprema Corte norte-americana realizou a segunda etapa da evolução do constitucionalismo – a Constituição reconhecida como lei maior – em 1803, no caso Marbury vs. Madison. O Brasil, da mesma forma, em 1891, com a Constituição republicana, ao adotar o controle de constitucionalidade segundo o modelo norte-americano.

Assinalei, finalmente, que na terceira etapa tem-se o predomínio da Constituição, é dizer, a constitucionalização do Direito. É o neoconstitucionalismo, que institui o Estado Constitucional de Direito, no qual constitucionalismo e democracia se confundem. Os direitos fundamentais, o respeito à dignidade humana, passam a constituir as vigas mestras do edifício constitucional.[i] No ponto, convém trazer ao debate, como contraponto, a lição de Manoel Gonçalves Ferreira Filho, ao registrar que "*ainda não existe um novo tipo de Estado, o que se convencionou chamar de Estado pós-moderno. Na verdade*," continua o mestre das Arcadas, "*isto é comprovado pelo direito comparado, pois não há diferenças importantes entre as constituições mais recentes e o modelo do constitucionalismo moderno. Este, nascido do liberalismo, adaptou-se sem maiores problemas ao signo do social e, provavelmente, às exigências da chamada* pós-modernidade." E conclui Manoel Gonçalves: "*não há, portanto, deste ângulo, razão para justificar um constitucionalismo pós-moderno ou um neoconstitucioanalismo.*"[ii]

---

i   BARROSO, 2005. BARCELLOS, 2001. VIEIRA, 2009, p. 446-447. GRIMM, 2006, p. 3-.
ii FERREIRA FILHO, 2009, p. 164.

É na terceira etapa que consagram-se os direitos fundamentais de terceira e de quarta geração. Aqueles, anotei no trabalho mencionado, pertencem à comunidade, ao povo ou à nação. No plano internacional, dizem respeito a uma nova ordem econômica mundial, ao desenvolvimento, à paz, ao interesse dos consumidores, à qualidade de vida e à liberdade de informação. No plano interno constituem os interesses difusos e coletivos, como o direito ao meio ambiente.[i] Anotei, também, no referido trabalho de doutrina, que os direitos de quarta geração, na lição de Paulo Bonavides, pertencem ao gênero humano: o direito à democracia, que, no plano interno *"faz legítimo o direito de resistência; do ponto de vista externo confere licitudes à intervenção militar de uma ordem supranacional paulatinamente esboçada e efetivada"*, para o fim de *"apear do poder as ditaduras do absolutismo e banir os regimes infensos à democracia e por isso proclamados fora da lei, a lei que há de governar os povos e as nações."*[ii]

Certo é que a publicização do direito privado, com a constitucionalização de todo o direito,[iii] em razão mesmo da denominada horizontalização dos direitos fundamentais,[iv] amplia e faz maior o controle judicial. Os atos administrativos, anteriormente considerados políticos, passam a ser submetidos à fiscalização judicial, sem que isso possa ser considerado, em termos científicos, interferência nos demais poderes, ou ativismo judicial. O que ocorre é que a decisão, com base, sobretudo, nos direitos fundamentais, que constitucionaliza o direito, estabelece método novo de criação da solução jurídica – o que de certa forma

---

i   LAFER, 1995, p. 201-.

ii   BONAVIDES, 2003, p. 428-.

iii   Recomenda-se a leitura, no ponto: Fachin, Luiz Edson, "Pressupostos hermenêuticos para o contemporâneo Direito Civil brasileiro: elementos para uma reflexão crítica," Rev. do TRF/4ª Região, nº 80, 2012, ps. 13-58; Godinho, Adriano Marteleto, "O fenômeno da constitucionalização: um novo olhar sobre o Direito Civil", em "Direito Constitucional – Em homenagem a Jorge Miranda," Helena Telino Neves Godinho e Ricardo Arnaldo Malheiros Fiúza, coordenadores, Del Rey Editora, Belo Horizonte, 2011, ps. 1 e segs.

iv   Souza Cruz, Álvaro Ricardo de, "Hermenêutica Jurídica E(M) Debate – o constitucionalismo brasileiro entre a teoria do discurso e a ontologia existencial", Ed. Fórum, Belo Horizonte, 2007, ps. 338 e segs.; Sarmento, Daniel, "Direitos fundamentais e relações privadas", Rio. Lumen Juris, 2004, ps. 294 e segs.

afronta os privatistas empedernidos.[i] E mais: a principiologia, de que falamos linhas atrás e que o neoconstitucionalismo consagra, na linha da decisão com base nos direitos fundamentais, propicia largo desenvolvimento da hermenêutica constitucional essencialmente garantista, de que é exemplo uma série de decisões do Supremo Tribunal Federal, a seguir indicadas.

3.1 A hermenêutica constitucional e o Supremo Tribunal Federal: decisões progressistas

A partir, principalmente, dos anos 1990, vem o Supremo Tribunal Federal engajando-se na hermenêutica constitucional contemporânea, fazendo evoluir a sua jurisprudência.

Vale mencionar, por exemplo:

III.1.1 Controle de constitucionalidade de Emenda Constitucional: no julgamento da **ADI 939-DF**, o Supremo Tribunal declarou, em dezembro de 1993, a inconstitucionalidade de dispositivos da Emenda Constitucional nº 3, de 1993. A Corte Suprema brasileira efetivou o controle de constitucionalidade da própria Constituição. É que, promulgada a Emenda, incorpora-se ela ao texto da Carta Política.[ii]

III.1.2 Controle de constitucionalidade de Emenda Constitucional: Previdência social: **ADI 1946-DF**: o Supremo Tribunal, em 03/04/1993, efetivou, pela primeira vez, o controle de constitucionalidade da própria Constituição. É que, conforme acima foi dito, promulgada, incorpora-se a Emenda ao texto da Constituição. A ação teve por objeto a EC 20, de dezembro de 1998 e o Supremo, para o fim de impedir a discriminação da mulher trabalhadora, e em nome da proteção da maternidade, concluiu por julgar procedente, em parte, a ação direta,

---

i Relevante, no ponto, o trabalho de doutrina da professora Luísa Cristina Pinto e Netto, "Por uma Compreensão Sistêmica e Unitária dos Direitos Fundamentais." Netto, Luísa Cristina Pinto e, "Direito Constitucional – em homenagem a Jorge Miranda", Helena Telino Neves Godinho e Ricardo Arnaldo Malheiros Fiúza, coordenadores, Del Rey Editora, Belo Horizonte, 2011, ps. 259 e segs.

ii ADI 939, Rel. Min. Sydney Sanches, em www.stf.jus.br/jurisprudência.

"para dar, ao art. 14 da EC nº 20, de 15.12.1998, interpretação conforme a Constituição, excluindo-se sua aplicação ao salário da licença gestante, a que se refere o art. 7º, inciso XVIII, da Constituição Federal." Aqui, o Supremo Tribunal enfrentou o mérito da questão.[i]

III.1.3 Vereadores: número. No **RE 197.917-SP**, julgado em 24/03/2004, o Supremo Tribunal Federal decidiu que a Constituição Federal, art. 29, IV, exige que o número de vereadores seja proporcional à população dos Municípios, observados o limite mínimo e limite máximo fixados pelas alíneas "a" a "c" do mesmo dispositivo. Dessa forma, asseverou-se que deixar a critério do legislador municipal o estabelecimento da composição das Câmaras Municipais, apenas com observância aos limites máximo e mínimo, é tornar sem sentido a exigência constitucional expressa da proporcionalidade. Destarte, a Lei Orgânica Municipal que estabeleça a composição da Câmara de Vereadores sem observar a relação cogente de proporção com a respectiva população configura excesso de poder de legislar, sendo contrária ao sistema constitucional vigente. A não observância da exigência da proporção contrariaria os princípios constitucionais da isonomia e da razoabilidade. Provido o RE, restabeleceu-se a sentença de 1º grau que reduziu de onze para nove o número de vereadores. Todavia, ao decidir pela inconstitucionalidade do dispositivo da Lei Orgânica Municipal, o Supremo Tribunal modulou os efeitos da decisão em nome do princípio da segurança jurídica, conferindo efeitos pro futuro à declaração incidental de inconstitucionalidade.[ii]

III.1.4 A constitucionalidade das cotas raciais sob o ponto de vista do princípio da igualdade. **ADPF 185-DF e RE 597.285-RS**: o Supremo Tribunal decidiu pela constitucionalidade da instituição de sistema de reserva de vagas em processos seletivos para ingresso de estudantes no ensino superior com base em critérios étnico e social.[iii] O princípio da igualdade foi

---

i ADI 1946, Rel. Min. Sydney Sanches, em www.stf.jus.br/jurisprudência.

ii RE 197.917-SP, Rel. Min. Maurício Corrêa, "DJ" de 07/05/2004, em www.stf.jus.br/jurisprudência.

iii ADPF 186-DF, Rel. Min. Ricardo Lewandowski, quanto ao sistema implementado na Universidade de Brasília, UnB, e no RE 597.285-RS, Rel. Min. Ricardo Lewandowski, sob o regime de repercussão geral, no apreciado sob o seu duplo aspecto, formal e material. Afirmando que o art. 5º da Constituição proíbe qualquer distinção entre as pessoas, anotou-se que o constituinte buscou emprestar a máxima concreção a esse postulado, de modo a assegurar a igualdade material a todos, tendo em consideração as diferenças existentes por motivos naturais, culturais, econômicos, sociais e acidentais. Daí o motivo que enseja a possibilidade de o Estado lançar mão de políticas de cunho universalista mediante ações de natureza afirmativas, atingindo grupos sociais determinados, com a utilização da justiça distributiva, por meio da intervenção estatal (discriminação positiva), para superar as desigualdades no mundo dos fatos, com o objetivo de promover a inclusão social de grupos excluídos, especialmente daqueles que, historicamente, teriam sido compelidos a viver na periferia da sociedade. Nesse contexto, afirmou-se que justiça social significaria distinguir, reconhecer e incorporar à sociedade valores culturais diversificados, o que revelaria a insuficiência da utilização exclusiva do critério social ou de baixa renda para promover a integração de grupos marginalizados, pelo que seria preciso, nas ações afirmativas, ter presentes considerações de ordem étnica e racial.

É possível divergir do entendimento do Supremo. Força é reconhecer, entretanto, que se trata de decisão atual, própria dos novos tempos.

III.1.5 A constitucionalidade de pesquisas com células tronco-embrionárias: na **ADI 3.150-DF**, o Supremo Tribunal Federal, em 29/05/2008, por seis votos a cinco, deu pela constitucionalidade do art. 5º da Lei de Biossegurança, Lei 11.105, de 2005, pelo que liberou a utilização de células-tronco embrionárias para aplicação em pesquisas científicas e em terapias. Entendeu a maioria que o embrião fecundado *in vitro* não é um ser vivo no sentido de que dispõe o art. 5º, *caput*, da Constituição Federal. Assentou-se que a vida protegida pelo direito pressupõe a possibilidade de desenvolvimento de um indivíduo com capacidades humanas, não apenas possíveis condições biológicas. É preciso que o embrião, para merecer proteção da ordem jurídica, tenha a possibilidade concreta de vir a ser pessoa, não bastando tenha sido fecundado

---

que toca ao modelo estabelecido na Universidade Federal do Rio Grande do Sul.

por meio artificial. Se não implantado, o embrião produzido *in vitro* jamais poderá ser pessoa e, portanto, não é alvo da proteção jurídica. Independente da genética humana, só é ser humano vivo para os fins do direito, o organismo que possa vir a desenvolver as capacidades mínimas intrínsecas aos seres humanos.[i]

III.1.6 Mandado de Injunção: greve de servidores públicos: adoção das regras da lei de greve dos empregados das empresas privadas enquanto o Congresso não edita a lei própria dos servidores públicos: **MI 712**, Relator o Ministro Eros Grau: nesse julgamento, o Supremo Tribunal Federal conferiu as galas de garantia constitucional ao mandado de injunção.[ii] No julgamento de que falamos, sobre o direito de greve no serviço público, realizado em outubro de 2007, o Supremo Tribunal mudou o entendimento que adotara em 1996, quando, por maioria folgada, decidiu que os servidores públicos não poderiam fazer greve antes da edição de uma lei regulamentadora do tema (o dispositivo constitucional assegurador da greve dos servidores públicos era uma norma de eficácia limitada). A Corte, então, eximiu-se de sua responsabilidade e a passou para o Congresso, que jamais fez a sua parte, é dizer, jamais editou a lei de greve dos servidores públicos. Assistiam-se, então, greves selvagens de setores do serviço público, sem qualquer regulamentação. Em 2007, a situação se inverteu. O Supremo passou a entender que o sistema jurídico não poderia mais tolerar a lacuna e decidiu pela aplicação, quanto aos servidores públicos, da lei de greve dos empregados da iniciativa privada, pacificando a questão. De minha parte, sempre votava vencido, mandando aplicar a lei de greve dos empregados da iniciativa privada, emprestando, portanto, concreção ao mandado de injunção.[iii]

---

i   ADI 3.150-DF, Rel. Min. Carlos Britto, em www.stf.jus.br/Jurisprudência.

ii MI 712, Rel. Min. Eros Grau, Plenário, 25/10/2007, DJe 30/10/2008, publicação: 31/10/2008. www.stf.jus.br/Jurisprudência.

iii MI 631, Rel. Min. Ilmar Galvão, DJ de 02.08.2002; MI 219-DF, Plenário, 22/08/90; MI 447-DF, Rel. Min. Moreira Alves, Plenário 05/05/94, RTJ 158/387; MI 478-RJ, Rel. p/acórdão Min. Maurício Corrêa, Plenário 15/02/96; MMII 20, 342, 363, 73, 102, 278. MMII 943, 1.010, 1.074, 1.090 (aviso prévio proporcional). www.stf.jus.br/jurisprudência.

III.1.7 A interrupção terapêutica do parto: o feto anencéfalo: no julgamento da **ADPF 54-DF**, da relatoria do ministro Marco Aurélio, o Supremo Tribunal, em 12/04/2012, por 8 votos a 2, autorizou a interrupção do parto em casos de feto com anencefalia. Quando o Supremo Tribunal apreciou, em 2005, o cabimento da ADPF, votei vencido, argumentando, em síntese, que o que se pretende é que o Supremo estabeleça, com eficácia *erga omnes* e efeito vinculante, mais uma causa de exclusão do crime de aborto. No caso, o STF estaria inovando no mundo jurídico, vale dizer, estaria criando mais uma forma de exclusão do crime de aborto, o que seria tarefa da lei. É dizer, a regulamentação da matéria, envolvendo nova hipótese de exclusão do crime de aborto, somente poderia ser feita mediante lei. O Supremo Tribunal não poderia fazê-la, pena de substituir-se ao Congresso Nacional. Mas o Supremo não entendeu dessa forma. E o que deve ser ressaltado é que a decisão é progressista, é uma decisão de um novo tempo.[i]

III.1.8 União estável homoafetiva: **ADPF 132/RJ**, relator ministro Ayres Britto, 05/05/2011, julgamento conjunto com a **ADI 4.277**: o reconhecimento da união estável entre pessoas do mesmo sexo, interpretada a lei (Código Civil) e a própria Constituição com base no princípio da dignidade humana. O julgamento orientou-se, conforme foi dito, no rumo do princípio da dignidade da pessoa humana. No que toca ao art. 1.723 do Código Civil, emprestou-se interpretação conforme a Constituição, para o fim de *"excluir do dispositivo em causa qualquer significado que impeça o reconhecimento da união contínua, pública e duradoura entre pessoas do mesmo sexo como família, reconhecimento que é de ser feito segundo as mesmas regras e com as mesmas consequências da união estável heteroafetiva."* No ponto, registre-se, tal como fez o ministro Gilmar Mendes, que:

> *segundo a jurisprudência do Supremo Tribunal Federal, a interpretação conforme a Constituição conhece limites. Eles resultam tanto da expressão literal da lei, quanto da chamada vontade do legislador. A interpretação conforme a Constituição, por isso, apenas é admissível se*

---

i   ADPF 54-DF, Relator Ministro Marco Aurélio, Plenário, 12/04/2012, DJe 080, publicação em 30/04/2013. Em www.stf.jus.br.

não configurar violência contra a expressão literal do texto (Bittencourt, Carlos Alberto Lúcio, "o controle jurisdicional da constitucionalidade das leis", 2ª. ed., Rio, p. 95) e se não alterar o significado do texto normativo, com mudança radical da própria concepção original do legislador (ADI 2405-RS, Rel. Min. Ayres Britto; ADI 1344-ES, Rel. Min. Joaquim Barbosa; RP 1417-DF, Rel. Min. Moreira Alves; ADI 3046-SP, Rel. Min. Sepúlveda Pertence).

Depois de mencionar que o Supremo não tem conferido maior significado a chamada intenção do legislador, ou evita investigá-la, se a interpretação conforme se mostra possível dentro dos limites da expressão literal do texto (Rp 1454, Min. Octávio Gallotti; Rp 2389, Rel. Min. Oscar Corrêa; Rp 1399, Rel. Min. Aldir Passarinho), e que em muitos casos esses limites não se apresentam claros e são difíceis de definir, por isso, não poucas vezes a interpretação conforme levada a efeito pelo Tribunal pode transformar-se numa decisão modificativa dos sentidos originais do texto. E conclui o eminente ministro por afirmar que o Supremo Tribunal:

já está se livrando do vetusto dogma do legislador negativo, aliando-se, assim, à mais progressiva linha jurisprudencial das decisões interpretativas com eficácia aditiva, já adotada pelas principais Cortes Constitucionais do mundo. A assunção de uma atuação criativa pelo Tribunal pode ser determinante para a solução de antigos problemas relacionados à inconstitucionalidade por omissão, que muitas vezes causa entraves para a efetivação de direitos e garantias fundamentais assegurados pelo texto constitucional.[i]

Estivesse eu no Supremo Tribunal, não teria acompanhado a maioria, tendo presente a interpretação semântica, linhas atrás mencionada. Não posso ler, onde está escrito, na lei civil e na Constituição, art. 226, § 3º, que a união estável protegida pelo Estado, é *"entre o homem e a mulher"*, possa

---

i   Voto do Ministro Gilmar Mendes na ADPF 132/RJ, Rel. Min. Ayres Britto. Em www.stf.jus.br/jurisprudência.

ela ocorrer entre homem com outro homem, ou mulher com outra mulher. Importante e progressista, entretanto, a decisão, como da maior importância e progressista a posição do ministro Gilmar Mendes, seja no que toca à interpretação conforme, seja no que diz respeito à assunção de uma atuação criativa pelo Tribunal, deixando de lado, acertadamente, o *"vetusto dogma do legislador negativo."*

III.1.9 **MMSS 24.831 e 26.441**, relator ministro Celso de Mello: Comissões Parlamentares de Inquérito: o Supremo Tribunal garantiu às minorias parlamentares o direito de investigar a atuação do governo em Comissões Parlamentares de Inquérito (CPIs).[i]

III.1.10 Fidelidade partidária: **MMSS 26.602/DF, 26.603/DF e 26.604/DF**, relatores, respectivamente, ministros Eros Grau, Celso de Mello e Carmen Lúcia: o Supremo Tribunal Federal julgou constitucional resolução do Tribunal Superior Eleitoral que estabeleceu a perda do mandato do parlamentar que troca de partido sem justificativa razoável. Os ministros Celso de Mello, Carmen Lúcia, Menezes Direito, Cezar Peluso, Gilmar Mendes e a então presidente, ministra Ellen Gracie, formaram a maioria, votando pelo indeferimento dos MMSS 26.602 e 26.603 e pelo deferimento parcial do MS 26.604. Neste último, para que a questão da deputada Jusmari Oliveira, que se desfiliou do DEM após a resposta do TSE à Consulta 1398, fosse encaminhada, pelo presidente da Câmara dos Deputados, ao TSE. A maioria concordou, ainda, que o Supremo deveria estabelecer que o instituto da fidelidade partidária começará a vigorar a partir da data da resposta dada pelo TSE à Consulta 1398, formulada pelo então PFL, atual DEM, 27/03/2007. A decisão dos mandados de segurança, esclareceu o ministro Celso de Mello, valeria tanto para os deputados federais como para os estaduais e distritais, além de vereadores de todo o país.[ii]

---

[i] MMSS 24.831-DF e 26.441-DF, Rel. Min. Celso de Mello, DJ de 04.08.2006 e DJe de 18.12.2009, em www.stf.jus.br/jurisprudência.

[ii] MMSS 26.602/DF, 26.603/DF e 26.604/DF, relatores os ministros Eros Grau, Celso de Mello e Carmen Lúcia, respectivamente, em www.stf.jus.br/jurisprudência.

III.1.11 **HC 82.424-RS**: caso Elwang: prática do racismo: rejeição. O Supremo Tribunal Federal considerou que a pregação em favor do nazismo, em detrimento dos judeus, constitui crime de racismo, inafiançável e imprescritível.[i]

III.1.12 Nepotismo: **ADC 12-MG**, relator o ministro Carlos Ayres Britto, e RE 579.951-RN, sob o regime de repercussão geral, relator o ministro Ricardo Lewandowski. O Supremo Tribunal Federal decidiu, com o aplauso da sociedade brasileira, invocando os princípios constitucionais da moralidade administrativa, da igualdade, da eficiência e da impessoalidade, que a Constituição veda a contratação ou nomeação de parentes de servidores e agentes públicos para cargos de confiança, nos três poderes, Legislativo, Executivo e Judiciário.[ii]

III.1.13 Lei de Imprensa: **ADPF 130**, relator o ministro Carlos Ayres Brito, o Supremo Tribunal Federal, por maioria de votos, julgou que a Lei de Imprensa, Lei 5.250, de 1967, é incompatível com a Constituição de 1988 ao impor limites à liberdade de imprensa.[iii]

III.1.14 Lei de Anistia: **ADPF 153**, relator o ministro Eros Grau, o Supremo Tribunal Federal rejeitou o pedido de revisão da Lei de Anistia, Lei 6.683, de 1979, formulado pela OAB/Conselho Federal. A requerente pretendia que a Suprema Corte anulasse o perdão dado aos representantes do Estado acusados de praticar atos de tortura durante o governo militar. A ADPF foi julgada improcedente por sete votos a dois. O voto vencedor, do ministro Eros Grau, relator, ressaltou, após minuciosa reconstituição histórica e política das circunstâncias que levaram à edição da Lei de Anistia, que não cabe ao Poder Judiciário rever o acordo político que, na transição do regime militar para a democracia, resultou na anistia de todos aqueles que cometeram crimes políticos e conexos a

---

i   HC 82.424-RS, Rel. p/acórdão Min. Maurício Corrêa, DJ 19/03/2004, em www.stf.jus.br/jurisprudência.

ii ADC 12-MG, Rel. Min. Carlos Ayres Britto, DJe de 18.12.2009; RE 579.951-RN, Rel. Min. Ricardo Lewandowski, DJe de 24.10.2008. Ambos em www.stf.jus.br/jurisprudência.

iii ADPF 130, Rel. Min. Carlos Ayres Brito.

eles no Brasil, entre 02/09/1961 e 15/08/1979. O então presidente da Corte, ministro Cezar Peluso, que votou no mesmo sentido do relator, declarou que *"só o homem perdoa, só uma sociedade superior qualificada pela consciência dos mais elevados sentimentos de humanidade é capaz de perdoar. Porque só uma sociedade que, por ter grandeza, é maior do que os seus inimigos é capaz de sobreviver."*[i]

III.1.15 **Lei Maria da Penha, Lei 11.340, de 2006**: no julgamento da **ADI 4.424**, relator o ministro Marco Aurélio, o Supremo Tribunal Federal decidiu que o Ministério Público pode processar, por violação à Lei Maria da Penha, independentemente de representação da ofendida, homens que agridem mulheres. A exigência de representação da ofendida acaba por esvaziar a proteção constitucional assegurada às mulheres. Também foi esclarecido que não compete aos Juizados Especiais julgar os crimes cometidos no âmbito da Lei Maria da Penha.[ii]

III.1.16 **Lei da Ficha Limpa, Lei Complementar 135, de 2010**: **ADCs 29 e 30 e ADI 4.578**, relatadas pelo ministro Luiz Fux: o Supremo Tribunal Federal decidiu, por maioria de votos, que a Lei Complementar 135, de 2010, a denominada Lei da Ficha Limpa, é constitucional quando considera inelegíveis os candidatos condenados por tribunal ou órgão judicial colegiado, em razão da prática de crimes nela mencionados, independentemente do trânsito em julgado da decisão. Prevaleceu, ainda, o que nos parece estranho, o entendimento de que a lei alcança atos e fatos ocorridos antes de sua vigência. O ministro Toffoli votou no sentido de exigir sentença condenatória transitada em julgado. O ministro Gilmar Mendes, divergindo em maior extensão, entendeu que a lei não pode retroagir para alcançar atos e fatos passados, pena de violação ao princípio constitucional da segurança jurídica (C.F., art. 5º, XXXVI). O ministro Celso de Mello votou pela inconstitucionalidade da regra da Lei Complementar 135, que prevê a suspensão de direitos políticos sem decisão condenatória transitada em julgado. Também entendeu, entendimento que

---

i ADPF 153, Rel. Min. Eros Grau, 29/04/2010, em www.stf.jus.br/jurisprudência.

ii ADI 4424, Rel. Min. Marco Aurélio, em www.stf.jus.br/jurisprudência.

foi também dos ministros Marco Aurélio e Cezar Peluso, que a norma não pode retroagir para alcançar fatos pretéritos, é dizer, fatos ocorridos antes da entrada em vigor da norma, junho de 2010.[i] Anteriormente, o Supremo Tribunal Federal exigia, para impor inelegibilidade, a decisão condenatória transitada em julgado.

4
Conclusão

Longa foi a caminhada da hermenêutica, método de interpretação que tem por finalidade determinar o sentido real da norma jurídica, passando pelas Escolas da Exegese, Histórica e do Direito Livre, até fixar-se, em termos científicos, na hermenêutica jurídica contemporânea, em que a interpretação finalística se impõe, a partir da interpretação sistemática, lógico-formal, axiológica ou valorativa, com vistas a atingir o real significado da lei e os fins nesta colimados, operação em que avulta a função criadora do intérprete.

A hermenêutica constitucional, com apoio nos métodos clássicos de interpretação, forte, entretanto, em princípios próprios supremacia da Constituição, presunção de constitucionalidade das normas, interpretação conforme a Constituição, da unidade, razoabilidade e efetividade das normas constitucionais, da declaração de nulidade parcial sem redução de texto, da declaração de inconstitucionalidade sem a pronúncia de nulidade, da aferição da lei ainda constitucional, do apelo ao legislador, a fixação de efeitos prospectivos da decisão de inconstitucionalidade – e tendo em consideração as novas tendências do constitucionalismo, com a principiologia assumindo posição central, em que as colisões de normas constitucionais de princípios e de direitos fundamentais encontra solução na ponderação de normas, bens ou valores, com concessões recíprocas, ocorrendo a escolha do direito que irá prevalecer, com observância, inclusive, do método concretista preconizado por Häberle, em que a interpretação aberta da Constituição, processo de interpretação constitucional, integrado pelos cidadãos e grupos, se faz, também, pela sociedade aberta. Nesse contexto, avultam-se as mutações constitucionais. Tem-se, ao cabo, que a hermenêutica

---

i   ADCs 29 e 30 e ADI 4.578, Rel. Min. Luiz Fux, julgadas em 16/02/2012, em www.stf.jus.br.

constitucional, contemporaneamente, realiza o triunfo da Constituição e dos direitos fundamentais.

Esse triunfo da Constituição e dos direitos fundamentais estabelece método novo de solução da controvérsia constitucional, em favor da liberdade e em benefício do ser humano, razão da existência do Estado.

Assim a hermenêutica constitucional contemporânea.

Referências

BAPTISTA, Francisco de Paula. **Compêndio de hermenêutica jurídica**. São Paulo: Saraiva, 1984.

BARCELLOS, Ana Paula de. Fundamentos teóricos e filosóficos do novo Direito Constitucional brasileiro (pós-modernidade, teoria crítica e pós-positivismo). In: **Revista Interesse Público**, nº 11, 2001.

BARROS, Sérgio Resende de. O Nó Górdio do Sistema Misto. In: **Arguição de Descumprimento de Preceito Fundamental**: análises à luz da Lei nº 9.882/99. São Paulo: Atlas, 2001.

BARROSO, Luís Roberto. O começo da história. A nova interpretação constitucional e o papel dos princípios no direito brasileiro. In: **A nova interpretação constitucional – ponderação, direitos fundamentais e relações privadas**. BARROSO et al. (Orgs.). Rio de Janeiro: 2003.

BARROSO, Luís Roberto. **O controle de constitucionalidade no direito brasileiro, exposição sistemática e análise crítica da jurisprudência**. 2004.

BARROSO, Luís Roberto. Constituição, democracia e supremacia judicial: direito e política no Brasil contemporâneo. In: **Revista Jurídica da Presidência**, Brasília, v. 12, n. 96, 2010.

BARROSO, Luís Roberto. **Interpretação e aplicação da Constituição**. São Paulo: Saraiva, 1996.

BARROSO, Luís Roberto. **Interpretação e aplicação da Constituição**: fundamentos de uma dogmática constitucional transformadora. 7. ed. São Paulo: Saraiva, 2009.

BARROSO, Luis Roberto. Neoconstitucionalismo e constitucionalização do Direito (O triunfo tardio do direito constitucional no Brasil). **Revista de Direito Administrativo**, Rio de Janeiro, v. 240, p. 1-42, abr. 2005. ISSN 2238-5177. Disponível em: <http://bibliotecadigital.fgv.br/ojs/index.php/rda/article/view/43618/44695>. Acesso em: 14 set. 2017. doi:http://dx.doi.org/10.12660/rda.v240.2005.43618.

BITTENCOURT, Lúcio. **O controle jurisdicional da constitucionalidade das leis**. 2. ed. Rio de Janeiro: Forense, 1949.

BOBBIO, Norberto. **A era dos direitos**. Rio de Janeiro: Campus, 1996.

BONAVIDES, Paulo. **Teoria do Estado**. 4. ed. São Paulo: Malheiros Editores, 2003.

CASTRO, Carlos Roberto Siqueira. Da declaração de inconstitucionalidade e seus efeitos. In: **Cadernos de Direito Constitucional e Ciência Política**, nº 21, 1997.

DERZI, Misabel Abreu Machado. **Modificações da jurisprudência no direito tributário**. São Paulo: Noeses, 2009.

FERRARA, F. *Potere del legislatore e funzione del giudice*. In: **Rivista di Diritto Civile**, 1911, p. 511.

FERREIRA FILHO, Manoel Gonçalves. Notas sobre o direito constitucional pós-moderno, em particular sobre certo neoconstitucionalismo à brasileira. In: **Revista de Direito Administrativo**, nº 250, 2009.

FRAGOSO, Heleno Cláudio. Para uma interpretação democrática da Lei de Segurança Nacional. **Estado de S. Paulo**, São Paulo, 21 abr. 1983.

GRAU, Eros Roberto. O perigoso artifício da ponderação entre princípios. In: **Revista Justiça e Cidadania**, nº 108, julho/2009, p. 16.

GRAU, Eros Roberto. **Ensaio e discurso sobre a interpretação/aplicação do direito**. 5. ed. São Paulo: Malheiros, 2009.

GRIMM, Dieter. Jurisdição constitucional e democracia. In: **Rev. de Direito do Estado**, nº 4, out-dez, 2006, p. 3.

KELSEN, Hans. **Teoría general del derecho y del Estado**. Ciudad de México: UNAM, 1950.

LAFER, Celso. Direitos humanos e democracia: no plano interno e internacional. In: **Desafios**: Ética, Política. São Paulo: Siciliano, 1995.

MELLO, Celso Antônio Bandeira de. Segurança jurídica e mudança de jurisprudência. In: **Revista de Direito do Estado**, nº 6, abril/junho/2007.

MENDES, Gilmar; COELHO, Inocêncio Mártires; BRANCO, Paulo Gustavo Gonet. **Curso de Direito Constitucional**. 5 ed. São Paulo: Saraiva, 2010.

MENDES, Gilmar Ferreira; VALE, André Rufino do. **A influência do pensamento de Peter Häberle no Supremo Tribunal Federal**. Disponível em: http://www.conjur.com.br/2009-abr-10/pensamento-peter-haberle-jurisprudência-supremo

MENDONÇA, Paulo Roberto Soares. **A tópica e o Supremo Tribunal Federal**. Rio de Janeiro: Renovar, 2003.

MUDROVITSCH, Rodrigo de Bittencourt; ROSA, Lucas Faber de Almeida. Processos de Mutação Constitucional e *"Framework Originalism"* – Contribuições do Professor Jack Balkin ao Direito Constitucional Brasileiro. In: **Revista Jurídica Consulex**, n° 389, abril/2013.

PORTALIS, Jean-Etiene, **Discours, Rapports et Travaux Inédits sur le Code Civil.** Jouber: Paris, 1844.

POLETTI, Ronaldo Rebello de Britto. O direito livre. In: **Revista Jurídica Consulex**, n° 398, p. 10.

REALE, Miguel. **Lições preliminares de direito.** 15 ed. São Paulo: Saraiva, 1987.

RECASENS, Siches. **Nueva filosofía da la intepretación del derecho.** 1958.

REIS, José Carlos Vasconcelos dos. Interpretação evolutiva e raciocínio tópico no direito constitucional contemporâneo. In: **Revista de Direito do Estado**, Renovar, n° 6, abril/junho de 2007.

SANT'ANA, Adriano Pedra. **Mutação constitucional** – interpretação evolutiva da Constituição na democracia constitucional. Rio de Janeiro: Lumen Juris, 2013.

TRIBE, Laurence. **American Constitutional Law.** 2. ed. The Foundation Press, 1988.

XAVIER, Marina Corrêa. Limites da interpretação conforme a Constituição no STF. In: **Rev. Conjur**, 19 mai. 2013.

VELLOSO, Carlos Mário da Silva. **Da jurisdição constitucional, especialmente do controle concentrado, e a repercussão de suas decisões no campo tributário**. In: A Constituição de 1988 na visão dos ministros do Supremo Tribunal Federal, Edição Comemorativa, STF, Brasília-DF, 2013.

VIEHWEG, Theodor. **Tópica e Jurisprudência Coleção Pensamento Jurídico Contemporâneo.** v. 1. Brasília: Ministério da Justiça/ Universidade de Brasília, 1979.

VIEHWEG, Theodor. **Tópica y filosofia del Derecho.** 1991.

VIEIRA, Oscar Vilhena. Supremocracia. In: **Rev. Direito GV**, S. Paulo, vol. 4, n° 2, julho-dezembro/2008.

ZAGREBELSKY, Gustavo. **Il dirito mite. Legge, diritti, giustizia.** 2. ed. Torino: Einaudi, 1992.

O princípio da eficiência, para além da retórica

El principio de eficiencia, más allá de la retórica

The principle of efficiency, beyond rhetoric

Daniel Ferreira

Pós-Doutorado em Democracia e Direitos Humanos pelo *Ius Gentium Conimbrigae* (IGC) – Centro de Direitos Humanos (IGC/CDH), vinculado à Faculdade de Direito da Universidade de Coimbra; doutor e mestre em Direito do Estado (Direito Administrativo) pela Pontifícia Universidade Católica de São Paulo (PUCSP). Professor Titular do Curso de Graduação em Direito, Membro do Corpo Docente Permanente e atual Coordenador do Programa de Mestrado Acadêmico em Direito do Centro Universitário Internacional Uninter. Parecerista e sócio de Ferreira, Kozicki de Mello & Maciel Advogados Associados, sediado em Curitiba-PR, e, ainda, Árbitro da Câmara de Arbitragem e Mediação da Federação das Indústrias do Paraná (CAMFIEP).

Resumo: Versa este texto científico sobre a realidade do princípio da eficiência no direito administrativo brasileiro, desde a sua inserção na Carta da República em vigor (art. 37, *caput*). Nesse sentido, o artigo que aqui se resume é denunciativo do fato de que a eficiência administrativa, como promessa constitucional, não se concretizou na Administração Pública do país, em nenhum de seus níveis, e dificilmente se efetivará por conta da densa nuvem de dúvidas que tem provocado tanto no Poder Executivo quanto no Judiciário, e isso nada – ou muito pouco – tem a ver com corrupção. É indubitável que, na Administração Pública da atualidade, a atuação dos agentes deveria adaptar-se à complexidade dos interesses da coletividade, que são multifacetados e mutantes. Objetiva o trabalho aqui publicado apontar os problemas e as soluções naquilo que se refere à eficiência administrativa do hoje para que se emoldure um real sistema em que seja de renovada percepção a eficiência do amanhã.

Palavras-chave: Princípios constitucionais da Administração Pública. Eficiência administrativa. Controle judicial.

Resumen: Este texto científico trata sobre la realidad del principio de eficiencia en el Derecho Administrativo brasileño, desde su inserción en la Carta de la República vigente (artículo 37, caput). En este sentido, el artículo que aquí se resume es una denuncia de que la eficiencia administrativa, como promesa constitucional, no se materializó en la administración pública del país, en ninguno de sus niveles, y difícilmente será efectiva debido a la densa nube de dudas que ha provocado tanto al Poder Ejecutivo como al Poder Judicial, y esto no tiene nada, o muy poco, que ver con la corrupción. Sin duda, en la Administración Pública actual, la actuación de los agentes debe adaptarse a la complejidad de los intereses de la comunidad, multifacéticos y cambiantes. El trabajo aquí publicado tiene como objetivo señalar los problemas y soluciones en lo que concierne a la eficiencia administrativa de hoy para que se enmarque un sistema real en el que se renueve en la percepción la eficiencia del mañana.

Palabras clave*: Principios constitucionales de la Administración Pública. Eficiencia administrativa. Control judicial.*

Abstract: This scientific text deals with the reality of the principle of efficiency in Brazilian Administrative Law, since its insertion in the Charter of the Republic in effect (article 37, caput). In this sense, the article that is summarized here is a denunciation of the fact that administrative efficiency, as a constitutional promise, has not yet been materialized in the public administration of the country, at any of its levels, and it will hardly be effective due to the dense cloud of doubts that it has provoked in both the Executive and the Judiciary, and this has nothing – or very little – to do with corruption. Undoubtedly, in up-to-date Public Administration, the role of agents should adapt to the complexity of the interests of the community, which are multifaceted and changing. The work published here aims to point out the problems and solutions in what concerns the administrative efficiency of today so that a real system is framed in which the efficiency of tomorrow is renewed in perception.

Keywords: *Constitutional principles of Public Administration. Administrative efficiency. Judicial control.*

Sumário: 1. Introdução. 2. Eficiência no contexto e no texto do projeto constitucional de 1988. 3. Eficiência após a Emenda Constitucional n. 19/1998: simples discurso retórico ou (revigorado e expresso) princípio da Administração Pública? 4. Corolários do princípio geral da eficiência: uma proposta conceitual por acessão e o reconhecimento de sua importância máxima no exercício de competência discricionária. 5. Possibilidades e limites ao controle judicial das diversas atividades administrativas a partir do princípio geral da eficiência. 6. Considerações finais.

Tabla de contenido: *1. Introducción. 2. Eficiencia en el contexto y en el texto del proyecto constitucional de 1988. 3. Eficiencia después de la Enmienda Constitucional n. 19/1998: ¿retórica simple o principio (revitalizado y expresado) de la Administración Pública? 4. Corolarios del principio general de eficiencia: una propuesta conceptual para la adhesión y el reconocimiento de su máxima importancia en el ejercicio de la competencia discrecional. 5. Posibilidades y límites al control judicial de las distintas actividades administrativas con base en el principio general de eficiencia. 6. Consideraciones finales.*

Summary: *1. Introduction. 2. Efficiency in the context and in the text of the 1988 constitutional project. 3. Efficiency after Constitutional Amendment n. 19/1998: simple rhetoric or (reinvigorated and* *expressed) principle of Public Administration? 4. Corollaries of the general principle of efficiency: a conceptual proposal for accession and the recognition of its maximum importance in the exercise of discretionary competence. 5. Possibilities and limits to the judicial control of the various administrative activities based on the general principle of efficiency. 6. Final considerations.*

1
Introdução

O título escolhido para este artigo é provocativo. De plano se percebe, com essa chamada, acreditar-se que o princípio da eficiência não deve ser acolhido e, principalmente, aplicado, na suposição de que apenas invocá-lo, ou por ele manifestar apreço, por si só, permite transformar a realidade brasileira, menos ainda "da água para o vinho". Isso não é verdade.

Sua existência remonta a 1988, mas o discurso retórico que antecedeu e sucedeu sua inserção no art. 37, *caput*, da Constituição da República – ao lado dos princípios da legalidade, da impessoalidade, da moralidade e da publicidade –, e como princípio geral da Administração Pública, trouxe mais problemas do que vantagens. Ele baralhou a visão, confundiu espíritos, provocou paixões. E ira. O problema é que isso acontece até hoje, mesmo que passados mais de 30 anos de sua promulgação.

Portanto, o que nele se encontra não visa qualquer comemoração. Ao contrário, tratar da eficiência como dever administrativo dos gestores públicos ou como princípio geral da Administração Pública não muda o ponto de chegada. Muitas das promessas constitucionais ainda não se concretizaram, inclusive por falhas humanas – que pouco ou quase nada têm a ver com corrupção.

Os interesses da coletividade ficam cada vez mais complexos, multifacetados, e continuam a variar no tempo e no espaço. O atuar administrativo deveria amoldar-se a tudo isso, mas nem sempre há condições para tanto, por diversos motivos. Nada obstante, essa é a "razão de ser" do princípio da eficiência como princípio geral da Administração Pública brasileira, qual seja, a de permitir que se mantenha "o destino", com as necessárias correções de rumo e eventuais adaptações de traçado, sem que isso importe em desatenção às leis e ao direito. Portanto, da melhor forma possível.

Nesse cenário, o primeiro problema está em saber como fazer isso tomando por base uma hermenêutica constitucional sistemática e principiológica do ordenamento. O segundo está em reconhecer que toda manifestação do exercício da função administrativa comporta controle judicial, ainda que sem autorizar ao Estado-Juiz sobrepor-se ao Estado-Administração, pura e simplesmente.

O que se almeja com este artigo é, pois, contribuir para tais reflexões, além de prestar uma homenagem ao país e aos seus cidadãos, escancarando a convicção de que ainda chegará o dia em que o Estado brasileiro – como outrora prometido – se tornará realidade. O papel (renovado) do princípio da eficiência é colaborar no aceleramento do processo. Basta compreendê-lo e dar-lhe fiel cumprimento.

2
Eficiência no contexto e no texto do projeto constitucional de 1988

Promulgada aos 5 de outubro de 1988, a Constituição da República Federativa do Brasil alardeou, preambularmente, seu compromisso de "assegurar o exercício dos direitos sociais e individuais, a liberdade, a segurança, o bem-estar, o desenvolvimento, a igualdade e a justiça como valores supremos de uma sociedade fraterna, pluralista e sem preconceitos" (BRASIL, 1988).

Isto é, a partir dessa promessa constitui-se um novo estado (MIRANDA, 2009), o Estado brasileiro, que se proclamou como também fundado na dignidade da pessoa humana e nos valores sociais do trabalho e da livre inciativa (art. 1º), e cujos objetivos precípuos são os de "I – construir uma sociedade livre, justa e solidária; II – garantir o desenvolvimento nacional; III – erradicar a pobreza e a marginalização e reduzir as desigualdades sociais e regionais; e IV – promover o bem de todos, sem preconceitos de origem, raça, sexo, cor, idade e quaisquer outras formas de discriminação" (art. 3º) (BRASIL, 1988).

Nesse sentido, não se pode olvidar que a cada um dos três "poderes" da União – Executivo, Legislativo e Judiciário – compete, desde então, naquilo e da forma que lhes cabe, atentar para tais valores, perseguir tais fins e dar concreção aos direitos constitucionalmente reconhecidos, com estrita observância das leis e do direito vigente.

Contudo, as dificuldades são manifestas, a começar pela circunstância de que não há indicação prévia de como fazê-lo. No entanto, isso sequer causa estranheza, haja vista não ser da alçada de uma carta constitucional definir comportamentos, mas apenas e tão somente organizar o exercício do poder político – por meio de normas constitucionais de organização, nas quais se inserem aquelas de atribuição de competências –, fixar os direitos fundamentais dos indivíduos – o que se dá a partir de normas constitucionais definidoras de direito – e estabelecer princípios e traçar fins públicos a serem alcançados pelo Estado – mediante normas constitucionais programáticas (BARROSO, 2004).

Demais disso, a Constituição vigente coloca-se perante o ordenamento jurídico como "fonte, bússola e imã" (BRITTO, 2003, p. 125), deixando para os estratos subalternos, normativamente inferiores, o desiderato de disciplinar as condutas das pessoas em geral, e mesmo daquelas aproximadas das funções públicas, a partir de modais deônticos (permitido, proibido e obrigatório) aos quais se imbricam termos muitas vezes imprecisos, ou, até pior, plurívocos.

Nessa ambiência interessa examinar o entrave inaugural de compreensão das exigências feitas, no ano de 1988, com relação aos poderes da União, no sentido de manutenção de um sistema de controle interno com o objetivo de "comprovar a legalidade e avaliar os resultados, quanto à eficácia e **eficiência**, da gestão orçamentária, financeira e patrimonial nos órgãos e entidades da administração federal, bem como da aplicação de recursos públicos por entidades de direito privado" (art. 47, II) e, ainda, do que exigido do legislador no sentido de garantir a "eficiência" das atividades dos órgãos responsáveis pela segurança pública (art. 144, § 7º) (BRASIL, 1988, grifo nosso).

Para Hely Lopes Meirelles, a "eficiência", como disposta na Constituição, sem emendas, e apenas nas duas únicas passagens referidas, já se apresentava com feição principiológica[i], mas seguramente acometida aos encarregados da gestão pública como dever ("de boa

---

i   "*Dever de eficiência* é o que se impõe a todo agente público de realizar suas atribuições com presteza, perfeição e rendimento funcional. É o mais moderno princípio da função administrativa, que já não se contenta em ser desempenhada apenas com legalidade, exigindo resultados positivos para o serviço público e satisfatório atendimento das necessidades da comunidade e de seus membros." (MEIRELLES, 1991. p. 86). Continuando, referido jurista arrematava o perfil desse dever reconhecendo que não caberia à Administração Pública decidir por critérios leigos em prejuízo dos técnicos existentes para solucionar o caso concreto, e que, em caso de eventual pluralidade, a opção deveria recair sobre uma alternativa que o(s) albergasse(m) (MEIRELLES, 1991).

administração"), servindo de baliza para seu regular exercício e controle, inclusive *a posteriori* – a partir do exame de "resultados".

Ocorre que o primeiro cenário do texto constitucional trouxe a lume outra questão deveras importante, qual seja, a "economicidade", referida como parâmetro de controle externo – da utilização, arrecadação, guarda, gerência ou administração de dinheiros, bens e valores públicos, ao lado da legalidade e da legitimidade –, a ser exercitado pelo Congresso Nacional e pelo sistema de controle interno de cada poder (art. 70 e parágrafo único da Constituição).

Destarte, mesmo que sem qualquer preocupação em distinguir, desde logo, eficiência e economicidade, soa de todo descabido cogitar que ambos estariam a referir "idêntica" exigência constitucional no contexto da gestão pública. Acrescentando-se a isso a circunstância de que os dois vocábulos se apresentam como conceitos jurídicos indeterminados, e que a partir de ambos somente se autoriza um juízo de interpretação (e não de valoração ou mesmo de escolha)[i], tem-se que aquela estaria a apontar "na direção" do modo de agir administrativo requerido em cada caso concreto, mas sem definir "o curso", para, em perspectiva, satisfazer o interesse da coletividade; esta, por sua vez,

---

i   Conceitos jurídicos (ou normativos) indeterminados são aqueles que contêm elevado grau de "indeterminação". Para António Francisco de Sousa (1994, p. 26-29), ditos conceitos podem ser do tipo que enseja "interpretação" – pura e simples (como "casamento"), valoração – conceito normativo "de valor" (*e.g.* "imoral") ou "livre discrição" – assumida como presente apenas quando a lei e o Direito autorizarem à autoridade administrativa decidir, no caso concreto, com lastro em uma "concepção pessoal", caracterizadora da própria "livre apreciação" ou da "autonomia da valoração pessoal". Essa concepção, que permite reconhecer nos conceitos jurídicos indeterminados espaço para "livre discrição", embora seguida por muitos, parece equivocada. Acolhe-se, pelas próprias razões, o entendimento de Luis Manuel Fonseca Pires (2017), para quem – depois de examinar e criticar os escritos dos mais ilustres estudiosos do assunto em Portugal, na Itália, na Áustria e na Alemanha, na França, na Argentina, na Espanha e no Brasil – "todo e qualquer conceito jurídico – determinado ou indeterminado, e, neste último caso, de experiência ou de valor – cuida-se, em última análise, de mera interpretação jurídica" (PIRES, 2017. p. 108), o que exclui qualquer cogitação de valoração ou mesmo de subjetivismos no reconhecimento de seu conteúdo para fins de aplicação da norma, o mesmo ocorrendo com relação ao controle da norma como aplicada. Logo, os dois conceitos *sub examen* permitem amplo controle jurisdicional com a fixação de seu conteúdo por meio de interpretação e, a partir disso, de sua aplicação concreta.

teria em mira tão só a conformidade da relação custo-benefício (da solução "eleita") para dar conta de "otimamente" satisfazer o interesse público[i] em sua vertente secundária[ii]. Afinal, *__verba cum effectu sunt accipienda__*: **Não se presumem, na lei, palavras inúteis.** As expressões em direito interpretam-se de modo que não resultem frases sem significação real, vocábulos supérfluos, ociosos, inúteis" (MAXIMILIANO, 1933, p. 270, grifo do original)[iii].

De conseguinte, tanto o princípio da eficiência quanto o princípio da economicidade, por serem normas jurídicas e, pois, dirigidas a alterar o mundo fenomênico, serviriam para auxiliar no controle de validade do atuar administrativo, porém com preocupações distintas, não se podendo baralhá-las, mesmo *ab ovo*.

i   Nesse sentido gizava Juarez Freitas (1997, p. 85), nos idos de 1997, ao reconhecer a existência do princípio da economicidade ou da otimização da ação estatal como extraível unicamente do art. 70 da Constituição, e, a partir dele, destacar que "o administrador público está obrigado a obrar tendo como parâmetro o ótimo. Em outro dizer, tem o compromisso indeclinável de encontrar a solução mais adequada economicamente na gestão da coisa pública".

ii   Emprestando as lições de Celso Antônio Bandeira de Mello (2016), tem-se que interesse público primário (ou coletivo, da coletividade) equivale ao interesse que cada indivíduo tem enquanto integrante do corpo social, ao passo que o interesse público secundário apresenta-se como aquele próprio da entidade estatal envolvida em sua vertente patrimonial. Nessa esteira, o princípio da economicidade, com a feição proposta, mostra-se muito mais afeito a atender aos reclamos do interesse público secundário, em que o foco de ação-investigação-controle recai (muito mais) sobre a quantidade do gasto, e não com sua qualidade propriamente dita. Ao contrário, a partir do dever de eficiência, os gestores públicos encontram-se envoltos com questões mais complexas, multifacetadas, nas quais não apenas pode haver – em princípio – mais de uma solução técnica adequada, porém vários interesses públicos a serem satisfeitos concomitantemente.

iii   Ademais, "pode uma palavra ter mais de um sentido e ser apurado o adaptável à espécie, por meio do exame do contexto ou por outro processo; porém a verdade é que sempre se deve atribuir a cada uma a sua razão de ser, o seu papel, o seu significado, a sua contribuição para precisar o alcance da regra positiva [...]. Dá-se valor a todos os vocábulos e, principalmente, a todas as frases, para achar o verdadeiro sentido de um texto; porque este deve ser entendido de modo que tenham efeito todas as suas provisões, nenhuma parte resulte inoperativa ou supérflua, nula ou sem significação alguma" (MAXIMILIANO, 1933, p. 270-271).

No mesmo sentido, a "eficácia" – também referida no inciso II do art. 74 – há de ostentar significado diverso dos anteriores. Sua prestabilidade é lembrar o gestor público, ou quem lhe faça as vezes, de seu dever de (buscar) concretizar, de forma ótima, os efeitos próprios da intervenção pretendida, com vistas à maximização dos resultados, em termos de qualidade e quantidade[i].

Contudo, todas essas previsões – relativas à eficiência, à economicidade e à eficácia da máquina pública – aparentemente não teriam permitido, a contento, a concretização do projeto constitucional por nenhum dos presidentes que a ela se seguiram (José Sarney, Fernando Collor e Itamar Franco), o que teria levado Fernando Henrique Cardoso – após eleito, em primeiro turno, com grande vantagem em relação ao segundo colocado (Luís Inácio Lula da Silva) – a decidir e, de fato, conseguir promover alterações no ordenamento jurídico brasileiro, o que foi levado a cabo por meio das Emendas Constitucionais n. 19/1998 (modificou o regime e dispôs sobre princípios e normas da Administração Pública, servidores e agentes políticos) e n. 20/1998 (alterou o sistema de previdência social), cujo espírito também se espraiou por meio de leis.[ii]

---

[i] De outra banda, mas ainda no mesmo contexto, assume-se que sempre subsistiu imposição de obrigação com a "efetividade" da atuação administrativa. Isto é, nunca se mostrou constitucionalmente "desimportante" ou "desinteressante" o não atingimento de resultados concretos a partir de dada atuação do Poder Público autorizada-determinada por lei. Afinal de contas, "quem exerce função administrativa está adstrito a satisfazer interesses públicos, ou seja, interesses de outrem: a coletividade. Por isso, o uso de prerrogativas da Administração é legítimo se, quando e na medida indispensável ao atendimento dos interesses públicos; vale dizer, do povo" (BANDEIRA DE MELLO, 2016. p. 72).

[ii] A título de ilustração: Lei n. 9.637/1998 (relativas às organizações sociais – de 15/05/98); Lei n. 9.784/1999 (que regula o processo administrativo no âmbito da Administração Pública Federal – de 29/01/99); Lei n. 9.790/1999 (que dispõe acerca das Organizações da Sociedade Civil de Interesse Público – de 23/03/99).

3
Eficiência após a Emenda Constitucional n. 19/1998: simples discurso retórico ou (revigorado e expresso) princípio da Administração Pública?

Para responder a essa indagação, com segurança mínima, é preciso verificar – por primeiro – o que ocorreu, sob os auspícios da Presidência da República[i], a partir de 1995, no sentido de promover uma mudança de paradigma na estrutura e no modo de funcionamento do Estado brasileiro. Para simplificar, foi nessa época que se instalou o movimento, a olhos vistos ideológico, que redundou na autointitulada *Reforma do Aparelho do Estado*, cujo projeto (BRASIL, 1995) foi mentado pelo então Ministro da Administração Federal e Reforma do Estado, Luiz Bresser-Pereira, e igualmente chancelado pela Câmara da Reforma[ii].

O Plano Diretor da Reforma do Aparelho do Estado (PDRAE) foi apresentado à comunidade por meio de verdadeiro "manifesto"[iii] – portanto, com as qualidades e os defeitos de praxe – inclusive o de "seduzir" para convencer, pois, por intermédio dele, pretensamente se

---

i   "Estava convencido, quando cheguei ao governo federal, de que a Administração Pública brasileira necessitava uma ampla reforma, e estava disposto a assumir a responsabilidade pela iniciativa. Na primeira reunião que tive com o presidente, alguns dias antes de começar o novo governo, disse a ele que planejava realizar essa reforma, da qual deveria constar emenda constitucional definindo de maneira mais flexível a estabilidade dos servidores porque entendia a absoluta estabilidade existente no Brasil incompatível com uma administração moderna. Fernando Henrique observou que essa reforma não estava na agenda, que não fizera parte dos compromissos de sua campanha. Não me impediu, entretanto, de dar os primeiros passos em direção a ela, deixando apenas claro que a decisão de apresentar uma emenda constitucional deveria aguardar o tempo necessário para saber se haveria suficiente apoio político para ela ou não." (BRESSER-PEREIRA, 2008, p. 180)

ii Dito órgão era constituído pelas seguintes autoridades: Ministro Chefe da Casa Civil, Clóvis Carvalho – Presidente; Ministro da Administração Federal e Reforma do Estado – Luiz Carlos Bresser Pereira; Ministro do Trabalho, Paulo Paiva; Ministro da Fazenda, Pedro Malan; Ministro do Planejamento e Orçamento – José Serra; e Ministro-Chefe do Estado Maior das Forças Armadas, Benedito Onofre Bezerra Leonel.

iii Tal qual o Manifesto Comunista (de Marx e Engles), *mutatis mutandis*.

diagnosticavam os problemas e se anunciavam as soluções, o que se pode denotar em diversas passagens da apresentação[i], subscrita por Fernando Henrique Cardoso em seu primeiro ano de governo, portanto quando ainda contava com amplo apoio da população brasileira.

---

i "A crise brasileira da última década foi também uma crise do Estado. Em razão do modelo de desenvolvimento que Governos anteriores adotaram, o Estado desviou-se de suas funções básicas para ampliar sua presença no setor produtivo, o que acarretou, além da gradual deterioração dos serviços públicos, a que recorre, em particular, a parcela menos favorecida da população, o agravamento da crise fiscal e, por consequência, da inflação. Nesse sentido, a reforma do Estado passou a ser instrumento indispensável para consolidar a estabilização e assegurar o crescimento sustentado da economia. Somente assim será possível promover a correção das desigualdades sociais e regionais. [...] O grande desafio histórico que o País se dispõe a enfrentar é o de articular um novo modelo de desenvolvimento que possa trazer para o conjunto da sociedade brasileira a perspectiva de um futuro melhor. Um dos aspectos centrais desse esforço é o fortalecimento do Estado para que sejam eficazes sua ação reguladora, no quadro de uma economia de mercado, bem como os serviços básicos que presta e as políticas de cunho social que precisa implementar. Este 'Plano Diretor' procura criar condições para a reconstrução da administração pública em bases modernas e racionais. [...] É preciso, agora, dar um salto adiante, no sentido de uma administração pública que chamaria de 'gerencial', baseadas em conceitos atuais de administração e eficiência, voltada par ao controle dos resultados e descentralizada para poder chegar ao cidadão, que, numa sociedade democrática, é quem dá legitimidade as instituições e que, portanto, se torna 'cliente privilegiado' dos serviços prestados pelo Estado. É preciso reorganizar as estruturas da administração com ênfase na qualidade e na produtividade do serviço público; na verdadeira profissionalização do servidor [...]. Encareço a todos que exercem funções públicas no Governo Federal que leiam atentamente este 'Plano Diretor da Reforma do Aparelho do Estado'. Porque, do bom cumprimento de suas diretrizes, dependerá o êxito da transformação do Estado brasileiro. O 'Plano', que já está sendo posto em pratica em várias de suas dimensões, é resultado de ampla discussão no âmbito da Câmara da Reforma do Estado. O desafio de implementar integralmente essa reforma, contudo é imenso e exigirá a dedicação e o entusiasmo de todos. É o nosso dever dar uma resposta urgente e eficaz à população, que, ao me eleger Presidente da República, acreditou na capacidade deste Governo de mudar o Brasil, criando um modelo de justiça social, em que o direito a uma vida com dignidade lhe seja garantido." (BRASIL, 1995. p. 9-12)

Seção 2

Nesse contexto, em que a alteração constitucional foi propiciada e "legitimada" a partir reiterados discursos retóricos[i] de índole liberal, o que se seguiram foram reações de duas ordens: muitos aceitaram a inserção da eficiência como princípio da Administração Pública praticamente sem qualquer reflexão (ou crítica); outros, por comungarem de pensamento diametralmente oposto, fizeram críticas à exaustão[ii], sem cuidar de examinar os efeitos jurídicos passíveis de extração da alteração do texto (e do contexto) constitucional. Nenhuma dessas situações favorece o Brasil ou os brasileiros.

Com efeito, ao mesmo tempo em que é possível assentar que o ocorrido revelou-se resultado de movimentação neoliberal, fruto de "vontade

---

[i] "A retórica, preocupada com a arte de produzir discursos persuasivos, estabelece-se no mundo das verdades contingentes e se vale da exploração da razão e da afetividade como meios para obter sucesso. Imprescindível para a mudança de estados de ânimo, a retórica sedimenta ou altera estados de espírito, move a disposição, modifica temperamentos." (CARMELINO, 2012, p. 40-41)

[ii] Nessa porção não se está a julgar quem porventura criticou a Emenda Constitucional n. 19/1998. A intenção é somente chamar a atenção para o fato de que algumas reações foram tamanhas ao ponto de ofuscar qualquer tentativa hermenêutica de reconduzir referida emenda (ou parte dela) aos contornos do Estado fundado em 1988. Eis um apontamento que fala por si: "Com o objetivo manifesto de cooptar legisladores pátrios, os neoliberalistas, sob o pálio de uma reforma administrativo de Estado que esboçou pretensões messiânicas de solução dos problemas nacionais, operaram um verdadeiro (e pouco percebido pela maioria) *câmbio epistemológico* (Coutinho), apondo no texto constitucional, através da Emenda nº 19/98, a eficiência como princípio-meta da administração pública. A ação eficiente estava, pois, devidamente 'rebatizada' pelo jurídico, e, agora, muitos legalistas (os incautos) passaram a defender um *Estado eficiente*, pensando estar defendendo um *Estado efetivo* (alguns o fazem dolosamente, diga-se!). O golpe institucional (Bonavides) se deu com sutis requintes de crueldade: com a arguta estratégia de atacar *por dentro* da estrutura estatal (através da própria Constituição da República), os neoliberais usaram habilmente da mitificação-perfeição (Ost) e da abstração principiológica da lei para naturalizar a eficiência como novo e legítimo parâmetro de atuação estatal. Tal paradigma, como visto, traz consigo o referencial teórico *yanke* da *Análise Econômica do Direito* que, como sabido, visa colocar o Direito a serviço do econômico e da eficiente alocação de recursos em sociedade" (MARCELLINO JÚNIOR, 2009. p. 241).

política para flexibilizar as chamadas 'amarras burocráticas' [...]. A positivação da eficiência relacionou-se, no fundo, com o desmonte do setor público e o deslocamento dos conflitos econômicos para a esfera do mercado [...]", igualmente se pode reconhecer que "a positivação do princípio da eficiência reduz a margem legal das opções convenientes e oportunas" e que, a partir de sua aplicação, "políticas públicas que antes eram assuntos franqueados às ciências não jurídicas passam a ser consideradas inconstitucionais quando violarem expressamente os parâmetros mínimos do agir eficiente" (NOHARA, 2013, p. 93-94).

Portanto, referido mote político não tem serventia mínima para interferir no reconhecimento do sentido, do conteúdo e do alcance do princípio da eficiência como encartado constitucionalmente, menos ainda em sua utilidade para controle da Administração Pública. A razão é franciscana: a *mens legislatoris* é de somenos importância, porquanto é da *mens legis* que se pode e deve extrair a *ratio legis*, que requer uma "hermenêutica constitucional sistemática e principiológica do ordenamento" (GABARDO; HACHEM, 2010, p. 245). Donde, pois, "a eficiência como mero símbolo ou valor ideológico não se confunde com a sua manifestação jurídico-normativa" (GABARDO, 2003, p. 185).

Assim, a eficiência – na compostura normativa de princípio da Administração Pública – tem vocação instrumental[i] e "não possui caráter absoluto, mas irradia efeitos em quatro dimensões: cumpre uma função ordenadora, uma função hermenêutica, uma função limitativa e uma função diretiva", como observado por Paulo Modesto (2000, p. 112). E, muito embora a compreensão de referido jurista acerca dessas quatro funções não tenha sido externada na sequência, supõe-se que elas estejam a referir o que segue.

Por meio da função ordenadora, o princípio da eficiência colabora para a uniformização e harmonização do sistema constitucional, na medida em que permite articular diferentes partes desse sistema "por vezes, aparentemente contraditórias – em torno de valores e fins comuns" (BARROSO, 2017, p. 246). A função hermenêutica, por sua vez, confere ao princípio da eficiência vocação para servir de critério de interpretação de outras normas. Isto é, ele funciona, juntamente a outros princípios, "como um farol que ilumina os caminhos a serem

---

i   Ou seja, não tem valor autossuficiente, exigindo integração com os demais princípios (MODESTO, 2000).

percorridos. De fato, são os princípios que dão identidade ideológica e ética ao sistema jurídico, apontando objetivos e caminhos" (BARROSO, 2017, p. 246). De outro giro, o princípio da eficiência, em sua função limitativa, restringe a atuação do gestor público, impondo certos parâmetros mesmo quando ela for caracterizada, em abstrato, por certa parcela de discrição. Por fim, a função diretiva impõe um destino certo para o exercício de qualquer atividade administrativa, ainda que, repita-se, não defina o caminho – e nem mesmo o rumo, às vezes – a ser trilhado em cada situação concreta[i].

De conseguinte, resta evidente a normatividade plena do princípio da eficiência, no sentido de impor obrigações (ainda que sem fixar, com precisão, os comportamentos proibidos, permitidos ou obrigatórios), orientar o processo de interpretação (e mesmo de criação) de outras normas e, mais do que isso, servir – em síntese – como

> *mandamento nuclear de um sistema, verdadeiro alicerce dele, disposição fundamental que se irradia sobre diferentes normas compondo-lhes o espírito e servindo de critério para sua exata compreensão e inteligência exatamente por definir a lógica e a racionalidade do sistema normativo, no que lhe confere a tônica e lhe dá sentido harmônico.* (BANDEIRA DE MELLO, 2016, p. 990-991)

A despeito de sua relevância, todas as considerações feitas ainda não atendem aos reclamos de uma orientação segura no sentido de dar cumprimento ao princípio da eficiência em suas mais variadas feições ou dimensões. Logo, ainda é preciso esmiuçá-lo.

---

i   "ao empregar princípios para formular opções políticas, metas a serem alcançadas e valores a serem preservados e promovidos, a Constituição nem sempre escolhe os meios que devem ser empregados para preservar ou alcançar esses bens jurídicos. Mesmo porque, e esse é um ponto importante, frequéntemente, meios variados podem ser adotados para alcançar o mesmo objetivo." (BARROSO, 2017, p. 247)

4
Corolários do princípio geral da eficiência: uma proposta conceitual por acessão e o reconhecimento de sua importância máxima no exercício de competência discricionária

Agora que (literal e constitucionalmente) erigido à condição de princípio "geral" da Administração Pública (*rectius*, como princípio "geral" para o exercício da função pública), o princípio da eficiência acaba por se "sobrepor" ao princípio da economicidade, cujo alcance é muito menor e se limita à gestão pública propriamente dita[i].

A título de exemplo – por si só esclarecedor –, o dever-princípio de eficiência, sozinho, orienta toda e qualquer atividade administrativa, inclusive a de produção normativa (infraconstitucional e infralegal), o que, sustenta-se aqui, não se propõe com relação ao princípio da economicidade[ii]. Aquele opera efeitos *in abstracto* e *in concreto*; este apenas exige "que a Administração adote a solução mais conveniente e eficiente sob o ponto de vista da gestão dos recursos públicos. O princípio da economicidade é a expressão especializada, pecuniária, do princípio da eficiência" (ARAGÃO, 2009). Assim, sem desabono de sua importância, entende-se o princípio da economicidade como o primeiro corolário[iii] do princípio da eficiência.

---

i   Há, contudo, quem pense em sentido contrário. Por todos, aponta-se o Professor Diogo de Figueiredo Moreira Neto (2006, p. 311-312), para quem, "embora referido a propósito da execução da fiscalização contábil, financeira e orçamentária, deve ser recebido como um princípio geral do Direito Administrativo, em razão de sua amplitude no desempenho da administração pública interna".

ii De todo modo, reforça esse entendimento o fato de que o princípio da economicidade sequer é citado em diversas – e consagradas – obras completas de direito administrativo, como, por exemplo, nas de Celso Antônio Bandeira de Mello, de Irene Patrícia Nohara e de Maria Sylvia Zanella Di Pietro.

iii "2. [...] Proposição que deriva, em um encadeamento dedutivo, de uma asserção precedente, produzindo um acréscimo de conhecimento por meio da explicitação de aspectos que, no enunciado anterior, se mantinham latentes ou obscuros." (HOUAISS; VILLAR, 2001, p. 841)

Embora tratada de afogadilho, a eficácia na gestão pública pressupõe que todas as ações administrativas, de índole jurídica ou concreta, apresentem vocação, pelo menos, para fazer otimamente irromper, no mundo fenomênico, os efeitos almejados quando da formulação da regra de competência que as autoriza-exige a prática. Com esse viés, a eficácia assume a posição de segundo corolário.

Todavia, a simples aptidão de a ação administrativa fazer surtir os resultados pretendidos na norma não se mostra bastante em si para atender aos reclamos do Estado Constitucional, Social e Democrático de Direito instalado em 1988. Ainda que se dê a devida atenção (e importância) para os valores e se persigam os fins como declinados na Constituição da República, igualmente se reclama satisfação concreta dos direitos constitucionalmente reconhecidos. E aqui reside a efetividade como terceiro corolário do princípio da eficiência.

Por fim, é possível aludir a um último desdobramento desse mesmo primado. Trata-se do dever de celeridade (ou de otimização do tempo), como encartado na Constituição por meio da Emenda Constitucional n. 45/2004, que inseriu o inciso LXXVIII ao art. 5º: "a todos, no âmbito judicial e administrativo, são assegurados a razoável duração do processo e os meios que garantam a celeridade de sua tramitação" (BRASIL, 1988). "O novo mandamento, cuja feição é a de direito fundamental, tem por conteúdo o princípio da eficiência no que se refere ao acesso à justiça e estampa inegável reação contra a insatisfação da sociedade pela excessiva demora dos processos [...]" (CARVALHO FILHO, 2016, p. 32). Nesse sentido, o princípio da eficiência revela um aspecto atrelado ao lapso temporal entendido como limite e cujo desatendimento na atuação administrativa pode redundar em total ou parcial inutilidade da materialização do fim.

Justapondo aludidos corolários, é possível conceituar o princípio da eficiência da seguinte forma: é aquele (a) princípio geral (b) que impõe a quem se encontra no exercício de função administrativa (c) o dever de perseguir os interesses coletivos, como fim – priorizando um (ou uns) em relação aos outros, conforme o caso, (d) de promover a escolha e a concretização da atuação jurídica ou material menos gravosa para as partes envolvidas – como meio, (e) mediante otimização de recursos públicos – como critério de eleição e de aceitabilidade de comportamentos e de resultados (prováveis), sempre que possível, e (f) com revisão retrospectiva dos resultados concretamente obtidos[i].

Isso tudo, sem menoscabar os demais princípios gerais da Administração Pública – em particular, da legalidade, da moralidade, da impessoalidade e da publicidade –, com eles e também a partir deles propiciando a escolha e a concretização (jurídica e/ou material) administrativa da "melhor solução possível"[ii] por quem legitimado pela lei, para tanto, e nos estreitos limites de suas disposições, salvo com relação ao atendimento (negativo ou positivo) de direitos fundamentais e

---

i   Com essa menção, alude-se ao fato de que o eventual não atingimento dos fins almejados na norma de outorga de competência não importa, *per se*, em causa para reprovação do atuar administrativo, em condição suficiente para sua fulminação pelos órgãos de controle ou para responsabilização de quem o elegeu. Há um exemplo que fala por si, no sentido de esclarecer o argumento-conclusão: as margens de preferência previstas em seara licitacional, por meio das quais se permite a contratação de proponente que não apresenta – de partida – a proposta menos dispendiosa e permite contratação de outra com preço majorado em até 25%, podem levar à conclusão equivocada de tratar-se de verdadeira afronta ao princípio da economicidade. Contudo, trata-se de política pública autorizada por lei e implementada por vontade do governo, com vistas a fomentar a aquisição de "produtos manufaturados e para serviços nacionais que atendam a normas técnicas brasileiras" e a contratação de "bens e serviços produzidos ou prestados por empresas que comprovem cumprimento de reserva de cargos prevista em lei para pessoa com deficiência ou para reabilitado da Previdência Social e que atendam às regras de acessibilidade previstas na legislação", conforme incisos I e II do parágrafo 5º do art. 3º da Lei Geral de Licitações (LGL) – Lei n. 8.666/1993 (BRASIL, 1993). Ocorre que não há qualquer garantia de que isso redundará no atingimento dos fins pretendidos (nos incisos I a III do parágrafo 6º do mesmo dispositivo de lei). Inteligentemente, pois, a lei previu que os estudos legitimadores do fomento sejam revistos a cada cinco anos, com "análise retrospectiva dos resultados", conforme o teor do inciso V do parágrafo 6º do art. 3º da LGL (BRASIL, 1993). Isto é, na hipótese de os resultados não se mostrarem "satisfatórios" – e dentro de parâmetros racionais e objetivos –, a política pública deverá ser suspensa.

ii   Aqui sustentada como ótima "o suficiente", sem que isso constitua verdadeiro paradoxo. Portanto, como resultado de um processo de escolha que atende ao direito, que sopesou fins e meios, custos e resultados, previsibilidades e probabilidades, mediante consideração do tempo-limite para perecimento do interesse/direito almejado satisfazer, aos quais se atribuíram pesos, ainda que "subjetivos", mas impessoais, para orientar a decisão final.

sociais, para o que – na falta deles (dos limites) – se reclama conformação com princípios e regras constitucionais, explícitas e implícitas, pelo menos.

Disso decorre uma obviedade: é no exercício (regular) de competência discricionária[iii] que o princípio da eficiência assume papel insuperável na materialização dos valores, dos fundamentos e dos objetivos da República, ajustando o atuar administrativo em cada caso, tempo e lugar, sem prejuízo de sua observância mesmo quando a atuação administrativa se mostrar vinculada. Nesse caso, o princípio da eficiência poderá ser mensurado em seu atendimento levando-se em conta, por exemplo, a celeridade com que expedida uma certidão.

5
Possibilidades e limites ao controle judicial das diversas atividades administrativas a partir do princípio geral da eficiência

Não há dúvidas quanto ao cabimento do controle da gestão pública, pelas Cortes de Contas, com base nas exigências extraíveis do princípio geral da eficiência e do princípio da economicidade. Entretanto, esse assunto não cabe neste estudo a partir de suas próprias limitações.

Da mesma forma, ninguém olvida do direito fundamental, de índole constitucional, de acesso à Justiça em caso de lesão ou de ameaça de lesão a direito (art. 5º, inciso XXXV), o que inclui a revisão de qualquer ato administrativo, mesmo daquele dotado de certa parcela de discricionariedade, por exemplo, no que concerne ao controle de sua expedição a partir de autoridade cogitada de incompetente. Afinal, esse elemento do ato é sempre vinculado.

---

iii Adota-se, por todas as razões apontadas por seu idealizador, o seguinte conceito de discricionariedade administrativa: "é a competência prevista em lei para o exercício da função administrativa que outorga ao agente público uma pluralidade de decisões legítimas, e que por isso não se confunde com a interpretação jurídica de conceitos indeterminados, e igualmente não pode ser outorgada para o âmbito da Administração Sancionadora, e a escolha deve ser exercida, diante do caso concreto, pela melhor opção possível à realização do interesse público" (PIRES, 2017. p. 227-229).

A discussão centra-se, no entanto, na legitimidade – ou não – de o Poder Judiciário examinar e, a partir disso, fulminar ou substituir a decisão administrativa final (ou aquelas que a antecederam) em que se constatar a definição de um interesse público como preponderante, em relação a outros (como fim), a escolha entre diferentes providências (como meio, a partir de seus impactos – positivos e negativos), o balanceamento havido entre custos e benefícios (como parâmetro de aceitabilidade do meio a partir dos resultados expectados) e a concretização, total ou parcial, das repercussões almejadas.

Ocorre que isso pode ser verificado em distintas situações – no exercício do poder de polícia; na prestação de serviço público, mediante regulação, por ocasião da firmação de parcerias contratuais; na atividade de fomento etc. –, nas quais será preciso investigar, com detença, a integralidade do processo que definiu o rumo e traçou o trajeto a percorrer para se chegar ao destino em tempo (interesse público concretizado).

Façam-se apenas dois testes imaginários – entre tantos outros – para se compreender a riqueza do problema-discussão-solução.

Primeiro: a necessidade administrativa premente é acabar com focos de *aedes aegypti* no território municipal após a morte de pessoas por dengue, em um período de dois meses, embora essa fosse a primeira infestação com vítimas fatais. Para dar cabo de resolver a situação, determina-se que – em um prazo máximo de dez dias e nas áreas mapeadas como de risco – agentes municipais de saúde deverão ingressar em todos os imóveis, públicos e privados, de uso comercial e residencial, indistintamente, inclusive mediante "arrombamento" – na falta de pessoas presentes para autorizar a entrada –, visando à aplicação do larvicida AXY, adquirido, sem licitação, mediante adesão à ata de registro de preços da União, feita, à época, com base no Decreto n. 3.931/2001[i]. Um mês depois de ultimadas as providências ordenadas, contabilizou-se um adicional de 20 mortos ao quase 100 dantes contabilizados.

Nessa conjuntura, quatro pontos "sensíveis" chamam atenção: possível violação de domicílio (mediante utilização de meio que "briga"

---

i   "Art. 8º A Ata de Registro de Preços, durante sua vigência, poderá ser utilizada por qualquer órgão ou entidade da Administração que não tenha participado do certame licitatório, mediante prévia consulta ao órgão gerenciador, desde que devidamente comprovada a vantagem. (Revogado)" (BRASIL, 2001) com a inviolabilidade de domicílio)[i]; suposta realização de gasto desnecessário (pois, em tese, bastaria esvaziar locais/objetos com acúmulo de água); inutilidade da providência (visto que as mortes continuaram acontecendo); e morosidade no atendimento da situação. Se provocado, o Poder Judiciário haveria de confirmar o seguinte, para, afinal, pronunciar-se: se teria havido, ou não, atendimento: (a) ao dever de eficiência (examinando a ordenação feita – no sentido de se ingressar em imóveis quando poderiam ter sido utilizados fumigadores potentes nas vias públicas); (b) ao corolário da eficácia (avaliando se a providência ordenada era adequada, entre as demais possíveis e menos gravosas – como a de determinar dupla ou tripla visitação, antes da entrada forçada); (c) à celeridade reclamada na situação (considerando que se estipulou dez dias para realização, o que poderia ter sido feito em menos tempo se tivesse havido contratação de terceirizados em regime de urgência); e (d) à efetividade requerida do agir administrativo (revolvendo o fato de que outras 20 pessoas teriam morrido depois de ultimada a intervenção).

Por tudo quanto exposto, entende-se, no caso relatado, que: a providência foi (a) eficiente – haja vista que, *a contrario sensu*, a dispersão de veneno, por meio de fumigadores, sempre sofre interferência com ventos e com a existência de muros; (b) eficaz – muito embora tenha conflitado com garantia fundamental individual, que legitimamente "cedeu" em face do interesse da coletividade –, pois a medida poderia acabar com os focos de dengue; (c) célere – visto que o simples esvaziamento de depósitos com água não evita seu novo preenchimento, adequadamente "tratado" com larvicida, cujo de efeito se estende por até 20 meses; (d) econômica – por ter sido concretizada por meio de adesão à ata de registro de preços e tendo por escopo a aquisição de produto adquirido pela própria União (a despeito de existirem outros mais baratos no mercado); e (e) efetiva – afinal, constatou-se mudança, com redução significativa da taxa de morbidade.

Segundo: o mesmo município – preocupado com a discriminação das mulheres no mercado de trabalho e, pois, com a decorrente incapacidade destas no sentido de prover a própria subsistência (com efeitos atentatórios à dignidade), o que se agrava com a grande presença de famílias compostas apenas por mães e sua prole –, com base em

---

i   Em violação aparente ao art. 5º, inciso XI, da CR: "a casa é asilo inviolável do indivíduo, ninguém nela podendo penetrar sem consentimento do morador, salvo em caso de flagrante delito ou desastre, ou para prestar socorro, ou, durante o dia, por determinação judicial" (BRASIL, 1988).

dados objetivos[i] e por meio de regulamento resolve adotar a seguinte política pública, levando em consideração que o percentual de mulheres empregadas na iniciativa privada é de menos de 20%: exigir que, nos editais de licitação municipais, estipule-se cláusula em minuta contratual exigindo que o contratado para prestação de serviços garanta, pelo menos, o preenchimento de 30% das vagas com mulheres, comprometendo-se a manter esse percentual ao longo da execução do contrato e de eventual prorrogação. Três anos depois de adotada a política pública, o percentual de mulheres empregadas na iniciativa privada sobe para 23%, tomando por base somente as vagas abertas junto aos parceiros contratuais do município. Se provocado, o Poder Judiciário haveria de confirmar o seguinte, para, afinal, se pronunciar: se houve, ou não, atendimento: (a) ao dever de eficiência (examinando a política pública em si); (b) ao corolário da eficácia (se a providência ordenada era adequada, entre as demais possíveis, levando em conta que a reserva de vagas desbordaria – "em tese" – das finalidades usuais da licitação); e (c) ao princípio da economicidade (no sentido de a exigência editalícia ter criado ônus empresarial com reflexos na formulação de preços em sede de licitações e contratações públicas, com prejuízo à competição ordinária que seria de se esperar); (d) à falta de efetividade do agir administrativo (considerando que teria havido um pífio acréscimo de 15% de mulheres contratadas). A celeridade, no caso, dispensaria exame, pois não teria maior relevo, levando-se em consideração a falta de urgência-emergência e pelo fato de a discriminação ser um imbróglio de séculos, que não se supunha ou pretendia resolver em parcos anos.

A partir do relato e das questões levantadas, sustenta-se, no caso relatado, que: a providência foi (a) eficiente – haja vista que a promoção do desenvolvimento nacional sustentável constitui o terceiro fim legal das licitações públicas[ii], ao lado da garantia de isonomia (entre

---

i   O percentual constatado de mulheres em idade e condições de trabalho ociosas é de mais de 60%, igualmente expressivo de mais de 60% de todas as pessoas em condições de trabalho na comunidade.

ii   Para aprofundar o exame dessa política pública, consulte: FERREIRA, 2012.

licitantes) e da seleção da proposta mais vantajosa (entre as apresentadas)[i], o que engloba preocupação econômica, social e ambiental. Para simplificar: um crescimento econômico ambientalmente equilibrado, além de socialmente justo, benigno e inclusivo do ponto de vista social, o que também se concretiza, em boa medida, por meio das "margens de preferência", das quais se tratou a título ilustrativo; (b) eficaz – muito embora possa vir a aparentemente conflitar com a autonomia da vontade do potencial parceiro, ninguém está obrigado a participar de licitações. Logo, o gravame imposto é praticamente nenhum, e, ao revés, os dados informados provam a existência de muitas mulheres aptas a trabalhar[ii]; (c) econômica – por ter sido concretizada sem qualquer custo adicional a ser suportado pelo erário público, levando-se em conta a proibição constitucional de pagamento de salário diferenciado por razão do sexo, conforme inciso XXX do art. 7º; e (d) efetiva – afinal, houve significativo avanço na contratação de mulheres pela iniciativa privada.

As perguntas que faltam responder são as seguintes: no primeiro caso – a existência de opção (usar fumigador, em vez de larvicida; apenas esvaziar receptáculos d'água, em vez de usar larvicida), a falta de parâmetros objetivos acerca da previsibilidade/probabilidade de resultados, a partir de cada opção, e a ausência de parâmetros acerca da aceitabilidade mínima de resultados autorizariam o Poder Judiciário a suspender a decisão administrativa (se ainda em curso) e, por decorrência, a responsabilizar o agente responsável por conta de suposta ilegitimidade? No segundo caso, elas seriam: o caráter "inusual" da providência determinada e fugidio ao padrão ordinário de atuação administrativa

---

i   Lei n. 8.666/1993: "Art. 3º A licitação destina-se a garantir a observância do princípio constitucional da isonomia, a seleção da proposta mais vantajosa para a administração e a promoção do desenvolvimento nacional sustentável e será processada e julgada em estrita conformidade com os princípios básicos da legalidade, da impessoalidade, da moralidade, da igualdade, da publicidade, da probidade administrativa, da vinculação ao instrumento convocatório, do julgamento objetivo e dos que lhes são correlatos" (BRASIL, 1993).

ii   Quanto à qualificação para o trabalho, essa é uma questão paralela, mas que não se releva fundamental, pois a Constituição da República reconhece a função social da propriedade (e, por via reflexa, também das pessoas coletivas) como princípio da ordem econômica, fundada na valorização do trabalho humano e na livre iniciativa (conforme previsto no inciso III do art. 170).

(consubstanciado na reserva de vagas para incluir a mulher no mercado privado de trabalho por meio de parcerias contratuais), a falta de parâmetros objetivos acerca da previsibilidade/probabilidade de resultados e, a partir dessa decisão, a ausência de parâmetros sobre essa aceitabilidade mínima de resultados permitiriam ao Poder Judiciário suspender a decisão administrativa (se ainda em curso) e, por decorrência, a responsabilizar o agente responsável por conta de suposta ilegitimidade?

Defende-se que não! Pretender obter uma declaração judicial no sentido de qual teria sido a solução "ótima" em termos de eleição da conduta, seleção dos meios-efeitos, avaliação de custos-benefícios ou mesmo aceitação de resultados almejados-concretizados (mínimos) é propiciar gravíssima violação ao princípio da separação dos poderes. É retirar da gestão pública a tecnicidade que lhe é ínsita. É entregar ao intérprete da lei, por excelência, o poder de decisão deliberadamente acometido por lei ao burocrata. É, enfim e para além de tudo isso, fraudar o mandato popular. Portanto, sem o menor cabimento.

O que se admite e reclama, fazendo coro com Humberto Ávila, é a fulminação judicial de decisões administrativas por meio das quais se tenha escolhido e concretizado, entre outros meios viáveis, o "menos intenso", o "pior" e o "menos seguro" para atingir o fim colimado pela norma (ÁVILA, 2005, p. 23). No mesmo sentido, não se tolera – nem mesmo por hipótese – a manutenção judicial de decisões administrativas violadoras do princípio da eficiência e de seus corolários por indiferença, medo ou simples desatenção, em particular quando estiver em jogo a constitucional proteção aos direitos e às garantias fundamentais ou a satisfação aos direitos sociais.

Em síntese, a prestação jurisdicional, no contexto, deve limitar-se a fulminar o insustentável, suspender o intolerável e responsabilizar o "irresponsável", restando para a sociedade o ônus de avaliar, qualificar e responder a qualquer comportamento administrativo tomado com base no "melhor possível" (que, via de regra, equivale a "satisfatório" no contexto da realidade, em face do ideal; e não ao "ótimo", repita-se) atendimento do princípio da eficiência – e com atenção à eficácia, à efetividade, à celeridade e à economicidade requeridos no caso concreto – por meio do voto.

6
Considerações finais

Procurou-se, por meio deste estudo, desnudar o "dever de eficiência", como exigido dos gestores públicos a partir de 1988, reexaminando-o – com lupa – à luz da Constituição da República vigente, com a redação dada pela Emenda Constitucional n. 19/1998, de forma a expurgar possíveis efeitos deletérios do discurso retórico a ele atrelado.

Foi assim que se o reconheceu como princípio geral da Administração Pública, de observância compulsória no exercício da função administrativa em qualquer de suas expressões: poder de polícia, serviço público, regulação, fomento etc.

Por meio desse exame, constatou-se, ainda, que o princípio geral da eficiência apresenta quatro corolários – eficácia, efetividade, economicidade e celeridade –, que configuram desdobramentos de seu conteúdo. Dessa feita, formulou-se o seguinte conceito: o princípio da eficiência é aquele princípio geral que impõe a quem se encontra no exercício de função administrativa o dever de perseguir os interesses coletivos, como fim – priorizando um (ou uns) em relação aos outros, conforme o caso, de promover a escolha e a concretização da atuação jurídica ou material menos gravosa para as partes envolvidas – e como meio, mediante otimização de recursos públicos – enquanto critério de eleição e de aceitabilidade de comportamentos e de resultados (prováveis), sempre que possível, e com revisão retrospectiva dos resultados concretamente obtidos.

Demais disso, verificou-se que ele cumpre quatro funções: a função hermenêutica, a função limitativa, a função diretiva e, ainda, a função ordenadora, por meio da qual colabora para a uniformização e harmonização do sistema constitucional, na medida em que permite articular diferentes partes desse sistema, mesmo quando aparentemente contraditórias, mas em torno de valores e fins comuns. Justamente por isso, o princípio da eficiência não pode antagonizar-se com o princípio da legalidade. Ao revés – se e quando necessário – ambos devem harmonizar-se conforme as peculiaridades de cada caso.

A atenção para com os comandos, decorrente da interpretação e da aplicação de normas a partir do princípio geral da eficiência, importa, como condição de validade, tanto em espaço de atuação vinculada quanto discricionária, sendo mais relevante nesta última, situação em que sobreleva considerar a escolha feita pelo legislador em relação a quem se atribui o dever-poder de escolher a conduta a adotar – no caso concreto – para perseguir o fim público, eleger o meio potencialmente apto a tanto, com atenção à relação custo-benefício, otimização de tempo e mediante sopesamento de gravames-benefícios, sem prejuízo de sua revisão, em situações similares, após exame retrospectivo dos resultados.

Daí se infere, também, a importância do controle judicial, mas que não pode sobrepor-se à solução administrativa na escolha e na concretização do meio, entre outros igualmente elegíveis, salvo quando este se provar inadmissível, quando aferido como o "menos intenso", o "pior" e o "menos seguro" para atingir o fim colimado pela norma. Caso contrário, a violação ao princípio da separação dos poderes se mostrará evidente.

Por fim, em atenção aos mais de 30 anos da promulgação de nossa Carta Republicana, que se registre que o princípio geral da eficiência não se apresenta apenas como referência necessária e cogente para atuação válida dos exercentes de função administrativa, mas igualmente como **direito fundamental dos administrados à melhor Administração Pública possível** – em todos os seus sentidos[i]. Ocorre que não se tratou disso. E, ao contrário do que se pode supor, não houve falha, nem desinteresse em relação a abordar o princípio geral da eficiência sob esse prisma. Todavia, com este artigo, o que se pretende é apontar a luz no fim do túnel; entregar um fio de esperança.

De fato, não há quem duvide de que ainda há muito, mas muito mesmo a ser feito – pelo Estado, pelos agentes econômicos, pelo terceiro setor e pela sociedade – no sentido de se perseguir os objetivos da República Federativa do Brasil e dar concreção aos direitos constitucionalmente reconhecidos, com estrita observância das leis e do direito vigente. Logo, aí se verifica um problema. Se referido princípio e seus corolários tivessem sido atendidos a cotento, então as incontáveis soluções "ótimas" certamente teriam ajudado para minorar a situação atual. Então, fica a pergunta: desde 1988, ou, pelo menos, desde 1998, o princípio geral da eficiência tem se mostrado um verdadeiro fiasco? A resposta é, outra vez, negativa.

Compreende-se que do resultado da aplicação do princípio geral da eficiência o que se pode extrair é a "melhor solução possível" (ou até mesmo uma "solução satisfatória" – como proposto por Humberto Ávilla), pela circunstância de que nem sempre o ideal poderá

---

i   Juarez Freitas (2014) e Jaime Rodríguez-Arana Muñoz (2012) fizeram investigação similar.

ser realizado. Razões econômicas e orçamentárias, *per se*, provam isso todos os dias, por conta da total insatisfação ou da satisfação apenas incompleta de direitos fundamentais sociais.

Esse é o motivo pelo qual sempre será preciso examinar – e retrospectivamente – os resultados de cada solução eleita, por quem encarregado do exercício da função administrativa para satisfazer o interesse público, em uma peculiar situação e em dado contexto (jurídico, social, orçamentário, econômico, tecnológico etc.). O que hoje se assume – e se valida judicialmente – como "ótimo resultado" ou "melhor meio", não deverá se repetir amanhã. Aliás, assumir que alguém agiu de forma ótima e atingiu otimamente resultados é contribuir para o fracasso.

Em suma, o princípio da eficiência reclama que os resultados de amanhã sejam melhores que os de hoje; que os meios sejam cada vez menos invasivos, causando gravames paulatinamente menores; que as vantagens alcancem cada vez mais pessoas; e que o eventual aumento das despesas públicas, na satisfação dos interesses da coletividade, sempre seja superado pelo incremento de arrecadação (na forma das leis e do direito). Logo, não há nenhum outro princípio geral da Administração Pública que possa superá-lo, em importância, na construção de um Brasil cada vez melhor para se viver.

Referências

ARAGÃO, A. S. de. Interpretação consequencialista e análise econômica do direito público à luz dos princípios constitucionais da eficiência e da economicidade. **Interesse Público**, Belo Horizonte, ano 11, n. 57, set./out. 2009.

ÁVILA, H. Moralidade, razoabilidade e eficiência na atividade administrativa. **Revista Eletrônica de Direito do Estado**, Salvador, Instituto de Direito Público, n. 4, out./nov./dez. 2005. Disponível em: <http://www.direitodoestado.com.br/codrevista.asp?cod=67>. Acesso em: 20 set. 2020.

BANDEIRA DE MELLO, C. A. **Curso de direito administrativo**. 33. ed. São Paulo: Malheiros, 2016.

BARROSO, L. R. **Curso de direito constitucional contemporâneo**: os conceitos fundamentais e a construção do novo modelo. 6. ed. São Paulo: Saraiva, 2017.

BARROSO, L. R. **Interpretação e aplicação da Constituição**: fundamentos de uma dogmática constitucional transformadora. 6. ed. São Paulo: Saraiva, 2004.

BRASIL. Constituição (1988). **Diário Oficial da União**, Brasília, DF, 5 out. 1988. Disponível em: <http://www.planalto.gov.br/ccivil_03/constituicao/constituicao.htm>. Acesso em: 20 set. 2020.

BRASIL. Lei n. 3.931, de 19 de setembro de 2001. **Diário Oficial da União**, Poder Legislativo, Brasília, DF, 20 set. 2001. Disponível em: <http://www.planalto.gov.br/ccivil_03/decreto/2001/D3931htm.htm>. Acesso em: 20 set. 2020.

BRASIL. Lei n. 8.666, de 21 de junho de 1993. **Diário Oficial da União**, Poder Legislativo, Brasília, DF, 22 jun. 1993. Disponível em: <http://www.planalto.gov.br/ccivil_03/leis/l8666cons.htm>. Acesso em: 20 set. 2020.

BRASIL. Presidência da República. Câmara da Reforma do Estado. Ministério da Administração Federal e Reforma do Estado. **Plano Diretor da Reforma do Aparelho do Estado**. Brasília: 1995.

BRESSER-PEREIRA, L. C. Os primeiros passos da reforma gerencial do Estado de 1995. **Revista Brasileira de Direito Público – RBDP**, Belo Horizonte, ano 6, n. 23, p. 145-186, out./dez. 2008.

BRITTO, C. A. **Teoria da Constituição**. Rio de Janeiro: Forense, 2003.

CARMELINO, A. C. Humor: uma abordagem retórica e argumentativa. **Revista do Programa de Pós-Graduação em Letras da Universidade de Passo Fundo**, v. 8, n. 2, p. 40-56, jul./dez. 2012.

CARVALHO FILHO, J. dos S. **Manual de direito administrativo**. 30. ed. São Paulo: Atlas, 2016.

DE SOUSA, A. F. **Conceitos indeterminados no direito administrativo**. Coimbra: Livraria Almedina, 1994.

FERREIRA, D. **A licitação pública no Brasil e sua terceira finalidade legal**: a promoção do desenvolvimento nacional sustentável. Belo Horizonte: Fórum, 2012.

FREITAS, J. **Direito fundamental à boa administração**. 3. ed. São Paulo: Malheiros, 2014.

FREITAS, J. **O controle dos atos administrativos e os princípios fundamentais.** São Paulo: Malheiros, 1997.

GABARDO, E. **Eficiência e legitimidade do estado**: uma análise das estruturas simbólicas do direito político. Barueri: Manole, 2003.

GABARDO, E.; HACHEM, D. W. Responsabilidade civil do estado, *faute du service* e o princípio constitucional da eficiência administrativa. In: GUERRA, A. D. de M.; PIRES, L. M. F. ; BENACCHIO, M. (Coords.). **Responsabilidade civil do estado**: desafios contemporâneos. São Paulo: Quartier Latin, 2010. p. 240-292.

HOUAISS, A.; VILLAR, M. de S. **Dicionário Houaiss da Língua Portuguesa**. Rio de Janeiro: Objetiva, 2001.

MARCELLINO JÚNIOR, J. C. **Princípio constitucional da eficiência administrativa**: (des)encontros entre economia e direito. Florianópolis: Habitus, 2009.

MAXIMILIANO, C. **Hermenêutica e aplicação do direito**. 2. ed. Porto Alegre: Livraria do Globo, 1933.

MEIRELLES, H. L. **Direito administrativo brasileiro**. 16. ed. São Paulo: Malheiros, 1991.

MIRANDA, J. **Teoria do estado e da constituição**. 2. ed. Rio de Janeiro: Forense, 2009.

MODESTO, P. Notas para um debate sobre o princípio da eficiência. **Revista do Serviço Público**, ano 51, n. 2, abr./jun. 2000.

MOREIRA NETO, D. de F. **Mutações do direito público**. Rio de Janeiro: Renovar, 2006.

MUNÕZ, J. R.-A. **Direito fundamental à boa administração pública**. Tradução de Daniel Wunder Hachem. Belo Horizonte: Fórum, 2012.

NOHARA, I. P. **Direito administrativo**. 3. ed. São Paulo: Atlas, 2013.

PIRES, L. M. F. **Controle judicial da discricionariedade administrativa**: dos conceitos jurídicos indeterminados às políticas públicas. 3. ed. Belo Horizonte: Fórum, 2017.

Decisão administrativa: as raízes da estrutura administrativa brasileira e a matriz teórica do processo de tomada de decisões na Administração Pública[i]

Decisión administrativa: las raíces de la estructura administrativa brasileña y la matriz teórica del proceso de toma de decisiones en la Administración Pública

Administrative decision: the foundations of brazilian administrative structure and the theoretical matrix of Public Administration's decision-making process

---

i   Artigo anteriormente publicado pela Editora InterSaberes *In:* PAGLIARINI, A. C.; CLETO, V. H. **Direito e jurisdições:** interna e internacional. Curitiba, 2018. p. 149-184.

Eduardo Ramos Caron Tesserolli

Mestrando em Direito pelo Centro Universitário Internacional Uninter. Especialista em Direito Administrativo pelo Instituto de Direito Romeu Felipe Bacellar. Graduado em Direito pela Unicuritiba, onde é professor convidado na Pós-Graduação. Professor convidado na Pós-Graduação da Unibrasil. Vice-Presidente da Associação Paranaense de Direito e Economia (Adepar). Advogado.

Resumo: Trata-se de estudo do modelo de Administração Pública no Brasil, partindo-se dos conceitos de Max Weber, comparando-os com a primeira reforma administrativa ocorrida com o advento do Decreto-Lei 200/67, com o Plano Diretor de Reforma do Aparelho de Estado e com a reforma realizada através da Emenda Constitucional n. 19/1998. O presente estudo pretendeu revelar os pontos da obra de Max Weber que inspiraram os legisladores a estruturarem o Estado brasileiro, desde a década de 1960. Houve preocupação em identificar sob qual aspecto o desenho institucional do processo de decisão pública no Brasil sofreu influência da obra de Niklas Luhmann e se constatou que as decisões são tomadas segundo um procedimento que as legitima. A eficiência é a meta da Administração Pública no Brasil, a partir da década de 1990. Concluiu-se pelo fracasso na tentativa de realização do modelo gerencial de Administração Pública como substituto e opositor ao burocrático, supostamente apto a superá-lo. Percebe-se um sincretismo entre os modelos burocrático e gerencial no Brasil contemporâneo.

Palavras-chave: Max Weber. Burocracia. Gerencialismo.

Resumen: Este es un estudio del modelo de Administración Pública en Brasil, partiendo de los conceptos de Max Weber, comparándolos con la primera reforma administrativa que ocurrió con la llegada del Decreto Ley 200/67, con el Plan Maestro de Reforma del Aparato del Estado y la reforma llevada a cabo mediante la Enmienda Constitucional no. 19/1998. El presente estudio tuvo como objetivo revelar los puntos del trabajo de Max Weber que inspiraron a los legisladores a estructurar el Estado brasileño, desde la década de 1960. Hubo una preocupación por identificar en qué aspecto el diseño institucional del proceso de toma de decisiones públicas en Brasil fue influenciado por el trabajo de Niklas Luhmann y se descubrió que las decisiones se toman de acuerdo con un procedimiento que las legitima. La eficiencia es el objetivo de la Administración Pública en Brasil, a partir de la década de 1990. Se concluyó que el intento de implementar el modelo de gestión de la administración pública como sustituto y oponente de la burocracia, supuestamente capaz de superarlo, fracasó. Se percibe un sincretismo entre los modelos burocráticos y gerenciales en el Brasil contemporáneo.

Palabras clave: *Max Weber. Burocracia. El gerencialismo.*

Abstract: *This article studies Brazil's Public Administration model by comparing Max Weber's concepts to the first administrative reform that occurred through Decree-Law 200/67, to the General Plan to Reform State's Structure, and to Constitutional Amendment 19/1998. The investigation aims to demonstrate Weber's ideas that have been inspiring Brazilian legislators since the 1960s. Furthermore, it aims to show which aspects from Niklas Luhmann's writings affected Brazil's administrative structure. It was noticed that public choices are taken according to a legitimizing procedure. During the 1990s, efficiency is Brazil's Public Administration goal. In conclusion, it is possible to assert that the managerial model as an opposite choice to the bureaucratic model failed. It can be said that characters from both models coexist in contemporary Brazil.*

Keywords: *Max Weber. Bureaucracy. Managerialism.*

Sumário: 1. Introdução. 2. Desenvolvimento. 2.1. Legitimidade pelo procedimento na Administração Pública burocrática. 2.2. Estrutura administrativa, eficiência e modelo de Administração Pública Gerencial. 2.3. A legitimação da burocracia no Brasil da década de 1990 até a atualidade. 4. Conclusões.

Sumario: *1. Introducción. 2. Desarrollo. 2.1. Legitimidad para el procedimiento en la Administración Pública burocrática. 2.2. Estructura administrativa, eficiencia y modelo de Administración Pública Gerencial. 2.3. La legitimación de la burocracia en Brasil desde la década de 1990 hasta hoy. 4. Conclusiones.*

Summary: *1. Introduction. 2. Development. 2.1. Legitimacy through procedure inside a bureaucratic Public Administration. 2.2. Administrative structure, efficiency and Managerial Public Administration. 2.3. Legitimization of Brazil's bureaucracy since the 1990s. 4. Conclusions.*

1
Introdução

Este estudo pretende apresentar um olhar sobre a obra de alguns autores estrangeiros e brasileiros que escreveram sobre a estruturação administrativa do aparato estatal. O marco teórico adotado é o modelo racional-legal de Max Weber, longamente exposto neste trabalho. Partindo desse paradigma, enfrentar-se-á a crítica carreada no Plano Diretor de Reforma do Aparelho do Estado, de 1995, o qual, pretensamente, oferecia um novo modelo de Administração Pública, mas não logrou o êxito esperado.

2
Desenvolvimento

A reforma do Estado parte de uma sensível necessidade sentida pela sociedade de readequar as funções daquele às necessidades dos indivíduos, buscando o atingimento do interesse público com eficiência, almejando o atingimento do modelo ótimo de Administração Pública.

Para tanto, necessária uma abordagem histórico-evolutiva dos modelos, como se fará a seguir.

2.1 Legitimidade pelo procedimento na Administração Pública Burocrática

Como se afirmou acima, o Estado Moderno evoluiu ao adotar os ideais liberais, que primavam pela limitação da intervenção do Estado, restringindo-se ao exercício de funções de polícia, fomento e gestão pública (ressalte-se apenas quanto aos serviços essenciais).

Emerson Gabardo (2002: 31) afirma que somente com o advento da Revolução Francesa é que a mentalidade predominante entre os soberanos da época (patrimonialista) pode modificar-se, constituindo-se o Estado no papel de coordenação e regulação das funções de interesse comum.

Nesse sentido, fez-se necessária a adoção de um modelo de gestão que atendesse à demanda pela limitação da atuação estatal: adotou-se, portanto, o modelo burocrático, surgido com o Estado Liberal, em meados do século XIX (BRASIL, 1995: 15). Ressalte-se que, conforme prudente advertência de Tarso Cabral Violin (2006: 69-70), o "termo 'burocracia', analisado neste estudo não é o mesmo utilizado popularmente, de forma ingênua (ou não), como sendo um amontoado de processos empoeirados, carimbos, apego por parte dos servidores a regulamentos desarrazoados, filas; quando a mídia ou o cidadão dão o nome de 'burocracia' à falha no sistema e não ao próprio sistema".

Afirmou Luiz Carlos Bresser Pereira (1996: 5) que:

> *a administração burocrática foi adotada para substituir a administração patrimonialista, que definiu as monarquias absolutas, na qual o patrimônio público e o privado eram confundidos. Nesse tipo de administração o Estado era entendido como propriedade do rei. O nepotismo e o empreguismo, senão a corrupção, eram a norma. Esse tipo de administração revelar-se-á incompatível com o capitalismo industrial e as democracias parlamentares, que surgem no século XIX. É essencial para o capitalismo a clara separação entre o Estado e o mercado; a democracia só pode existir quando a sociedade civil, formada por cidadãos, distingue-se do Estado ao mesmo tempo que o controla. Tornou-se, assim, necessário desenvolver um tipo de administração que partisse não apenas da clara distinção entre o público e o privado, mas também da separação entre o político e o administrador público. Surge, assim, a administração burocrática moderna, racional-legal.*

Segundo Max Weber ([1974?]), teórico do modelo, a burocracia tem as seguintes características abaixo descritas.

Exercício de funções oficiais, de forma contínua, pelas "autoridades burocráticas", estas, por sua vez, criadas para orientar a execução dos "deveres oficiais", delimitados por normas aplicáveis através de meios de coerção. Segundo Max WEBER, os "deveres oficiais" são atividades regulares distribuídas de forma fixa por um governo burocrático, donde exsurge a noção de competência (SCHIER, 2004: 27); os funcionários que exercerão as funções serão escolhidos dentre os melhores qualificados, segundo um regulamento geral (WEBER, [1974?]: 229-230). O burocrata não inova na ordem jurídica, diante da tripartição de poderes, apenas regulamenta abstratamente as matérias, contrariamente ao proselitismo e à concessão de favores individuais ocorrentes no patrimonialismo (SCHIER, 2004: 26).

Hierarquia oficial dos postos e dos níveis de autoridades. Segundo Max Weber ([1974?]: 230), trata-se de um "sistema de mando e subordinação", no qual o cargo superior supervisiona o hierarquicamente inferior. O principal elemento dessa hierarquia é possibilitar a revisão das decisões de autoridades administrativas inferiores pelas hierarquicamente superiores, sem acarretar a absorção da competência inferior pela superior, ou seja, ainda que a autoridade superior possa rever a decisão daquela inferior mantém-se o cargo e a sua competência. Nas palavras de Weber ([1974?]: 230), "Uma vez criado e tendo realizado sua tarefa, o cargo tende a continuar existindo e a ser ocupado por outra pessoa". Não se pode olvidar que se há hierarquia funcional há poder disciplinar da autoridade supervisionar e controlar o desempenho da função pelos subordinados (SCHIER, 2004: 27).

Documentação dos atos emanados no exercício da competência atribuída aos cargos, que nada mais é do que o registro das informações produzidas pelas autoridades ocupantes de cargos. **Distinção entre o cargo e seu ocupante.** "Em princípio, a organização moderna do serviço público separa a repartição do domicílio privado e, em geral, a burocracia segrega a atividade oficial (deveres oficiais) como algo distinto da esfera da vida privada" (WEBER, [1974?]: 230). Sobre o **Princípio da profissionalização do funcionário**, Max Weber ([1974?]: 232) afirma que "a ocupação de um cargo é uma 'profissão'. Isso se evidencia na exigência de um treinamento rígido, que demanda toda a capacidade de trabalho durante um longo período de tempo e nos exames especiais que, em geral, são pré-requisitos ao emprego. Além disso, a posição do funcionário tem a natureza de um dever" (WEBER, [1974?]: 232). Para aferição da qualificação dos candidatos a provimento de cargo, o modelo burocrático adotou o concurso público ("exames especiais que, em geral, são pré-requisitos ao emprego"), o que assegura a contratação dos profissionais mais bem qualificados para o provimento do cargo.

Com a definição das funções pelos regulamentos, a burocratização "oferece a possibilidade ótima de colocar-se em prática o **princípio da especialização das funções administrativas**", que prega a individualização das tarefas, estas entregues a funcionários especialistas que, com a prática cotidiana, aprendem muito mais (WEBER, [1974?]: 250). Max Weber ([1974?]: 232) analisa a **posição do funcionário diante do modelo burocrático**, que "não é considerado servo pessoal do governante"; após aceitar o cargo significa dizer que aceitou uma obrigação de "administração fiel", em troca da definição de algumas garantias que possibilitam o **exercício do cargo de forma livre** e independente de pressões da autoridade que o nomeou. Note-se que "administração fiel", mencionada por Weber, refere-se à fidelidade a finalidades impessoais, que objetivam o atendimento do interesse público (SCHIER, 2004: 29).

Controle dos meios mediante o cumprimento de tarefas segundo "regras calculáveis". Max WEBER ([1974?]: 251) afirma que esse elemento da burocracia, diante da precisão técnica e econômica da cultura moderna, exige a "calculabilidade" dos resultados, ou seja, frente à submissão de toda a atividade estatal à lei (princípio da legalidade no Estado Liberal) é atribuído ao administrador um caminho inescusável a seguir, mediante um rigor procedimental que legitimará seu ato: o controle de meios para atingimento de um resultado.

Nessa esteira, surge a legitimação pelo procedimento, analisada por Niklas Luhmann. Segundo o autor (LUHMANN, 1985: 65-66), os processos são:

> *sistemas sociais especiais, que são constituídos de forma imediata e provisória para elaborar decisões vinculativas. [...] Sua função legitimadora fundamenta-se nessa separação em termos de papéis sociais. Nos processos, os participantes são dotados de papéis especiais enquanto eleitores, representantes do povo, acusadores, acusados, requerentes, testemunhas, etc., dentro dos quais eles devem poder comportar-se livremente, mas apenas segundo as regras do sistema processual – e não enquanto marido, sociólogo, sindicalista, etc. [...] Ao longo do processo, os participantes são levados a especificar suas posições com respeito aos resultados em cada caso ainda em aberto, de tal forma que ao final seu objetivo não possa mais parecer com o objetivo de qualquer outro terceiro. [...] Os processos têm, assim, por objetivo especificar os temas conflitantes, antes do desencadeamento da força física, no sentido de isolar e despolitizar o relutante enquanto indivíduo. Juntamente com a força física, eles representam uma combinação de mecanismos generalizantes e especificantes que sustenta a legitimação da decisão jurídica.*

Pode-se extrair das lições acima citadas que Niklas Luhmann, quando analisou a legitimação pelo procedimento, concluiu que a esta se igualam as partes participantes no processo, que, por mais descontentes fiquem com o resultado (decisão proferida), participaram ativamente para sua realização e devem aceitá-la diante de sua força vinculativa, pois a decisão é legítima.

No mesmo sentido, Odete Medauar (2008: 70) afirma que para a imperatividade do poder não configurar opressão ao indivíduo, representar o posicionamento unilateral e parcial da Administração, necessária a manifestação paritária, em processo "pré-constituído". "Desse modo, a imperatividade do ato apresenta-se como resultado de um processo que viu o confronto de muitos interesses, direitos e deveres e chegou a um ponto de convergência".

Assim, o controle dos atos administrativos segue, basicamente, essa fórmula no modelo burocrático, em que os interessados podem participar ativamente para atingimento de um melhor conteúdo das decisões administrativas. "Com isso, se ampliam os pressupostos objetivos da decisão administrativa" (MEDAUAR, 2008:69).

O princípio democrático está visceralmente ligado à procedimentalização dos atos administrativos, pois permite a realização da pluralização das manifestações acerca do conteúdo das decisões a serem adotadas pela Administração Pública. Neste sentido, Romeu Felipe Bacellar Filho (2003: 130) ensina:

> *A procedimentalização do agir administrativo, a fixação de regras para o modo como a Administração deve atuar na sociedade e resolver os conflitos configura, assim, condição indispensável para a concretização da democracia. Sem a fixação do procedimento administrativo, impossibilita-se qualquer relação estável entre Administração e cidadão, onde cada um saiba até onde vai o poder do outro e como este poder será exercido.*

Emerson Gabardo (2002: 33-34) afirma, sustentado na lição de Katie ARGÜELLO, que a teoria de WEBER consiste, pontualmente, no estudo dos fatores que ocasionam aumento da eficiência ao regime funcional dos agentes públicos.

A implantação do modelo burocrático sugere superioridade técnica para a Administração Pública da sociedade, que ocorre segundo dois importantes elementos: a moralização do aparelho estatal e a exigência de concurso público para contratação de empregados, aglutinando qualidade à organização administrativa com o incremento do aparato legislativo e regulamentar. A centralização das decisões garante a impessoalidade nas definições de funções e procedimentos e na escolha de pessoas para realizá-los. Desta forma, proporciona-se segurança e independência ao empregado e se restringe a voluntariedade no agir administrativo (GABARDO, 2002: 36-38).

Emerson GABARDO (2002: 127-128) realiza uma análise muito feliz sobre o resultado da procedimentalização da gestão pública, fazendo-se necessária a colação:

> *Ou seja, a clivagem entre o procedimento e os agentes que o realizavam propiciou a autonomização formal do mecanismo burocrático, a ponto de fazê-lo parecer inadequado à satisfação do interesse público e, portanto, passível de substituição por uma sistemática cuja principiologia diverge fortemente do regime jurídico administrativo. Daí a preferência, largamente manifestada na contemporaneidade, pela estrutura flexível-convencional (de caráter gerencial) em detrimento da rígida-procedimental (de caráter burocrático).*

O modelo burocrático evoluiu juntamente com o Estado Moderno, que se agigantou com a absorção de inúmeras atividades, antes sob domínio privado, na busca do atendimento do interesse público, ideais do modelo de Estado de Bem-Estar Social.

O modelo burocrático, conforme a lição de Adilson Abreu Dallari (2007: 41), foi o berço da licitação, a qual foi criada e desenvolvida sob os princípios da hierarquia e do controle dos meios pelo procedimento. Adiante, o autor afirma que, no modelo burocrático, a Administração precisa ser protegida dos interesses individuais, particulares, "daí a rigidez das estruturas, a estrita legalidade e controle do desenvolvimento das ações administrativas".

A burocracia sofreu severa deturpação decorrente do surgimento de um "estamento burocrático" (FAORO, 2007: 825), diametralmente oposto ao modelo burocrático, o qual originou o preconceito corrosivo em relação a este, que, segundo Emerson GABARDO, "tornou-se resistência; a resistência tornou-se crítica; a crítica, mera negação". Com isso, tomou vulto uma tendência que originou a criação de um novo modelo de gestão: a desburocratização (GABARDO, 2002: 44).

Emerson Gabardo (2002: 44) observa que a burocracia, expressão da racionalidade impessoal característica do Estado Moderno, culminou como sinônimo de um "sistema lento, precário, inflexível e dispendioso; em suma, ineficiente".

Isso ocorreu, pois, o modelo burocrático foi idealizado para um Estado com moldes liberais, calcado numa estrutura de controle hierárquico e no formalismo dos procedimentos e, com a evolução do Estado de Bem-Estar Social, em que esse inflou seu papel e sua força de intervenção social e econômica, o modelo burocrático começou a desmoronar. Essa falência originou-se da crise vivenciada pelo Estado de Bem-Estar Social que passou a exigir maior eficiência na Administração Pública (BATISTA JÚNIOR, 2004: 72-73).[i]

Foi com a evolução do Estado Liberal ao Estado de Bem-Estar Social que surgiu a prestação de serviços públicos; a centralização das atividades levou a uma absorção de várias prestações obrigacionais pelo Estado, dentre elas, os serviços públicos que a burocracia visava regular a prestação com a otimização do controle hierárquico e procedimental do agir administrativo, propiciando o atendimento ótimo ao interesse público almejado com a realização do serviço.

Dessa forma, estariam todos os particulares satisfeitos, com qualidade, pela prestação obrigacional pública. No entanto, não foi o que aconteceu. Luiz Carlos Bresser Pereira (1996: 5), em crítica ao modelo, afirma que a administração burocrática é muito pouco direcionada a satisfazer os anseios dos cidadãos, e sedimenta ao apontar que é cara, lenta e "auto-referida".

2.2 Estrutura administrativa, eficiência e modelo de Administração Pública Gerencial

Quando o Estado evoluiu para o Estado de Bem-Estar Social, quando agregou inúmeras atividades tidas como essenciais aos cidadãos e se agigantou, assumindo uma enorme gama de serviços sociais, como a saúde, a educação, a cultura, dentre outros, e a prestação de serviços públicos, como transporte público, fornecimento de energia, construção e manutenção de estradas etc., exsurgiu o problema da eficiência daquele gigante.

A burocracia moderna não tinha referenciais já experimentados por outros modelos no talante à promoção da cultura e práticas sociais, o que a levou a uma invencível crise de legitimação perante as demandas

---

i   No mesmo sentido: PEREIRA, Luiz Carlos Bresser. Da administração pública burocrática à gerencial. *Revista do serviço público*. Brasília, v. 47, n. 1, p. 1-31, jan./abr. 1996, p. 5 e seguintes.

dos cidadãos. "Assim é que, em pouco tempo, a burocracia se tornou um fardo ao Estado Intervencionista" (GABARDO, 2002: 44).

Nesse embalo da crise enfrentada pela burocracia, a influência da administração privada (de empresas) começa a incidir sobre a Administração Pública, principalmente no que se refere à descentralização e à flexibilização administrativas, após a Segunda Guerra Mundial. Pondera Luiz Carlos Bresser Pereira (1996: 6) que, no entanto, a onda de reforma somente ganha força a partir dos anos 70, quando se iniciou a crise do Estado, culminando, simultaneamente, com a crise da burocracia.

Rodrigo Pironti Aguirre de Castro (2008: 73), ao constatar que "o modelo burocrático pretende ser um fim em si mesmo", afirma que se observando a eficiência e a flexibilização na gestão propôs-se uma nova Administração Pública que pretende a descentralização política e administrativa, "transferindo recursos para níveis regionais e locais e dotando de autonomia decisória administradores responsáveis em suas respectivas regiões", "[...] com poucos níveis hierárquicos, pautada na confiança limitada e com controle de resultados, retirando da Administração Pública o sentido auto-referencial e voltando-a ao atendimento das necessidades do cidadão".

Na década de 1980, tomou forma a grande revolução na gestão pública em direção a uma Administração Pública gerencial. Os delineamentos deste novo modelo de gestão pública, segundo Luiz Carlos Bresser Pereira (1996: 6), são: (i) descentralização política, deslocando recursos e tarefas para regiões e localidades; (ii) descentralização administrativa, transformando administradores públicos em espécie de gerentes autônomos; (iii) organizações com hierarquia reduzida, substituindo-se a piramidal; (iv) pressuposição da confiança moderada, em contraposição à desconfiança total; (v) controle por resultados, *a posteriori*, ao controle prévio dos meios pelos procedimentos; e (vi) Administração Pública voltada ao atendimento do cidadão, em vez da auto-referência.[i]

> *O* Plano Diretor da Reforma do Aparelho do Estado *consigna que o modelo de administração pública gerencial constitui um avanço e, ao mesmo tempo, um rompimento com o modelo burocrático. Segundo esse documento,*

---

i   No mesmo sentido: BRASIL. *Plano diretor da reforma do aparelho do Estado*. Brasília: Presidência da República/Câmara da Reforma do Estado, 1995. p. 16 e seguintes.

aquela está apoiada nesta, "embora flexibilizando alguns de seus princípios fundamentais, como a admissão segundo rígidos critérios de mérito, a existência de um sistema estruturado e universal de remuneração, as carreiras, a avaliação constante de desempenho, o treinamento sistemático". A diferença fundamental é a forma de controle que passou a debruçar esforços sobre os resultados, e não mais nos processos (BRASIL, 1995: 16).

Adilson Abreu Dallari (2007: 41) afirma, ao corroborar a exposição supra, que "no modelo gerencial essa desconfiança básica é substituída por uma confiança nos agentes; deles serão cobrados os resultados, para a obtenção dos quais são abrandados os controles de processo, são estimuladas as delegações de competências, as parcerias com a iniciativa privada e a adoção da consensualidade, pois o foco está no cidadão, destinatário das ações administrativas". A pretensão do gerencialismo, portanto, é horizontalizar as relações entre poder público e iniciativa privada (CASTRO, 2008: 74).

A denominação "gerencial" foi uma opção dos reformadores brasileiros. Emerson Gabardo (2002: 44-45) afirma que surgiram três movimentos de insurgência à burocracia: o gerencialismo, a Escola da Public Choice e a teoria do "principal-agente". Apesar de diferentes, todas têm em comum não adotar a legitimação fundamentada aprioristicamente.

A Escola da Public Choice chegou ao seu ápice entre as décadas de 1970 e 1980, e tem seu termo inicial com os conceitos de utilidade e maximização. Na teoria, a Public Choice preconiza o incremento econômico no setor público através de investimento do setor privado (mercado); ação egoística dos indivíduos que buscam, racionalmente, sua satisfação pessoal; agentes públicos que agem para tirar proveito, aumentado seu círculo de poder para garantir seus cargos; agentes políticos visam apenas seus interesses; atingimento do bem comum pela "maximização de interesses, no qual da inter-relação de egoísmos, 'o resultado final é o bem comum'" (GABARDO, 2002: 45-46).

Quanto ao paradigma do "agente-principal", este busca as relações de sujeição entre o "agente", instrumento da implementação da ação, e o "principal", beneficiado com a realização de seus interesses. Afirma Emerson Gabardo (2002: 46) que, "em ambas, prevalece a ideologia neoliberal, mas o seu grau de comprometimento é diferenciado, devendo ser considerado, inclusive, que nenhuma teoria realizou-se de forma pura".

No que toca aos serviços públicos, tem grande importância a vinculação do paradigma burocrático e do gerencial ao princípio da subsidiariedade, no sentido retratado por José Alfredo Oliveira Baracho (2000: 88) "solução intermediária entre o Estado Providência e o Estado Liberal".

Emerson Gabardo (2002: 53) e Raquel Melo Urbano de Carvalho (2009: 216), sustentados na lição de Juan Martín Gonzáles Moras, ensinam que o princípio da subsidiariedade não tem um conceito definido, pois, na expressão do autor, pode ser um "critério direcionador" da dicotomia público-privado e legitimador da intervenção do Estado no domínio econômico privado, ou ainda, segundo doutrina (neo)liberal, quer dizer a retirada do Estado do âmbito econômico se utilizando a privatização.

No entanto, Raquel Melo Urbano de Carvalho (2009: 216) faz ressalva e destaca que a subsidiariedade representa o que é submetido em caráter secundário a outro principal, em segundo plano, e se utiliza a figura da argumentação jurídica subsidiária. O princípio da subsidiariedade, segundo esta autora, surgiu em contraposição ao liberalismo clássico – mínima intervenção do Estado na ordem econômica e direitos individuais garantidos pela estrita legalidade – e ao socialismo centralizador – ampliação da atuação estatal nos domínios econômico e social – como característica política europeia contemporânea.

Nota-se que o princípio é aplicado como critério de distribuição horizontal de competências, entre o privado e o público, na Comunidade Europeia e se tornou referência ao constituinte e ao legislador para editarem normas de distribuição de competências. Em suma, o princípio da subsidiariedade privilegia a competência do ente mais próximo do cidadão, sendo que a de ordem imediatamente superior atua, apenas, em caso de insucesso da primeira (CARVALHO, 2009: 217). O surgimento desse princípio foi incorporado à gestão pública recentemente, com a criação

> *da Comunidade Europeia, fase neoliberal do Estado (de Bem-Estar Social). A subsidiariedade acentua a dicotomia entre público e privado, definindo quais são as competências de cada integrante da comunidade, o que impende ser analisado sob a perspectiva da noção de suplementação relacionado com o incentivo à ação individual em função do interesse geral.*
>
> *A concepção neoliberal do princípio não compreende a diferença entre a noção acima e a mera redução do aparelho estatal, privatizações e ações sociais. O Estado Subsidiário exige estudo meticuloso do grau de intervenção de sua atuação nas áreas sentidas de desenvolvimento, como educação e saúde. Nessa perspectiva se insere a capacitação e qualificação da comunidade para gerenciar eficientemente as carências sentidas pelos cidadãos. Não obstante, a privatização da prestação dos serviços públicos foi incentivada na fase subsidiária, ou neoliberal, do Estado, que significa outorgar a particular apenas execução da prestação de serviços públicos e a titularidade do serviço permanece com a administração pública.* (TESSEROLLI; CASTRO, 2011: 112-114)

Antes da análise do serviço público, impende realizar breve histórico acerca da evolução da Administração Pública brasileira.

2.3 A legitimação da burocracia no Brasil da década de 1990 até a atualidade

A Administração Pública burocrática exsurge no Brasil a partir da década de 1930, no mesmo ritmo do desenvolvimento industrial brasileiro, quando o Estado passa a intervir de forma maciça na produção de bens e de serviços (BRASIL, 1995: 18). A burocracia brasileira foi pensada durante a vigência do modelo patrimonialista, irracional, e "corresponde a um anseio liberal de limitação do poder político do Estado". Os bacharéis – aqueles filhos de latifundiários brasileiros, enviados ao exterior para estudar, que retornam com cultura e formação superior – foram os responsáveis pela criação da República brasileira sob forte influência patrimonialista, "sendo as funções públicas exercidas por indivíduos que detinham poder no âmbito privado. Os cargos públicos foram tomados, nesta dimensão, como propriedade dos bacharéis", enquanto que os vencimentos fixos, a aposentadoria e a estabilidade funcional foram recepcionadas como benefícios não merecidos para um povo que não tinha apego aos estudos e à técnica (SCHIER, 2004: 32).

Foi no governo de Getulio Vargas que a Administração Pública passa por processo de racionalização ao introduzir a organização administrativa burocrática, com a adoção do concurso para o acesso ao serviço público, após a criação das primeiras carreiras burocráticas no país. Para realização de tal intento, foi criado, em 1936, o Departamento Administrativo do Serviço Público – DASP, época em que a Administração sofria influência da "teoria da administração científica de Taylor, tendendo à racionalização mediante a simplificação, padronização e aquisição racional de materiais, revisão de estruturas e aplicação de métodos na definição de procedimentos" (BRASIL, 1995: 18).

Luiz Carlos Bresser Pereira (1996: 7) aduz que, "mais precisamente, em 1936 foi criado o Conselho Federal do Serviço Público Civil, que, em 1938, foi substituído pelo DASP". Nesse momento, programou-se a primeira reforma administrativa brasileira, cujo objetivo era instituir os princípios básicos da burocracia clássica: a centralização e a hierarquia, com a missão de substituir o sistema patrimonial próprio do coronelismo, da venalidade dos cargos e do nepotismo (CASTRO, 2008: 82).[i]

Com o surgimento da primeira autarquia, em 1938, simultaneamente à criação do DASP, a Administração Pública brasileira tem o primeiro indicativo da vocação gerencialista do Estado, surgindo a ideia de que "os serviços públicos na 'administração indireta' deveriam ser descentralizados e não obedecer a todos os requisitos burocráticos da 'administração direta' ou central" (PEREIRA, 1996: 7). No entanto, com esteio na lição de Luiz Carlos Bresser PEREIRA (1996: 7), a primeira tentativa de reforma da Administração Pública brasileira ocorreu

---

i   Segundo Bresser Pereira, o "DASP foi extinto em 1986, dando lugar à SEDAP – Secretaria de Administração Pública da Presidência da República –, que, em janeiro de 1989, é extinta, sendo incorporada na Secretaria do Planejamento da Presidência da República. Em março de 1990 é criada a SAF – Secretaria da Administração Federal da Presidência da República, que, entre abril e dezembro de 1992, foi incorporada ao Ministério do Trabalho. Em janeiro de 1995, com o início do governo Fernando Henrique Cardoso, a SAF transforma-se em MARE – Ministério da Administração Federal e Reforma do Estado". Cf. PEREIRA, p. 7, 1996.

na década de 1960, com a publicação do Decreto-Lei nº 200/1967,[i] que almejava sobrelevar-se à noção da burocracia clássica adotada até então, "e dotava o Estado de princípios racionais que possibilitassem o planejamento e a gestão orçamentária a descentralização e a coordenação das atividades administrativas e o controle de resultados do agir estatal" (CASTRO, 2008: 82-83).

As alterações trazidas pelo Decreto-Lei nº 200/67 não prosperaram diante do fato de que, com maior liberdade outorgada ao gestor público, as regras introduzidas no sistema pelo referido diploma normativo foram desvirtuadas no tocante às normas para criação de entes da Administração Pública indireta, como a burla à proibição à acumulação de cargos públicos e à obrigatoriedade de contratação mediante concurso (CASTRO, 2008: 82-83). Esta reforma pode ser considerada como um primeiro momento da administração gerencial no Brasil. Dessa forma, promoveu-se a descentralização de atividades de produção de bens e serviços para autarquias, fundações, empresas públicas e sociedades de economia mista, reafirmando a racionalização que já ocorria na prática, instituindo-se, consequentemente, o planejamento, o orçamento, a descentralização e o controle de resultados como princípios básicos da Administração. Flexibilizou-se a administração para alcançar maior eficiência nas atividades do Estado, estreitando-se, desta forma, os laços da aliança entre os integrantes do modelo tecnoburocrático-capitalista, que são: a alta tecnoburocracia estatal, a civil e a militar, e a classe empresária (PEREIRA, 1996: 7).

No período entre a edição do Decreto-Lei nº 200/67 e a promulgação da Constituição da República de 1988, o Brasil passou por gestões políticas que utilizaram procedimentos idealizados pelos teóricos burocratas, como: a forte intervenção do Estado na economia; distribuição de renda com aumento do gasto público; sucessivas implantações de planos econômicos visando ajuste fiscal; a estruturação do exercício das funções do Estado administrador em torno de órgãos competentes vinculados entre si hierarquicamente, constituindo-se uma autoridade superior, máxima, que detém a decisão final sobre as medidas a

---

i   Hélio Beltrão, que inspirou a reforma gerencial no Brasil, "participou da reforma administrativa de 1967 e depois, como Ministro da Desburocratização, entre 1979 e 1983, transformou-se em um arauto das novas idéias. Definiu seu Programa Nacional de Desburocratização, lançado em 1979, como uma proposta política visando, através da administração pública, 'retirar o usuário da condição colonial de súdito para investi-lo na de cidadão, destinatário de toda a atividade do Estado'". Cf. PEREIRA, 1996, p. 7.

serem concretizadas pelo ente; a formalização das decisões por meio de processos administrativos, conferindo publicidade aos atos, os quais deveriam ser escritos; o estabelecimento de princípios fundamentais da Administração Pública, como o planejamento, a coordenação, a descentralização, a delegação de competência e o controle.[i]

A Nova República, nos dois primeiros anos do regime democrático, ignorou a crise fiscal e a necessidade de revisão da forma de intervenção do Estado na economia, ampliando os gastos públicos e os salários, utilizando uma versão populista do pensamento de Keynes, visando ao desenvolvimento e à distribuição da renda no país, o que resultou no fracasso do Plano Cruzado (PEREIRA, 1996: 9).

Após isso, o Ministério da Fazenda, em 1987, sob a responsabilidade de Bresser Pereira, adotou medidas para viabilizar um ajuste fiscal, que restou fracassado. Desta forma, o país não resistiu ao ataque populista de 1988 e 1989 e mergulhou novamente num regime patrimonialista, com o retorno do domínio mercantil. Segundo Bresser Pereira (1996: 9), essa contradição de forças está bem representada no capítulo VII, do Título III, da Constituição da República, pois:

> *De um lado ela é uma reação ao populismo e ao fisiologismo que recrudescem com o advento da democracia. Por isso a Constituição irá sacramentar os princípios de uma administração pública arcaica, burocrática ao extremo.*[ii] *Uma administração pública altamente centralizada, hierárquica e rígida, em que toda a prioridade será dada à administração direta ao invés da indireta.*

---

i   Note-se que Bresser Pereira dá conotação de crítica ao retorno dos ideais burocráticos, entendendo a aplicação destes na Nova República como um retrocesso, da qual não discordamos. Segundo o autor, tais práticas representaram um retrocesso ao populismo e ao patrimonialismo, como, por exemplo, o loteamento dos cargos públicos durante o governo de José Sarney, em 1985, quando assumiu a Presidência da República após o falecimento do presidente eleito (antes mesmo de ser empossado no cargo) Tancredo Neves, quando ocorreu a transição democrática. Segundo Luiz Carlos Bresser Pereira (1996: 8), o período acima não introduziu um panorama de reforma do aparelho estatal, ao contrário, significou a volta aos ideais burocráticos no plano administrativo dos anos 1930. Cf. PEREIRA, 1996, p. 8.

ii   Aqui, mais uma vez, pode-se notar um repúdio ao modelo burocrático.

Para o autor, a Constituição de 1988 é uma constituição burocrática aprovada por um constituinte incapaz de enxergar que o novo modelo é uma resposta ideal à necessidade de uma Administração Pública eficiente de empresas e serviços sociais. Dessa forma, conclui que o constituinte decidiu completar a reforma burocrática racional-legal antes de analisar os princípios de um modelo moderno, como o gerencialismo, instituindo, por exemplo, o regime jurídico único dos servidores públicos. Na mesma toada, menciona a criação de novos e a consolidação de antigos privilégios, entendendo isso como uma homenagem rendida ao patrimonialismo (PEREIRA, 1996: 10).[i]

Dentre os privilégios criticados, Bresser Pereira (1996: 10) afirma que:

> *O mais grave dos privilégios foi o estabelecimento de um sistema de aposentadoria co remuneração integral, sem nenhuma relação com o tempo de serviço prestado diretamente ao Estado. Este fato, mais a instituição de aposentadorias especiais, que permitiam aos servidores aposentarem-se muito cedo, em torno dos 50 anos, e, no caso dos professores universitários, de acumular aposentadorias, elevou violentamente o custo do sistema previdenciário estatal, **representando um pesado ônus fiscal para a sociedade**. Um segundo privilégio foi ter permitido que, de um golpe, mais de 400 mil funcionários celetistas das fundações e autarquias as transformassem em funcionários estatutários, detentores de estabilidade econômica.*

No mesmo sentido crítico, o *Plano Diretor da Reforma do Aparelho do Estado* (BRASIL, 1995: 21-22) consigna que:

> *O retrocesso burocrático não pode ser atribuído a um suposto fracasso da descentralização e da flexibilização da administração pública que o Decreto-Lei 200 teria promovido. Embora alguns abusos tenham sido cometidos em seu nome, seja em termos de excessiva autonomia para as empresas estatais, seja em termos do uso patrimonialista das autarquias e fundações (onde não havia a exigência de processo seletivo público para admissão de*

---

i   Vale destacar que o texto ora estudado foi publicado antes do advento da Emenda Constitucional nº 19/98, que modificou a redação originária do artigo 39 da Constituição Federal.

> *pessoal), não é correto afirmar que tais distorções possam ser imputadas como causas do mesmo. Na medida em que a transição democrática ocorreu no Brasil em meio à crise do Estado, essa última foi equivocadamente identificada pela forças democráticas como resultado, entre outros, do processo de descentralização que o regime militar procurara implantar. Por outro lado, a transição democrática foi acompanhada por uma ampla campanha contra a estatização, que levou os constituintes a aumentar os controles burocráticos sobre as empresas públicas e de subsidiárias já existentes.*

Afinal, geraram-se dois resultados: de um lado, o abandono do caminho rumo a uma Administração Pública gerencial e a reafirmação dos ideais da administração pública burocrática clássica; de outro lado, dada a ingerência patrimonialista no processo, a instituição de uma série de privilégios, que não se coadunam com a própria Administração Pública burocrática.

No entanto, segundo mencionado por Bresser Pereira em 1987, a crise administrativa começa a ser sentida no governo Itamar Franco (1992-1994), ou seja, após o *impeachment* do Presidente Fernando Collor de Mello, que muito contribuiu para o atraso desenvolvimentista idealizado no modelo gerencial. A crise administrativa não significa apenas que o maior mal a ser combatido pela reforma gerencial é o patrimonialismo generalizado, implantando-se um sistema burocrático "descontaminado de patrimonialismo", no qual os servidores estarão vinculados a critérios de ética pública, de profissionalização da Administração Pública e eficiência. O autor ressalta que "não há qualquer dúvida quanto à importância da profissionalização do serviço público e da obediência aos princípios da moralidade e do interesse público". E complementa, afirmando que "É indiscutível o valor do planejamento e da racionalidade administrativa". Entretanto, ao reafirmarem-se valores burocráticos clássicos, como resposta à crise, inviabiliza-se os objetivos a que se propunha: a modernização radical da Administração Pública que só poderá ser veiculada a partir de uma perspectiva gerencial (PEREIRA, 1996:13-14).

O governo do Presidente Fernando Henrique Cardoso publicou o já referido *Plano Diretor da Reforma do Aparelho do Estado* (1995: 6-7) "com a finalidade de colaborar com esse amplo trabalho que a sociedade e o Governo estão fazendo para mudar o Brasil". O objetivo daquele Governo está claramente estampado na apresentação assinada pelo então Presidente da República:

> *Este "Plano Diretor" procura criar condições para a reconstrução da administração pública em bases modernas e racionais. No passado, constituiu grande avanço a implementação de uma administração pública formal, baseada em princípios racional-burocráticos, os quais se contrapunham ao patrimonialismo, ao clientelismo, ao nepotismo, vícios estes que ainda persistem e que precisam ser extirpados. Mas o sistema introduzido, ao limitar-se a padrões hierárquicos rígidos e ao concentrar-se no controle dos processos e não dos resultados, revelou-se lento e ineficiente para a magnitude e a complexidade dos desafios que o País passou a enfrentar diante da globalização econômica. A situação agravou-se a partir do início desta década, como resultado de reformas administrativas apressadas, as quais desorganizaram centros decisórios importantes, afetaram a "memória administrativa", a par de desmantelarem sistemas de produção de informações vitais para o processo decisório governamental.*
>
> *É preciso, agora, dar um salto adiante, no sentido de uma administração pública que chamaria de "gerencial", baseada em conceitos atuais de administração e eficiência, voltada para o controle dos resultados e descentralizada para poder chegar ao cidadão, que, numa sociedade democrática, é quem dá legitimidade às instituições e que, portanto, se torna "cliente privilegiado" dos serviços prestados pelo Estado.*

É preciso reorganizar as estruturas da Administração com ênfase na qualidade e na produtividade do serviço público; na verdadeira profissionalização do servidor, que passaria a perceber salários mais justos para todas as funções. Esta reorganização da máquina estatal tem sido adotada com êxito em muitos países desenvolvidos e em desenvolvimento

Para concretizar os ideais, o *Plano* consigna uma estrutura organizacional baseada na composição de setores, no estabelecimento de objetivos, na arquitetura de estratégias para a transição entre os modelos e na afirmação de projetos específicos (GABARDO, 2002: 56). Raquel Melo Urbano de Carvalho (2009: 844) afirma que o processo de reestruturação do Estado foi revigorado no Governo Fernando Henrique

Cardoso, sob orientação do então Ministro Bresser Pereira, titular do extinto MARE – Ministério da Administração Federal e da Reforma do Estado, e ainda que:

> *Foram concebidas medidas em um contexto de reforma, no qual se entenderam necessários o ajustamento fiscal, a redução dos recursos aplicados em setores sociais, as reformas econômicas voltadas para o mercado, com a finalidade de garantir a concorrência interna e criar condições para o enfrentamento da competição internacional, a reforma da previdência social, a inovação dos instrumentos de política social voltados para melhor qualidade dos serviços sociais e a reforma do aparelho do Estado, a fim de elevar a capacidade de o governo tornar realidade as políticas públicas.*

Para fins de concretizar tal plano, foi publicada a Emenda Constitucional nº 19/98, que, conforme sua ementa, "modifica o regime e dispõe sobre princípios e normas de Administração Pública, servidores e agentes políticos, controle de despesas e finanças públicas e custeio de atividades a cargo do Distrito Federal, e dá outras providências" (BRASIL, 2008: 232). Essa Emenda Constitucional teve como fundamento promover a flexibilidade, a eficiência e a cidadania frente ao agir administrativo (CASTRO, 2008: 83). Dentre as principais medidas adotadas no país, após a Emenda Constitucional 19/98, "destacam-se o fim da exigência do regime jurídico único e a inserção de figuras como as do contrato de gestão, Agências Executivas, Agências Reguladoras, Organizações Sociais, OSCIP e Parcerias Público-Privadas" (CARVALHO, 2009: 845).

Entretanto, no tocante à alteração do artigo 39 da Constituição da República, pela EC 19/98, no sentido de por fim à exigência do regime jurídico único para os servidores públicos, necessário esclarecer que:

> *o Pleno do Supremo Tribunal Federal, ao retomar, em 02.08.07, o julgamento da Ação Direta de Inconstitucionalidade nº 2.135, suspendeu a vigência da redação dada pela Emenda Constitucional n. 19/98 ao artigo 39, caput, da CR. Por oito votos a três, o Supremo Tribunal Federal deferiu a cautelar para suspender a redação atribuída ao caput do artigo 39 pela Emenda Constitucional n. 19. Conforme voto do Ministro Relator Cezar Peluso, a proposta de alteração do caput do artigo 39 da Constituição Federal*

> *não foi aprovada pela maioria qualificada (3/5 dos parlamentares) da Câmara dos Deputados, em primeiro turno, conforme previsto no artigo 60, § 2º, da Constituição da República. O próprio regimento da Câmara dos Deputados (artigo 118) impedia que a comissão especial de redação da Câmara dos Deputados deslocasse o § 2º, do artigo 39, aprovado, para o caput do mesmo artigo 39, cuja proposta de alteração havia sido rejeitada em primeiro turno. Segundo o Ministro César Peluso, é inadmissível realizar transposição dessa natureza por mera emenda constitucional.* (FERRAZ et ali, 2009: 65)

Ainda no âmbito da reforma proporcionada pela Emenda Constitucional 19/98, acresceu-se expressamente o princípio da eficiência ao *caput* do art. 37 da Constituição da República. Alexandre de Moraes (2001: 29), ao tratar sobre o princípio da eficiência do ordenamento jurídico brasileiro, menciona, brevemente, a discussão acerca da recepção da eficiência como princípio existente na doutrina e aponta duas correntes: (i) a primeira, que reconhece a preexistência do princípio da eficiência como regente da atuação administrativa e (ii) a segunda, que não reconhece a eficiência como princípio, mas, sim, como finalidade da Administração Pública. Aduz (MORAES, 2001: 30), ainda, que:

> *a EC nº 19/98, seguindo os passos de algumas legislações estrangeiras, no sentido de pretender garantir maios qualidade na atividade pública e na prestação dos serviços públicos, passou a proclamar que a administração pública direta, indireta ou fundacional, de qualquer dos Poderes da União, dos Estados, do Distrito Federal e dos Municípios deverá obedecer, além dos tradicionais princípios de legalidade impessoalidade, moralidade, publicidade, também ao princípio da eficiência.*

Não obstante a apresentação de medidas aptas a alterar o modelo de Administração Pública brasileiro, pode-se afirmar que as características atuais do Estado representam uma releitura da proposta racionalista, legal, de Max Weber. A proposta de uma Administração Pública gerencial não foi concretizada a contento dos seus idealizadores. Verifica-se, na prática, a feliz resistência de procedimentos para realização do controle do agir administrativo, operando-se, positivamente, um aprimoramento das práticas administrativas segundo os princípios fundamentais estipulados no art. 6º, do Decreto-Lei n. 200/67.

Luiz Carlos Bresser Pereira (2015: 343), ferrenho crítico da estrutura burocrática weberiana adotada no mundo, e no Brasil, mudou de ideia e passou a enxergar a relevância do modelo racional-legal da maneira como adotada no Brasil entre 2002 e 2010, durante o governo de Luis Inácio Lula da Silva:

> *A eleição, pela primeira vez na história do país, de um candidato de esquerda demonstrou que o capitalismo e a democracia estavam consolidados no Brasil. A consolidação da democracia comprovou-se pelo fato de que, em nenhum momento, a burguesia e os partidos de direita pensaram em golpe de Estado para enfrentar o problema criado pela eleição de um presidente de esquerda. O Brasil já não era mais o país da oligarquia agroexportadora que jamais era derrotada, nem o país dos liberais autoritários que, quando derrotados, pensavam imediatamente em derrubar o governo eleito.*

O período de vigência do modelo burocrático no Brasil foi tímido e não produziu os efeitos esperados após a concretização dos ideais da burocracia. Sem sombra de dúvidas, há muito que fazer para extirpar as práticas patrimonialistas do Estado brasileiro. Nesse sentido, necessária se faz a imediata evolução da Administração Pública na direção da concretização do modelo gerencial (CASTRO, 2008: 87). No entanto, não se deve negar que a burocracia idealizada por Max Weber se preocupava com a eficiência na Administração Pública e com os valores gerados na sociedade em que vigia. Muito embora não tenha se concretizado, reconhecemos que o modelo burocrático não foi implantado segundo os ideais originários, mas, sim, viciado pelo patrimonialismo e pelo fisiologismo, que falaram mais alto nas práticas administrativas do passado brasileiro.

Dessa forma, a realização de uma gestão administrativa gerencial proporcionará, precipuamente, uma atividade pública preocupada com o atingimento de resultados, controlando-os a fim de realizar eficientemente o interesse público.

Seção 2

3
Conclusão

A democracia já é princípio em vários Estados, inclusive, incorporada nas Constituições. No entanto, o acúmulo de todas as atividades administrativas promotora da concretização dos direitos fundamentais no rol de deveres do Estado ocasionou o surgimento de Estados totalitários, como na Alemanha e na Itália.

Durante a vigência do Estado de Bem-Estar Social surge a burocracia, idealizada por Max Weber, que representa a realização da Administração Pública eficiente por excelência, na qual os administradores públicos são separados da pessoa ocupante do cargo, ou seja, insere-se a impessoalidade no trato da "coisa pública"; surge o controle hierárquico das decisões administrativas, a organização do serviço público em carreiras, a profissionalização do serviço público, o controle *a priori* das decisões administrativas, a legitimação das decisões administrativas pelo procedimento.

Diante do pluralismo implantado durante o Estado de Bem-Estar Social com a incorporação do princípio democrático aumentaram as demandas pelas prestações obrigacionais por parte do Estado, o que se mostrou inviável diante do seu agigantamento. Dessa forma, a prestação dos serviços públicos exclusivos do Estado passou a ser delegada a particulares, bem como houve a incorporação do princípio da subsidiariedade, que detém sentido de regionalização de decisões para melhor atendimento das necessidades locais. No entanto, não basta adotar o modelo adequado; a Administração Pública deve estar apta a realizar os desideratos da coletividade, garantindo o atendimento do interesse público com eficiência.

Desse modo, em consonância com a estruturação racional-legal do exercício das funções do Estado, da qual se denota a existência do exercício de função administrativa por parte do Poder Executivo – órgão estatal competente para criar e executar políticas públicas aptas à realização dos direitos fundamentais – percebe-se que nunca ocorreu alteração do modelo burocrático ao gerencial, proposto na década de 1990 no Brasil por meio do oferecimento do Plano Diretor de Reforma do Aparelho do Estado; vivenciaram-se somente algumas alterações constitucionais, como aquela que autoriza a criação de agências reguladoras. Mas, outras – por vício formal de constitucionalidade, como aquela que tentou alterar o *caput* do art. 39, da Constituição da República de 1988, para extinguir o regime jurídico único dos servidores da União Federal (Administração Pública direta, autarquias e fundações públicas) – não lograram êxito e, por isso, manteve-se a estrutura hierárquica orgânica da Administração.

A atividade estatal brasileira é eminentemente burocrática, no sentido weberiano, racional-legal, pois conforme se percebe da estruturação do ordenamento jurídico brasileiro, a seleção de pessoal é realizada, em regra, por concurso público; a contratação de pessoas naturais ou jurídicas para prestarem serviços, fornecerem bens e produtos se dá por meio de licitação; há cargos de hierarquia superior que são providos por meio de promoção (movimentação funcional) dentro de uma mesma carreira (caso dos Delegados da Receita Federal); a Constituição da República de 1988 determina o aperfeiçoamento do servidor público, exigindo da Administração Pública e do servidor público a profissionalização da função pública, definindo como critério de progressão e promoção funcionais o aprimoramento técnico pertinente ao exercício das atribuições de cada cargo, entre outros pontos.

Não obstante, há novas posturas exigidas pelo ordenamento jurídico que buscam conferir eficiência ao agir administrativo, como: a determinação da estruturação de um sistema de controle interno para Municípios, Estados, Distrito Federal e União, o qual deve se comunicar com os órgãos de controle externo (tribunais de contas, Ministério Público, por exemplo), o qual deve agir procedimentalizada e responsivamente – ou seja, deve reagir e se adaptar instantaneamente às mudanças e demandas sociais, suprindo as carências em tempo de promover os objetivos fundamentais da república (art. 3º da Constituição da República de 1988); a utilização de meios alternativos de resolução de conflitos, como a mediação e a arbitragem; a utilização dos procedimentos consensuais de sanção administrativa, como o acordo de leniência previsto na Lei Anticorrupção; exigir das empresas que se relacionam com o Poder Público a implantação de um programa de integridade, o qual norteará as condutas empresárias ao encontro dos princípios da administração pública previstos no art. 37 da Constituição da República de 1988; a adoção dos Termos de Ajustamento de Gestão, regulados por leis em alguns Estados da Federação, o qual viabiliza legitimar pelo procedimento a melhor escolha pública, desfocando-se do ímpeto eminentemente punitivo proposto por alguns órgãos de controle externo.

O Estado brasileiro demanda um aprimoramento de sua racionalidade, adequando-o, perfeitamente, às melhores práticas de gestão pública – não necessariamente aquelas praticadas pelo privado, mas abrindo-se ao diálogo, adotando a consensualidade como qualidade do agir administrativo e viabilizando uma permeabilidade na Administração Pública para oportunizar a escolha das melhores técnicas de gestão, segundo a experiência pública (de outros Estados) e privada – e convidando a iniciativa privada para a elaboração da decisão pública; principalmente, em razão da subsidiariedade, instaurando o diálogo a partir das comunidades locais municipais, profundas conhecedoras das mazelas da coletividade.

A burocracia faz parte da realidade administrativa brasileira. A mera alteração dos nomes dos procedimentos não acarretará mudança substancial do modelo racional-legal adotado em *terrae brasilis*. O gerencialismo, movimento que pretende realizar o aprimoramento da Administração Pública, permite o diálogo entre agentes públicos e privados numa constante troca de experiências; mas não se pode afirmar que o gerencialismo é a panaceia para as mazelas estatais, pois a estrutura administrativa brasileira é inspirada na lógica racional-legal weberiana, fato que exige o reconhecimento de que o Estado pode adotar algumas práticas gerenciais, mas isso não o torna gerencialista. Antes, uma burocracia preocupada com o incremento da eficiência das decisões públicas a serem tomadas, demonstrando um sincretismo entre os modelos burocrático e gerencial no Brasil contemporâneo.

Referências

BACELLAR FILHO, Romeu Felipe. **Processo administrativo disciplinar**. 2. ed. São Paulo: Max Limonad, 2003.

BARACHO, José Alfredo de Oliveira. **O princípio da subsidiariedade**: conceito e evolução. Rio de Janeiro: Forense, 2000.

BATISTA JÚNIOR, Onofre Alves. **Princípio constitucional da eficiência administrativa**. Belo Horizonte: Mandamentos, 2004.

BRASIL. **Constituição da República Federativa do Brasil**: texto constitucional promulgado em 5 de outubro de 1988, com as alterações adotadas pelas Emendas Constitucionais n. 1/92 a 56/2007 e pelas Emendas Constitucionais de Revisão n. 1 a 6/94. Brasília: Senado Federal, Subsecretaria de Edições Técnicas, 2008.

BRASIL. **Plano diretor da reforma do aparelho do Estado**. Brasília: Presidência da República/Câmara da Reforma do Estado, 1995.

BRESSER-PEREIRA, Luiz Carlos. **A construção política do Brasil**: sociedade, economia e Estado desde a Independência. São Paulo: Editora 34, 2015.

BRESSER-PEREIRA, Luiz Carlos. Da administração pública burocrática à gerencial. **Revista do Serviço Público**. Brasília, v. 47, n. 1, p. 1-31, janeiro-abril 1996.

CARVALHO, Raquel Melo Urbano de. **Curso de direito administrativo**: parte geral, intervenção do estado e estrutura da administração. 2. ed. rev., atual. e ampl. Salvador: Juspodivm, 2009.

CASTRO, Rodrigo Pironti Aguirre de. **Sistema de controle interno**: uma perspectiva do modelo de gestão pública gerencial. 2. ed. rev. e ampl. Belo Horizonte: Fórum, 2008.

DALLARI, Adilson Abreu. **Aspectos jurídicos da licitação**. 7. ed. atual. 2. tir. São Paulo: Saraiva, 2007.

FAORO, Raymundo. **Os donos do poder**: formação do patronato político brasileiro. 3. ed. 7. reimp. São Paulo: Globo, 2007.

FERRAZ, Andréa Karla; SANTIAGO, Luciano Sotero; OLIVEIRA, Márcio Luís de; CARVALHO, Raquel Melo Urbano de. **Direito do estado**: questões atuais. Salvador: Juspodivm, 2009.

GABARDO, Emerson. **Princípio constitucional da eficiência administrativa**. São Paulo: Dialética, 2002.

LUHMANN, Niklas. **Sociologia do direito II**. Tradução de Gustavo Bayer. Rio de Janeiro: Tempo Brasileiro, 1985.

MEDAUAR, Odete. **A processualidade no direito administrativo**. 2. ed. rev. atual. e ampl. São Paulo: RT, 2008.

MORAES, Alexandre de. **Reforma administrativa**: Emenda Constitucional nº 19/98. 4. ed. rev. ampl. e atual. de acordo com a EC nº 20/98. São Paulo: Atlas, 2001.

MOREIRA, Egon Bockmann. **Processo administrativo**: princípios constitucionais e a Lei 9.784/99. 2. ed. atual. rev. e aum. São Paulo: Malheiros, 2003.

PEREIRA, Luiz Carlos Bresser. SCHIER, Adriana da Costa Ricardo. Administração pública: apontamentos sobre os modelos de gestão e tendências atuais. In: GUIMARÃES, Edgar (Coord). **Cenários do direito administrativo**. Belo Horizonte: Fórum, 2004.

TESSEROLLI, Eduardo Ramos Caron; CASTRO, Rodrigo Pironti Aguirre de. Os princípios da subsidiariedade e da universalização do serviço público como fundamentos da prestação de serviço público por meio de ppp: realidade brasileira. In: CASTRO, Rodrigo Pironti Aguirre de; SILVEIRA, Raquel Dias da. (Org.). **Estudos dirigidos de gestão pública na América Latina.** Belo Horizonte: Fórum, 2011. v. 1. p. 109-124.

VIOLIN, Tarso Cabral. **Terceiro setor e as parcerias com a Administração Pública**: uma análise crítica. Belo Horizonte: Fórum, 2006.

WEBER, Max. **Ensaios de sociologia**. Tradução de Waltensir Dutra. Rio de Janeiro: Zahar, [1974?].

Os direitos sexuais e reprodutivos na ordem jurídica internacional e o Habeas Corpus 124.306 no Supremo Tribunal Federal[i]

Derechos sexuales y reproductivos en el orden jurídico internacional y Habeas Corpus 124.306 en el Supremo Tribunal Federal

Sexual and reproductive rights in the international legal order and the Habeas Corpus 124.306 in the Supreme Federal Court

---

i   Artigo anteriormente publicado pela Editora InterSaberes *In:* PAGLIARINI, A. C.; CLETO, V. H. **Direito e jurisdições:** interna e internacional. Curitiba, 2018. p. 391-428.

Estefânia Maria Queiroz Barboza

Doutora em Direito pela Pontifícia Universidade do Paraná, advogada, professora do Programa de Mestrado em Direito do Centro Universitário Internacional Uninter e do Departamento de Direito Público da UFPR, coordenadora do Grupo de Estudos Jurisdição Constitucional Comparada: método, modelos e diálogos.

Larissa Tomazoni

Mestre Direito pelo Centro Universitário Internacional Uninter, advogada, pós-graduanda em Gênero e Sexualidade, Bacharel em Direito pelo Centro Universitário Autônomo do Brasil – Unibrasil, pesquisadora do Núcleo de Estudos Filosóficos (NEFIL/UFPR) e do Grupo de Estudos Jurisdição Constitucional Comparada: método, modelos e diálogos (Uninter).

Resumo: Este trabalho busca demonstrar quais são os principais documentos internacionais que garantem os direitos sexuais e reprodutivos das mulheres e demonstrar como esses avançaram na legislação pós-Constituição de 1988. Busca analisar o Habeas Corpus 124.306/RJ para verificar se a *ratio decidendi* guarda relação com o que foi positivado no Direito Internacional Público no que tange aos direitos sexuais e reprodutivos. Trata-se de uma pesquisa descritiva realizada a partir da revisão bibliográfica dos documentos internacionais de direitos humanos e da legislação interna brasileira. Busca demonstrar a importância dos direitos sexuais e reprodutivos das mulheres enquanto parte universal e indivisível dos direitos humanos.

Palavras-chave: Direitos sexuais e reprodutivos. Direito Internacional Público. Direitos Humanos. Jurisdição.

Resumen: Este artículo busca demostrar cuáles son los principales documentos internacionales que garantizan los derechos sexuales y reproductivos de las mujeres y demostrar cómo avanzaron en la legislación constitucional posterior a 1988. Busca analizar Habeas Corpus 124.306 / RJ para ver si la ratio decidendi está relacionada con lo que se confirmó en el derecho internacional público con respecto a los derechos sexuales y reproductivos. Esta es una investigación descriptiva realizada basada en una revisión bibliográfica de documentos internacionales de derechos humanos y la legislación nacional brasileña. Busca demostrar la importancia de los derechos sexuales y reproductivos de las mujeres como parte universal e indivisible de los derechos humanos.

Palabras clave: Derechos sexuales y reproductivos. Ley internacional publica. Derechos humanos. Jurisdicción.

Abstract: This paper aims to demonstrate the main international documents that guarantee the sexual and reproductive rights of women and to demonstrate how they have been progressing since the Federal Constitution of 1988. This research seeks to analyze Habeas Corpus *124.306 / RJ to verify if the grounds of the decision are related to what was established in Public International Law in relation to sexual and reproductive rights. This is a descriptive research based on the bibliographic review of international human rights documents and Brazilian domestic legislation. It seeks to demonstrate the importance of women's sexual and reproductive rights as a universal and indivisible part of human rights.*

Keywords: *Sexual and reproductive rights. Public International Law. Human Rights. Jurisdiction.*

Sumário: 1. Introdução. 2. Os direitos sexuais e reprodutivos no âmbito internacional. 3. O desenvolvimento e a afirmação dos direitos reprodutivos no Brasil. 4. Os direitos sexuais e reprodutivos no *Habeas Corpus* 124.306. 5. Considerações finais.

Sumario: *1. Introducción. 2. Derechos sexuales y reproductivos a nivel internacional. 3. El desarrollo y afirmación de los derechos reproductivos en Brasil. 4. Derechos sexuales y reproductivos en Hábeas Corpus 124.306. 5. Consideraciones finales.*

Summary: *1. Introduction. 2. Sexual and reproductive rights at the international level. 3. The development and affirmation of reproductive rights in Brazil. 4. Sexual and reproductive rights in the Habeas Corpus 124.306. 5. Final considerations.*

1
Introdução

As raízes do que se entende por direitos humanos são tão antigas quanto a própria história das civilizações, tendo se manifestado em movimentos sociais e políticos, correntes filosóficas e doutrinas jurídicas distintas em momentos históricos sucessivos, na afirmação da dignidade da pessoa humana e na luta contra todas as formas de opressão, exclusão, despotismo e arbitrariedade.

O reconhecimento desses valores e a formação de padrões mínimos universais de respeito ao próximo constituíram o legado da consciência universal das contínuas gerações de seres humanos tendo presentes suas necessidades e responsabilidades.

A formulação jurídica da noção de direitos humanos no plano internacional é algo recente, articulado no pós-Segunda Guerra a partir da Declaração Universal dos Direitos Humanos de 1948. Os direitos da primeira dimensão foram os primeiros a ser reconhecidos no âmbito internacional, são os direitos civis e políticos, que têm por titular o indivíduo e apareceram ao longo dos séculos XVIII e XIX como expressão de um cenário político marcado pelo ideário do jusnaturalismo e do liberalismo.

A segunda dimensão abrange os direitos sociais, econômicos e culturais, cuja luta remonta ao processo de industrialização, fundam-se no princípio da igualdade, e são tidos como direitos positivos, pois demandam a atuação positiva por parte do Estado.

A terceira dimensão de direitos consolidaram os chamados direitos difusos e coletivos. Os direitos difusos dirigem-se ao gênero humano como um todo e abarca também os direitos de gênero, os direitos da criança, os direitos dos idosos, das pessoas com deficiência e das minorias, que são direitos coletivos pois tratam de grupos específicos. Entende-se que os direitos humanos são decorrências de demandas sociais de determinado período histórico, não são estáticos, mas são conquistas da humanidade que se acumulam e aperfeiçoam ao longo da história.

Nesse contexto histórico e jurídico os direitos sexuais e reprodutivos surgem como parte indivisível dos direitos humanos, e principalmente, dos direitos das mulheres. Ainda que haja no plano internacional a indiscutível existência e afirmação desses direitos, falta aos Estados comprometimento e vontade política de efetivar no plano interno os direitos sexuais e reprodutivos.

Por se tratar de direitos humanos e, portanto, normas *jus cogens*, não cabe aos Estados se esquivar do cumprimento do que dispõem os tratados internacionais que versam sobre o tema, tampouco podem estes se esquivar do cumprimento dos planos de ação das conferências das Nações Unidas, pois, ainda que não tenham força vinculante, correspondem a um compromisso político dos países que o ratificaram com os direitos humanos.

O objetivo deste artigo é demonstrar quais são os principais documentos internacionais que garantem de forma implícita ou explícita os direitos sexuais e reprodutivos das mulheres. Por conta da polêmica que envolve esses direitos e da dificuldade por parte de alguns países em efetivar a garantia dos direitos positivados em Convenções Internacionais de Direitos Humanos é que se faz necessário debater o tema.

O estudo é realizado a partir da análise dos documentos internacionais elaborados após a Segunda Guerra Mundial, período de internacionalização dos direitos humanos e, também, da análise da legislação brasileira e das principais decisões judiciais e políticas públicas que tratem dos direitos sexuais e reprodutivos das mulheres.

Num segundo momento, estudar-se-á o *Habeas Corpus* 124.306/RJ para verificar se a *ratio decidendi* da decisão guarda relação com o que foi positivado no Direito Internacional Público no que tange aos direitos sexuais e reprodutivos.

Por fim, são utilizadas referências bibliográficas de autoras feministas e estudiosas das questões de gênero e sexualidade, que advogam pela realização da sexualidade e da reprodução de forma emancipatória e igualitária. A finalidade deste trabalho é demonstrar a importância dos direitos sexuais e reprodutivos para a vida, a dignidade e a saúde das mulheres e do pleno exercício dos direitos humanos.

2
Os direitos sexuais e reprodutivos no âmbito internacional

As sociedades democráticas contemporâneas deram início a um grande movimento político de reivindicação de direitos na esfera da sexualidade e reprodução a partir de uma perspectiva emancipatória. A construção dos direitos sexuais e reprodutivos está vinculada aos movimentos sociais, principalmente os das mulheres, que se voltaram inicialmente contra as políticas verticais de natalidade e posteriormente ao debate para o exercício pleno da sexualidade e reprodução, que passavam a ser introduzidas no discurso político não mais como necessidade biológica, mas como um conjunto de direitos (SCHIOCCHET, 2007, p. 61-62).

Os direitos humanos são um conjunto mínimo de direitos necessários para assegurar uma vida baseada na liberdade e dignidade do ser humano. Os direitos fundamentais são assim considerados porque sem eles a pessoa humana não consegue existir e não será capaz de se desenvolver e viver plenamente (RAMOS, 2001, p. 22). Os direitos sexuais e reprodutivos são os mais humanos de todos os direitos, que precisam ser reconhecidos, mas também vividos e transcendidos pela humanidade. Os direitos sexuais e reprodutivos[i] são inseparáveis, pois, garantem o livre exercício da sexualidade e autonomia para decisões no que se refere à vida sexual e reprodução, bem como em assumir as responsabilidades por essas decisões, baseadas numa ética pessoal e social, que assegure a integridade e a saúde (DÍAZ; CABRAL; SANTOS, 2013, p. 9-10).

Os direitos reprodutivos referem-se ao direito de decidir livre e responsavelmente sobre o número, espaçamento, oportunidade de ter filhos e o acesso à informação e aos meios para a tomada dessa decisão. Os direitos sexuais dizem respeito ao direito de exercer a sexualidade e a reprodução livre da discriminação, coerção e violência. São direitos que estão inter-relacionados, pois o exercício da sexualidade de forma livre e segura só é possível se a prática sexual estiver desvinculada da reprodução (MATTAR, 2008, p. 61). Refere-se ainda à vida, à sobrevivência, à saúde sexual e reprodutiva, aos benefícios do progresso cientifico nessa área, à liberdade e à segurança, à não discriminação e ao respeito às escolhas, à educação e à informação para a tomada de decisões e autodeterminação (VENTURA, 2009, p. 19).

A atual concepção dos direitos reprodutivos não se limita a simples proteção da procriação humana, mas também envolve a realização conjunta dos direitos individuais e sociais por meio de leis e políticas públicas que estabeleçam a equidade das relações nesse âmbito. Essa equidade reivindica não apenas a igualdade formal (perante a lei), mas uma igualdade de fato (material), que seja construída socialmente ou por meio de lei e politicas afirmativas. Para o alcance dessa equidade nas relações, é necessário identificar as desigualdades que dificultam ou impedem a efetivação desses direitos por determinada pessoa ou seguimento de pessoas (VENTURA, 2009, p. 20).

---

i   "Na perspectiva geracional dos direitos humanos, os direitos sexuais e reprodutivos abarcam direitos de primeira, segunda, terceira ou, ainda, quarta gerações. Eles incorporam a reivindicação por liberdades e garantias individuais, mas também por direitos sociais (saúde, educação, etc.) e políticas públicas destinadas a determinadas coletividades (com recorte geracional, social, étnico, de gênero, etc.). Os direitos sexuais e reprodutivos obrigam o Estado e terceiros a prestações (obrigações positivas) e, ao mesmo tempo, a abstenções (direitos negativos ou garantias contra a violação de direitos). Abarcam ainda os direitos relacionados ao desenvolvimento de biotecnologias (como aquelas ligadas à reprodução humana medicamente assistida)" (SCHIOCCHET, 2007, p. 82).

A efetivação dos direitos reprodutivos envolve assegurar direitos relativos à autonomia e autodeterminação das funções reprodutivas reconhecidas nos Pactos e Convenções de Direitos Humanos e na lei constitucional brasileira, que tem como finalidade proporcionar os meios e condições necessários para a prática livre, saudável e segura das funções reprodutivas e da sexualidade (VENTURA, 2009, p. 19-20).

Sobre os direitos reprodutivos que foram afirmados gradativamente no âmbito internacional, destacam-se os principais documentos e dispositivos legais que asseguram tais direitos: em 1948 a Declaração Universal dos Direitos Humanos garantiu que ninguém estará sujeito a interferências na sua vida privada, na sua família, no seu lar (art. XII) e que homens e mulheres têm o direito de contrair matrimônio e fundar uma família, sem qualquer resistência, exceto uma idade mínima para contraí-lo (art. XVI). A Convenção Internacional sobre a Eliminação de todas as Formas de Discriminação Racial, de 1965, garantiu o direito à liberdade (artigo 5), à igualdade no acesso à saúde (artigo 5, letra e, n. IV), à igualdade no casamento e na constituição da família (artigo 5, letra d, IV). Em 1966 o Pacto Internacional sobre Direitos Civis e Políticos garantiu o direito à vida e à liberdade (artigo 6) e a igualdade entre homens e mulheres (artigo 3). No mesmo ano, o Pacto Internacional dos Direitos Econômicos, Sociais e Culturais ratifica os princípios da igualdade e da liberdade, e obriga os Estados a reconhecerem o direito de proteção especial às mães por um período de tempo razoável antes e depois do parto (artigo 12) (VENTURA, 2009, p. 23).

Em 1984, a Convenção Internacional sobre a Eliminação de Todas as Formas de Discriminação Contra a Mulher reiterou o princípio da igualdade entre os sexos e a obrigatoriedade de adotar ações afirmativas para assegurar essa igualdade. Dentre os direitos a serem assegurados pelos Estados, destacam-se a obrigatoriedade que os Estados fixem uma idade mínima para o consentimento matrimonial (art. 16). A Convenção sobre os Direitos da Criança, de 1989, reconheceu que crianças e adolescentes de ambos os sexos são sujeitos sociais, portadores plenos de direito e garantias próprias, independentes de seus pais e/ou familiares e do próprio Estado, respeitada sua peculiar condição de desenvolvimento, merecedores de cuidados especiais e prioridade absoluta nas políticas públicas. Dentre os direitos assegurados, destaca-se o direito a não discriminação por motivo de sexo ou qualquer outro (artigo 2, inciso 1 e 2). Em 2006, a Convenção sobre os Direitos das Pessoas com Deficiência trouxe um avanço significativo ao fazer referência expressa à saúde sexual e reprodutiva, no art. 25 letras *"a"* e *"b"*, quando afirma que os países devem oferecer às pessoas com deficiência programas e atenção à saúde, inclusive na área de saúde sexual e reprodutiva, propiciando que essas pessoas tenham acesso aos serviços e insumos que necessitam especificamente por causa de sua deficiência, inclusive diagnóstico e intervenção precoces (VENTURA, 2009, p. 23).

Outro marco importante para a afirmação dos direitos sexuais e reprodutivos no âmbito internacional foram as Conferências realizadas pela ONU. Na I Conferência Mundial de Direitos Humanos, em 1968, realizada em Teerã, que a história dos direitos reprodutivos como direitos humanos, com enfoque na autonomia reprodutiva da mulher, supostamente começou. Nessa Conferência adotou-se o que viria a ser o núcleo dos direitos reprodutivos, foi proclamado que os genitores têm o direito fundamental de determinar livremente o número de filhos e o intervalo entre seus nascimentos (MATTAR, 2008, p. 67). Teerã faz menção à questão da família, dos filhos e dos direitos reprodutivos, mas não faz referência aos direitos sexuais (SCHIOCCHET, 2007, p. 73).

Em 1974 foi realizada, em Bucareste, na Romênia, a Conferência de População, na qual se reconhecem dois elementos centrais: o direito de casais e indivíduos determinarem o número de filhos e seu espaçamento e o papel do Estado na garantia desses direitos, incluindo-se a informação e o acesso a métodos de controle da natalidade. Em 1975 realizou-se, no México, a Conferência Mundial do Ano Internacional da Mulher, que deu início ao Decênio da Mulher, no qual se reconheceu o direito à integridade física e às decisões sobre o próprio corpo, o direito a diferentes orientações sexuais e os direitos reprodutivos. Em 1978 realizou-se a Conferência de Alma Ata (atual Cazaquistão) em que foi emitida a Declaração de Alma Ata sobre Atenção Primária, que reconheceu as vantagens de um enfoque holístico dos temas de saúde reprodutiva, vinculando os temas de saúde à vida das mulheres (DÍAZ; CABRAL; SANTOS, 2013, p. 4-5).

O termo "direitos reprodutivos" tornou-se público no I Encontro Internacional de Saúde da Mulher, realizado em Amsterdã, Holanda, em 1984. Houve consenso global que o termo trazia um conceito mais completo do que "saúde da mulher", para a ampla pauta da autodeterminação reprodutiva das mulheres, como a desconstrução da maternidade como um dever, a luta pelo direito ao aborto e a anticoncepção (MATTAR, 2008, p. 63).

A Conferência de Viena sobre os Direitos Humanos, realizada em 1993, onde se acordou que os direitos humanos das mulheres incluem o direito a ter controle sobre a sua sexualidade e a decidir livremente, sem discriminação nem violência (DÍAZ; CABRAL; SANTOS, 2013, p. 4-5). Foi a Declaração de Direitos Humanos de Viena, que afirmou de forma explícita em seu §18 que os direitos humanos das mulheres e meninas são parte integral, inalienável e indivisível dos direitos humanos universais. O legado de Viena é duplo, pois, endossa a universalidade e indivisibilidade dos direitos humanos invocada pela Declaração Universal de 1948 e também confere visibilidade aos direitos das mulheres e meninas (PIOVESAN, 2004, p. 78).

Com a Conferência de Viena, pela primeira vez o termo *sexual* foi introduzido na linguagem internacional dos direitos humanos. Infelizmente o termo enfatizou apenas a violência sexual sofrida pelas mulheres, deixando de produzir uma representação mais ampla e positiva da sexualidade. Recorreu-se aos Estados para eliminar a violência baseada no gênero e todas as formas de abuso sexual, enfatizando a violação aos direitos sexuais, em detrimento de uma perspectiva afirmativa e prazerosa da sexualidade. A Conferência de Viena foi importante não apenas porque reconheceu a violência sexual como violação dos direitos humanos, mas também porque inseriu pela primeira vez o termo *sexual* na gramática dos direitos humanos (SCHIOCCHET, 2007, p. 74-75).

Foi na Conferência Internacional sobre População e Desenvolvimento, realizada no Cairo, de 05 a 13 de setembro de 1994 que, pela primeira vez, a saúde sexual e reprodutiva e os direitos reprodutivos passaram a constituir os aspectos principais de um acordo central sobre população (DÍAZ; CABRAL; SANTOS, 2013, p. 4-5). Enfrentou-se, então, a questão dos direitos sexuais e reprodutivos, estabelecendo-se princípios éticos relevantes relacionados com tais direitos e afirmando o direito da mulher a ter controle sobre as questões relativas à sexualidade, saúde sexual e reprodutiva assim como a decisão livre de coerção, violência e discriminação, como um direito fundamental. Enfatizou, ainda, que o livre exercício dos direitos sexuais e reprodutivos demanda políticas públicas que assegurem tais direitos. Apesar da advertência explicitada no Preâmbulo do documento, de que a Conferência do Cairo não criava novos tipos de direitos humanos, seu Programa de Ação inovou justamente ao explicitar os direitos reprodutivos (TOMAZONI; GOMES, 2015, p. 15).

Nessa Conferência a questão demográfica relativa aos aspectos da reprodução humana é deslocada para o âmbito dos direitos humanos, reconhecendo-se os direitos reprodutivos como direitos fundamentais para o desenvolvimento das nações e como parte dos direitos humanos básicos que devem orientar as políticas relacionadas à população. Um aspecto importante do Plano de Ação do Cairo é a relação estabelecida entre os direitos reprodutivos e os direitos das mulheres voltados para as relações equitativas entre os gêneros sob a ótica dos direitos humanos, estabelecendo objetivos e metas que envolvem a educação, a igualdade entre os sexos, a redução da mortalidade infantil e materna e o acesso universal aos serviços de saúde reprodutiva, familiar e sexual (VENTURA, 2009, p. 22-23).

Na Conferência, o termo *sexual* deixa de ser mencionado apenas no plano da violência e passa a ter um sentido positivo que compõe o bem-estar individual, ainda que a terminologia centrada na reprodução tenha prevalecido em relação à sexualidade (SCHIOCCHET, 2007, p. 20).

A IV Conferência Mundial da Mulher, realizada em Pequim no ano de 1995, coincidia com os 50 anos da ONU e tinha como objetivo central preparar uma Plataforma de Ação para o final do século com os subtemas "igualdade, desenvolvimento e paz". Assim como as três conferências precedentes sobre a temática, também reafirmou o compromisso com os direitos humanos das mulheres, dando continuidade à agenda global para o progresso e fortalecimento da condição feminina no mundo (TOMAZONI; GOMES, 2015, p. 15).

O resultado dos trabalhos da Conferência foi a Plataforma de Ação e a Declaração de Beijing, elaboradas com base no que havia sido firmado sobre o assunto nas conferências sociais precedentes. Reafirmou as conquistas em relação aos direitos reprodutivos e também avançou na formulação dos direitos sexuais como parte dos direitos humanos, e pela primeira vez as mulheres foram consideradas seres sexuais, além de reprodutivos (MATTAR, 2008, p. 69). A plataforma considera que a emancipação da mulher é uma condição básica para existência da justiça social, e não deve ser encarada como um problema apenas das mulheres, mas um dever de toda a sociedade (TOMAZONI; GOMES, 2015, p. 15).

A Conferência do Cairo e a Conferência de Pequim foram decisivas para inscrever os direitos reprodutivos no cenário dos direitos humanos e para inserir a temática dos direitos sexuais. Enfatizaram a igualdade de gênero e formularam um conceito referente aos direitos sexuais, enquanto direitos humanos, numa perspectiva positiva da sexualidade. Reconheceram a necessidade de criar propostas para a solução da pobreza, que acaba inviabilizando as políticas públicas para a promoção dos direitos sexuais e reprodutivos. As Conferências do Cairo e Pequim foram relevantes, pois, em nenhum documento anterior conseguiu-se uma definição tão representativa dos direitos sexuais e reprodutivos (SCHIOCCHET, 2007, p. 75-78).

Ainda que as Declarações e os Programas e Plataformas de Ação das Conferencias Internacionais não tenham caráter vinculante como os tratados e convenções de direitos humanos, são compromissos morais dos Estados signatários, que resultam em pressões externas para que se cumpra o acordo e, eventualmente um constrangimento político para o Estado em caso de descumprimento (MATTAR, 2008, p. 62).

Sobre os documentos internacionais vinculantes, em 1979, a Convenção sobre a Eliminação de Todas as Formas de Discriminação contra a Mulher (CEDAW) fundamentou-se na dupla obrigação de eliminar a discriminação e assegurar a igualdade (MATTAR, 2008, p. 68). O artigo 16 da CEDAW dispõe que os Estados-partes adotarão todas as medidas adequadas para eliminar a discriminação contra a mulher em todos os assuntos relativos ao casamento e às relações familiares e, em particular, com base na igualdade entre homens e mulheres, assegurarão os mesmos direitos e responsabilidades como pais, qualquer que seja seu estado civil, em matérias pertinentes aos filhos (ONU, 1979). A premissa básica da Convenção é a de que a mulher deve ter a mesma liberdade que o homem para fazer escolhas tanto na vida pública quanto na vida privada. E pela primeira vez, os Estados se obrigam a tomar medidas para a eliminação dessa discriminação em todos os âmbitos da sociedade (ALVES, 1997, p. 114).

Na II Conferência Mundial de Direitos Humanos, realizada em Viena em 1993, é afirmado que os direitos humanos das mulheres e meninas são inalienáveis e constituem parte integral e indivisível dos direitos humanos, recomendando aos Estados a intensificação dos esforços na proteção e promoção de direitos com o objetivo de reduzir e eliminar as violações no campo da sexualidade e reprodução (VENTURA, 2009, p. 25).

Em Viena, a sexualidade das mulheres foi pela primeira vez invocada. Nos parágrafos 18 e 38 do programa de ação consolidam o entendimento de que os Direitos Humanos das mulheres e das crianças do sexo feminino constituem uma parte inalienável, integral e indivisível dos Direitos Humanos universais. A participação plena das mulheres, em condições de igualdade, na vida política, civil, econômica, social e cultural, aos níveis nacional, regional e internacional, bem como a erradicação de todas as formas de discriminação com base no sexo, constituem objetivos prioritários da comunidade internacional. Isto pode ser alcançado através de medidas de caráter legislativo e da ação nacional e cooperação internacional em áreas tais como o desenvolvimento socioeconômico, a educação, a maternidade segura e os cuidados de saúde, e a assistência social.

O artigo 38 aponta a importância de se trabalhar no sentido da eliminação da violência contra as mulheres na vida pública e privada, da eliminação de certas práticas tradicionais ou consuetudinárias, preconceitos culturais e extremismos religiosos. A Conferência Mundial sobre Direitos Humanos insta os Estados a combaterem a violência contra as mulheres em conformidade com as disposições contidas na declaração (ONU, 1993).

Tanto a Convenção sobre a Eliminação de Todas as Formas de Discriminação contra a Mulher quanto a Conferência de Viena recorrem aos Estados para a eliminação da violência baseada no gênero e todas as formas de abuso e exploração sexual (MATTAR, 2008, p. 68-69).

A Declaração Sobre a Eliminação da Violência Contra a Mulher, adotada em 1993, conceituou no artigo 2º as diversas formas de violência contra as mulheres abrangem, embora não se limite aos mesmos, a violência física, sexual e psicológica ocorrida no seio da família, praticada na comunidade em geral ou tolerada pelo Estado, onde quer que ocorra.

Essa declaração serviu de base para Convenção Interamericana para Prevenir, Punir e Erradicar a Violência Contra a Mulher (Convenção de Belém do Pará), aprovada pela OEA em 1994, cujo conteúdo é juridicamente vinculante aos países que a retificaram (MATTAR, 2008, p. 69). A Convenção de Belém do Pará é o primeiro tratado internacional a reconhecer, de forma enfática, a violência contra a mulher e alega que esta constitui uma violação dos direitos e liberdades fundamentais e destrói ou compromete o gozo, por parte das mulheres, de tais direitos e liberdades (OEA, 1994).

Os direitos sexuais, apesar de terem conquistado relevância nos debates internacionais como parte indivisível dos direitos humanos, ainda são tratados de forma incipiente no âmbito jurídico (SCHIOCCHET, 2007, p. 63). O conceito de direitos sexuais ainda não tem o reconhecimento na sua extensão ideal. Esses direitos, quando mencionados, são feitos de forma conjunta, "direitos sexuais e reprodutivos"; a crítica a esta forma de abordagem se dá pelo fato de que ela restringe a formulação dos direitos dos direitos sexuais, e de fato, há um atraso na discussão e dificuldades para a formulação positiva, autônoma e mais ampla dos direitos sexuais (VENTURA, 2009, p. 21). O desenvolvimento do conceito de direitos sexuais só foi possível de forma negativa, enunciando o direito de não ser objeto de abuso ou exploração e não em um sentido positivo emancipatório (MATTAR, 2008, p. 64).

A noção de saúde sexual está inserida muitas vezes no conceito de saúde reprodutiva. Esses conceitos devem ser diferenciados, uma vez que sexualidade e reprodução dizem respeito a representações distintas e não são mais indissociáveis como prescrevia o modelo de sexualidade baseado no binômio "sexualidade-procriação". Ao utilizar a mesma terminologia para ambas as concepções, há uma maximização da esfera reprodutiva em detrimento da esfera sexual, quando o objetivo é analisar essas duas esferas, em especial a sexualidade, que é omitida nos contextos jurídicos e políticos (SCHIOCCHET, 2007, p. 78).

A Sessão Especial da Assembleia Geral da ONU, realizada em Nova York em junho de 2000, tinha como objetivo avaliar e reafirmar os compromissos assumidos nas Conferências do Cairo e de Pequim (Pequim + 5) e revelou a dificuldade do pleno reconhecimento dos direitos sexuais. Nessa ocasião, apesar das propostas, não foi reconhecida a orientação sexual como base de discriminação, tampouco se tratou do estupro marital, que demonstra a impunidade da violência doméstica (SCHIOCCHET, 2007, p. 80).

Os direitos sexuais e reprodutivos estão amplamente previstos em documentos internacionais, sendo o Brasil signatário de diversos deles, que constituem importantes recomendações para os Estados na condução de políticas públicas, além de estabelecer um comprometimento moral entre os Estados. O Direito absorveu alguns princípios éticos, judicializando-os e estabeleceu outros, exigindo a observância deles por parte dos juristas quando da criação e aplicação das normas jurídicas, o que inclui também o comprometimento estatal. A Constituição impõe a redução das desigualdades e o respeito à dignidade humana, como determinantes na atuação político-social do Estado Democrático de Direito. Essa leitura, contudo, tem sua eficácia atrelada às interpretações e instituições políticas que se faz a partir do texto constitucional (SCHIOCCHET, 2007, p. 83-85).

3
O desenvolvimento e a afirmação dos direitos reprodutivos no Brasil

O desenvolvimento dos direitos reprodutivos no Brasil é marcado por uma cultura religiosa, predominantemente cristã, que ao longo da história transpõe para as normas jurídicas e sociais seus dogmas religiosos, como a obediência e servidão da mulher em relação ao homem e a procriação de tantos filhos quantos Deus e a natureza determinassem.

No século XX, a legislação acolheu o direito de proteção da maternidade e ao trabalho da mulher introduzido na Consolidação das Leis do Trabalho, em 1940. O Código Penal proíbe o aborto, mas excepciona em caso de gravidez resultante de estupro e risco de morte para a mãe. O Código Civil de 1916, revogado em 2002, contava com artigos que colocavam a mulher em situação desigual em relação ao homem, que detinha o pátrio-poder e a guarda dos filhos em favor da mãe era mantida e protegida desde que esta fosse "honesta", e impunha o dever de alimentar exclusivamente ao homem, reafirmando no plano legal, o papel da mulher como cuidadora e do homem como provedor da família (VENTURA, 2009, p. 26-27).

No início da Assembleia Constituinte, a "Carta da Mulher Brasileira aos Constituintes", elaborada em 1986, buscava a garantia de a mulher decidir sobre o seu próprio corpo, pelo direito à livre opção pela maternidade, assistência médica tanto no pré-natal quanto na interrupção da gravidez. Em contrapartida à articulação feminista, parlamentares contrários ao aborto, defenderam que devia constar a definição constitucional do direito à vida desde a concepção, o que não se realizou no texto final (CARRARA; VIANA, 2016, p. 339).

A Constituição de 1988 encerrou o longo período autoritário instituído pelo golpe de 64, espelhando, portanto, as particularidades do processo de democratização que teve início no final da década de 70. Assim como em outros países latino-americanos, a luta pelo reestabelecimento dos direitos políticos clássicos foi conjugada com as outras demandas por uma agenda mais ampla de direitos humanos, trazida pela ação de novos sujeitos políticos que se organizaram em torno das problemáticas de gênero e sexualidade, e dessa maneira, além dos direitos sexuais também foram trazidos à tona os direitos reprodutivos das mulheres e os direitos de diferentes minorias sexuais (CARRARA; VIANA, 2016, p. 334).

As articulações promovidas por militantes e organizações feministas na década de 70, em conjunto com movimentações mais amplas pela democratização do país, desempenharam um papel crucial na inscrição de demandas pela igualdade de gênero na estrutura jurídico-normativa do país. Mediante essas articulações foram trazidas à cena política discussões sobre a complexidade das relações de gênero e, em especial, sobre a relevância da sexualidade e da reprodução como vitais para a autonomia das mulheres em relação a decisões que envolvam seus próprios corpos (CARRARA; VIANA, 2016, p. 335).

A Constituição Federal de 1988 é o marco político, institucional e jurídico que reordenou todo o sistema brasileiro e impôs a adequação de todas as normas internas aos parâmetros dos direitos humanos; é comprometida com os direitos humanos e a implementação de compromissos firmados nos tratados internacionais; é, portanto, ponto fundamental a partir do qual a sexualidade e a reprodução se instituíram como campo legítimo de exercício de direitos no Brasil. A existência de diferentes movimentos sociais que buscaram transportar para a esfera pública questões que antes eram consideradas de âmbito privado trouxe, em alguns casos, transformações expressivas como a formulação da equidade de gênero como direito constitucional e o reconhecimento legal da existência de diversas formas de família, reflexos claros da força de grupos feministas e de mulheres (CARRARA; VIANA, ANO, p. 334-335).

Essa movimentação interna articulava-se a um quadro internacional mais amplo, como a instituição por parte das Nações Unidas do ano de 1975 como o "Ano Internacional da Mulher", permitindo maior legitimidade e visibilidade aos grupos de mulheres (Movimento Feminino Pela Anistia, Brasil Mulher, Nós Mulheres). A década de 1980 foi marcada pelo destaque para a temática da violência contra a mulher e da saúde da mulher. Em 1985, foi criado o Conselho Nacional de Direitos da Mulher e a primeira Delegacia Especial de Atendimento à Mulher em São Paulo, que depois se estenderia para todo país (CARRARA; VIANA, 2016, p. 336).

Na década de 1990, procedeu-se no Brasil uma extensa produção normativa voltada para a promoção dos direitos constitucionais, com avanço significativo para os direitos das mulheres e para os direitos reprodutivos. Em 1993, o Programa de Saúde Materno-Infantil foi substituído pelo Programa de Assistência Integral à Saúde da Mulher (PAISM), que superou o binômio do programa anterior trazendo uma visão mais integrada da saúde, enfatizando a necessidade de atender a mulher em todas as fases da vida e destacando a importância do acesso à informação e planejamento familiar (CARRARA; VIANA, 2016, p. 30-337).

Leis posteriores ampliaram o direito à licença-maternidade, a criminalização do assédio sexual e o afastamento do agressor em caso de violência doméstica, contudo, apenas em 2002 foi reconhecido o direito à licença-maternidade em casos de adoção ou guarda de crianças, evidenciando os pressupostos "biologizantes" que ainda permeiam os direitos reprodutivos (CARRARA; VIANA, 2016, p. 337). O avanço dos debates e da legislação entre 1985 e 1994 permitiu que o Brasil levasse para a Conferência do Cairo em 1994, e de Pequim em 1995, uma linguagem avançada e bem construída dos direitos reprodutivos (VENTURA, 2009, p. 30).

Segundo o artigo 226 § 7º da CF/88, a família, base da sociedade, tem especial proteção do Estado e fundado nos princípios da dignidade da pessoa humana e da paternidade responsável, o planejamento familiar é livre decisão do casal, competindo ao Estado propiciar recursos educacionais e científicos para o exercício desse direito, vedada qualquer forma coercitiva por parte de instituições oficiais ou privadas. A Lei 9.263/96 regulamentou o planejamento familiar, definido como um conjunto de ações de regulação de fecundidade que garante direitos iguais de constituição, limitação ou aumento de prole pela mulher, pelo homem ou pelo casal, e para tanto, o acesso igualitário a informação, meios, métodos e técnicas disponíveis. Em dezembro de 2004 foi lançado o Plano Nacional de Políticas para as Mulheres, que era claramente ancorado nos compromissos firmados na Conferência do Cairo e na Conferência de Pequim (CARRARA; VIANA, 2016, p. 337-340).

A legalização do aborto permanece como ponto nevrálgico na construção dos direitos sexuais e reprodutivos das mulheres; a legislação vigente ainda considera o aborto como crime, albergando poucas exceções (CARRARA; VIANA, 2016, p. 339).

Sobre o aborto, inicialmente, os movimentos feministas e de mulheres apelaram aos organismos regionais e internacionais de direitos humanos e denunciaram os Estados por seu descumprimento da norma vigente sobre aborto e pela falta de atenção às mulheres nesses casos (RUIBAL, 2014).

Alguns exemplos de casos, em âmbito internacional, que foram favoráveis às mulheres são: a decisão do Comitê de Direitos Humanos das Nações Unidas em 2005, que decidiu contra o Estado Peruano por não garantir o acesso ao aborto em um caso de anencefalia; o caso Paulina no México, resolvido em 2007 através de um acordo com a Comissão Interamericana de Direitos Humanos, que condenou o Estado Mexicano por não garantir o direito ao aborto em caso de violação; e a decisão do Comitê de Direitos Humanos da ONU contra a Argentina em 2001, por não prover acesso ao aborto no caso de uma mulher jovem com um grau de deficiência mental que tinha sido violada. Esses casos se tornaram referências na defesa legal do aborto na América Latina, e as decisões constituem pontos de referência fundamental para toda demanda relacionada ao direito ao aborto na região (RUIBAL, 2014).

A Conferência Internacional sobre População e Desenvolvimento (CIPD) constitui um marco importante no que se refere ao aborto, à saúde e aos direitos reprodutivos no âmbito internacional dos direitos humanos. O Programa de Ação do Cairo é extenso e contém mais de duzentas recomendações, com quinze objetivos nas áreas de saúde, desenvolvimento e bem-estar social. Uma característica essencial do programa é a recomendação de proporcionar atenção integral à saúde reprodutiva que abarque inclusive o aborto, este programa definiu, pela primeira vez, aspectos fundamentais sobre saúde reprodutiva em um documento normativo internacional. (RUIBAL, 2014) A Convenção para a Eliminação de Todas as Formas de Discriminação Contra a mulher (CEDAW) não se refere expressamente ao aborto, mas chama os Estados partes ao adotar medidas apropriadas para eliminar a discriminação contra a mulher na esfera de atenção médica, o que inclui o planejamento familiar e também as leis penais sobre o aborto, que tanto ameaçam a saúde da mulher (SIEGEL, 2009).

O acesso das mulheres ao aborto sob certas circunstâncias está ganhando reconhecimento como um direito humano, na medida em que este direito nada mais é do que o direito de ser protegida contra abortos perigosos, o que se entende como um aspecto do direito das mulheres à saúde e à vida (SIEGEL, 2009).

No direito interno, nos últimos anos, houve reformas que liberalizaram, ainda que em distintos graus e na maioria dos casos de maneira limitada, as regulações sobre aborto na Colômbia, México, Brasil, Argentina e Uruguai. No Brasil, em 2004, o Instituto de Bioética, Direitos Humanos e Gênero (ANIS) apresentou ao Supremo Tribunal Federal uma ADPF que conduziu à legalização do aborto em casos de anencefalia em 2012 (BRASIL, 2012).

Na Colômbia, em abril de 2005, a organização *Women's Link Worldwide* entrou com uma ação de inconstitucionalidade da lei (Código Penal) que penalizava completamente o aborto na Colômbia. Essa ação se fundamentava em grande medida no direito comparado, no direito internacional dos direitos humanos e em argumentos de saúde pública e tinha como meta principal descriminalizar o aborto em todas as circunstâncias. Em maio de 2006, a Corte, por meio da sentença C-355, concluiu que a norma que penalizava o aborto em qualquer circunstância impunha às mulheres uma carga desproporcional, que implicava um desconhecimento de direitos fundamentais reconhecidos na Constituição e em tratados internacionais sobre direitos humanos (VELÉZ, 2013). Referida ação de inconstitucionalidade levou à liberalização da lei penal sobre o aborto em casos de violação, risco de vida ou saúde da mulher e malformações fetais severas (COLÔMBIA, 2006).

Os direitos humanos são incorporados nas leis constitucionais como direitos fundamentais e contam com proteções e garantias específicas e prioritárias, como as cláusulas pétreas. Nesse sentido, é importante a definição dos direitos reprodutivos como direitos humanos e para a sua efetivação é fundamental identificar os princípios e dispositivos legais que possam dar consistência normativa e aplicação adequada aos documentos internacionais de direitos humanos sobre o tema, no contexto social e jurídico local (VENTURA, 2009, p. 56).

O principal objetivo é reduzir violações à autonomia pessoal, integridade física e psicológica e garantir os meios necessários para o ser humano alcançar seu bem-estar sexual e reprodutivo. O primeiro passo é identificar no ordenamento jurídico nacional instituições, instrumentos e mecanismos que permitam a efetivação dos direitos reprodutivos. Essa identificação deve destacar dispositivos nas leis constitucionais, penais, civis e trabalhistas e também nas políticas públicas e aplicá-las nas perspectivas dos direitos humanos (VENTURA, 2009, p. 56).

A lei constitucional brasileira estabelece expressamente o direito à vida (não apenas no seu sentido biológico), o direito à igualdade e à liberdade, assim a Constituição de 1988 estabelece direitos e garantias relativos ao exercício dos direitos reprodutivos que deverão ser contemplados nos vários campos do direito (VENTURA, 2009, p. 57-58).

4
Os direitos sexuais e reprodutivos no Habeas Corpus 124.306

Ao consultar o site do Supremo Tribunal Federal, na aba jurisprudência, é possível pesquisar o termo 'direitos sexuais e reprodutivos'. Esse termo traz apenas dois resultados, a ADPF 54 e o HC 124.306/RJ. Para os fins deste trabalho, analisaremos os fundamentos da decisão do Habeas Corpus 124.306/RJ e a relação com os direitos sexuais e reprodutivos.

No Habeas Corpus 124.306/RJ, julgado em 29 de novembro de 2016, no qual foi relator o ministro Marco Aurélio, a expressão 'direitos sexuais e reprodutivos' consta onze vezes durante o inteiro teor desse julgado. A expressão aparece já na ementa do caso:

Ementa: *DIREITO PROCESSUAL PENAL. HABEAS CORPUS. PRISÃO PREVENTIVA. AUSÊNCIA DOS REQUISITOS PARA SUA DECRETAÇÃO. INCONSTITUCIONALIDADE DA INCIDÊNCIA DO TIPO PENAL DO ABORTO NO CASO DE INTERRUPÇÃO VOLUNTÁRIA DA GESTAÇÃO NO PRIMEIRO TRIMESTRE. ORDEM CONCEDIDA DE OFÍCIO.*

1. O habeas corpus não é cabível na hipótese. Todavia, é o caso de concessão da ordem de ofício, para o fim de desconstituir a prisão preventiva, com base em duas ordens de fundamentos.

4. A criminalização é incompatível com os seguintes direitos fundamentais: os **direitos sexuais e reprodutivos da mulher**, *que não pode ser obrigada pelo Estado a manter uma gestação indesejada; a autonomia da mulher, que deve conservar o direito de fazer suas escolhas existenciais; a integridade física e psíquica da gestante, que é quem sofre, no seu corpo e no seu psiquismo, os efeitos da gravidez; e a igualdade da mulher, já que homens não engravidam e, portanto, a equiparação plena de gênero depende de se respeitar a vontade da mulher nessa matéria.* (grifo nosso) (BRASIL, 2016)

Ainda na ementa, o ministro aponta a necessidade de interpretar conforme a Constituição os arts. 124 a 126 do Código Penal, que tipificam o crime de aborto, para excluir do seu âmbito de incidência a interrupção voluntária da gestação efetivada no primeiro trimestre, pois, a criminalização, nessa hipótese, viola diversos direitos fundamentais da mulher. Acrescenta a isso o impacto da criminalização sobre as mulheres pobres que não têm acesso a médicos e clínicas privadas e acabam em clínicas clandestinas realizando o aborto de forma insegura.

A tipificação penal viola também o princípio da proporcionalidade. É possível que o Estado evite a ocorrência de abortos por meios mais eficazes e menos lesivos do que a criminalização, tais como educação sexual, distribuição de contraceptivos e amparo à mulher que deseja ter o filho, mas se encontra em condições adversas. A criminalização do aborto é uma medida desproporcional em sentido estrito, por gerar custos sociais superiores aos seus benefícios, como problemas de saúde pública, mortes e encarceramento (BRASIL, 2016).

No acórdão, um dos argumentos trazidos pelo ministro Roberto Barroso, redator do acórdão, é a violação a direitos fundamentais das mulheres. "Os direitos fundamentais vinculam todos os Poderes estatais, representam uma abertura do sistema jurídico perante o sistema moral e funcionam como uma reserva mínima de justiça assegurada a todas as pessoas. Deles resultam certos deveres abstenção e de atuação por parte do Estado e da sociedade" (BRASIL, 2016).

É dominante no mundo democrático a percepção de que a criminalização da interrupção voluntária da gestação atinge gravemente os direitos fundamentais das mulheres com reflexos na dignidade humana. Argumenta o ministro que ninguém em sã consciência suporá que um aborto é realizado por prazer ou diletantismo e que o Estado não precisa tornar a vida da mulher pior processando-a criminalmente.

São elencados alguns direitos fundamentais afetados pela criminalização do aborto como a violação à autonomia da mulher, violação aos direitos sexuais e reprodutivos da mulher, violação à igualdade de gênero, discriminação social e impacto desproporcional sobre mulheres pobres.

O argumento da violação à autonomia da mulher guarda relação direta com os direitos sexuais e reprodutivos. A criminalização viola o núcleo essencial da liberdade individual, protegida pelo princípio da dignidade humana, disposta no artigo 1º, III, da Constituição de 1988. A autonomia expressa a autodeterminação, o direito de fazerem suas escolhas existenciais e tomarem suas próprias decisões morais a propósito do rumo de sua vida e:

> *Quando se trate de uma mulher, um aspecto central de sua autonomia é o poder de controlar o próprio corpo e de tomar as decisões a ele relacionadas, inclusive a de cessar ou não uma gravidez. Como pode o Estado – isto é, um delegado de polícia, um promotor de justiça ou um juiz de direito – impor a uma mulher, nas semanas iniciais da gestação, que a leve a termo, como se tratasse de um útero a serviço da sociedade, e não de uma pessoa autônoma, no gozo de plena capacidade de ser, pensar e viver a própria vida?*

A criminalização afeta a integridade física e psíquica da mulher. O artigo 5º, *caput* e inciso III, da Constituição protege o direito à integridade psicofísica contra interferências indevidas e lesões aos corpos e mentes. A integridade física é abalada porque é o corpo da mulher que sofrerá as transformações, riscos e consequências da gestação.

A integridade psíquica é afetada pela assunção de uma obrigação para toda a vida, que exige renúncia, dedicação e comprometimento profundo. O que seria uma bênção se decorresse de vontade própria, pode se transformar em provação quando decorra de uma imposição heterônoma (BRASIL, 2016). Gerar um filho por determinação do direito penal constitui grave violação à integridade física e psíquica de uma mulher, o que, por consequência, conflita com o que dispõe a legislação internacional sobre direitos humanos, que protege o direito dos indivíduos em decidir livremente sobre a reprodução, planejamento familiar e o número e espaçamento dos filhos.

Sobre a violação aos direitos sexuais e reprodutivos das mulheres, o ministro Roberto Barroso argumenta que:

> *A criminalização viola, também, os direitos sexuais e reprodutivos da mulher, que incluem o direito de toda mulher de decidir sobre se e quando deseja ter filhos, sem discriminação, coerção e violência, bem como de obter o maior grau possível de saúde sexual e reprodutiva. A sexualidade feminina, ao lado dos direitos reprodutivos, atravessou milênios de opressão. O direito das mulheres a uma vida sexual ativa e prazerosa, como se reconhece à condição masculina, ainda é objeto de tabus, discriminações e preconceitos. Parte dessas disfunções é fundamentada historicamente no papel que a natureza reservou às mulheres no processo reprodutivo. Mas justamente porque à mulher cabe o ônus da gravidez, sua vontade e seus direitos devem ser protegidos com maior intensidade.* (BRASIL, 2016)

A Conferência Internacional de População e Desenvolvimento e a IV Conferência Mundial sobre a Mulher, realizada em 1995, em Pequim desenvolveram a ideia de liberdade sexual feminina em sentido positivo e emancipatório. Nesse sentido, Roberto Barroso destaca o §73 do relatório da Conferência do Cairo que define direitos sexuais e reprodutivos como o direito de todo indivíduo de decidir livre e responsavelmente sobre a sua reprodução livre de coerção e discriminação.

O tratamento penal dado pelo Código Penal de 1940 afeta a capacidade de autodeterminação reprodutiva da mulher, ao retirar dela a possibilidade de decidir, sem coerção, sobre a maternidade, sendo obrigada pelo Estado a manter uma gestação indesejada além de prejudicar sua saúde reprodutiva, aumentando os índices de mortalidade materna e outras complicações relacionadas à falta de acesso à assistência de saúde adequada (BRASIL, 2016).

A busca da igualdade de gênero também é uma preocupação internacional dentro dos direitos sexuais e reprodutivos. Essa temática também integrou o voto do ministro Roberto Barroso no julgamento do HC 124.306.

Argumentou que a histórica posição de subordinação das mulheres em relação aos homens institucionalizou a desigualdade socioeconômica e promoveu visões excludentes, discriminatórias e estereotipadas da identidade feminina e do seu papel social. Exemplo disso é a visão idealizada em torno da experiência da maternidade. Na medida em que é a mulher que suporta o ônus integral da gravidez, e que o homem não engravida, somente haverá igualdade plena se a ela for reconhecido o direito de decidir acerca da sua manutenção ou não (BRASIL, 2016).

O acórdão abordou também o impacto da descriminalização sobre as mulheres pobres. A pobreza e desigualdade social é um obste para o exercício integral dos direitos sexuais e reprodutivos, pois, as politicas públicas de promoção a esses direitos demandam recursos estatais e, via de regra, as mulheres pobres não têm acesso a meios alternativos de promoção a esses direitos. Quem mais sofre com a criminalização do aborto são as mulheres pobres, que recorrem a clínicas clandestinas, enquanto as mulheres com recursos financeiros recorrem a clínicas particulares.

Essa problemática foi apontada pelo relator do caso:

> *A tipificação penal produz também discriminação social, já que prejudica, de forma desproporcional, as mulheres pobres, que não têm acesso a médicos e clínicas particulares, nem podem se valer do sistema público de saúde para realizar o procedimento abortivo. Por meio da criminalização, o Estado retira da mulher a possibilidade de submissão a um procedimento médico seguro. Não raro, mulheres pobres precisam recorrer a clínicas clandestinas sem qualquer infraestrutura médica ou a procedimentos precários e primitivos, que lhes ofereçem elevados riscos de lesões, mutilações e óbito.* (BRASIL, 2016)

A criminalização da interrupção da gestação no primeiro trimestre vulnera o núcleo essencial de um conjunto de direitos fundamentais da mulher. E afeta a quantidade de abortos seguros e o número de mulheres que tem complicações de saúde ou que morrem devido à realização do procedimento (BRASIL, 2016).

É preciso verificar se há meio alternativo à criminalização que proteja igualmente o direito à vida do nascituro, mas que produza menor restrição aos direitos das mulheres. A criminalização do aborto viola a autonomia, a integridade física e psíquica e os direitos sexuais e reprodutivos da mulher, a igualdade de gênero, e produz impacto discriminatório sobre as mulheres pobres (BRASIL, 2016).

Nessa toada o ministro aponta a necessidade de políticas públicas voltadas aos direitos reprodutivos e à redução da desigualdade econômica e social:

> *o Estado deve atuar sobre os fatores econômicos e sociais que dão causa à gravidez indesejada ou que pressionam as mulheres a abortar. As duas razões mais comumente invocadas para o aborto são a impossibilidade de custear a criação dos filhos e a drástica mudança na vida da mãe (que a faria, e.g., perder oportunidades de carreira). Nessas situações, é importante a existência de uma rede de apoio à grávida e à sua família, como o acesso à creche e o direito à assistência social. Ademais, parcela das gestações não programadas está relacionada à falta de informação e de acesso a métodos contraceptivos. Isso pode ser revertido, por exemplo, com programas de planejamento familiar, com a distribuição gratuita de anticoncepcionais e assistência especializada à gestante e educação sexual.* (BRASIL, 2016)

A tese trazida pelo ministro Roberto Barroso é a de que a tipificação penal do aborto produz um grau elevado de restrição a direitos fundamentais das mulheres. E confere uma proteção deficiente aos direitos sexuais e reprodutivos com reflexos sobre a igualdade de gênero e impacto desproporcional sobre as mulheres mais pobres. A criminalização da mulher que deseja abortar gera custos sociais e para o sistema de saúde, que decorrem da necessidade de a mulher se submeter a procedimentos inseguros, com aumento da morbidade e da letalidade.

Em seu voto, a ministra Rosa Weber reconheceu que o aborto sob a perspectiva constitucional no Brasil exige regulamentação jurídica que seja, ao mesmo tempo, conforme com os direitos do nascituro bem como em harmonia com o direito à liberdade e autonomia individual das mulheres, as quais devem ter seus direitos à autonomia reprodutiva e sexual, a não discriminação indireta de gênero tutelados (BRASIL, 2016).

Diante disso, a Corte não conheceu da impetração, mas concedeu a ordem, de ofício, nos termos do voto do Senhor Ministro Luís Roberto Barroso, Presidente e Redator para o acórdão, vencido o Senhor Ministro Marco Aurélio, Relator, que a concedia.

5
Considerações finais

O objetivo central deste artigo foi demonstrar quais são os principais documentos internacionais que garantem os direitos sexuais e reprodutivos das mulheres e demonstrar como esses avançaram na legislação pós Constituição de 1988 e se tais avanços guardam relação com o que foi positivado no Direito Internacional Público.

No primeiro tópico, discutimos a construção e consolidação dos direitos sexuais e reprodutivos no Direito Internacional Público. A afirmação destes direitos no âmbito internacional ocorreu a partir da década de 1970 por meio das Convenções e Declarações de Direitos Humanos e pelos Programas e Plataformas de Ação das Conferências Internacionais realizadas pelas Nações Unidas. Ainda que os documentos produzidos nas Conferências Internacionais não tenham caráter vinculante, mostram-se como compromissos morais dos Estados signatários, que resultam em pressões externas para que se cumpra o que está disposto no acordo.

O segundo tópico tratou do desenvolvimento dos direitos sexuais e reprodutivos no Brasil. Nota-se a interferência da questão religiosa nesse tema e um reforço da desigualdade formal e material entre homens e mulheres posta pela legislação cível e penal no inicio do século XX.

As articulações promovidas pelas feministas na década de 70, em conjunto com as movimentações pela democratização do país, irradiaram efeitos na Constituição de 1988, que trouxe discussões a respeito das questões de gênero e reordenou todo o sistema brasileiro para que estivesse em consonância com os parâmetros dos direitos humanos. Os movimentos sociais que buscaram transportar para a esfera pública questões suas demandas foram fundamentais para a formulação da equidade de gênero como direito constitucional.

Ainda que tais direitos tenham avançado no plano interno, há muitos temas, como o aborto, que não foram tratados e que demandam uma atuação urgente por parte do Estado para estar em acordo com o que dispõe a legislação internacional.

Os avanços na legislação brasileira, no que diz respeito aos direitos sexuais e reprodutivos, guardam relação, em certa medida, com o que foi positivado no Direito Internacional Público; entretanto, devido à variada gama de tratados e conferências internacionais, o Brasil deve estar mais atento as disposições de direitos humanos consagradas no plano internacional.

No *Habeas Corpus* 124.306, o ministro Roberto Barroso utilizou os direitos sexuais e reprodutivos para fundamentar o seu voto, que concedia a ordem de ofício para a soltura da paciente Rosemere Aparecida Ferreira, pois entendeu que a criminalização aborto até o terceiro mês de gestação viola os direitos sexuais e reprodutivos das mulheres bem como a dignidade humana, direito à saúde e a proteção da integridade física e psíquica, além de prejudicar especialmente as mulheres pobres que não têm acesso a procedimentos seguros para a realização do aborto.

Por fim, nota-se que os direitos reprodutivos estão largamente positivados no âmbito internacional; contudo, os direitos sexuais ainda precisam de maior atenção por parte de juristas e dos Estados, pois não há um conceito emancipatório de direitos sexuais, mas ainda uma mera referência a não ser objeto de violação – o que é bastante relevante no campo dos direitos humanos – entretanto, é preciso superar o conceito negativo de direitos sexuais e formular um conceito alargado, que abarque a proteção contra violações, mas também que garanta o exercício da sexualidade efetivamente como um direito humano, que contribua para uma vida plena e digna.

Referências

BRASIL. STF- HABEAS CORPUS 124.306 /RJ – Rel. Min. Marco Aurélio. 29-11-2016. Disponível em: < http://redir.stf.jus.br/paginadorpub/paginador.jsp?docTP=TP&docID=12580345 >. Acesso em: 20 jun. 2017.

CARRARA, Sérgio; VIANA, Adriana. **Os direitos sexuais e reprodutivos no Brasil a partir da "Constituição Cidadã"**. Disponível em: <http://www.clam.org.br/bibliotecadigital/uploads/publicacoes/924_511_direitossexuaisereprodutivosnaconstituicao.pdf>. Acesso em: 20 jun. 2016.

COLÔMBIA. Corte Constitucional- Sentencia C-355/2006. Disponível em: <http://www.corteconstitucional.gov.co/relatoria/2006/C-355-06.htm>. Acesso em: 20 jan. 2017.

DÍAZ, Margarita; CABRAL, Francisco; SANTOS, Leandro. **Os direitos sexuais e direitos reprodutivos**. Disponível em: <http://adolescencia.org.br/upl/ckfinder/files/pdf/Os_direitos_sexuais_e_direitos_reprodutivos.pdf>. Acesso em: 15 jul. 2017.

MATTAR, Laura Davis. **Reconhecimento jurídico dos direitos sexuais**: uma análise comparativa com os direitos reprodutivos. Disponível em: <http://www.producao.usp.br/handle/BDPI/12993>. Acesso em: 20 jun. 2017.

OEA. **Convenção Interamericana para Prevenir, Punir e Erradicar a Violência Contra a Mulher**. Disponível em: <http://www.pge.sp.gov.br/centrodeestudos/bibliotecavirtual/instrumentos/belem.htm>. Acesso em: 20 jun. 2017.

ONU. **Convenção sobre a Eliminação de Todas as Formas de Discriminação contra a Mulher**. Disponível em: <http://www.pge.sp.gov.br/centrodeestudos/bibliotecavirtual/instrumentos/discrimulher.htm>. Acesso em: 15 jul. 2017.

ONU. **Declaração e Programa de Ação de Viena**. Disponível em: <https://www.oas.org/dil/port/1993%20Declara%C3%A7%C3%A3o%20e%20Programa%20de%20Ac%C3%A7%C3%A3o%20adoptado%20pela%20Confer%C3%AAncia%20Mundial%20de%20Viena%20sobre%20Direitos%20Humanos%20em%20junho%20de%201993.pdf>. Acesso em: 20 jun. 2017.

ONU. **Declaração Sobre A Eliminação Da Violência Contra As Mulheres**. Disponível em: <http://direitoshumanos.gddc.pt/3_4/IIIPAG3_4_7.htm>. Acesso em: 20 jun. 2017.

RAMOS, André de Carvalho. **Direitos humanos em juízo**. São Paulo: Editora Max Limonad, 2001.

RUIBAL, Alba. **Feminismo frente a fundamentos religiosos**: mobilização e contramobilização em torno dos direitos reprodutivos na América Latina. Disponível em: <http://www.scielo.br/pdf/rbcpol/n14/0103-3352-rbcpol-14-00111.pdf>. Acesso em: 20 jun. 2016.

SCHIOCCHET, Taysa. Marcos normativos do direitos sexuais: uma perspectiva emancipatória. In: BRAUNER, Maria Cláudia Crespo. (Org.) **Biodireito e Gênero**. Ijuí: Unijuí, 2007. p. 61-62.

SIEGEL, Reva. **La dignidad y el debate del aborto**. Disponível em: <https://www.law.yale.edu/system/files/documents/pdf/Student_Organizations/SELA09_Siegel_Sp_PV_signed.pdf>. Acesso em: 13 jun. 2017.

TOMAZONI, Larissa Ribeiro; GOMES, Eduardo Biacchi. **Afirmação histórica dos direitos humanos das mulheres no âmbito das Nações Unidas**. Disponível em: <http://revistas.unibrasil.com.br/cadernosdireito/index.php/direito/article/view/847>. Acesso em: 16 jul. 2017.

VELÉZ, Ana Cristina González; MONSALVE, Viviana, Bohórquez. **Estudo de caso da Colômbia**: Normas sobre aborto para fazer avançar a agenda do Programa de Ação do Cairo. Disponível em: <http://www.conectas.org/pt/acoes/sur/edicao/19/1000481-estudo-de-caso-da-colombia-normas-sobre-aborto-para-fazer-avancar-a-agenda-do-programa-de-acao-do-cairo>. Acesso em: 13 jun. 2017.

VENTURA, Miriam. **Direitos reprodutivos no Brasil**. 3. ed. Brasília: UNFPA, 2009.

Congresso Nacional e tratados internacionais:
o regime constitucional de 1988[i]

Congreso Nacional y tratados internacionales:
el regimen constitucional de 1988

National Congress and international treaties:
the constitutional regime of 1988

---

i   Artigo anteriormente publicado pela Editora InterSaberes *In:* PAGLIA-RINI, A. C.; CLETO, V. H. **Direito e jurisdições:** interna e internacional. Curitiba, 2018. p. 285-330.

Francisco Rezek

Graduado em Direito pela UFMG (1966). Doutor da Universidade de Paris em Direito Internacional Público (1970). *Diploma in Law* da Universidade de Oxford (1979). Professor de Direito Internacional e Direito Constitucional na Universidade de Brasília (UnB). Diretor do Departamento de Direito (1974-1976) e da Faculdade de Estudos Sociais (1978-1979). Professor de Direito Internacional no Instituto Rio Branco (1976-1996). Professor na Academia de Direito Internacional da Haia. Procurador e Subprocurador-Geral da República (1972-1983). Ministro do Supremo Tribunal Federal (1983-1990, 1992-1997). Presidente do Tribunal Superior Eleitoral (1989-1990). Ministro de Estado das Relações Exteriores do Brasil (1990-1992). Juiz da Corte Internacional de Justiça das Nações Unidas (1997-2006). Advogado.

Resumo: O artigo analisa a relação entre o regime constitucional brasileiro de 1988 e os acordos internacionais e estuda o potencial conflito entre lei interna e tratados internacionais.

Palavras-chave: Constituição. Tratados internacionais. Conflito de normas.

Resumen: El artículo analiza la relación entre el régimen constitucional brasileño de 1988 y los acuerdos internacionales y estudia el posible conflicto entre el derecho interno y los tratados internacionales.

Palabras clave: *Constitución. Tratados Internacionales. Conflicto de normas.*

Abstract: The article analyzes the relationship between the 1988 Brazilian constitutional regime and international agreements and studies the potential conflict between domestic law and international treaties.

Keywords*: Constitution. International treaties. Conflict of norms.*

Sumário: 1. O regime constitucional de 1988. 1.1. Constituição e acordos executivos: juízo de compatibilidade. 1.2. Procedimento parlamentar. 2. O conflito entre tratado e norma de produção interna. 2.1. Prevalência dos tratados sobre o direito interno infraconstitucional. 2.2. Paridade entre o tratado e a lei nacional. 3. Situações particulares no Brasil.

Sumario: *1. El régimen constitucional de 1988. 1.1. Constitución y acuerdos ejecutivos: juicio de compatibilidad. 1.2. Procedimiento parlamentario. 2. El conflicto entre el tratado y el estándar de producción nacional. 2.1. Prevalencia de los tratados sobre derecho interno infraconstitucional. 2.2. Paridad entre el tratado y el derecho nacional. 3. Situaciones particulares en Brasil.*

Summary: *1. The constitutional regime of 1988. 1.1. The Constitution and executive agreements: judgment on compatibility. 1.2. Parliamentary procedure. 2. The conflict between treaties and internal norms. 2.1. Superiority of treaties over infra-constitutional internal law. 2.2. Parity between treaties and national law. 3. Particular situations in Brazil.*

1
O regime constitucional de 1988

A Constituição brasileira vigente diz ser da competência exclusiva do Congresso Nacional "resolver definitivamente sobre tratados, acordos ou atos internacionais que acarretem encargos ou compromissos gravosos ao patrimônio nacional", sendo que ao Presidente incumbe "celebrar tratados, convenções e atos internacionais, sujeitos a referendo do Congresso Nacional".[i]

A Carta não inova substancialmente por mencionar encargos, etc.: não há compromisso internacional que não os imponha às partes, ainda que não pecuniários. Ela preserva, ademais, a redundância terminológica, evitando qualquer dúvida sobre o propósito abrangente do constituinte. Uma exegese constitucional inspirada na experiência norte-americana – e em quanto ali se promoveu a partir da compreensão restritiva do termo *treaties* –, se não de todo inglória no Brasil republicano anterior, tornou-se agora (ou mais exatamente desde o regime constitucional de 1967-1969) impensável. Concedendo-se, pois, que tenha Accioly abonado, a seu tempo, uma prática estabelecida *extra legem*, é provável que tal prática, na amplitude com que tenciona convalidar acordos internacionais desprovidos de toda forma de consentimento parlamentar, não se possa hoje defender senão *contra legem*.

Muitas vezes se viu tratar a prática dos acordos executivos como uma imperiosa necessidade estatal, a ser escorada, a todo preço, pela doutrina. Os argumentos metajurídicos que serviram de apoio a essa tese enfatizavam a velocidade com que se passam as coisas na política internacional contemporânea, diziam da importância das decisões rápidas, enalteciam o dinamismo e a vocação simplificadora dos governos, deplorando, por contraste, e, finalmente, a lentidão e a obstrutiva complexidade dos trabalhos parlamentares. Não se sabe o que mais repudiar nesse repetido discurso, se o que tem de frívolo ou o que tem de falso. O suposto ritmo trepidante do labor convencional, nas relações internacionais contemporâneas, seria fator idôneo à tentativa de inspirar o constituinte, nunca à pretensão de desafiá-lo. Por outro lado, é inexata e arbitrária a assertiva de que os parlamentos, em geral, quando vestidos de competência para resolver sobre tratados, tomem nisso maior tempo regular que aquele despendido pelos governos – também em geral – para formar suas próprias decisões definitivas a

---

i   Constituição de 1988, art. 49-I e art. 84-VIII.

respeito, mesmo que não considerado o período de negociação, em que agentes destes – e não daqueles – já conviviam com a matéria em processo formativo. Toda pesquisa por amostragem permitirá, neste país, e não apenas nele, concluir que a demora eventual do Legislativo na aprovação de um tratado é companheira inseparável da indiferença do próprio Executivo em relação ao andamento do processo; e que o empenho real do governo pela celeridade ou a importância da matéria tendem a conduzir o parlamento a prodígios de expediência.[i]

Juristas da consistência de Hildebrando Accioly e de João Hermes Pereira de Araújo não escoraram, naturalmente, seu pensamento em considerações do gênero acima referido. Nem se pode dizer que tenham tomado por arma, na defesa da prática dos acordos executivos, o entendimento restritivo da fórmula "tratados e convenções", num exercício hermenêutico à americana. O grande argumento de que se valeram, na realidade, foi o do *costume constitucional*, que se teria desenvolvido, entre nós, temperando a fria letra da lei maior.

Parece, entretanto, que a gênese de normas constitucionais costumeiras, numa ordem jurídica encabeçada por constituição escrita – e não exatamente sumária ou concisa –, pressupõe o silêncio, ou no mínimo a ambiguidade do diploma fundamental. Assim, a Carta se omite de abordar o desfazimento, por denúncia, de compromissos internacionais, e de partilhar a propósito a competência dos poderes políticos. Permite pois que um costume constitucional preencha – com muita nitidez, desde 1926 – o espaço normativo vazio. Tal não é o caso no que tange à determinação do poder convencional, de cujo exercício a Carta, expressa e quase que insistentemente, não quer ver excluído o poder Legislativo. Não se pode compreender, portanto, e sob risco de fazer ruir toda a lógica jurídica, a formação idônea de um costume constitucional *contra a letra da Constituição*.

---

i   O *Tratado de Itaipu* foi encaminhado ao Congresso por mensagem presidencial datada de 17 de maio de 1973. No dia 30 do mesmo mês, promulgava-se o Decreto Legislativo 23/73, aprovando-o. No Senado – cujo pronunciamento sucede sempre ao da Câmara – durou dois dias a tramitação da matéria. O Acordo nuclear Brasil-Alemanha também ilustra a assertiva do texto. A mensagem presidencial que o mandou ao Congresso é de 21 de agosto de 1975, e o inteiro processo se concluiria, com a promulgação do Decreto Legislativo 83/75, aprobatório do acordo, em 20 de outubro seguinte. Nesse caso, foi de vinte dias a permanência da matéria no Senado.

A própria realidade do elemento psicológico de qualquer costume é, no caso, muito discutível. Não há *opinio juris* em que, como no Itamaraty, a sombra da dúvida, que se projetava, em seu tempo, sobre o espírito de Raul Fernandes, marca ainda incômoda presença. Está claro que os acordos executivos, até hoje celebrados sob o pálio doutrinário de Accioly, expõem-se à luz plena do conhecimento: publica-os o Diário Oficial da União, e lêem-nos os membros do Congresso. Mas o silêncio usual não perfaz a *opinio juris*, além de se ver quebrado vez por outra.

Na edição de 25 de maio de 1972, à página 3, o jornal *O Estado de S. Paulo* estampou esta notícia:

> *O voto de aplauso ao Chanceler Gibson Barbosa, sugerido pelo Deputado Marcelo Linhares à Comissão de Relações Exteriores da Câmara, pelo êxito brasileiro na assinatura do acordo de pesca com Trinidad-Tobago, foi sustado pela unanimidade dos membros daquele órgão técnico, sob a alegação 'de desconhecimento oficial do texto aprovado.*

Lembraram os deputados Flávio Marcílio e Henrique Turner o texto constitucional, que dá competência exclusiva ao Congresso Nacional para resolver definitivamente sobre os tratados, convenções e atos internacionais celebrados pelo Presidente da República, não importando que título tenham tais documentos.

Revelou Flávio Marcílio o interesse da Marinha em que os acordos de pesca fossem ratificados pelo Congresso Nacional, em contraposição à opinião dominante do Itamaraty, pelo não envio deles ao Legislativo sob o argumento de que sua aprovação seria muito demorada.

Henrique Turner acentuou que, no caso do acordo de Roboré, o governo alegara que se tratava "apenas de notas reversais", mas acabou remetendo seu texto ao Congresso, para que se soubesse se era realmente um tratado ou realmente "notas reversais".

O deputado paulista admitiu a hipótese de o Itamaraty não ter ainda encaminhado o acordo ao Congresso, talvez por não lhe interessar a divulgação antes de serem concluídos entendimentos idênticos com outros países, como ocorreu recentemente com os Estados Unidos.

De qualquer maneira, mesmo com essa tentativa de explicação, a Comissão decidiu, por unanimidade, sustar a votação do voto de aplauso e congratulação, proposto pelo Deputado Marcelo Linhares, até que o Ministério das Relações Exteriores forneça à Câmara os necessários esclarecimentos sobre a matéria".[i]

1.1 Constituição e acordos executivos: juízo de compatibilidade

Sobre a premissa de que um costume constitucional se pode desenvolver em afronta à literalidade da lei maior, os patrocinadores contemporâneos da prática do acordo executivo, no Brasil, prosseguem fiéis ao rol permissivo lavrado sob a vigência da Carta de 1946. Na lógica, na observação de outros modelos nacionais, na própria experiência local – não na Constituição –, pretendem encontrar base para sua lista de tratados consumáveis sem consulta ao Congresso. Não é de estranhar, assim, que a lista seja encabeçada justamente por seus dois tópicos indefensáveis – visto que, quanto a eles, nenhuma acomodação aos preceitos da lei fundamental se pode conceber. Trata-se dos acordos "sobre assuntos que sejam da competência privativa do poder Executivo", e daqueles "concluídos por agentes que tenham competência para isso, sobre questões de interesse local ou de importância restrita", que compõem as alíneas *a* e *b* do rol de Accioly (BOLETIM..., 1948, p. 8).

Tão nebulosa é a segunda categoria – sobre a qual não se produziram fundamentos teóricos, senão exemplos avulsos – que melhor parece não discuti-la em abstrato, sobretudo à vista da probabilidade de que não constitua mais que extensão periférica da primeira. Esta, por seu turno, vem a ser uma versão da terceira categoria norte-americana de *executive agreements*, concebida em termos menos precisos que os do modelo. A adaptação, de todo modo, resulta impossível: no Brasil, os poderes constitucionais que revestem o Executivo são por este amplamente exercitáveis à luz singular da ordem jurídica nacional, mesmo no que tange ao relacionamento diplomático ordinário. Quando se cuide, porém, de legislar internacionalmente, de envolver no contexto outra soberania, assumindo perante esta compromissos regidos pelo Direito das Gentes, e apoiados na regra *pacta sunt servanda*, não há como agir à revelia da norma específica, que exige a combinação da vontade dos dois poderes políticos, independentemente da importância do tratado ou de qualquer outro elemento quantitativo.

---

[i] A notícia é confirmada pela Ata da 6ª reunião ordinária da Comissão de Relações Exteriores da Câmara dos Deputados, realizada em 24 de maio de 1972.

Não é ocioso lembrar quanto se encontram já ampliados os poderes reais do Executivo, neste domínio, pela interposição dos entes parestatais dotados de personalidade jurídica de direito privado – e hábeis, assim, para contratar com seus congêneres no exterior, e mesmo com Estados estrangeiros, sob a autoridade política do governo, e sem controle parlamentar.

Por certo que a alegada competência privativa do governo não pretende confundir-se com o poder regulamentar, e buscar legitimidade nas leis votadas pelo Congresso. Se assim fosse, tampouco haveria lugar para acordos executivos no setor: lembrou Valladão que seria insensato assumir compromissos externos em área normativa subordinada, por excelência, ao próprio Congresso, que a todo tempo "poderia alterar a lei passível de regulamento". Idêntico raciocínio proscreve a conclusão de acordos executivos naquele domínio em que a lei formal tenha autorizado o governo à ação administrativa discricionária – concessão de licenças de pesca ou pesquisa mineralógica, entre outros temas comuns –, porque a mutabilidade da lei seria incompatível com o vínculo assumido ante soberania estrangeira. O quadro é, na essência, diverso daquele em que o Congresso norte-americano, por lei, expressamente autoriza o governo a pactuar com nações estrangeiras sobre determinada matéria. Nesse caso, a estabilidade dos tratados resultará garantida pela própria lei, conscientemente elaborada para servir de base ao comprometimento exterior.

Mais grave parece o fenômeno da complacência perante os acordos executivos, em nações cuja ordem constitucional não os abona em princípio, quando se verifica que, a propósito, o padrão norte-americano, mal compreendido alhures, conduziu ou propende a conduzir a conclusões e a práticas alarmantes. Descrevendo o entendimento oficial dessa questão na Argentina, Juan Carlos Puig dá como pacífico que o que pode o governo, ali, resolver por decreto, é matéria idônea para fazer objeto de acordo executivo (PUIG, 1975, p. 149).

No Brasil, como noutras nações de regime republicano presidencialista, o poder Executivo repousa nas mãos do chefe de Estado, a quem o ministério serve como um corpo de auxiliares, na expressiva linguagem da lei fundamental.[i] Os poderes constitucionais privativos do governo são aqueles que a Carta vigente atribui no artigo 84 ao Presidente da República, como exercer a direção superior da administração federal, iniciar o processo legislativo, ou vetar projetos de lei. É importante

---

i   Constituição de 1988, art. 76 e art. 84, II.

Seção 2

observar que a competência para celebrar "tratados, convenções e atos internacionais" se inscreve nessa mesma lista, só que acrescida do vital complemento "sujeitos a referendo do Congresso Nacional". Não há, dessarte, como fugir à norma específica, a pretexto de que o tema do ato internacional compromissivo pode inscrever-se noutro inciso da relação. Assim fosse e nos defrontaríamos com uma perspectiva convencional gigantesca, além de tangente de pontos os mais sensíveis do poder político. O Presidente da República, por sua singular autoridade constitucional, nomeia e destitui livremente os ministros de Estado, bem como exerce o comando supremo das Forças Armadas.[i] Ninguém, contudo, o estimará por isso autorizado a celebrar acordos executivos, por hipótese, com o Equador e com a Santa Sé, partilhando temporariamente aquele comando supremo, e condicionando a escolha e a dispensa de ministros ao parecer da Cúria Romana.

Apesar de tudo, o acordo executivo – se assim chamamos todo pacto internacional carente da aprovação individualizada do Congresso – é uma prática convalidável desde que, abandonada a ideia tortuosa dos *assuntos da competência privativa do governo*, busque-se encontrar na lei fundamental a sua sustentação jurídica.

Três entre as cinco categorias arroladas por Accioly são compatíveis com o preceito constitucional: os acordos "que consignam simplesmente a interpretação de cláusulas de um tratado já vigente", os "que decorrem, lógica e necessariamente, de algum tratado vigente e são como que o seu complemento" e os de *modus vivendi*, "quando têm em vista apenas deixar as coisas no estado em que se encontram, ou estabelecer simples bases para negociações futuras" (BOLETIM..., 1948, p. 8). Os primeiros, bem assim estes últimos, inscrevem-se no domínio da diplomacia ordinária, que se pode apoiar em norma constitucional não menos específica que aquela referente à celebração de tratados. Os intermediários se devem reputar, sem qualquer acrobacia hermenêutica, cobertos por prévio assentimento do Congresso Nacional. Isso demanda, porém, explicações maiores.

*O acordo executivo como subproduto
de tratado vigente*

Nesse caso a aprovação congressional, reclamada pela Carta, sofre no tempo um deslocamento antecipativo, sempre que, ao aprovar certo tratado, com todas as normas que nele se exprimem, abona o Congresso

---

i Constituição de 1988, art. 84, incisos I e XIII, respectivamente.

desde logo os acordos de especificação, de detalhamento, de suplementação, previstos no texto e deixados a cargo dos governos pactuantes.

Dir-se-á que o acordo executivo, subproduto evidente de acordo anterior aprovado pelo Congresso, escapa assim ao reclamo constitucional de uma análise do seu texto acabado, implícito na fórmula ad referendum. Ao contrário, porém, de toda exigência legal de condição *prévia* – que em princípio não se pode suprir com a respectiva satisfação *a posteriori* –, a exigência do referendo pode perfeitamente dar-se por suprida quando ocorre a antecipação do consentimento. Desnecessário lembrar que, nesse caso, a eventual exorbitância no uso do consentimento antecipado encontra remédio corretivo nos mais variados ramos do direito, e em todas as ordens jurídicas.

Nos exemplos seguintes observa-se, primeiro, a previsão convencional de acordos executivos e, em seguida, a conformação vinculada destes últimos.

a. No acordo Brasil-Marrocos sobre transportes aéreos regulares (Brasília, 1975), aprovado pelo Decreto Legislativo 86/75:

> *Art. VIII – 1. Cada Parte Contratante poderá promover consultas com as autoridades aeronáuticas da outra Parte para interpretação, aplicação ou modificação do Anexo ao presente Acordo ou se a outra Parte Contratante tiver usado da faculdade prevista no Artigo III.*
>
> *2. Tais consultas deverão ser iniciadas dentro do prazo de 60 (sessenta) dias a contar da data da notificação do pedido respectivo.*
>
> *3. Quando as referidas autoridades aeronáuticas das Partes Contratantes concordarem em modificar o Anexo ao presente Acordo, tais modificações entrarão em vigor depois de confirmadas por troca de notas, por via diplomática.*

No Acordo básico de cooperação técnica Brasil-Itália (Brasília, 1972), aprovado pelo Decreto Legislativo 31/73:

> *Artigo I*
>
> *4. [...] Os programas de cooperação serão executados em conformidade com os entendimentos técnicos que forem estabelecidos entre as autoridades qualificadas para tanto.*

Esses entendimentos passarão a ter força executiva na data em que forem confirmados por troca de notas, as quais passarão a constituir Ajustes Complementares ao presente Acordo."

No Acordo Brasil-Colômbia sobre usos pacíficos da energia nuclear (Bogotá, 1981), submetido ao Congresso pela Mensagem 131/81 do Presidente da República:

"Art. 4. A fim de dar cumprimento à cooperação prevista neste Instrumento, os órgãos designados de conformidade com os termos do Artigo I, parágrafo 2, celebrarão Acordos Complementares de Execução, nos quais serão estabelecidas as condições e modalidades específicas de cooperação, incluindo a realização de reuniões técnicas mistas para estudo e avaliação de programas.

b. No Ajuste complementar ao Acordo básico de cooperação técnica Brasil-R. F. da Alemanha, concluído por troca de notas, em 5 de maio de 1981:

Senhor Embaixador,

Tenho a honra de acusar recebimento da nota (...) datada de hoje, cujo teor em português é o seguinte:

'Senhor Ministro,

Com referência à nota [...] de 17 de abril de 1979, bem como em execução do Acordo Básico de Cooperação Técnica, de 30 de novembro de 1963, concluído entre os nossos dois Governos, tenho a honra de propor a Vossa Excelência, em nome do Governo da República Federal da Alemanha, o seguinte Ajuste sobre o desenvolvimento de processo bioquímico contra a ferrugem no cafeeiro.

[...]' (H.J.S.).

[...] (R.S.G.).

No Ajuste complementar ao Acordo de cooperação científica e tecnológica Argentina-Brasil, lavrado em instrumento único e vigente à data da assinatura (Brasília, 15 de agosto de 1980):

> *O Governo da República Federativa do Brasil*
>
> *e*
>
> *O Governo da República Argentina*
>
> *Animados do desejo de desenvolver a cooperação científica e tecnológica, com base no Artigo II do Acordo de Cooperação Científica e Tecnológica, firmado em Buenos Aires a 17 de maio de 1980, e*
>
> *Reconhecendo a importância da cooperação no campo das comunicações para promover o desenvolvimento econômico e industrial,*
>
> *Acordam o seguinte:*
>
> *[...] (R.S.G.) (O.C.).*

A constitucionalidade do acordo executivo que, em razão do disposto em tratado antes aprovado pelo Congresso, aparece como subproduto daquele, não pode ser colocada em dúvida. Essa tese é, no mínimo, compatível com quanto preceitua o artigo 84 da Carta de 1988. Dessarte, serve o costume para convalidá-la.

O Congresso, ademais, tem perfeita ciência do assentimento prévio que confere a esses acordos antevistos na literalidade de um pacto submetido a seu exame. E se, porventura, não deseja no caso concreto abdicar do controle individualizado de todos os subprodutos ali enunciados, procede como quando aprovou o Acordo básico de cooperação Brasil-Líbia:

> *Decreto Legislativo no 23, de 1981.*
>
> *Aprovo o texto do Acordo Básico de Cooperação entre a República Federativa do Brasil e a Jamairia Árabe Popular Socialista da Líbia, celebrado em Brasília, a 30 de junho de 1978.*
>
> *Art. 1º Fica aprovado o texto do Acordo Básico de Cooperação entre a República Federativa do Brasil e a Jamairia Árabe Popular Socialista da Líbia, celebrado em Brasília, a 30 de junho de 1978.*
>
> *Art. 2º Todas as emendas ou alterações introduzidas no texto referido no artigo anterior só se tornarão eficazes e obrigatórias para o País após a respectiva aprovação pelo Congresso Nacional.*

Art. 3º Este decreto legislativo entrará em vigor na data de sua publicação.

Senado Federal, em 09 de junho de 1981.

Senador Jarbas Passarinho

Presidente

O acordo executivo como expressão de diplomacia ordinária

Precedendo o inciso que se refere à celebração de "tratados, convenções e atos internacionais, sujeitos a referendo do Congresso Nacional", o artigo 84 da Constituição encerra um inciso apartado que diz ser da competência privativa do Presidente da República "manter relações com os Estados estrangeiros". Nesse dispositivo tem sede a titularidade, pelo governo, de toda a dinâmica das relações internacionais: incumbe-lhe estabelecer e romper, a seu critério, relações diplomáticas, decidir sobre o intercâmbio consular, sobre a política de maior aproximação ou reserva a ser desenvolvida ante determinado bloco, sobre a atuação de nossos representantes no seio das organizações internacionais, sobre a formulação, a aceitação e a recusa de convites para entendimentos bilaterais ou multilaterais tendentes à preparação de tratados. Enquanto não se cuide de incorporar ao direito interno um texto produzido mediante acordo com potências estrangeiras, a autossuficiência do Poder Executivo é praticamente absoluta.[i]

---

i   Temperam-na, não obstante, os fatores seguintes:

a) A declaração de guerra e a celebração da paz, promovidas pelo Presidente da República, têm sua validade condicionada ao endosso ulterior do Congresso, quando este não haja manifestado antecipadamente sua aquiescência.

b) Na escolha dos chefes de missão diplomática de caráter permanente, depende o Presidente da aprovação prévia do Senado Federal, por voto secreto.

c) Como todo ministro de Estado, encontra-se o chanceler obrigado a comparecer perante a Câmara dos Deputados, o Senado, ou qualquer de suas comissões, desde que convocado por uma ou outra casa para prestar, pessoalmente, informações acerca de assunto determinado. A convocação dirá respeito, presumivelmente, a tema afeto às relações exteriores. Pode transparecer em tal ensejo a desaprovação do Congresso à

Também no referido inciso – cuja autonomia em relação ao referente a tratados merece destaque – parece repousar a autoridade do governo para a conclusão de compromissos internacionais terminantemente circunscritos na rotina diplomática, no relacionamento ordinário com as nações estrangeiras. Não seria despropositado, mas por demais rigoroso, sustentar que a opção pelo procedimento convencional desloca o governo de sob o pálio desse inciso lançando-o no domínio da regra seguinte, e obrigando-o à consulta parlamentar. Dir-se-ia então que, livre para decidir unilateralmente sobre qual a melhor interpretação de certo dispositivo ambíguo de um tratado em vigor, ou sobre como mandar proceder em zona de fronteira enquanto não terminam as negociações demarcatórias da linha limítrofe em causa, ou sobre a cumulatividade de nossa representação diplomática em duas nações distantes, ou ainda sobre quantos escritórios consulares poderão ser abertos no Brasil por tal país amigo, o governo decairia dessa discrição, passando a depender do abono congressional, quando entendesse de regular qualquer daqueles temas mediante acordo com Estado estrangeiro. O rigor não elide a razoabilidade dessa tese, que não é, contudo, a melhor. Acordos como o *modus vivendi* e o *pactum de contrahendo* nada mais são, em regra, que exercício diplomático preparatório de outro acordo, este sim substantivo, e destinado à análise do Congresso. Acordos interpretativos, a seu turno, não representam outra coisa que o desempenho do dever diplomático de entender adequadamente – para melhor aplicar – um tratado concluído mediante endosso do parlamento.

Deve-se haver, entretanto, como pedra de toque na identificação dos acordos executivos inerentes à diplomacia ordinária, e por isso legitimáveis à luz do inciso VII do artigo 84 da lei fundamental, o escrutínio de dois caracteres indispensáveis: a *reversibilidade* e a *preexistência de cobertura orçamentária*.

Esses acordos devem ser, com efeito, desconstituíveis por vontade unilateral, expressa em comunicação à outra parte, sem delongas – ao contrário do que seria normal em caso de denúncia. De outro modo – ou seja, se a retratação unilateral não fosse hábil a operar prontamente –, o acordo escaparia às limitações que o conceito de rotina diplomática importa. Por igual motivo, deve a execução desses acordos depender

---

política exterior do governo. Nada, porém, mais que isso. Num sistema presidencialista, as convicções do Congresso não vinculam o Executivo. Diversamente do que sucede nos regimes parlamentares, não depende entre nós o governo, ou cada um de seus integrantes em particular, da confiança do Legislativo.

unicamente dos recursos orçamentários *alocados às relações exteriores*, e nunca de outros.

São muitos os exemplos de acordos executivos celebrados pelo governo brasileiro – na pessoa do ministro das Relações Exteriores ou de chefe de missão diplomática, nas mais das vezes –, e caracterizáveis como expressão da atividade diplomática ordinária, coberta por inciso autônomo do artigo 84 da Constituição em vigor. Alguns deles:

Acordo Brasil-Uruguai sobre turismo, concluído por troca de notas, em Brasília, em 11 de setembro de 1980:

> *Senhor Ministro,*
>
> *Tenho a honra de dirigir-me a Vossa Excelência com relação ao intercâmbio turístico entre a República Federativa do Brasil e a República Oriental do Uruguai, cujo volume experimentou um crescimento constante nos últimos anos.*
>
> *2. Esta circunstância requer uma permanente adequação das normas aplicáveis para facilitar e promover o normal desenvolvimento do turismo recíproco.*
>
> *3. Contudo, as normas que regulam a referida atividade, ou que de alguma maneira sobre ela incidem, referem-se atualmente a temas específicos e conexos, como migrações, transportes, alfândega e outros, cuja harmonia normativa é necessário lograr para estimular as correntes turísticas entre nossos países.*
>
> *4. Para tal fim, e com o objetivo de harmonizar no maior grau possível as disposições que regulam o desenvolvimento do intercâmbio turístico brasileiro-uruguaio e de consubstanciar num instrumento jurídico a aspiração que nos é comum, é necessário concertar a adoção de medidas adequadas para lograr um acordo de caráter integral sobre facilitação do turismo.*
>
> *5. Para tanto, o Governo brasileiro concorda com o de Vossa Excelência em celebrar o referido acordo, o qual seria concluído como resultado do seguinte procedimento prévio:*
>
> *1. Criar uma Comissão ad hoc que terá a seu cargo os estudos prévios correspondentes e a redação de um projeto de convênio para a facilitação do turismo entre a República Federativa do Brasil e a República Oriental do Uruguai.*

2. A Comissão será integrada por funcionários designados por cada uma das Partes.

3. A Comissão deverá finalizar os estudos prévios e redigir o pertinente projeto de acordo antes do dia 1o de janeiro de 1981.

6. A presente Nota e a de Vossa Excelência de mesma data e idêntico teor constituem um acordo entre nossos Governos, o qual entrará em vigor a partir do dia de hoje.

[...] (R.S.G.).[i]

Acordo Argentina-Brasil sobre transportes marítimos, concluído por troca de notas, em Brasília, em 18 de junho de 1981:

Senhor Encarregado de Negócios,

Tenho a honra de acusar recebimento da nota no 192, de 18 de junho de 1981, relativa às negociações de novo Convênio sobre Transporte Marítimo entre o Governo da República Federativa do Brasil e o Governo da República Argentina, cujo teor em português é o seguinte:

'Senhor Ministro,

Tenho a honra de dirigir-me a Vossa Excelência, com referência ao Acordo, por troca de notas, celebrado nesta cidade no dia 20 de agosto último, mediante o qual nossos Governos criaram uma Comissão Especial encarregada de preparar texto de um projeto de convênio sobre transporte marítimo, que consolide e atualize as disposições que regulam o citado transporte.

Sobre o assunto, tendo em vista que a citada Comissão Especial deve finalizar seu trabalho antes do dia 18 de junho de 1981, e que, não obstante haver avançado significativamente na tarefa que lhe foi cometida, restam a precisar certos aspectos do Convênio, tenho a honra de manifestar a concordância do Governo da República Argentina com o de Vossa Excelência, em estender por 180 dias adicionais, a partir desta data, o prazo fixado para a conclusão das tarefas da Comissão Especial.

---

i Diário Oficial de 4.11.80, S. I, p. 21.986.

A presente nota e a de resposta de Vossa Excelência, de mesma data e igual teor, constituirão um acordo entre ambos os Governos, que entrará em vigor no dia de hoje.

[...]' (R.A.R.).

2. Em resposta, comunico a Vossa Senhoria que o Governo brasileiro concorda com a proposta de prorrogação de prazo contida na nota, a qual, com a presente, constitui acordo entre os dois Governos, a entrar em vigor na data de hoje.

[...] (R.S.G.).[i]

Acordo Brasil-Malásia sobre estabelecimento de escritório comercial, concluído por troca de notas, em Brasília, em 15 de outubro de 1981:

Senhor Embaixador,

Tenho a honra de levar ao conhecimento de Vossa Excelência que o Governo brasileiro concorda em que seja mantido na cidade de São Paulo um escritório da Federação da Malásia para fins comerciais, nas seguintes condições:

a) o escritório, designado como Escritório Comercial da Federação da Malásia, constituirá uma seção dos serviços comerciais da Embaixada da Malásia no Brasil;

b) o Escritório Comercial terá exclusiva função de fomentar o intercâmbio comercial entre o Brasil e a Federação da Malásia e promover os interesses comerciais desta última no Brasil, não podendo, entretanto, praticar atos de comércio;

c) as instalações do Escritório Comercial, bem como sua correspondência, gozarão do privilégio de inviolabilidade;

d) os funcionários de nacionalidade malásia que vierem a servir no Escritório Comercial em São Paulo serão considerados um acréscimo ao número total dos funcionários da Embaixada da Federação da Malásia no Brasil;

[...]

---

i   Diário Oficial de 24.07.81, S. I, p. 13.962.

2. Fica assegurada pelo Governo da Federação da Malásia reciprocidade de tratamento ao Governo brasileiro caso este venha a solicitar o estabelecimento de Escritório da mesma natureza na Federação da Malásia.

3. A presente nota e a respectiva resposta de Vossa Excelência, de igual teor, constituirão um Acordo sobre a matéria entre os Governos do Brasil e da Federação da Malásia, o qual entrará em vigor na data de recebimento da nota de resposta.

[...] (R.S.G.).[i]

Acordo Argentina-Brasil sobre identificação de limites, concluído por troca de notas, em Buenos Aires, em 16 de setembro de 1982:

Senhor Ministro,

Tenho a honra de dirigir-me a Vossa Excelência para referir-me à conveniência de melhorar a identificação do limite de nossos países, no trecho do rio Uruguai, que compreende os grupos de ilhas Chafariz (argentinas) e Buricá ou Mburicá (brasileiras), tendo em conta que as citadas ilhas, por sua situação geográfica, podem suscitar dúvidas nos habitantes da zona, com respeito à jurisdição sobre as mesmas.

2. As ilhas citadas foram incorporadas definitivamente ao domínio territorial de cada um dos dois países, de conformidade com o Tratado de 6 de outubro de 1898, pelos 'Artigos Declaratórios da Demarcação de Fronteiras entre a República Argentina e os Estados Unidos do Brasil', assinados no Rio de Janeiro, em 4 de outubro de 1910.

3. A respeito do assunto, é-me grato levar ao seu conhecimento que o Governo brasileiro concorda com o de Vossa Excelência em atribuir à Comissão Mista de Inspeção dos Marcos da Fronteira Brasil-Argentina, constituída por troca de notas de 11 de maio e 17 de junho de 1970, as faculdades para a construção dos marcos que considere convenientes nos grupos de ilhas Chafariz (argentinas) e Buricá ou Mburicá (brasileiras).

---

i   Diário Oficial de 28.10.81, S. I, p. 20.515.

> 4. A presente nota e a de Vossa Excelência, da mesma data e idêntico teor, constituem um acordo entre nossos Governos, que entra em vigor nesta data.
>
> [...] (C.S.D.G.R.).[i]

Ficou visto que não se enquadra na ação diplomática ordinária, não podendo, assim, celebrar-se executivamente, o acordo que envolva ônus apartado dos recursos do orçamento para as relações exteriores. A aprovação do Congresso é neste caso indispensável.

O Protocolo preliminar Bolívia-Brasil sobre navegação fluvial do Amazonas, firmado em La Paz, em 29 de março de 1958, com que se pôs a funcionar certa comissão mista para estudos e sugestões, teria sido celebrável pela autoridade dos dois governos, não importasse despesas de algum vulto na época. Como consequência disso, foi submetido ao Congresso, que o aprovou pelo Decreto Legislativo 4/61.

O Acordo Brasil-FAO sobre estabelecimento de escritório da organização em Brasília (Roma, 1979) não difere, em natureza, daquele acordo Brasil-Malásia citado no item precedente, e consumado pelos dois governos. Aqui, porém, a necessidade do abono do Congresso – que o aprovou pelo Decreto Legislativo 122/80 – explica-se à leitura do artigo IV:

> *O Governo, através do Ministério da Agricultura, prestará assistência ao estabelecimento e efetivo funcionamento do Escritório do Representante da FAO no Brasil, emprestando à FAO instalações, móveis, material de escritório e demais acessórios, bem como um aparelho de telex e telefones, e deverá também proporcionar pessoal de apoio técnico e administrativo e serviços de limpeza e manutenção para as instalações acima mencionadas. As despesas decorrentes do uso diário dos aparelhos de telex e telefones e quaisquer outras que a FAO considerar necessárias ao bom funcionamento do Escritório correrão inteiramente à conta da FAO. A contribuição governamental está especificada no Anexo ao presente Acordo*[ii]

---

i   Diário Oficial de 19.10.82, S. I, p. 19.809.

ii Diário Oficial de 15.05.81, S. I, p. 8.842.

Um raciocínio analógico talvez explique, a esta altura, a razão por que tradicionalmente se apontam como independentes de aprovação parlamentar os *acordos de trégua* e assemelhados, que se concluem, dentro do estado de guerra, entre chefes militares – agentes do poder Executivo das respectivas partes. Mais que o argumento pragmático, tocante às circunstâncias prementes em que se ajustam esses pactos, vale a consideração de que presenciamos, nesse quadro, o exercício de uma diplomacia de guerra; ou a manutenção de relações – no caso especialíssimas, por óbvio – com Estados estrangeiros, dentro de um clima de guerra. A trégua, o cessar fogo, o acordo para preservação de certas áreas, ou para troca de prisioneiros, e outras tratativas a cargo de comandos militares – quase todas previstas nas grandes convenções de Haia e de Genebra – configuram à evidência o resultado de uma peculiar diplomacia ordinária; e, tais como os acordos desta resultantes em tempo de paz, ostentam as características do não comprometimento de recursos indisponíveis e da reversibilidade. Mal há lugar para que se efetive esta última, tão imediata a execução ou tão breve a duração de muitos dos acordos da cena de guerra.

Não se confundam esses acordos com a celebração da paz. Esta é de tal modo valorizada pela Constituição brasileira que, para o simples ato de *fazê-la* – e independentemente, assim, da confirmação de um tratado de paz – depende o Presidente da República de aprovação ou do referendo do Congresso.[i]

1.2 Procedimento parlamentar

Quando o tratado tenha podido consumar-se executivamente, por troca de notas ou pela assinatura do instrumento único, publica-o o Diário Oficial no título correspondente ao Ministério das Relações Exteriores. Em caso algum esses acordos pretendem produzir efeito sobre particulares, mas, por imperativo do direito público brasileiro, a divulgação oficial se impõe para que a própria ação de funcionários públicos da área, no sentido de dar cumprimento ao avençado, seja legítima. Importa agora informar sobre o procedimento que circunda, no Brasil, a apreciação do tratado pelo Congresso Nacional.

---

i   Constituição de 1988, art. 84, XX. Na vigência da carta de 1946, era necessária, em todos os casos, a aprovação prévia do Congresso para a feitura da paz – assim entendida, juridicamente, a terminação do estado de guerra. V., a respeito, o parecer de 26 de julho de 1951, de Levi Carneiro, consultor jurídico do Itamaraty (Pareceres, IV, pp. 516-518).

Seção 2

Concluída a negociação de um tratado, é certo que o Presidente da República – que, como responsável pela dinâmica das relações exteriores, poderia não tê-la jamais iniciado, ou dela não ter feito parte, se coletiva, ou haver ainda, em qualquer caso, interrompido a participação negocial brasileira – está livre para dar curso, ou não, ao processo determinante do consentimento. Ressalvada a situação própria das convenções internacionais do trabalho,[i] ou alguma inusual obrigação imposta pelo próprio tratado em causa, tanto pode o chefe do governo mandar arquivar, desde logo, o produto a seu ver insatisfatório de uma negociação bilateral ou coletiva, quanto determinar estudos mais aprofundados na área do Executivo, a todo momento; e submeter, quando melhor lhe pareça, o texto à aprovação do Congresso. Tudo quanto não pode o Presidente da República é manifestar o consentimento definitivo, em relação ao tratado, sem o abono do Congresso Nacional. Esse abono, porém, não o *obriga* à ratificação.[ii]

---

i   Sobre as convenções internacionais do trabalho e a razão pela qual é menor, nesse terreno, a liberdade do governo, v. REZEK, 1984, pp. 164-168.

ii   Parecer de Hildebrando Accioly, consultor jurídico do Itamaraty, sob a vigência da Constituição de 1946 (8 BSBDI (1948), pp. 164-166):

"Aprovado um tratado pelo Congresso Nacional, pode o Poder Executivo adiar a sua ratificação ou deixar de o ratificar? A questão tem dois aspectos: o internacional e o interno (ou constitucional).

1) Sob o primeiro, é princípio corrente, já consignado até em convenção internacional (art. 7º da Convenção de Havana, de 1928), que a ratificação de um tratado pode ser livremente recusada por qualquer de suas partes contratantes. Realmente, ou se considere a ratificação como a confirmação explícita, dada pela autoridade competente do Estado, do ato assinado por seu representante, ou se considere, como quer Anzilotti, como a verdadeira declaração da vontade de estipular – é sabido que ela não constitui mera formalidade, sem importância, e que cada parte contratante tem a plena liberdade de a dar ou de a recusar. A assinatura ou acordo dos plenipotenciários é apenas – conforme escrevi em meu Tratado de Direito Internacional Público – um primeiro ato, após o qual os órgãos competentes do Estado vão apreciar a importância e os efeitos ou consequências do tratado. Essa apreciação, entre nós, cabe em parte ao Poder Legislativo, mas não pode deixar de caber igualmente ao Poder Executivo ou, antes, ao Presidente da República, que é o órgão ao qual incumbe a representação do Estado e aquele a quem compete manter as relações do país com os Estados estrangeiros. Dessa apreciação, pode resultar a confirmação ou a rejeição do tratado. Internacionalmente, a

Isso significa, noutras palavras, que a vontade nacional, afirmativa quanto à assunção de um compromisso externo, repousa sobre a vontade

> primeira hipótese é representada pela ratificação, expressa pelo Presidente da República. Pouco importa para a outra ou as outras partes contratantes que um dos órgãos do Estado (no caso, o Poder Legislativo) já tenha dado sua aquiescência ao tratado. O que vale é que o Poder representativo do Estado, ou seja, o Executivo, o ratifique. Assim, a potência ou potências estrangeiras não têm propriamente que indagar se já se verificou ou não a aprovação do ato pelo Congresso Nacional: o que lhe ou lhes importa é a ratificação pelo Chefe do Estado.
>
> 2) Do ponto de vista constitucional, não vejo onde exista a obrigação do Poder Executivo ratificar um tratado, como consequência necessária da aprovação do mesmo pelo Congresso Nacional. É verdade que a Constituição Federal, em seu art. 66, n. 1, declara ser da competência exclusiva do Congresso Nacional resolver definitivamente sobre os tratados e convenções celebrados com os Estados estrangeiros pelo Presidente da República. Parece-me, porém, que essa estipulação deve ser entendida no sentido de que o tratado – celebrado como deve ser, pelo Presidente da República (por meio de delegado seu) – não está completo, não pode ser definitivo, sem a aprovação do Congresso Nacional. Aquela expressão significa, pois, que o tratado celebrado pelo Poder Executivo não pode ser confirmado ou entrar em vigor sem a aprovação do Congresso Nacional; mas não quererá dizer que essa aprovação obrigue o Presidente da República a confirmar o tratado. E não quererá dizer isso, não só porque seria, então, desnecessária a ratificação, mas também porque o órgão das relações exteriores do Estado, aquele a quem compete privativamente manter relações com Estados estrangeiros, é o Presidente da República – que, por isso mesmo, se acha mais habilitado, do que o Congresso, a saber se as circunstâncias aconselham ou não o uso da faculdade da ratificação. Por outro lado, essa interpretação lógica é confirmada implicitamente por outra disposição da Constituição Federal. De fato, determina esta, em seu art. 37, n. VII, que ao Presidente da República compete privativamente celebrar tratados e convenções internacionais ad referendum do Congresso Nacional; donde se deve concluir que o papel do Congresso, no caso, é apenas o de aprovar ou rejeitar o ato internacional em apreço – isto é, autorizar ou não a sua ratificação, ou seja, resolver definitivamente sobre o dito ato. Assim, o Presidente da República assina o tratado, por delegado seu, mediante uma condição: a de submeter ao Congresso Nacional o texto assinado. Depois do exame pelo Congresso, estará o Presidente habilitado, ou não, a confirmar ou ratificar o ato em causa. A rejeição pelo Congresso impede a ratificação; a aprovação permite-a, mas não a torna obrigatória.
>
> ....

conjugada dos dois poderes políticos. A vontade individualizada de cada um deles é *necessária*, porém não *suficiente*.

A perspectiva aberta ao chefe do governo, de não ratificar o tratado aprovado pelo Congresso, torna lógica a simultaneidade eventual do exame parlamentar e do prosseguimento de estudos no interior do governo. Ilustram essa hipótese as primeiras linhas de um parecer de Levi Carneiro (1951, p. 505-509), consultor jurídico do Itamaraty, com data de 9 de junho de 1951:

> *Tendo-se verificado que a convenção sobre privilégios e imunidades das agências especializadas das Nações Unidas, aprovada na Assembleia-Geral de 21 de novembro de 1947, não foi oportunamente submetida à minha apreciação, como havia sido determinado e se afirmou (até acentuando-se a demora do meu parecer) – veio-me agora às mãos, para o mesmo fim, o referido convênio.*
>
> *No entanto, esse convênio já se acha, ao que fui informado, em exame no Congresso Nacional – e, anteriormente, tivera, provavelmente, a coparticipação e a assinatura do representante do Brasil. Em tais condições,*

Green Hackworth, em seu recente Digest of International Law (vol. V, p. 54), menciona um caso bem expressivo dessa interpretação, assinalando o seguinte fato, relativo à convenção internacional da hora (International Time Convention), de 1913. O Senado aprovou-a, o Presidente chegou a ratificá-la, o respectivo instrumento de ratificação foi enviado à Embaixada americana em Paris, para depósito, mas, depois, por decisão do próprio Governo americano, foi dali devolvido a Washington, sendo anulado. O consultor do Departamento de Estado, a quem fora submetida a questão de saber se o Poder Executivo podia anular uma ratificação, independentemente de qualquer ação do Senado ou Congresso, opinara em sentido favorável. É de se notar que, no caso, não se tratava de deixar de ratificar um ato aprovado pelo Senado, mas de anular uma ratificação já dada e ainda não depositada. Na verdade, poucas vezes sucederão hipóteses como essa ou como a que vim encarando; porque, em geral, o governo que assina um ato internacional e o submete ao poder competente, para sobre ele opinar, deseja que o mesmo seja posto em vigor. Assim, logo que obtém a aprovação ou o parecer favorável, trata de ratificar o ato em apreço. Nada impede, porém, que circunstâncias supervenientes mostrem a necessidade, às vezes imperiosa, de sustar, por certo tempo ou, até, indefinidamente, a ratificação do ato já aprovado pelo Congresso ou, como sucede nos Estados Unidos, pelo Senado."

torna-se agora difícil fazer acolher alguma modificação conveniente.

Ainda assim, não me posso furtar à satisfação do pedido que tenho presente.

A remessa de todo tratado ao Congresso Nacional, para que o examine e, se assim julgar conveniente, aprove, faz-se por *mensagem* do Presidente da República, acompanhada do inteiro teor do projetado compromisso, e da exposição de motivos que a ele, Presidente, terá endereçado o ministro das Relações Exteriores.[i] Essa mensagem é capeada por um aviso do Ministro Chefe do Gabinete Civil ao Primeiro Secretário da Câmara dos Deputados – visto que, tal como nos projetos de lei de iniciativa do governo, ali, e não no Senado, tem curso inicial o procedimento relativo aos tratados internacionais.

Os papéis abaixo transcritos dão ideia da integralidade do que tem entrada no Congresso Nacional.

Em 19 de abril de 1982.

Excelentíssimo Senhor Primeiro Secretário:

Tenho a honra de encaminhar a essa Secretaria a Mensagem do Excelentíssimo Senhor Presidente da República, acompanhada de Exposição de Motivos do Senhor Ministro de Estado das Relações Exteriores, relativa ao texto do Tratado de Amizade e Cooperação entre o Governo da República Federativa do Brasil e o Governo da República do Equador, concluído em Brasília a 09 de fevereiro de 1982.

Aproveito a oportunidade para renovar a Vossa Excelência protestos de elevada estima e consideração (J.L.A. – Ministro Chefe do Gabinete Civil)

Mensagem no 150

Excelentíssimos Senhores Membros do Congresso Nacional:

Em conformidade com o disposto no artigo 44, inciso I, da Constituição Federal, tenho a honra de submeter à elevada

---

i Ocasionalmente, em razão da matéria, firmam a exposição de motivos outros ministros de Estado além do titular das Relações Exteriores.

consideração de Vossas Excelências, acompanhado de Exposição de Motivos do Senhor Ministro de Estado das Relações Exteriores, o texto do Tratado de Amizade e Cooperação entre o Governo da República Federativa do Brasil e o Governo da República do Equador, concluído em Brasília a 09 de fevereiro de 1982.

Brasília, em 19 de abril de 1982 (J.F.)

Senhor Presidente,

Tenho a honra de encaminhar a Vossa Excelência o anexo Tratado de Amizade e Cooperação entre o Governo da República Federativa do Brasil e o Governo da República do Equador, assinado em Brasília, no dia 9 de fevereiro passado, por ocasião da visita ao Brasil do Presidente Osvaldo Hurtado Larrea.

2. Trata-se de documento que, pela flexibilidade e característica de acordo-quadro, visa a sistematizar a ampla área das relações entre os dois países, além de estabelecer diretrizes básicas de cooperação e prever a institucionalização, por instrumentos complementares, de mecanismos próprios para a consecução dos objetivos nele fixados.

3. O referido Tratado estabelece, em seu Artigo II, a criação de uma Comissão de Coordenação Brasileiro-Equatoriana, que terá por finalidade fortalecer a cooperação entre os dois países, analisar e acompanhar o desenvolvimento de assuntos de interesse mútuo relativos à política bilateral, regional ou multilateral, e igualmente propor aos dois Governos as medidas que julgue pertinentes, sobretudo nos seguintes campos:

[...]

4. Tendo presente a crescente importância do papel que a Amazônia deve desempenhar como elemento de união entre os países que integram e como ponto focal de um vasto processo de cooperação, sob a égide do Tratado de Cooperação Amazônica, o Tratado de Amizade e Cooperação consigna a decisão das Partes Contratantes de outorgar a mais alta prioridade à execução dos diversos projetos acima relacionados. Constituindo-se, dessa forma, em marco significativo nas relações Brasil-Equador, o referido ato internacional proporcionará elementos para que

> *a cooperação mútua se desenvolva e fortifique de forma harmônica e sistemática, dentro de entendimento e boa vizinhança, em benefício do estreitamento dos laços que unem os dois países.*
>
> *5. À vista do exposto, Senhor Presidente, creio que o Tratado de Amizade e Cooperação em apreço mereceria ser submetido à aprovação do Congresso Nacional, nos termos do artigo 44, inciso I, da Constituição Federal. Caso Vossa Excelência concorde com o que precede, permito-me submeter à alta consideração o anexo projeto de Mensagem ao Poder Legislativo, acompanhado do texto do Tratado em apreço.*
>
> *Aproveito a oportunidade para renovar a Vossa Excelência, Senhor Presidente, os protestos do meu mais profundo respeito."* (R.S.G.)
>
> (Segue-se o texto integral do tratado)
>
> *A matéria é discutida e votada separadamente, primeiro na Câmara depois no Senado. A aprovação do Congresso implica, nesse contexto, a aprovação de uma e outra das suas duas casas. Isso vale dizer que a eventual desaprovação no âmbito da Câmara dos Deputados põe termo ao processo, não havendo por que levar a questão ao Senado em tais circunstâncias.*

Tanto a Câmara quanto o Senado possuem comissões especializadas *ratione materiae*, cujos estudos e pareceres precedem a votação em plenário. O exame do tratado internacional costuma envolver, numa e noutra casa, pelo menos duas das respectivas comissões: a de Relações Exteriores e a de Constituição e Justiça. O tema convencional determinará, em cada caso, o parecer de comissões outras, como as de Finanças, Economia, Indústria e Comércio, Segurança Nacional, Minas e Energia. A votação em plenário requer o *quorum* comum de presenças – a maioria absoluta do número total de deputados, ou de senadores –, devendo manifestar-se em favor do tratado a maioria absoluta dos presentes. O sistema difere, pois, do norte-americano, em que apenas o Senado deve aprovar tratados internacionais, exigindo-se naquela casa o *quorum* comum de presenças, mas sendo necessário que dois terços dos presentes profiram voto afirmativo.[i] Os regimentos internos da Câmara e do Senado se referem, em normas diversas, à tramitação interior dos compromissos internacionais, disciplinando seu trânsito pelo Congresso Nacional.

O êxito na Câmara e, em seguida, no Senado significa que o compromisso foi aprovado pelo Congresso Nacional. Incumbe formalizar essa decisão do parlamento, e sua forma, no Brasil contemporâneo, é a de um *decreto legislativo*, promulgado pelo presidente do Senado Federal, que o faz publicar no Diário Oficial da União.

Alguns comentários tópicos, neste ponto, parecem úteis.

a. O uso do *decreto legislativo* como instrumento de aprovação congressional dos tratados é de melhor técnica que o uso da lei formal, qual se pratica na França[ii] e já se praticou, outrora, no Brasil.[iii] Não faz sentido que esse ato aprobatório, espelhando com absoluta pureza a posição do Congresso, comporte sanção do Presidente da República – e abra, consequentemente, a insólita possibilidade do veto.

b. Nos períodos da história do Brasil em que, desativado o Congresso, assumiu o Executivo seus poderes, teria sido lógico que o chefe de Estado simplesmente prescindisse de qualquer substituto formal do decreto legislativo de aprovação. Os juristas da época assim não entenderam. No Estado Novo desencontraram-se, ademais, quanto ao diploma executivo preferível: alguns tratados foram aprovados por decreto simples,[iv] outros por decreto-lei.[v] Esta última foi também a forma adotada

---

i   Essa maioria qualificada foi o que não conseguiu obter no Senado, em 1919, o Presidente Woodrow Wilson, em relação ao Pacto da Sociedade das Nações

ii   E também, ao que informam os textos, na Argentina, no Chile, na Colômbia e na Venezuela. No México adota-se a forma da resolução do Senado.

iii   V. em José Manoel Cardoso de Oliveira, Atos Diplomáticos do Brasil, Rio de Janeiro, Jornal do Comércio, 1912, vol. II, p. 48, a referência ao Tratado brasileiro-peruano de 1874, sobre permuta territorial, e alguns exemplos de aprovação de tratados na vigência da Constituição de 1891.

iv   Tratado de extradição Brasil-Venezuela, de 1938 (Col. MRE no 160), aprovado pelo Decreto 4.868, de 9.11.39.

v   Tratado de extradição Brasil-Colômbia, de 1938 (Col. MRE no 168), aprovado pelo Decreto-Lei 1.994, de 31.01.40; Acordo sul-americano de radiocomunicações, de 1935 (Col. MRE no 217), aprovado pelo Decreto-Lei 687, de 14.09.38.

pela junta governativa no recesso parlamentar compulsório de 1969.[i] Em todos esses casos, observou-se um curioso processo de determinação da vontade nacional: o Executivo negociava e firmava o compromisso. Analisava-o depois e, se disposto a ir adiante, editava o decreto ou decreto-lei aprobatório. Em seguida, munido de sua própria aprovação, ratificava o tratado...

c. A aprovação pode ter como objeto qualquer espécie de tratado, sem exclusão do que se tenha concluído por *troca de notas*,[ii] sendo numerosos os decretos legislativos que já se promulgaram para abonar compromissos vestidos dessa roupagem.[iii]

d. O decreto legislativo exprime unicamente a aprovação. Não se promulga esse diploma quando o Congresso rejeita o tratado, caso em que cabe apenas a comunicação, mediante mensagem, ao Presidente da República. Exemplos de desaprovação repontam com extrema raridade na história constitucional do Brasil, e entre eles destaca-se o episódio do tratado argentino-brasileiro de 25 de janeiro de 1890, sobre a fronteira das Missões, rejeitado pelo plenário do Congresso em 18 de agosto de 1891, por 142 votos contra cinco.[iv]

---

i   Acordo geral de cooperação Brasil-R. F. da Alemanha, de 1969 (Col. MRE no 644), aprovado pelo Decreto-Lei 681, de 15.07.69; Tratado da Bacia do Prata, de 1969 (Col. MRE no 633), aprovado pelo Decreto-Lei 682, de 15.07.69; Atos (diversos) do XV Congresso da UPU, de 1964, aprovados pelo Decreto-Lei 544, de 18.04.69.

ii   O ritual muda, preservado o princípio, se o compromisso, nesse caso, já se encontrava em vigor quando da submissão ao Congresso.

iii   Decreto Legislativo 5/51; v. também a Mensagem 532/80 do Presidente ao Congresso; e comentário de Levi Carneiro, em 1949 (Pareceres, IV, pp. 318-322) e 1950 (Pareceres, IV, pp. 401-414).

iv   Nesse caso o próprio governo, e pela voz de Quintino Bocaiúva – que conduzira as negociações com o chanceler argentino Zeballos – recomendou a seus partidários no Congresso a desaprovação do Tratado (v. José Maria Bello, História da República; São Paulo, Cia. Editora Nacional, 1964, pp. 73-75). Para outro caso de rejeição, ocorrido em 1949, e atinente a um pacto bilateral com a Tchecosváquia, v. o comentário de Levi Carneiro em Pareceres, IV, p. 410.

e. Um único decreto legislativo pode aprovar dois ou mais tratados.[i] Todavia, novo decreto legislativo deve aprovar tratado que antes, sob essa mesma forma, haja merecido o abono do Congresso, mas que, depois da ratificação, tenha sido um dia *denunciado* pelo governo[ii]. Extinta a obrigação internacional pela denúncia, cogita-se agora de assumir novo pacto, embora de igual teor, e nada justifica a ideia de que o governo possa fazê-lo por si mesmo.

f. A forma integral de um Decreto Legislativo que aprove, simplesmente, o tratado internacional é a seguinte:

Decreto Legislativo nº 25 – de 28 de maio de 1979

Aprova o texto do Acordo Básico de Cooperação Técnica e Científica entre o Governo da República Federativa do

---

[i] Decreto Legislativo 91, de 1972:

"Art. 1º É aprovado o texto do Tratado sobre Vinculação Rodoviária, assinado em Corumbá, a 4 de abril de 1972, e o do Protocolo Adicional ao Tratado sobre Vinculação Rodoviária, firmado, em La Paz, a 5 de outubro de 1972, celebrados sobre a República Federativa do Brasil e a República da Bolívia.

Art. 2º Este Decreto Legislativo entra em vigor na data de sua publicação, revogadas as disposições em contrário.

Senado Federal, em 5 de dezembro de 1972.

Petrônio Portella – Presidente do Senado Federal."

[ii] Decreto Legislativo 77, de 1973:

"Art. 1º É aprovado o texto da Convenção Nacional Internacional para a Regulamentação da Pesca da Baleia, concluída em Washington, a 2 de dezembro de 1946, aprovada pelo Decreto Legislativo no 14, de 9 de março de 1950, promulgada pelo Decreto nº 28.524, de 18 de agosto de 1950, e denunciada, por nota da Embaixada do Brasil em Washington, ao Departamento de Estado Norte-Americano, a 27 de dezembro de 1965, com efeito a partir de 30 de junho de 1966, em virtude de não haver, na ocasião, maior interesse do Brasil em continuar a participar da referida convenção.

Art. 2º Este Decreto Legislativo entrará em vigor na data de sua publicação, revogadas as disposições em contrário.

Senado Federal, em 7 de dezembro de 1973.

Paulo Torres – Presidente do Senado Federal."

Brasil e o Governo da República da Guiné-Bissau, celebrado em Brasília, a 18 de maio de 1978.

Faço saber que o Congresso Nacional aprovou, nos termos do artigo 44, inciso I, da Constituição, e eu, Luiz Viana, Presidente do Senado Federal, promulgo o seguinte:

Art. 1º É aprovado o texto do Acordo Básico de Cooperação Técnica e Científica entre o Governo da República Federativa do Brasil e o Governo da República da Guiné-Bissau, celebrado em Brasília, a 18 de maio de 1978.

Art. 2º Este Decreto Legislativo entra em vigor na data de sua publicação.

Luiz Viana

Presidente do Senado Federal

A aprovação parlamentar é retratável? Pode o Congresso Nacional, por decreto legislativo, revogar o igual diploma com que tenha antes abonado certo compromisso internacional? Se o tratado já foi ratificado – ou seja, se o consentimento definitivo desta república já se exprimiu no plano internacional –,[i] é evidente que não. Caso contrário, seria difícil fundamentar a tese da impossibilidade jurídica de tal gesto. Temos, de resto, um precedente.

Decreto Legislativo nº 20, de 1962.

Revoga o Decreto Legislativo nº 13, de 6 de outubro de 1959, que aprovou o Acordo de Resgate, assinado em 1956, entre os Governos do Brasil e da França.

Art. 1º É revogado o Decreto Legislativo nº 13, de 6 de outubro de 1959, que aprovou o Acordo de Resgate assinado no Rio de Janeiro em 4 de maio de 1956, entre o Governo dos Estados Unidos do Brasil e da França, para a execução administrativa de questões financeiras e a liquidação, por meio de arbitramento, das indenizações devidas pelo Brasil, em decorrência da encampação das estradas de Ferro São Paulo-Rio Grande e Vitória-Minas, bem como da Companhia Port of Pará.

---

i   E não é, no caso, importante saber se o tratado já entrou em vigor ou não; ressalvada a possibilidade de retirada da ratificação em circunstâncias excepcionais.

> Art. 2º Este Decreto Legislativo entrará em vigor na data de sua publicação, revogadas as disposições em contrário.
>
> Senado Federal, em 15 de dezembro de 1962.
>
> Auro Moura Andrade
>
> Presidente do Senado Federal

Esse diploma revocatório de decreto legislativo anterior resultou de um projeto que mereceu, no âmbito da Comissão de Constituição e Justiça da Câmara dos Deputados, o parecer seguinte:

> O Deputado José Bonifácio, pelo projeto de decreto legislativo número 36, de 1960, deseja a revogação do decreto legislativo acima transcrito. Em longa e bem articulada justificação, demonstra o equívoco a que foi levado o Congresso Nacional para aprovar o Acordo de Resgate assinado no Rio de Janeiro, em 4 de maio de 1956, entre os Governos dos Estados Unidos do Brasil e da França.
>
> É da competência exclusiva do Congresso Nacional resolver definitivamente sobre os tratados e convenções celebrados com os Estados estrangeiros pelo Presidente da República (art. 66, I, da Constituição Federal).
>
> Em face das razões alegadas, algumas delas que atingem o decreto legislativo em vigor para colocá-lo em orla de duvidosa constitucionalidade, consideramos que se deve permitir a tramitação do Projeto Legislativo nº 36-60.
>
> Brasília, em dezembro de 1960.
>
> Pedro Aleixo, Relator

2
O conflito entre tratado e norma de produção interna

O primado do Direito das Gentes sobre o direito nacional do Estado soberano é, ainda hoje, uma proposição doutrinária. Não há, em direito internacional positivo, norma assecuratória de tal primado. Descentralizada, a sociedade internacional contemporânea vê cada um de seus integrantes ditar, no que lhe concerne, as regras de composição entre o direito internacional e o de produção doméstica. Resulta que, para o

Estado, a constituição nacional, vértice do ordenamento jurídico, é a sede de determinação da estatura da norma jurídica convencional. Dificilmente uma dessas leis fundamentais desprezaria, neste momento histórico, o ideal de segurança e estabilidade da ordem jurídica a ponto de subpor-se, a si mesma, ao produto normativo dos compromissos exteriores do Estado. Assim, posto o primado da constituição em confronto com a norma *pacta sunt servanda*, é corrente que se preserve a autoridade da lei fundamental do Estado, ainda que isso signifique a prática de um ilícito pelo qual, no plano externo, deve aquele responder.

Embora sem emprego de linguagem direta, a Constituição brasileira deixa claro que os tratados se encontram aqui sujeitos ao controle de constitucionalidade, a exemplo dos demais componentes infraconstitucionais do ordenamento jurídico. Tão firme é a convicção de que a lei fundamental não pode sucumbir, em qualquer espécie de confronto, que nos sistemas mais obsequiosos para com o Direito das Gentes tornou-se encontrável o preceito segundo o qual todo tratado conflitante com a constituição só pode ser concluído depois de se promover a necessária reforma constitucional. Norma desse exato feitio aparece na Constituição francesa de 1958, na Constituição argelina de 1976 e na Constituição espanhola de 1978. Excepcional, provavelmente única, a Constituição holandesa, após a revisão de 1956, admite, em determinadas circunstâncias, a conclusão de tratados derrogatórios do seu próprio texto, cuja promulgação importa, por si mesma, uma reforma constitucional.

Abstraída a constituição do Estado, sobrevive o problema da concorrência entre tratados e leis internas de estatura infraconstitucional. A solução, em países diversos, consiste em garantir prevalência aos tratados. Noutros, entre os quais o Brasil contemporâneo, garante-se-lhes apenas um tratamento paritário, tomadas como paradigma as leis nacionais e diplomas de grau equivalente.

2.1 Prevalência dos tratados sobre o direito interno infraconstitucional

Não se coloca em dúvida, em parte alguma, a prevalência dos tratados sobre leis internas anteriores à sua promulgação. Para primar, em tal contexto, não seria preciso que o tratado recolhesse da ordem constitucional o benefício hierárquico. Sua simples introdução no complexo normativo estatal faria operar, em favor dele, a regra *lex posterior derogat priori*. A prevalência de que fala este tópico é a que tem indisfarçado valor hierárquico, garantido ao compromisso internacional plena vigência, sem embargo de leis posteriores que o contradigam. A França, a Grécia e a Argentina oferecem, neste momento, exemplos de semelhante sistema.

Constituição francesa de 1958, art. 55: "Os tratados ou acordos devidamente ratificados e aprovados terão, desde a data de sua publicação, autoridade superior à das leis, com ressalva, para cada acordo ou tratado, de sua aplicação pela outra parte".

Constituição da Grécia de 1975, art. 28, § 1: "As regras de direito internacional geralmente aceitas, bem como os tratados internacionais após sua ratificação [...], têm valor superior a qualquer disposição contrária das leis".

Constituição política da Argentina, texto de 1994, art. 75, § 22: "[...] os tratados e concordatas têm hierarquia superior à das leis".

2.2 Paridade entre o tratado e a lei nacional

O sistema brasileiro se identifica àquele consagrado nos Estados Unidos da América, sem contramarchas na jurisprudência nem objeção doutrinária de maior vulto. Parte da "lei suprema da nação", o tratado ombreia com as leis federais votadas pelo Congresso e sancionadas pelo presidente – embora seja ele próprio o fruto da vontade presidencial somada à do Senado, e não à das duas casas do parlamento americano. A supremacia significa que o tratado prevalece sobre a legislação dos estados federados, tal como a lei federal ordinária. Não, porém, que seja superior a esta. De tal modo, em caso de conflito entre tratado internacional e lei do Congresso, prevalece nos Estados Unidos o texto mais recente. É certo, pois, que uma lei federal pode fazer "repelir" a eficácia jurídica de tratado anterior, no plano interno. Se assim não fosse – observa Bernard Schwartz (1972, p. 87-88) –, estar-se-ia dando ao tratado não força de lei, mas de restrição constitucional.

Nos trabalhos preparatórios da Constituição brasileira de 1934, foi rejeitado o anteprojeto de norma, inspirada na Carta espanhola de 1931, que garantisse entre nós o primado dos compromissos externos sobre as leis federais ordinárias. A jurisprudência, contudo, não cessou de oscilar até pouco tempo atrás, e a doutrina permanece dividida. Marotta Rangel (1960, p. 264-265), partidário do primado da norma convencional, enumerou, entre autores de idêntico pensamento, Pedro Lessa, Filadelfo Azevedo, Vicente Rao, Accioly e Carlos Maximiliano.

Azevedo (1945, p. 12-29), quando ainda ministro do Supremo Tribunal Federal, em 1945, publicou comentário demonstrativo da convicção unânime da corte, naquela época, quanto à prevalência dos tratados sobre o direito interno infraconstitucional.[i]

De setembro de 1975 a junho de 1977, estendeu-se, no plenário do Supremo Tribunal Federal, o julgamento do recurso extraordinário 80.004,[ii] em que assentada por maioria a tese de que, ante a realidade do conflito entre tratado e lei posterior, esta, porque expressão última da vontade do legislador republicano, deve ter sua prevalência garantida pela Justiça – apesar das consequências do descumprimento do tratado, no plano internacional. A maioria valeu-se de precedentes do próprio Tribunal para ter como induvidosa a introdução do pacto – no caso, a Lei uniforme de Genebra sobre letras de câmbio e notas promissórias – na ordem jurídica brasileira, desde sua promulgação. Reconheceu, em seguida, o conflito real entre o pacto e um diploma doméstico de nível igual ao das leis federais ordinárias – o Decreto-lei 427/69, posterior em cerca de três anos à promulgação daquele –, visto que a falta de registro da nota promissória, não admitida pelo texto de Genebra coma causa de nulidade do título, vinha a sê-lo nos termos do decreto-lei. Admitiram as vozes majoritárias que, faltante na Constituição do Brasil garantia de privilégio hierárquico do tratado internacional sobre as leis do Congresso, era inevitável que a Justiça devesse garantir a autoridade da mais recente das normas, porque paritária a sua estatura no ordenamento jurídico.[iii] Entretanto ficou claro que, dada a diversidade das fontes de produção normativa, não se deve entender que isso é uma simples aplicação do princípio *lex posterior derogat priori*. O tratado tem, sem dúvida, qualidade para derrogar a lei anterior desde o instante em que passa a integrar nossa ordem jurídica. Mas a lei interna carece de virtude para derrogar uma norma que envolve outras soberanias além da nossa. Diz-se então que o judiciário enfrenta, no caso do conflito real entre tratado e lei mais recente, a contingência de "afastar a aplicação" do primeiro, sem dá-lo por derrogado. Por isso é que se, em termos práticos, resulta preferível não que o governo denuncie o tratado,[iv] mas que o Congresso revogue a norma interna com ele conflitante, o tratado, jamais derrogado pela lei, volta a aplicar-se entre nós

---

i   AZEVEDO, 1945, pp. 12-29.

ii   Para comentário à decisão do STF, v. FRAGA, 1997.

iii   V. a íntegra do acórdão em RTJ 83/809.

iv   O que não nos exonera da responsabilidade internacional por eventuais consequências do conflito, enquanto não surte efeito a denúncia.

em plenitude. Por acaso, foi justamente o que aconteceu com o texto de Genebra sobre títulos de crédito, uma vez que revogado, algum tempo depois, o decreto-lei que com ele entrara em conflito.

3
Situações particulares no Brasil

Há, contudo, exceções à regra da paridade? Há domínios temáticos em que, desprezada a ideia de valorizar simplesmente a última palavra do legislador ordinário, seja possível reconhecer o primado da norma internacional ainda que anterior à norma interna conflitante? Duas situações merecem a propósito um comentário apartado, as que se desenham, no domínio tributário, à luz do artigo 98 do CTN, e, no domínio dos direitos e garantias fundamentais, à luz do artigo 5 o, §§ 2o e 3 o da Constituição de 1988.

Domínio tributário: o artigo 98 do Código Tributário Nacional

Esse dispositivo diz que os tratados (os que vinculam o Brasil, naturalmente) "revogam ou modificam a legislação tributária interna e serão observados pela que lhes sobrevenha". Essa linguagem sugere mais uma norma preventiva de conflitos do que uma regra de solução do conflito consumado, mas, se assim for entendida, ela é virtualmente supérflua. Não há dúvida de que o tratado revoga, em qualquer domínio, a norma interna anterior; nem tampouco de que o legislador, ao produzir direito interno ordinário, deve observar os compromissos externos da República, no mínimo para não induzi-la em ilícito internacional. Assim, para que se dê ao artigo 98 efeito útil, é preciso lê-lo como uma norma hierarquizante naquele terreno em que o CTN foi qualificado pela Constituição para ditar "normas gerais". O Supremo Tribunal Federal tem reconhecido, desde que primeiro tratou do assunto até a hora atual, e de modo uniforme, a eficácia do artigo 98 do CTN e sua qualidade para determinar o que determina.[i] Em matéria tributária, há de buscar-se com mais zelo ainda que noutros domínios a compatibilidade. Mas, se aberto e incontornável o conflito, prevalece o tratado, mesmo quando anterior à lei.

---

i   V. VELLOSO, 2002.

Resolve-se por mais de um caminho, creio, a questão de saber se o CTN tem estatura para determinar na sua área temática um primado que a própria Constituição não quis determinar no quadro geral da ordem jurídica. Faz sentido, por exemplo, dizer que, no caso do conflito de que ora cuidamos, a norma interna sucumbe por inconstitucionalidade. Ao desprezar o artigo 98 do CTN e entrar em conflito com tratado vigente, a lei ordinária implicitamente terá pretendido *inovar uma norma geral de direito tributário*, estabelecendo, para si mesma, uma premissa conflitante com aquele artigo, qual seja a de que é possível ignorar o compromisso internacional e dispor de modo destoante sobre igual matéria. É uma hipótese *sui generis* de inconstitucionalidade formal: a lei não ofende a Carta pela essência do seu dispositivo, nem por vício qualquer de competência ou de processo legislativo, mas por uma premissa ideológica hostil à exclusividade que a Carta dá à lei complementar para ditar normas gerais de direito tributário.

Direitos e garantias fundamentais:
o artigo 5º, §§ 2º e 3º, da Constituição

No desfecho do extenso rol de direitos e garantias fundamentais do art. 5º da Constituição um segundo parágrafo estabelece, desde 1988, que aquela lista não exclui outros direitos e garantias decorrentes do regime e dos princípios consagrados na carta, ou dos tratados internacionais em que o Brasil seja parte. Sobre esta última categoria nada se ouviu nos anos seguintes do Supremo Tribunal Federal, cuja maioria era entretanto pouco receptiva à ideia de que a norma assecuratória de algum outro direito, quando expressa em tratado, tivesse nível constitucional. Isso resultava provavelmente da consideração de que, assim postas as coisas, a carta estaria dando ao Executivo e ao Congresso, este no *quorum* simples da aprovação de tratados, o poder de aditar à lei fundamental; quem sabe mesmo o de mais tarde expurgá-la mediante a denúncia do tratado, já então – o que parece impalatável – até pela vontade singular do governo, habilitado que se encontra, em princípio, à denúncia de compromissos internacionais. As perspectivas da jurisprudência, nesse domínio, pareciam sombrias quando se levavam em conta algumas decisões majoritárias que o Supremo tomou na época a propósito da prisão do depositário infiel (ou daqueles devedores que o legislador ordinário brasileiro entendeu de assimilar ao depositário infiel), frente ao texto da Convenção de São José da Costa Rica.

A questão foi entretanto equacionada, em dezembro de 2004, pelo aditamento do terceiro parágrafo ao mesmo artigo constitucional: os tratados sobre direitos humanos que o Congresso aprove *com o rito da emenda à carta* – em cada casa dois turnos de sufrágio e o voto de três quintos do total de seus membros – integrarão em seguida a ordem jurídica no nível das normas da própria Constituição. Essa nova regra, que se poderia chamar de *cláusula holandesa* por analogia com certo modelo prevalente nos Países Baixos e ali pertinente à generalidade dos tratados, autoriza algumas conclusões prospectivas. Não é de crer que o Congresso vá doravante bifurcar a metodologia de aprovação dos tratados sobre direitos humanos. Pode haver dúvida preliminar sobre a questão de saber se determinado tratado configura realmente essa hipótese temática, mas se tal for o caso o Congresso seguramente adotará o rito previsto no terceiro parágrafo, de modo que, se aprovado, o tratado se qualifique para ter estatura constitucional desde sua promulgação – que pressupõe, como em qualquer outro caso, a ratificação brasileira e a entrada em vigor no plano internacional. Não haverá quanto a semelhante tratado a possibilidade de denúncia pela só vontade do Executivo, nem a de que o Congresso force a denúncia mediante lei ordinária (*v.* adiante o § 53), e provavelmente nem mesmo a de que se volte atrás por meio de uma repetição, às avessas, do rito da emenda à carta, visto que ela mesma se declara imutável no que concerne a direitos dessa natureza.

Uma última dúvida diz respeito ao *passado*, a algum eventual direito que um dia se tenha descrito em tratado de que o Brasil seja parte – e que já não se encontre no rol do art. 5º. Qual o seu nível? Isso há de gerar controvérsia entre os constitucionalistas, mas é sensato crer que ao promulgar esse parágrafo na Emenda constitucional 45, de 8 de dezembro de 2004, sem nenhuma ressalva abjuratória dos tratados sobre direitos humanos outrora concluídos mediante processo simples, o Congresso constituinte os elevou à categoria dos tratados de nível constitucional. Essa é uma equação jurídica da mesma natureza daquela que explica que nosso Código Tributário, promulgado a seu tempo como lei ordinária, tenha-se promovido a lei complementar à Constituição desde o momento em que a carta disse que as normas gerais de direito tributário deveriam estar expressas em diploma dessa estatura.

Referências

AZEVEDO, Filadelfo de. Os tratados e os interesses privados em face do direito brasileiro. In: **BSBDI**, v. 1, 1945.

FRAGA, Mirtô. **Conflito entre tratado internacional e norma de direito interno**. Rio de Janeiro: Forense, 1997.

REZEK, J.F. **Direito dos Tratados**. Rio de Janeiro: Forense, 1984.

VELLOSO, Carlos Mário da Silva. **O direito internacional e o Supremo Tribunal Federal**. Belo Horizonte: CEDIN, 2002.

*Aspectos da crise mundial da
democracia representativa*[i]

*Aspectos de la crisis mundial de la
democracia representativa*[ii]

*Aspects of the world crisis of
representative democracy*

---

i   O presente texto foi apresentado em palestra sob o título *"A crise da democracia representativa e governance do sistema político"*, proferida no V Seminário Luso-Brasileiro de Direito, na Faculdade de Direito da Universidade de Lisboa, Portugal, no dia 18 de abril de 2017.

ii   Artigo anteriormente publicado pela Editora InterSaberes *In:* PAGLIARINI, A. C.; CLETO, V. H. **Direito e jurisdições:** interna e internacional. Curitiba, 2018. p. 613-632.

Manoel Gonçalves Ferreira Filho[i]

Professor Emérito da Faculdade de Direito da USP. Professor Titular (aposentado) de Direito Constitucional da Faculdade de Direito da USP. Doutor *honoris causa* da Universidade de Lisboa. Doutor pela Universidade de Paris. Ex-Professor visitante da Faculdade de Direito de *Aix-en-Provence* (França). Membro da Academia Brasileira de Letras Jurídicas. Presidente do Instituto "Pimenta Bueno" – Associação Brasileira dos Constitucionalistas.

---

i *Copyright* ® de Manoel Gonçalves Ferreira Filho. Publicação autorizada pelo autor, sem a cessão dos Direitos Autorais. Este texto poderá ser publicado pelo autor em qualquer outro livro e/ou periódico de sua preferência, no Brasil e/ou no exterior, tendo-se concedido autorização expressa para publicação no presente livro.

Resumo: A crise da democracia representativa é hoje lugar comum entre os estudiosos da política. Se a sua implantação ainda é bandeira reivindicatória em Estados não democráticos – e não é longínqua a (fracassada) "primavera árabe" – deixou de ser o modelo indisputado, já que regimes não democráticos têm ganhado apoio e aplauso, tanto interna quanto internacionalmente, como o da China, o de Cingapura, etc. A democracia precisa ser reconstruída nas suas instituições e renovada no seu espírito. Esta reconstrução tem de ser feita, porém, democraticamente. Ou seja, sem dogmatismos, pelo livre debate e pela respeitosa troca de ideias.

Palavras-chave: Democracia representativa. Autoritarismo. Crise da democracia.

Resumen: La crisis de la democracia representativa hoy es un lugar común entre los estudiosos de la política. Si su implantación sigue siendo una bandera de reclamo en estados no democráticos, y la (fallida) "Primavera Árabe" no está muy lejos, ya no es el modelo indiscutible, ya que los regímenes no democráticos han ganado apoyo y aplausos, tanto a nivel interno como internacional. el de China, el de Singapur, etc. La democracia necesita ser reconstruida en sus instituciones y renovada en su espíritu. Esta reconstrucción debe hacerse, sin embargo, democráticamente. En otras palabras, sin dogmatismo, debido al libre debate y al intercambio respetuoso de ideas.

Palabras clave: *Democracia representativa. Autoritarismo. Crisis de la democracia.*

Abstract: *The crisis of representative democracy is now a commonplace among politics researchers. Its implementation might be a conquest to be achieved in non-democratic States – the experience of the (failed) Arab Spring is recent – but it is not an undisputed model, since non-democratic regimes have been gaining momentum, internally and internationally. Singapore and China are examples. Democracy must have its foundations rebuilt. Its spirit must be renewed. Nevertheless, this reconstruction has to be democratic. In other words, it will be achieved through respectful interchange of ideas and free speech, with no dogmas.*

Keywords: *Representative democracy. Authoritarianism. Crisis of democracy.*

Sumário: 1. Introdução. 2. A decepção com a governança democrática. 3. O desencanto com os eleitos. 4. A realidade da representação política. 5. A realidade heterodoxa da eleição popular. 6. A ameaça da demagogia. 7. Observações finais.

Sumario: *1. Introducción. 2. La decepción con la gobernabilidad democrática. 3. Desencanto con los elegidos. 4. La realidad de la representación política. 5. La realidad heterodoxa de la elección popular. 6. La amenaza de la demagogia. 7. Observaciones finales.*

Summary: *1. Introduction. 2. The deception with democratic governance. 3. The disenchantment with elected politicians. 4. The reality of the political representation. 5. The heterodox reality of popular election. 6. The threat of demagogy. 7. Conclusions.*

1
Introdução

1. A crise da democracia representativa é hoje lugar comum entre os estudiosos da política. Se a sua implantação ainda é bandeira reivindicatória em Estados não democráticos – e não é longínqua a (fracassada) "primavera árabe" – deixou de ser o modelo indisputado, já que regimes não democráticos têm ganhado apoio e aplauso, tanto interna quanto internacionalmente, como o da China, o de Cingapura, etc.

É, todavia, nos Estados já democratizados que ela perdeu terreno, objeto de uma desafeição e até de repúdio. Tal fato preocupou o *Journal of Democracy*[i] – ícone dos cientistas políticos americanos pró-democracia – que veio a perguntar "*Is democracy in decline?*" em janeiro de 2015, para denunciar alarmado "*the specter haunting Europe*" em outubro de 2016.[ii] Seria este a grave ameaça para a "democracia liberal",

---

i   Janeiro 2016, volume 26, nº 1.
ii Outubro 2016, volume 27, nº 4, p. 20-.

decorrente do populismo[i], da "esquerda perdida"[ii], do desenvolvimento de um "iliberalismo"[iii], etc., na atualidade do continente europeu.

Nestas colocações, há, sem dúvida, um grau de confusão entre a desafeição pelas políticas postas em prática pelas democracias e a desafeição para com esta. Transparece das denúncias um nítido viés de "esquerda", que pretende serem as suas ideias o cerne da democracia e a inspiração necessária de políticas democráticas.

Mas é real tal crise. E ela se registra a olho nu tanto nas democracias "jovens", como nas democracias já rodadas. Põe em risco a própria democracia.

2. Com efeito, esta crise, vista de um prisma psicossocial, denota uma crescente descrença na democracia. Decorre disto um risco para a sua legitimidade e esta é o fundamento *sine qua non* de qualquer regime político. Destaco, nisto, dois aspectos: 1) a **decepção com a governança**[iv] **democrática** e 2) o **desencanto com os eleitos.**

Entretanto, uma perquirição, mesmo superficial, a respeito dos fatores que provocam essa desafeição, identifica questões institucionais graves. Estas devem ser apreendidas com realismo e devem ser levadas em conta não só para o aprimoramento da democracia, como para a sua própria sobrevivência. Concerne elas à própria 3) **concepção de representação política** e, o que é inseparável desta, o mecanismo de seleção dos representantes, ou seja, 4) à **eleição popular**, tal qual se pratica.

A isto se soma um fator de vulnerabilidade historicamente inerente à democracia, mas hoje agudo: 5) a **demagogia**, ou o populismo, como hoje se prefere dizer, exacerbado por um sentimento generalizado de injustiça.

---

i   Outubro 2016, volume 27, nº 4, p. 47.
ii Outubro 2016, volume 27, nº 4, p. 69.
iii Outubro 2016, volume 27, nº 4, p. 77.
iv Emprego o termo num sentido amplo, que vai além do que *governance* significa para o Banco Mundial. Para este, *governance* é "a maneira pela qual o poder é exercido na gestão dos recursos econômicos e sociais em vista do desenvolvimento".

3. Seria pretensão excessiva enfrentar a fundo esses temas numa limitada intervenção. Ouso, entretanto, levantar-lhes o perfil, a fim de provocar a discussão e a meditação sobre eles. Afinal, não é pressuposto da democracia representativa que da discussão nasce a luz?

2
A decepção com a governança democrática

4. A crise da governança democrática, já sugerida no próprio tema deste painel, é obviamente um importante fator de descrença na democracia.

Pelo mundo afora é generalizada a impressão de que as democracias não têm tido êxito em termos de política econômica e social. Ou seja, em matéria de governança. Quanto a isto, há concordância entre a esmagadora maioria dos observadores, incluídos os mais engajados na ideologia democrática. Entre estes há quem fale em *"bad governance"*, enquanto Fukuyama indaga *"why is democracy performing so poorly?"*.[i]

Ora, como há mais de cinquenta anos Bertrand de Jouvenel apontou, a missão contemporaneamente atribuída ao Estado é "a vocação ao rápido progresso econômico e social".[ii] Trata-se de uma profunda mudança no conceber o que seja o "bom governo". Em vista disto, observa:

"Um governo está hoje em falta se não está mantido o pleno emprego, se o produto nacional não aumenta, se o custo de vida cresce, se a balança de pagamentos está desequilibrada, se o país se atrasa no plano tecnológico em relação a outros, se as instituições de ensino não fornecem os talentos especiais na quantidade e na proporção correspondente às necessidades da economia nacional".[iii]

5. Lembre-se, por outro lado, que a boa governança neste plano econômico e social não dispensa o Estado de outras tarefas, como manter a segurança externa e interna, conduzir à rápida prestação judicial, punindo os criminosos e dirimindo litígios, etc.

---

i   É o título de artigo que publicou no ***Journal of democracy***, vol. 26, nº 1, janeiro de 2015, p. 11. Cf. FUKUYAMA, 2015, p. 11.

ii   JOUVENEL, p. 79.

iii   JOUVENEL, p. 77

Há uma evidente sobrecarga de tarefas, de que os governos não dão boa conta.[i] Daí a insatisfação e desta a decepção.

6. Esta decepção abala a legitimidade da democracia, sem qual nenhum sistema sobrevive a longo prazo. Povo algum aceita duradouramente um poder que não lhe atende ou serve.

Volte-se a Fukuyama, para continuar prestigiando autores, competentes, mas notoriamente vinculados à ideologia democrática. Para este, o insucesso da governança democrática tem solapado a sua legitimidade – e no texto ele cita "Brasil, Índia, Indonésia, Filipinas e África do Sul". Enquanto o prestígio de China e Cingapura, pela razão inversa, tem crescido.

O fato é que nas democracias contemporâneas a opinião tende a pôr num segundo plano os valores básicos do constitucionalismo – liberdade, igualdade, segurança. Talvez, porque, nas democracias, estes valores já foram conquistados e são vistos como definitivamente adquiridos.

Entretanto, é ainda Fukuyama quem sublinha, a viabilidade da democracia tem como uma de suas condições o Estado prover a população do que é básico para ela.[ii]

Em outras palavras propiciar a boa governança. O que o idealismo de base rousseauniana presumiu necessariamente ocorresse caso todos participassem do poder.

3
O desencanto com os eleitos

7. É um fato notório que, nas democracias contemporâneas, os "políticos" são mal vistos. Raramente isto é mencionado por escrito, embora todos o sintam no dia a dia.

Jacques Chevallier, um jurista, no livro *L'Etat post moderne*[iii], assinala, a propósito do que se passa na Europa ocidental, "o descrédito que colhe os representantes" (e representantes do povo são os eleitos

---

i   No tocante ao Brasil, veja-se meu livro *Constituição e governabilidade* (Saraiva, São Paulo, 1995).

ii   FUKUYAMA, 2013, p. 5-.

iii   CHEVALLIER, 2003, p. 146.

na democracia). A opinião os acusa de incapacidade para enfrentar os problemas da governança, da indiferença para com o cotidiano do povo e, sobretudo, pela corrupção. Esta, "ilustrada pela multiplicação em todos os países dos *'affaires'* e dos 'escândalos". O que demonstraria "o contraste entre a ética do desinteresse, sobre o qual repousa a delegação política e a revelação das práticas subentendidas do interesse pessoal e reclamadas pelo cuidado de manter-se no poder".

Na verdade, há quem pretenda que tal desencanto provenha da consagração de um padrão cultural moralista, rigorista, que, hoje, se imporia no mundo todo. Este padrão seria o da classe média protestante europeia, mais intolerante do que outras para os pecados do homem. O argumento tem por si o fato de países como os Estados Unidos, a Alemanha, a Suíça, etc., terem na atualidade assumido a postura de promotores da lisura nos negócios e na política, numa palavra de inimigos da corrupção.[i]

Numa visão mais realista, a reação contra esses "malfeitos"[ii] parece ter uma razão muito simples – não advém de uma mudança cultural ou de uma elevação de padrão moral – e sim do fato de que "o rei hoje está nu". Ou seja, o desenvolvimento dos meios de comunicação pôs às escâncaras o que antigamente era discretamente ocultado e, portanto, muito pouco apercebido.

4
A realidade da representação política

8. A crise contemporânea da democracia representativa, cujos aspectos psicossocais foram aflorados, tem, todavia, razões profundas que tocam o âmago de suas instituições básicas. O primeiro a considerar é a própria representação política.

9. Segundo o modelo estabelecido de democracia representativa o povo se governa por meio de representantes que elege. Tal modelo procede da doutrina luminosamente exposta por Montesquieu no ***Espírito das Leis***, em meados do século XVIII.

---

i   Vide o caso FIFA, o caso Siemens, etc.

ii   Para empregar termo empregado pela "Presidenta" Dilma Rousseff que certamente entendia bem da matéria.

Ela pode ser resumida em alguns pontos: 1) o povo por ser livre deveria participar da governança, mas 2) isto é impossível no plano fático e inconveniente na prática, porque 3) o **povo não tem capacidade para tomar as decisões necessárias à governança**.[i] Não é ele capaz de *"discuter les affaires"* (ou seja, de debater e apreciar as alternativas e necessidades (com o pressusposto de que da discussão vem a luz), de conduzir os negócios públicos, de avaliar as oportunidades de tirar proveito delas, etc.

Entretanto, o povo tem a 4) capacidade – "admirável", expressamente o diz Montesquieu – de escolher a quem ele deve confiar "qualquer parte de sua autoridade". Assim, 5) a ele deve ser dada, no âmbito de seu convívio, a escolha de "representantes" que atuem em seu lugar, tomando as decisões de governo. Com o óbvio corolário, 6) de que estes representantes estão livres para tomar as decisões, conforme bom lhes parecer, independentemente da opinião dos que o escolheram, porque teria uma capacidade que o povo em geral não possui. Tem ele, assim, carta branca para atuar na governança, ainda que subentendido que o faça no interesse geral.[ii]

10. Este modelo foi consagrado nos primórdios do constitucionalismo. Está nos seus primeiros documentos, inscritos na história dos Estados Unidos e da França.

Era, entretanto, considerado inerente à **república**, na linguagem de Madison, ao **governo representativo**, na terminologia francesa. Era para os construtores do constitucionalismo a forma de dar ao povo participação na governança, evitando-se o governo pelo povo, ou sejá, a prevalência da ralé – a oclocracia, na terminologia de Sieyès.

Completava este modelo, como corolário indispensável, as restrições à própria participação popular no processo eleitoral, seja como poder de eleger, seja como elegibilidade, em geral pelo sistema censitário.

Entretanto, quando, em meados do século XVIII, na Inglaterra, a maioria do povo (masculino) conquistou o direito de voto e de eleger-se, o governo representativo passou a ser visto como o governo

---

i   Vejam-se o cap. 6º do Livro XI e o cap. 2º do Livro II, capítulos estes intitulados respectivamente *Da Constituição da Inglaterra* e *Do governo republicano e das leis relativas à democracia*.

ii   Há nesse sentido famosa manifestação de Edmund Burke em carta a seus eleitores de Bristol.

democrático. O governo em que a maioria do povo tinha participação. É o que transparece de autores como John Stuart Mill.[i]

11. Neste contexto, pesava o sarcasmo de Rousseau de que o povo somente se governaria ao escolher os seus senhores. Seriam os "representantes" que no dia a dia governariam, estabelecendo as políticas públicas, tomando as decisões e tudo o mais que se compreende na governação. O que, aliás, é ainda o que constitucionalmente decorre do mandato representativo.

Para ir além disto, seria preciso ao menos que o povo escolhesse a orientação da governança, que os representantes poriam em prática. O meio imaginado, e adotado, seria o de fazê-lo por meio de partidos programáticos. A votar nos candidatos destes, haveria não apenas da escolha do representante-governante, mas igualmente do rumo da ação governamental.

O esquema teve aceitação generalizada na doutrina, a exemplo de Kelsen[ii]. Por meio dele, a eleição não seria apenas a escolha do representante, mas também a definição da orientação política a ser posta em prática. É a democracia pelos partidos, do que decorre a consagração dos partidos como entes constitucionais, com o monopólio das candidaturas, com a disciplina dos eleitos, com a representação proporcional para dar nas câmaras peso a todas as correntes, na medida da adoção de seus programas pelo eleitorado.

12. Entretanto, na realidade os programas partidários de pouco ou de nada servem para dar ao eleitor sequer a fixação do rumo da ação governamental. Apenas isto ocorre, palidamente, em sistemas bipartidários.

Entretanto, sendo excepcional um partido conquistar sozinho a maioria necessária para governar, o programa a ser executado será de fato a combinação feita entre os eleitos da coalizão majoritária e esta combinação se faz à revelia do eleitorado.

Por outro, porque, com frequência, os programas são "generalidades genéricas" destinadas a agradar a todos os eleitores e não desagradar a ninguém, sendo inúteis para a definição de do rumo da governança. Isto quando não são enunciados ideológicos e abstratos que não são exequíveis, ao menos de pronto, em face do mundo real.

---

i   MILL, 1964, p. 109-.
ii   KELSEN, 1993, p. 54.

E bem o sabem as Constituições, pois, nenhuma obriga a governança à *responsiveness*, decorrente de programas partidários, muito menos quando seja adivinhada a partir de resultados eleitorais.

13. Ademais é despropositado deduzir de um resultado eleitoral, salvo o fato óbvio de que determinados candidatos foram eleitos, a "vontade" do povo. Para admiti-lo é necessário fechar os olhos para o fato de que as maiorias eleitorais que exprimiriam tal vontade, são agregados heterogêneos de pessoas pertencentes a grupos com ideias díspares com objetivos muito diversos. No máximo, essa "vontade" não passa de uma adesão, tênue na intensidade, a uma esperança de vantagem ou uma opção pelo mal menor.

A comprovação disto está em obras baseadas em numerosas pesquisas científicas, como o recente livro **Democracy for realists**, publicado no ano passado.[i] Mostra esses estudos que a maioria dos eleitores não se interessa por política, não acompanha a política, muito menos se instrui sobre os problemas políticos e se dá por cidadão consciente e participativo quando lê os títulos nos jornais. Seu desinteresse tem razão clara: Ele tem de cuidar da própria vida e espera que os outros cuidem dos negócios públicos.

Acrescente-se que, no plano das pesquisas, verifica-se que indagações com o mesmo conteúdo, têm respostas diferentes conforme as perguntas tenham sido formuladas. Isto revela as contradições e incoerências na manifestação da "vontade" do cidadão, o que tira o valor dos plebiscitos e dos referendos.

14. De tudo isto, decorre o fato indesmentível de que os "representantes" é que governam, discricionariamente, na democracia representativa tal qual ela funciona. Nenhuma delas obriga o governante à responsiveness, relativamente aos programas eleitorais, ou partidários.

Na verdade, a qualidade da governança e seu viés democrático depende da ideologia, da capacidade e da mentalidade dos "representantes". São estes elementos que o sistema político recebe da sociedade, de suas culturas, e outros fatores da mesma ordem.

---

i   ACHEN; BARTEL, 2016. FERREIRA FILHO, 1987, p. 39-. No meu livro, *Ideias para a nova Constituição brasileira* (Saraiva, São Paulo, 1987), tenho um capítulo em que os mesmos fatos são apontados – "*A revisão da doutrina democrática*", p. 39 e s.

5
A realidade heterodoxa
da eleição popular

15. O que se acaba de apontar acentua a importância da seleção dos "representantes", ou seja, da eleição.

Na verdade, a democracia é para muitos, como Schumpeter[i], um método de escolha dos governantes, método este que importa em eleições livres e disputadas.

Mesmo sem a reduzir a um método, ninguém hoje aceitaria como democracia um regime em que não houvesse eleições livres e disputadas. A eleição é assim, no entender comum, o modo democrático de escolher os representantes, os governantes (pondo-se de lado a questão do rumo da governança). E o único modo democrático.

Cabe, todavia, lembrar que, na antiguidade helênica, o método democrático era o sorteio que igualiza todos os cidadãos; a eleição era vista como um método aristocrático, porque nela cabe a ponderação das qualidades dos candidatos. A preferência da democracia representativa pela eleição tem um significado implícito: a escolha deve buscar os mais capazes. A lição de Montesquieu alicerça esse entendimento: os representantes não devem ser capazes daquilo que o povo em geral não é – "*discuter les affaires*"?

Ora, a escolha dos mais capazes, ou dos que melhor se coadunam com a visão dos eleitores, presume logicamente que estes conheçam os candidatos. Montesquieu já o tinha visto, ao recomendar fossem escolhidos no círculo em que viviam.[ii]

Entretanto, esse conhecimento de convívio é impossível nos Estados contemporâneos, com milhões de eleitores. Assim, a informação que podem ter sobre os candidatos entre os quais tem de escolher, na melhor das hipóteses se limita ao superficial, ou ao que lhe é "vendido".

Com efeito, o eleitor, se se quiser que ele possa fazer uma escolha racional, tem de conhecer um mínimo acerca do candidato, de seu caráter, de suas ideias e até as de seu partido. O que não é fácil, sobretudo

---

i SCHUMPETER, 1954, p. 408-.

ii Livro XI, cap. 6º, onde justifica "porque se julga melhor da capacidade dos seus vizinhos (*voisins*) do que da de seus outros compatriotas".

para a maioria que nem acompanha a política.[i] O processo eleitoral estabelecido pelo mundo afora reconhece essa necessidade, tanto que prevê as campanhas eleitorais.

Estas, hoje, são feitas pela propaganda, pelos métodos aperfeiçoados para a "venda" de produtos, sob a direção de especialistas – os famosos "marqueteiros". Claro está que isto propicia informações aos eleitores que se interessem por obtê-las, mas enseja desinformações e manipulações.

Neste pecado, já incidiam e incidem os meios de comunicação de massa – jornal, rádio, cinema, televisão – mas sua atuação era documentada, o que permite a réplica e limita a irresponsabilidade. O meio digital potencializou o dano. Enseja o anonimato, portanto, a irresponsabilidade. Isto permite, como se registrou nas recentes eleições norte-americanas, a difusão de mentiras, calúnias e outras baixezas, afora a (alegada) intromissão de potências estrangeiras. E há organizações especializadas nesse trabalho, o mais das vezes pondo-se como independentes e a serviço dos mais lídimos interesses sociais.

16. Ademais, não se pode esquecer que as campanhas partidárias são custosas e contemporaneamente, dada as exigências da propaganda e de seus especialistas, que exigem quantias vultosas. Claro está que tal situação é propícia à corrupção, como fatos bem conhecidos o comprovam. Não é preciso dizer mais sobre isto.

17. Enfim, não se pode, ademais, ignorar que, na democracia representativa, a permanência na elite dirigente política – a "classe política" – é instável. A limitação da duração dos mandatos e consequente periodicidade de eleições traz para os seus membros o risco de exclusão, com a perda de *status* e de vantagens. Se isto tem a vantagem de sua renovação e enseja a intervenção crítica do eleitorado, é uma ameaça para os que a integram.

Em razão disto, é compreensível que zelem pelo seu próprio interesse na reeleição.[ii] Não é raro então que coloquem acima de tudo as reivindicações e conveniências dos integrantes de seu nicho eleitoral, seja o dos eleitores de seu distrito, seja o dos membros de corporações que os apoiam, e (quase) sempre o que é reclamado pelos seus financiadores.

---

i   Vejam-se os estudos citados na nota anterior.

ii   Eminente senador brasileiro costuma dizer que tal preocupação habita parlamentares desde o dia seguinte à eleição...

Disto decorre, não raro, um efeito perverso, o de colocarem o interesse particular, ou os interesses particulares de seu eleitorado acima do interesse geral. E isto se reforça pela solidariedade própria a toda classe, a que não escapa a classe política.

Obviamente esta situação leva a vulnerar a boa governança.

18. Não se pode neste passo deixar de referir o fato de que a crise da democracia representativo no Brasil atual decorre da deterioração, em alto grau, do sistema representativo e de sua fonte, o processo eleitoral.

A Constituição em vigor e a legislação que a complementa nessas matérias tem evidente culpa nisto. O sistema de representação proporcional e a facilitação na criação de partidos trouxe um quadro em que a representação parlamentar, na Câmara dos Deputados é fragmentada entre quase uma vintena de partidos e, ademais, os três maiores somados não representam a maioria absoluta da Casa. Por isto, sendo a maioria necessária no Legislativo indispensável num Estado de Direito, se pretendeu obtê-la por meio de coalizão, daí o chamado presidencialismo de coalizão. Entretanto, como os partidos com a sua multiplicação perderam completamente qualquer significação doutrinária, tal coalizão jamais se faz em torno de ideias, se "compra" via satisfação de interesses. E isto leva à sua desmoralização e, pior, à generalização da corrupção.

Na verdade, como há mais de meio século, Duverger já ensinava que a representação proporcional naturalmente leva à multiplicação partidária[i] – e são incontáveis os estudiosos que veem nesta uma vulnerabilidade para a democracia – o método ainda foi pervertido por um "jeitinho" – o puxador de votos para a legenda. Com isto, o eleitor vota num artista, num palhaço, num jogador de futebol e elege sem o saber vários "representantes"... Ou vários "representantes" que não elegeria se compreendesse a mecânica do sistema.

---

i   DUVERGER, 1958, p. 275.

6
A ameaça da demagogia

19. Desde a antiguidade helênica sabe-se da vulnerabilidade da democracia à demagogia.

Em Atenas, o modelo idealizado da democracia antiga, é que surgiu a figura dos demagogos. Estes eram líderes que, explorando o descontentamento e os mais sentimentos da comunidade, buscavam o poder para si, ainda que desastrosamente para a *polis* no futuro. Foi sua atuação que, segundo os historiadores e filósofos da época, levaram à sua derrota na guerra do Peloponeso e à extinção da democracia. E provocaram a hostilidade de Platão e outros para com ela, hostilidade que durou séculos, ao menos até Rousseau.

Os pais do governo representativo a temiam e esperavam impedi-la pelas restrições à participação política, pela previsão de uma câmara alta de função moderadora, pela não coincidência dos mandatos, pelas exigências de maioria qualificada nas deliberações mais importantes. Este arsenal ainda frequenta as Constituições democráticas e, se estas abandonaram as restrições eleitorais, ainda levam em conta a idade para a elegibilidade.

O demagogo, todavia, não desapareceu. Ele esteve ou está vivo nas democracias modernas. Chamá-lo de populista, não lhe altera a substância. É um risco, inerente à democracia, sendo o mundo como ele é e os seres humanos o que são. O preço de viver numa democracia e conviver (e combater) a demagogia.

No quadro contemporâneo, os meios à sua disposição e multiplicaram com o advento da comunicação digital. Esta lhes deu meios de mobilização, de difusão de ideias, de mentiras, de preconceitos, etc., incontroláveis (ou quase). Não é surpresa vê-los atuarem, e com êxito, nas velhas e nas novas democracias.

20. A demagogia contemporaneamente se manifesta como reação contra grupos ou minorias privilegiadas. É o que demonstrou a eleição de Trump nos Estados Unidos e nas perspectivas eleitorais nos grandes Estados europeus.

Claramente se apercebe que o que alimenta a demagogia na atualidade é o fato de que grande parcela do povo – o todo formado pelos "certinhos" – aqueles que cuidam de si e dos seus, que trabalham de sol a sol, que cumprem as leis e respeitam os bons costumes, e, sobretudo, paga os tributos e assim arca com os ônus da ação estatal – se sente injustiçada e onerada por uma política de assistência e socorro a minorias ou grupos. Não apenas a refugiados e a imigrantes ilegais, mas também de grupos étnicos em detrimento de outros, a indígenas, a LGBTs, a criminosos e suas famílias, a usuários de drogas, a produtores de filhos sem família...

Paradoxalmente, estes grupos também se sentem injustiçados, em face das discriminações e agruras por que passam ou por que passaram os seus ancestrais.

Pesa, sem dúvida, no descontentamento dos "certinhos", o fato de que os custos dessa proteção recaem sobre eles os (desprezados) "homens comuns", em face dessas minorias ou grupos paradoxalmente "privilegiados". Não se reduza o fenômeno a esse aspecto materialista, há insuflando esse descontentamento um sentimento de injustiça. Como há uma demanda de justiça retrospectiva em minorias como os descendentes de escravos.

Hoje quem não se enquadra numa "minoria" ou grupo considerado merecedor de favorecimento – especialmente quando é pobre ou empobrecido – se revolta contra essa situação de desigualdade, e, por não ser nem idealista, nem sábio pode ser seduzido pela demagogia. E, como são muitos, podem prevalecer em eleições democráticas, favorecendo os que os servem, os "populistas".

Decorre disto um quadro que ameaça repetir o ocorrido nos anos 20 e 30 do século passado, que deu no que deu.

7
Observações finais

21. De tudo o que se expôs, a conclusão óbvia é que a democracia precisa ser reconstruída nas suas instituições e renovada no seu espírito. Esta reconstrução tem de ser feita, porém, democraticamente. Ou seja, sem dogmatismos, pelo livre debate e pela respeitosa troca de ideias. Nem todos os que criticam a democracia que temos são antidemocratas, da mesma forma que nem todos os se jactam de democratas são verdadeiramente democratas.

Tal reconstrução e tal renovação são imprescindíveis, não só porque, segundo disse Churchill, a democracia é a pior das formas de governo, excetuadas todas as outras, mas também porque no ciclo apontado por Platão, depois dela vem o pior: a tirania.

Referências

ACHEN, Christopher H; BARTELS, Larry M. **Democracy for realists**. Princeton: Princeton University Press, 2016.

CHEVALLIER, Jacques. **L'Etat post Moderne**. Paris: 2003.

DUVERGER, Maurice. **Les partis politiques**. 3 ed. Paris: 1958.

FERREIRA FILHO, Manoel Gonçalves. **Constituição e governabilidade**. São Paulo: Saraiva, 1995.

FERREIRA FILHO, Manoel Gonçalves. **Ideias para a nova Constituição brasileira**. São Paulo: Saraiva, 1987.

FUKUYAMA, Francis. Democracy and the quality of the State. In: **Journal of Democracy**, vol. 24, n° 1, out. de 2013.

FUKUYAMA, Francis. Why is Democracy Performing so poorly? In: **Journal of Democracy**, vol. 26, n° 1, jan.de 2015.

JOUVENEL, Bertrand de. **Du Principat**.

KELSEN, Hans. **A democracia**. São Paulo: Martins Fontes, 1993.

MILL, John Stuart. **Considerações sobre o governo representativo**. São Paulo: Ibrasa, 1964.

SCHUMPETER, Joseph. **Capitalisme, socialisme et démocratie**. 1954.

A democracia ideal e as propostas liberal e marxista-leninista: uma nota sobre a perspectiva de Hans Kelsen[i]

La democracia ideal y las propuestas liberal y marxista-leninista. Una nota sobre la perspectiva de Hans Kelsen

The ideal democracy and the liberal and marxist-leninist proposals. A note on Hans Kelsen's perspective

---

i   Artigo inédito.

Marcelo Porciuncula

Doutor e mestre em Teoria do Estado e Direito Constitucional pela PUC/RJ. Especialista em Direito Econômico Internacional pela mesma universidade. Doutorando vinculado ao Institut de Recherche Juridique de la Sorbonne – Université Paris I, Panthéon-Sorbonne. Palestrante no Brasil e no exterior. Advogado.

Resumo: O objetivo deste artigo é explicar a democracia ideal na visão de Hans Kelsen e a análise que ele realiza sobre os projetos liberal e socialista do modelo inspirado por Marx e Lenin. O texto, além de apresentar a defesa de Hans Kelsen da democracia – pois, para ele, a democracia ideal é direta, dispensando, para configurar-se, a presença de qualquer intermediário entre os governados e a tarefa de criação normativa –, além das críticas que o austríaco dirige às ambições liberais e marxista-leninistas.

Palavras-chave: Democracia. Política. Liberalismo.

Resumen: El propósito de este artículo es explicar la democracia ideal en la visión de Hans Kelsen y el análisis que realiza sobre los proyectos liberal y socialista del modelo inspirado en Marx y Lenin. El texto, además de presentar la defensa de la democracia de Hans Kelsen – porque para él la democracia ideal es directa, dispensando, para configurarse, la presencia de cualquier intermediario entre los gobernados y la tarea de creación normativa –, también presenta las críticas que hizo el austriaco a las ambiciones liberales y marxista-leninistas.

Palabras clave: *Democracia. Política. Liberalismo.*

Abstract: *The purpose of this article is to explain the ideal democracy in Hans Kelsen's view and the analysis he carries out on the liberal and socialist projects of the model inspired by Marx and Lenin. The text, in addition to presenting Hans Kelsen's defense of democracy – because for him, the ideal democracy is direct, dispensing, to configure itself, the presence of any intermediary between the governed and the task of normative creation –, also presents the Austrian criticisms of liberal and Marxist-Leninist ambitions.*

Keywords: *Democracy. Politics. Liberalism.*

Sumário: 1. Introdução. 2. A democracia e seu modelo ideal: *l'État c'est nous*. 3. O projeto político-liberal: a degradação da democracia ideal. 4. O modelo marxista-leninista: a derrota da democracia ideal.

Sumario: *1. Introducción. 2. La democracia y su modelo ideal: l'État c'est nous. 3. El proyecto político-liberal: la degradación de la democracia ideal. 4. El modelo marxista-leninista: la derrota de la democracia ideal.*

Summary: *1. Introduction. 2. Democracy and its ideal model: l'État c'est nous. 3. The political-liberal project: the degradation of ideal democracy. 4. The Marxist-Leninist model: the defeat of ideal democracy.*

1
Introdução

A redação deste artigo é motivada pela pretensão de apresentar, em linhas gerais, a análise de compatibilidade que Hans Kelsen realiza entre a democracia como modelo ideal e os projetos liberal e socialista de inspiração marxista-leninista, expressões políticas que marcaram seu tempo. Quer-se pôr em descoberto não apenas a compreensão kelseniana acerca da fórmula última e extremada do modelo democrático, mas também as críticas que ela dirige às ambições liberais e marxista-leninistas.

Em Kelsen, o modelo democrático é contemplado como dotado de características peculiares em sua configuração ideal. Se delineado em precisa fórmula, tal modelo pode funcionar como padrão conceitual a ser contrastado com projetos políticos já instituídos ou a instituir. Uma vez elevado à condição de parâmetro de referência, ele permite que sejam classificadas as formas políticas em que se organizam os Estados.

Em um primeiro momento, forneço resumidamente uma resposta à pergunta: de que fala Kelsen ao referir-se à democracia ideal? Destacarei os traços que ele enxerga como necessários para, em seguida, poder contrapor essa fórmula ideal aos projetos político-institucionais já mencionados, respectivamente: liberalismo e socialismo de inspiração marxista-leninista.

2
A democracia e seu modelo ideal: *l'État c'est nous*[i]

Ubi societas, ibi jus, eis o brocardo latino que aos historiadores ainda não foi dado infirmar (KELSEN, 2004i, p. 239). Com efeito, todas as sociedades de que se tem notícia apresentaram o traço distintivo do direito. O direito é, para Kelsen, o elemento a partir do qual podem ser inscritas em uma mesma categoria, a de sociedade, circunstâncias tão díspares entre si, como a primitiva comunidade babilônica e a complexa e avançada comunidade estadunidense, ou a sociedade democrática regida pela Constituição suíça e uma coletividade regulada de modo despótico em pleno coração da África. Em todas elas há uma técnica social precisa e determinada, consistente em motivar o comportamento dos indivíduos ao fazer sobre eles pairar a ameaça de coerção caso adotem conduta estipulada como ilícita (KELSEN, 2003).

Na generalidade das sociedades haveria um conjunto de disposições normativo-constritivas, as normas jurídicas, que regulariam a atuação dos indivíduos. O direito seria um composto normativo em função do qual acontece a vida em coletividade[ii]; os sujeitos que convivem em uma mesma coletividade têm entre si, vinculando-os como um mesmo povo, o liame jurídico[iii].

A "sociedade juridicamente organizada" seria, portanto, uma expressão redundante, pois toda sociedade seria, por definição, uma organização jurídica sob a vigência da qual os indivíduos desenvolvem suas atividades cotidianas.

Pois bem, nessa organização normativa, tais indivíduos podem encontrar-se situados em duas posições fundamentais e aqui idealmente extremadas para efeito de análise. A primeira delas é a que diz

---

i   Destaco alguns estudos relevantes para a compreensão da democracia em Hans Kelsen: DREIER, 1986; PECORA, 1992; HERRERA, 1997; VINX, 2007; e BAUME, 2007.

ii   Sobre o tema, consultar, por exemplo: KELSEN, 2002c, p. 24-26, 523-524; KELSEN, 1945, p. 407-411; KELSEN, 2003, p. 20-21; KELSEN, 2004i, p. 231; KELSEN, 2004k, p. 281; e KELSEN, 2004f, p. 292-293.

iii   Sobre a compreensão kelseniana acerca do conceito de povo, sugerimos a leitura de: KELSEN, 2004e, p. 13-31; KELSEN, 2002c, p. 249-272; KELSEN, 2003, p. 233-241; KELSEN, 2004f, p. 290-292; e KELSEN, 2004g, p. 86-87, 287-288.

respeito à elaboração das normas jurídicas, a segunda é a que tem sobre si a vigência dessas mesmas normas. Quem ocupa a primeira posição pode ser definido como *criador*, e o que se localiza na segunda pode ser nomeado de *destinatário*.

Também se pode estabelecer, sempre com Hans Kelsen, que na sociedade encontra-se presente uma instituição chamada de *governo*. Âmbito da política por excelência – para Kelsen, a política é entendida, em linhas gerais, como a arte de governar, de escolher, de estipular finalidades –, seu exercício é essencialmente institutivo de disposições coercitivas, de modo que o governo pode ser entendido, aqui em sentido muito amplo, como instância em que é criada a ordem jurídica. Dele participam – ou seja, na sociedade atuam como governantes – aqueles que concorrem para a positivação do direito[i].

Aqui surge uma questão de grande importância. Idealmente, Kelsen concebe duas formas de expressão do governo, ambas determináveis desde que se faça atuar como critério classificatório a identidade dos que conduzem o processo de criação das normas jurídicas[ii]. São elas as formas autocrática e democrática, duas alternativas acerca das quais se teoriza e pela instituição das quais se combate há muito. São dois modelos opostos entre si.

Ao passo que na autocracia criadores e destinatários permanecem ocupando rigidamente seus lugares, restando todo o tempo em posições incomunicáveis, criadores ordenando o que destinatários devem rigorosamente cumprir, na democracia ambos se identificam, confundindo-se na figura singular que poderíamos denominar de *criador-destinatário*[iii].

O criador-destinatário é a marca distintiva de um regime propriamente democrático, é o personagem principal e merecedor do todos os cuidados e atenções, no sentido de que sua defesa e proteção emerge como tema central. Seria a democracia, então, uma forma de governo na qual governantes e governados encontram-se reunidos em uma inequívoca unidade por tratar-se de um regime em que o indivíduo está

---

i Cf. KELSEN, 2002c, p. 255-256.

ii Ver em: KELSEN, 2002c, p. 555 e 556; KELSEN, 2002b, p. 91; KELSEN, 2003, p. 88, 282 e 284; e KELSEN, 2004g, p. 138-139 e 279.

iii Termo sem correspondência exata na obra kelseniana. Respondo pela pertinência de seu uso.

submetido apenas à ordem jurídica de cuja criação participou[i]. Para confirmar essa compreensão, Kelsen reivindica a utilidade de investigações etimológicas: *demokratein*. No vernáculo, "governo do povo" (KELSEN, 2000a, p. 140).

A conclusão kelseniana é de que a democracia se caracteriza por ser, sobretudo, um processo, um método específico pelo qual é criada a ordem jurídica, método este qualificado pela participação dos governados na feitura dos termos que os governam, ou, em outras palavras, pelo protagonismo, convém repetir, do que chamo de *criador-destinatário*[ii].

Eis, portanto, sua essência: ser um procedimento institutivo de normas jurídicas. Nesse passo, a democracia apresenta-se como uma dinâmica procedimental. Contudo, e não menos importante, se a democracia é, em essência, um procedimento, essa característica não a esgota. O método em que se constitui vem acompanhado de um sentido específico de enorme relevo, que Kelsen não hesita em sublinhar.

Ora, se, no procedimento em que a democracia essencialmente consiste, os indivíduos que criam o direito são os mesmos cuja conduta cumpre a esse direito disciplinar, pode-se nela perceber a clara presença da noção de autonomia, o princípio da liberdade, visto que este, em última análise, é contrário à imposição heterônoma de normas (KELSEN, 2002a). Fala-se, aqui, não da liberdade natural, que a rigor inexiste para Kelsen, mas sim da liberdade política (KELSEN, 2004e).

Aliás, Kelsen acrescenta que se democracia é, sobretudo, um processo de estipulação das normas jurídicas em vigor, processo este que, cumpre lembrar, nega diferença entre criadores e destinatários, ela precisa de fato ser entendida como expressão da liberdade política, mas também como expressão do princípio da igualdade, pois aqui as diferenças naturais que os indivíduos de fato apresentam entre si são suprimidas pelo postulado político no âmbito jurídico-institucional[iii].

---

i   Entre inúmeras passagens, consultar: KELSEN, 2004e, p. 13 e 18; KELSEN, 2002c, p. 253-254, 529, 555-556; KELSEN, 2002a, p. 109; KELSEN, 2003, p. 88, 282 e 284; e KELSEN, 2000a, p. 140, 142-144 e 279.

ii   Cf. KELSEN, 2004e, p. 99, 105 e 108; KELSEN, 2002c, p. 601; KELSEN, 2003, p. 284; KELSEN, 2000a, p. 142 e 145; e KELSEN, 2004g, p. 279.

iii   Sobre a igualdade, cf.: KELSEN, 2004e, p. 8-9; KELSEN, 2002c, p. 526; KELSEN, 2003, p. 287; e KELSEN, 2000a, p. 179-180.

Em Kelsen, a sociedade, esfera dos valores, é radicalmente oposta à natureza, esfera vazia de sentido imanente e suscetível de investigação apenas mediante o uso do princípio da causalidade[i]. Se nesta última os indivíduos são de uma desigualdade evidente, na primeira, criação humana expressada em toda sua exuberância política, a opção é pela indistinção entre os indivíduos ante o direito, é dizer, pela vigência do princípio da igualdade. Para Kelsen, o regime político democrático representa, do modo mais bem-sucedido possível, a conjugação aparentemente inconciliável dos princípios de liberdade e igualdade[ii].

Eis, portanto, o valor da democracia: constituir-se como mais apto instrumento, como mais conveniente meio – desde uma perspectiva técnica – para realização dos postulados que muitos tinham quase como incompatíveis entre si (KELSEN, 2000a).

Sendo democracia, é o ambiente por excelência da liberdade política, onde cada qual somente está sujeito à ordem para instituição da qual concorreu – ainda que sua particular preferência política tenha sido preterida em função de outra, cumpre frisar –, caso ela fosse com a desigualdade compatível e ter-se-ia a presença de um constrangedor paradoxo. Se alguns indivíduos, por estipulação de um critério qualquer, participassem em posição privilegiada ou mais vantajosa da criação das normas jurídicas, os que entre eles não se encontram terminariam por submeter-se a uma ordem para cuja elaboração apenas timidamente participaram. A ordem jurídica em atenção à qual teriam de se conduzir seria constituída em maior grau, ou intensidade, por outrem, quando a democracia estaria distanciando-se de sua concepção exata e ideal.

Portanto, no conceito ideal de democracia sustentado por Kelsen, a preservação da liberdade política e da igualdade – mais exatamente a coexistência harmônica entre ambas – é um traço fundamental[iii].

Em *General Theory of Law and State*, Kelsen (2003) assinala que as definições ideais de democracia e da autocracia são estipuladas em reflexões teóricas e que não encontram na realidade sociopolítica projeção exata. Os exemplos que da experiência podem ser extraídos revelam Estados representativos de um sem número de estágios intermediários,

---

i   Ao interessado no tema, convém dedicar-se à leitura integral de: *Causality and Imputation*, publicada originalmente em 1950 (KELSEN, 2004c).

ii   Cf. KELSEN, 2004e, p. 2; KELSEN, 1989, p. 109-111; KELSEN, 2004b, p. 202; e KELSEN, 2000a, p. 202, 205 e 380.

iii   Cf. KELSEN, 2004b, p. 202 e KELSEN, 2000a, p. 380.

cada qual se aproximando ora de um extremo ora de outro, o que, por vezes, torna um tanto árdua a tarefa de classificá-los. Na terminologia usual, costuma-se levar em consideração os traços prevalecentes, de modo que um Estado pode ser classificado como democrático ou autocrático em função de sua capacidade, ainda que imperfeita, de reproduzir na experiência as promessas em tese constituídas pelos modelos ideais (KELSEN, 2002a, 2002c, 2003).

Entre as correntes políticas que dominaram o século XX, duas delas postularam com enorme repercussão concepções divergentes da kelseniana. Com reflexo ainda presente em vários centros qualificados de discussão, o liberalismo e o marxismo-leninismo apresentaram seu entendimento daquilo que seria a "democracia verdadeira". Em inúmeras das obras, Kelsen dedicou-se a confrontar tanto a retórica liberal quanto a marxista-leninista com o entendimento que ele próprio apresentou acerca da essência e do valor democráticos. A esse confronto me referirei nos dois itens a seguir.

3
O projeto político-liberal: a degradação da democracia ideal

Vejamos, primeiramente, a fórmula liberal. Tal como entendido por esse movimento político, o modelo democrático admite restrições à participação dos governados, ou melhor, caracteriza-se exatamente por impor precisos limites a essas participações. Os governados aqui se vêem submetidos a algumas normas para elaboração das quais não lhes foi permitida a emissão de qualquer pronunciamento. Paradoxalmente, é em nome da manutenção da democracia que obstáculos são erguidos entre os governados e as disposições jurídicas que lhes dirigem a conduta.

Deve-se tal compreensão ao fato de que a cultura política de feições liberais atribui significativo prestígio a algumas matérias que, em dado contexto histórico, foram estimadas pela sociedade como fundamentais à sua própria subsistência e que, por isso, devem ser vigorosamente preservadas, o que é feito por meio do desenvolvimento de peculiar aparato institucional. Neste tem-se a presença um engenhoso artifício jurídico destinado a colocar tais matérias à margem da possibilidade decisória dos criadores-destinatários de normas, excluindo-as, assim, do horizonte político destes últimos, que passam a figurar na condição de meros espectadores, e obedientes cumpridores, de parcela consideravelmente importante do direito em vigor. Refiro-me aqui às chamadas *garantias constitucionais* instituídas pelo liberalismo, entendidas como direitos insuscetíveis de supressão ou modificação e, assim, subtraídos do debate político, e de que são exemplos frequentemente acolhidos a liberdade de opinião, a liberdade de crença religiosa e a instituição da propriedade privada.

Ainda que se possa defender a conveniência desses direitos, considerando desejável, portanto, sua manutenção, não se pode negar sua exclusão do processo de deliberação democrática, o que constitui um obstáculo jurídico a qualquer orientação política que pretenda imprimir à sociedade novos, e talvez revolucionários, destinos. Nessa hipótese, os direitos "postos a salvo" dos governados restam deslocados em definitivo à esfera de indiscutibilidade, ambiente incompatível com a democracia ideal[i].

Desse modo é que, para Kelsen, se o movimento liberal eleva a liberdade de opinião, a liberdade de crença religiosa e a instituição da propriedade privada à condição de valores socialmente incontroversos e, como tais, insuscetíveis de revisão pública na dinâmica política, não podem fazê-lo em nome da democracia (KELSEN, 2000a).

A democracia, porque essencialmente procedimento institutivo, como entende Kelsen, não encerra **nenhum conteúdo específico predeterminado**. Em sua formulação ideal, e salvo a mencionada liberdade igualitária de participação na positivação de normas, nenhum valor pode ser contemplado como se lhe fosse imanente. Isso pelo elementar motivo de que o conteúdo é exatamente o objeto em torno do qual discutem os criadores-destinatários da ordem jurídica em um regime dessa índole. É sobre ele que tais sujeitos deliberam (KELSEN, 2000a).

Por esse motivo é que Kelsen se opõe às investidas do liberalismo econômico, que pretendem emprestar à democracia contornos políticos necessariamente coincidentes com os princípios da economia de mercado que caracterizam o regime capitalista. Contra Friedrich Hayek, ele dirigiu duras críticas (KELSEN, 2000a).

Em *The Road to Serfdom*, citado por Kelsen, Hayek expressa a relação entre o sistema liberal da economia de mercado e o regime democrático, como se ao modelo socialista faltasse necessariamente qualquer sintonia com os postulados deste último (KELSEN, 2000a).

---

i   Cf., *v.g.*: KELSEN, 2002a, p. 113 e 134; KELSEN, 2003, p. 287-288; e KELSEN, 2000a, p. 183.

Assim, as pretensões que defendem a economia planificada, como as de inclinação socialista, trariam em si o ônus da incompatibilidade com a democracia. O liberalismo político deveria, então, fornecer abrigo ao liberalismo econômico, protegendo-o das ambições que sugerem outro modelo de organização socioeconômica.

Em *Foundations of Democracy*, Kelsen acusa Hayek de, para sustentar esse argumento, promover uma distorção do sentido exato da palavra *liberdade* no contexto democrático. Para Kelsen, "não é a liberdade econômica [...] que é essencial à democracia", que seria "compatível tanto com um sistema econômico socialista quanto capitalista" (KELSEN, 2000a, p. 274-275).

A posição de Hayek foi por Kelsen destacada como equívoco exemplar, como retórica frequente, que objetivava vincular a democracia a conteúdos específicos. Se a garantia do liberalismo econômico for alçada à condição de norma jurídica intocável na Constituição de certo Estado, por exemplo, sobre ela deixam de poder decidir os governados, que têm, então, sua ação política restrita de modo incontornável, sendo-lhes vedada a posição de criadores de relevante parcela da ordem jurídica cuja vigência lhes cabe observar.

Na leitura kelseniana, o ambiente democrático rejeita esse cenário e posiciona-se de modo a manter os argumentos políticos a todo momento sujeitos à crítica, é dizer, invariavelmente submetidos ao crivo do debate público (KELSEN, 2004e; 2003). Quando programas políticos se utilizam de contorcionismo teórico para tentar inserir seus propósitos em quadros conceituais que, em princípio e por definição, lhe são hostis – como a democracia ideal é, para Kelsen, hostil ao liberalismo político, ver-se-á em seguida –, não fazem senão tentar preservar os valores que desejam ver socialmente acolhidos da esfera de discutibilidade. E, no entanto, afirma Kelsen, "democracia é discussão" (KELSEN, 2000a, p. 183).

Quando Hayek pede proteção ao liberalismo político com o intuito de afirmar em definitivo a vigência de suas convicções econômico-liberais, pretende suprimir da esfera de discussão democrática qualquer alternativa não liberal, sejam elas de inspiração socialista, contra a qual milita diretamente, sejam as propostas capitalistas mais moderadas. A democracia encerra uma dinâmica político-conflitiva irrenunciável (KELSEN, 2000a), e o silêncio pretendido pelo liberalismo político acerca de determinados temas apresenta, para Kelsen, um sentido comprometedor. Nesse passo, ele firma uma conclusão importante e aqui já insinuada: liberalismo político e democracia ideal não encerram princípios entre si idênticos. Seriam eles, ao contrário, construções antagônicas. O liberalismo político reclama a imutabilidade de certos direitos, ao passo que a democracia ideal postula acesso irrestrito dos destinatários das normas jurídicas às disposições que os governam, pois, apenas se satisfeito esse requisito, estes se subtraem da posição de meros destinatários e passam a identificar-se também como criadores, desempenhando aquele protagonismo singular já referido (KELSEN, 2000a).

Nada obstante, Kelsen vê-se forçado a reconhecer o fato de que o movimento liberal pretendeu emprestar novos contornos ao conceito de democracia e obteve certo êxito em sua investida (KELSEN, 2000a). O liberalismo político confronta diretamente o modelo democrático ideal, é certo, contudo, deve-se verificar que tal confronto não ocorre de modo absoluto, e que pertence mesmo e, principalmente, às postulações liberais a intervenção dos governados na instituição de, pelo menos, a maior parte dos termos jurídicos que os governam.

A primeira preocupação liberal é proteger essa atuação participativa mediante o estabelecimento de garantias que a confirmem, embora essas mesmas garantias, paradoxalmente, impliquem retração de seu âmbito, diminuição de sua extensão. Quando se preserva, em um catálogo de direitos fundamentais, os direitos de reunião, de manifestação de pensamento, de confissão religiosa, de opinião política e a liberdade de imprensa, por exemplo, coloca-se ao redor de tais liberdades uma barreira jurídica muitas vezes insuperável. Contudo, nessa circunstância, há de ser salientada uma questão de relevo: tais restrições são mobilizadas **em favor** do estabelecimento de proteção ao exercício de manifestações políticas imprescindíveis à participação dos indivíduos.

Mas a retórica liberal não se satisfaz com esse tipo de restrição. Ela avança sobre outros temas sem que estes minimamente se dirijam a propiciar a tanto mais ampla quanto possível participação dos indivíduos. Anteriormente, foi dado o exemplo da garantia do liberalismo econômico. É nesse momento, quando isola do cenário deliberativo tópicos não procedimentais, e sim substantivos, que o liberalismo caminha em sentido contrário ao indicado pelos postulados democráticos. Aqui sim os confronta e os atinge, pois, se em um primeiro instante parece apenas proteger a participação política dos indivíduos da eventual intolerância de quem em nome do Estado atua, agora a esses mesmos indivíduos nega interferência em questões que podem apresentar grande relevo social.

Isso significa que, para os governados continuarem sendo criadores-destinatários, parece ser preciso, consoante o liberalismo político, que o sentido do termo *criador* seja um tanto matizado. Assim, a democracia tem preservados alguns de seus traços fundamentais, enquanto, por outro lado, vê enfraquecida sua presença, pois sensivelmente afastada de seu modelo ideal pelas restrições de conteúdo. Não é outra a razão pela qual Kelsen entende que são mera e parcialmente conciliáveis, jamais coincidentes, a pretensão política liberal e os requisitos constitutivos da democracia ideal: se estes exigem participação irrestrita dos governados no conteúdo do ordenamento jurídico, aquela restringe essa mesma participação e, com isso, muito debilita na experiência o vigor do projeto democrático (KELSEN, 2000a).

Entende Kelsen (2004b) que, na democracia ideal, o *slogan* monárquico-absolutista *l'État c'est moi* cede integralmente espaço ao *l'État c'est nous*, que, por sua vez, vê-se duramente golpeado pelo liberalismo político, e não só por excluir do horizonte dos governados matérias de primeira importância, mas também, e aqui chegamos a outro aspecto fundamental à compreensão deste item, por instituir entre os governados e o processo de decisão propriamente dito uma instituição intermediária. Trata-se do parlamentarismo, que atribui a um conjunto de indivíduos a função de, em lugar dos governados, que assim deixam de por sua própria voz pronunciar-se, decidir acerca das normas jurídicas vigentes.

Para Kelsen (2004e), a democracia ideal é o regime marcado pela ausência de chefes.[i] Democracia ideal é democracia direta, dispensando, para configurar-se, a presença de qualquer intermediário entre os governados e a tarefa de criação normativa. É nesse sentido que o autor da teoria pura, citando *Capitalism, Socialism and Democracy*, destina a Joseph Schumpeter severas críticas, acusando-o de, entre outras coisas, confundir democracia com eleição e, desse modo, reduzir o projeto democrático a uma mera concorrência pelo voto (KELSEN, 2000a).

Por repousar apenas na participação mediata dos governados, o parlamentarismo não corresponde a uma técnica idealmente democrática. Com efeito, Kelsen (2000b; 2002c; 2003; 2004e; 2004g) apresenta em favor dessa assertiva o caráter ficcional do instituto suporte da proposta parlamentar, a representação, denunciando-o como verdadeiro e decisivo golpe desferido contra a liberdade política em que essencialmente consiste, e subsiste, a autonomia democrática ideal. "*Celui qui délegue, abdique*", afirma (KELSEN, 2004e, p. 95).

---

i No mesmo sentido, cf. KELSEN, 2002a, p. 123.

4
O modelo marxista-leninista: a derrota da democracia ideal

Se à expressão política do movimento liberal Kelsen concede a possibilidade de preservar certas ambições essencialmente democráticas, como o pronunciamento dos governados na elaboração das normas jurídicas ainda que por meio da interferência ficcional da representação, outra é sua postura quando se dedica a examinar a construção teórica das autointituladas *democracias socialistas*. É importante destacar que Kelsen não se ocupa do socialismo em geral, mas sobretudo da versão marxista e dos desdobramentos que a esta imprimiram novos contornos.

Não seria exato afirmar que Kelsen se opõe ao socialismo. Em *Sozialismus und Staat*, de 1920, por exemplo, já no prefácio, Kelsen (citado por RUIZ MANERO, 1989, p. 193) diz ser necessário enfatizar "com toda energia" que esse escrito não está destinado a ser uma obra de oposição ao socialismo. Páginas depois, nesse mesmo título, acrescenta que "a implantação de um ordenamento jurídico comunista" seria "uma experiência à qual não se deve renunciar pela possibilidade que ela encerra de melhorar as condições insuportáveis do capitalismo" (citado por RUIZ MANERO, 1989, p. 195). Em sentido similar manifesta-se na introdução a *The Political Theory of Bolchevism*, publicada em 1948, quando expressa sua admiração pelo socialismo britânico que não havia renunciado, ao contrário do inspirado na vertente marxista-leninista, à democracia. A opção dos socialistas pela alternativa britânica poderia determinar, acrescenta, "a sorte da humanidade" (KELSEN, 1957, p. 272).

O objeto de sua rejeição foi, portanto, toda a construção iniciada por Marx e que se desenvolveu no período soviético, sobretudo por intermédio de Lênin e seus continuadores: Stucka, Rejsner, Pasukanis e Vysinskij; este último teve não apenas suas ideias recusadas por Kelsen, mas inclusive sua conduta pessoal, que, na opinião do autor da teoria pura, demonstrava "um servilismo repugnante ao ditador de então [Stálin], uma prostração intelectual que supera as piores formas do bizantinismo", revelando alguém que elabora uma teoria "cuja maior ambição é ser uma submissa servidora do governo" (KELSEN, 1957, p. 179). Em *Soviet Legal Philosophy*, há inúmeras referências de Vysinskij à "grande constituição de Stálin", ao "grande Stálin", esse "gênio de erudição e da teoria marxista" (KELSEN, 1957, p. 179).

Cumpre notar que, durante décadas, as propostas teóricas do socialismo derivadas da leitura marxista mereceram de Kelsen atentas considerações. Nos anos 1920, temos o já citado *Sozialismus und Staat*; em 1924 veio a lume *Marx oder Lassalle. Wandlungen in der politischen Theorie des Marxismus* ("Marx ou Lassalle. Mudanças na teoria política do marxismo"); em 1931 foi publicado *Allgemeine Rechtslehre im Lichte materialistischer Geschichtsauffassung* ("A teoria geral do direito e o materialismo histórico"); em 1948 foi a vez do também já referido *The Political theory of Bolchevism. A Critical Analysis* ("A teoria política do bolchevismo. Uma análise crítica"); e em 1955 foi concluído *The Communist Theory of Law* ("A teoria comunista do direito"). Pode-se acrescentar que essas publicações não esgotaram o tratamento de Kelsen ao tema, que também foi contemplado em diversas passagens de *Vom Wesen und Wert der Demokratie* ("Essência e valor da democracia"), de 1920 (segunda edição em 1929), e de *Foundations of Democracy* ("Fundamentos da democracia"), de 1955, por exemplo.

Com relação a Marx, Kelsen tem inúmeras considerações a fazer. Ante o propósito que anima a elaboração do presente trabalho, sobre muitas delas não cabem extensos comentários. Convém citar, entretanto, algumas críticas importantes, sobretudo por serem de caráter essencialmente epistemológico, cuja repercussão na compreensão política marxista é decisiva, com desdobramentos que se projetam nos discursos de seus seguidores.

Em poucas linhas, pode-se afirmar que Marx, para Kelsen (1957, p. 39), compreende a realidade como um ente dotado de duas expressões distintas, "uma externa, visível mas ilusória, e portanto ideológica, e uma realidade interna, invisível (por ser ocultada pela anterior), mas verdadeira, real". O contato que se limitasse à primeira expressão da realidade traria como consequência ao indivíduo uma perniciosa distorção, que o faria substituir a segunda expressão da realidade, a "realidade verdadeira", por uma mera e dissimuladora aparência. Para o filósofo alemão, haveria verdades encobertas pela ideologia burguesa, verdades que constituem uma "essência disfarçada", um "fundo oculto" da realidade, de uma realidade "interna e real" (KELSEN, 1957, p. 40).

Em Kelsen, a contradição entre as "duas realidades" não seria a contradição entre a expressão ideológica que a cultura burguesa formula e a misteriosa expressão da "realidade real" que caberia à filosofia marxista revelar. Trata-se de uma simples contradição entre o aspecto da primeira e os caracteres que esta última pretende ver acolhido socialmente. A "realidade real" seria, sob a análise kelseniana, o efeito da já mencionada confusão entre o *ser* em que ela pode expressar-se e o *dever ser* que enxerga Karl Marx ao sobre ela projetar-se subjetivamente, animando-a na suposição de ser tal "realidade real" portadora de valores intrínsecos suscetíveis de serem descobertos pela razão mediante o empenho científico. A "realidade aparente" fornecida pela ideologia burguesa não teria suporte racional, somente a realidade existente, sendo verdadeira, poderia conter o segredo da justiça que Karl Marx pretende revelar ao afirmar ser possível ao socialismo, como sua finalidade última, fazer surgir das formas específicas da falsa realidade um encontro com a realidade verdadeira (KELSEN, 1957, p. 40).

Kelsen (1957, p. 40) afirma ser "muito interessante assinalar que a 'verdadeira realidade', a essência interna da realidade em contraposição com sua forma externa, ilusória, com sua mera aparência, é, segundo declara abertamente Marx, uma norma, um dever. É a idéia de Hegel, o valor absoluto imanente à realidade". Acrescenta Kelsen (1957, p. 42) que, ao pronunciar-se desse modo, Marx vê "distinção entre a realidade existente, meramente externa, e a realidade verdadeira, oculta, como *Sollen* (dever-ser), destino ideal da realidade", com o que adota "o mesmo esquema interpretativo da doutrina do direito natural". Em seu característico acento animista, o jusnaturalismo pressupõe que a justiça

> *é imanente à realidade apresentada como natureza: natureza das coisas ou natureza do homem, do mesmo modo que Marx considera inegável que seu ideal está oculto pela realidade aparente. É o mesmo quando direito natural afirma – como consequência de sua pressuposição – que é possível deduzir da natureza o direito justo, é dizer, natural, e atribui à ciência, à ciência do direito, a missão de descobrir este direito natural oculto de algum modo na natureza, Marx afirma que se pode fazer surgir da realidade social a justiça do socialismo como verdade social.*
> (KELSEN, 1957, p. 42)

Aqui, o articulado kelseniano nega à retórica marxista aquilo que já havia recusado às diversas expressões jusnaturalistas: a cientificidade ambicionada. Ao recorrer ao falacioso argumento da cientificidade, o socialismo científico se lhe apresenta como evidente construção ideológica, tanto quanto o são as construções burguesas por Marx corretamente criticadas (KELSEN, 1957). Ao oferecer seu projeto político como quem oferece uma ciência objetiva, capaz de descortinar a verdade, "o socialismo marxista coloca um véu no caráter eminentemente subjetivo do juízo de valor em que se baseia" (KELSEN, 1957, p. 72). Para o autor da teoria pura,

> *os ideólogos burgueses utilizam a religião como meio para dotar o estado burguês e o direito burguês de uma autoridade divina, do que em verdade carecem estas instituições sociais. Marx, ao fazer crítica da ideologia destrói por completo a autoridade da religião, mas não renuncia, para sua empresa, da ajuda de outra autoridade efetiva. A única autoridade que sua crítica deixa intacta é a ciência. Por isso seu socialismo simula ser ciência e coroa com a aura desta autoridade seu produto: a sociedade comunista do futuro.* (KELSEN, 1957, p. 23)

Ora, entende Kelsen que a política não se caracteriza por ser uma busca da "verdade". A *conveniência*, no sentido da escolha de valores ocasionalmente preferenciais a acolher, sim é seu marco distintivo. A ambição que alguns argumentos apresentam de conter em si a verdade configuraria, a rigor, uma mera expressão da conveniência de assim proceder e, com isso, omite-se seu caráter político plenamente suscetível de controvérsia e de possível substituição por outro que, por qualquer razão, passe a usufruir de maior prestígio social. Na teoria kelseniana, a cognoscibilidade do absoluto, na qual o jusnaturalista Marx crê, tende a conduzir ao regime autocrático. Ao anunciar-se como detentor de uma teoria apta a revelar a verdade e a justiça há muito encoberta pelos propósitos burgueses – para sua ótica invariavelmente espúrios – a construção marxista exclui do debate político os temas sobre os quais, na perspectiva de Kelsen, em nenhuma hipótese cabe um pronunciamento definitivo.

Para Kelsen, onde a discussão não tem lugar perece a democracia. O debate público, esse quesito tão necessário ao regime democrático, é hostilizado pela circunstância instaurada por aqueles que se animam a afirmar-se senhores da justiça e conhecedores da injustiça, injustiça que proscrevem e punem como um erro incorrido por quem deles discorda. Em *Absolutism and Relativism in Philosophy and Politics* e em *Foundations of Democracy*, Kelsen assinala ser próprio daquele que fantasia estar de posse do segredo do bem absoluto a imposição de sua opinião e vontade aos demais. E a tolerância, os direitos das minorias, a liberdade de expressão e de pensamento, sinais indicativos das democracias, vêem-se abolidos em sistemas liderados pelos diligentes guardiões da suprema justiça (KELSEN, 2000a; 2004b).

Portanto, o marxismo – assim como as leituras que no ambiente soviético nele se apoiaram – propôs um programa político de perfil nitidamente autocrático.

Citando *Manifest der Kommunistischen Partei,* Kelsen (1957) assinala a pretensão que inspira Marx, para quem o primeiro passo destinado à revolução da classe trabalhadora seria a transformação da classe proletária em classe dominante, com o que, supunha, estaria aberto o caminho para o estabelecimento da democracia. Nessa mesma obra, Marx afirma, lembra Kelsen (1957, p. 55), que o movimento proletário conduziria à revolução por meio de um regime em que a enorme maioria iria governar em benefício "da enorme maioria". As classes anteriormente exploradas pela burguesia iriam dirigir a sociedade em favor de uma nova ordem, quando implantariam a ditadura do proletariado, que, para Marx, segundo Kelsen (1957, p. 58), seria um período de transição para "a realização da verdadeira democracia [...] a realização do socialismo, somente considerado possível sob a forma ditatorial, é dizer, mediante a opressão violenta da classe burguesa".

Entende o autor da teoria pura que a fundamental distinção entre o conceito burguês-capitalista de democracia e o "conceito proletário-socialista, consiste em que de acordo com o primeiro a minoria tem o direito de existir e de participar na formação da vontade do Estado, enquanto que de acordo com o último a minoria carece de tal direito e, ao contrário, deve ser abolida pela força, usando-se para tanto de todos os meios" (KELSEN, 1957, p. 58). Com efeito, e como há pouco lembrado, para a compreensão kelseniana é de todo estranha à democracia o postulado da supressão das minorias. Em *Foundations of Democracy,* há inúmeras passagens que afirmam a proteção das minorias como indispensável elemento democrático (KELSEN, 2000a). Do mesmo modo e com a mesma ênfase, Kelsen (2004e; 2000b; 2002c) já havia manifestado-se em *Vom Wesen und Wert der Demokratie,* em *Das Problem der Parlamentarismus* e em *Allgemeine der Staatslehre,* por exemplo.

Para ele, a democracia caracteriza-se, entre outros específicos pontos, por conferir proteção às minorias contra o ímpeto da maioria. Nesse regime, há de encontrar-se a vigência de uma disciplina político-institucional capaz de permitir aos que integram a minoria saírem dessa condição e, persuadindo os demais partícipes da dinâmica política tipicamente democrática, tornarem-se maioria. Kelsen não concebe como compatível com a democracia uma retórica que postula a asfixia política pela supressão das divergências. Por essa razão, o socialismo proposto por Marx se lhe apresenta qual uma teoria elaborada em desapreço à alternativa democrática, que, entende, não se adapta ao ambiente de exclusões requerido pelo filósofo alemão.

O êxito que a intervenção marxista alcançou no século XX, sobretudo nos anos que se seguiram à Revolução Russa, estimulou novas perspectivas, que passaram a retomar o legado do chamado *socialismo científico* em razão do novo contexto histórico. Entre as mais importantes está a desenvolvida por Lênin, que recebeu de Kelsen alguns comentários. *State and Revolution, Bourgeois Democracy and Proletarian Dictatorship* e *Speech to the 9th Congress of CPSU* (de 31 de março de 1920) foram as fontes fundamentais que ele utilizou para conhecer aquilo que seria a versão leninista da democracia.

Como pretensão teórica maior, Lênin apresentava, segundo Kelsen (1957, p. 81), que o cita, a declarada tentativa de recuperar os "verdadeiros ensinamentos" marxistas acerca do Estado, que "haviam sido destruídos e deformados pelos oportunistas do movimento operário, especialmente na Alemanha". Para o líder russo, continua Kelsen, a ditadura do proletariado tem indubitavelmente um sentido restritivo, mas restritivo para os opressores, os exploradores, os capitalistas. Ela seria de fato caracterizada pela violência, pela imposição forçosa de comandos. Sem embargo – segue a leitura leninista relatada por Kelsen (1957, p. 82) –, essa situação pode ser descrita como uma "nova democracia", aquela que apenas tem repercussão na vida política do proletariado, já que a burguesia, consoante o próprio Lênin, seria objeto de uma rigorosa ditadura. Posto desse modo seu entendimento, as restrições à liberdade que Lênin pretende ver impostas aos que não compartilham de seu ideal político não seriam exatamente restrições destinadas ao povo.

Para Kelsen, a sociedade socialista pretendida por Lênin apresenta-se como um modelo um tanto esdrúxulo de democracia. Seria em verdade um modelo híbrido, pois composto ao mesmo tempo pela "democracia verdadeira" para o proletariado e pela ditadura dirigida contra a burguesia. Essa posição parece-lhe difícil de ser sustentada. Ora, as ditaduras são sempre regimes de opressão destinados apenas e tão somente a alguns, ou a muitos, mas não a todos. Os que em seu contexto desempenham a função de governantes são autores, e não vítimas, do arbítrio. A autocracia é constituída em seu favor, organizada e imposta para prestigiá-los, não para discriminá-los como delinquentes cuja voz, se ouvida fosse, ameaçaria a sociedade desviando-a do caminho que levaria à justiça absoluta, caminho esse generosamente pavimentado pelo ditador e seus sequazes. Em *Vom Wesen und Wert der*

Demokratie, Kelsen (2004e, p. 105) declara ser um artifício abusivo, uma manipulação terminológica perpetrada pela corrente leninista, a utilização da palavra *democracia* para instituir e defender "um bem caracterizado sistema de ditadura política".

Os que discordam da "organização da vanguarda dos oprimidos" (LÊNIN, citado por KELSEN, 2000a, p. 146) – como os capitalistas, ou os que Lênin entende ser os oportunistas integrantes do movimento operário alemão – restam excluídos em favor de uma única perspectiva moralmente legítima, ou melhor, juridicamente lícita. Proscritas, as inúmeras possibilidades de manifestação deixam de poder figurar no ambiente político inspirado no leninismo, que não admite senão pronunciamentos que reproduzem seus postulados. Tal circunstância ganha expressão na proposta destinada a viabilizar institucionalmente a existência de apenas um partido, o partido da classe operária, ou, com maior exatidão, de parte dela, daquela que não está supostamente maculada pelo oportunismo que a cega ante a "verdade real".

Kelsen repudia severamente essa postura. Para ele, se a democracia ideal apresenta-se como um modelo talvez inalcançável, tendo em vista a crescente complexidade do Estado contemporâneo, e se, nesse sentido, a participação direta dos governados na feitura das normas jurídicas em observância das quais se conduzirão precisa ser substituída, como vimos, pelo antidemocrático instituto da representação, qualquer alternativa institucional que pretenda minimamente manter vivo algum traço da democracia há de, necessariamente, sugerir a existência dos partidos políticos. O pluripartidarismo significa, para Kelsen, condição imprescindível de funcionamento da contemporânea fórmula democrática, sem o qual, portanto, o modelo ideal desta última, já degradado pela ficção da representação, restaria de todo descaracterizado. Em Kelsen, se é verdade que a democracia ideal recusa a presença de intermediários entre os governados e a tomada de decisões, também o é que, sendo essencialmente representativa, a democracia contemporânea não poderá sequer ser vislumbrada no horizonte social se forem postas na ilegalidade as associações a partir das quais são selecionados os representantes e discutidas as posições das mais diversas correntes ideológicas. A democracia contemporânea não sobreviverá sem a existência de partidos políticos, entende[i].

---

i   Cf. KELSEN, 2004e, p. 20-21; KELSEN, 2002c, p. 592; e KELSEN, 2000a, p. 153-154.

É pautado nessa compreensão que ele afirma: "O princípio de que só se deve admitir a existência de um partido, com a finalidade de assegurar a viabilidade do governo, é um elemento comum às ideologias antidemocráticas do fascismo, do nacional-socialismo e do comunismo", para em seguida concluir que uma "democracia não pode ser um Estado de partido único" (KELSEN, 2000a, p. 153-154). Em *Allgemeine der Staatslehre*, Kelsen (2002c) sublinha que, se em dado momento histórico a burguesia refugiou-se no nazismo e no fascismo para excluir da legalidade qualquer indício simpático às proposições políticas socialistas, o *bolchevismo* – como ele chamava a linha doutrinária elaborada para ser instituída na URSS sob a principal inspiração de Lênin – serviu-se do mesmo método autoritário para, com sinais trocados, anticapitalistas, banir da vida política perspectivas divergentes[i].

De fato, em várias passagens Kelsen reúne o fascismo, o nazismo e o bolchevismo em um mesmo grupo para qualificá-los como expressões antidemocráticas referenciais instituídas no século XX[ii]. Há uma clara razão para isso. Kelsen (1957, p. 276-277) entende que "o tipo moderno de autocracia – que em épocas anteriores apareceu sob os nomes de tirania, despotismo e monarquia absoluta – é a ditadura de partido".

Para o autor da teoria pura, o Estado é um meio do qual se servem os indivíduos reunidos em comunidade para obter condutas que supõem necessárias ao alcance de determinados fins[iii]. Nesse passo, sua constituição destina-se a tornar possível a atualização de específicos propósitos. Em razão desses propósitos são delineados os contornos políticos do ordenamento jurídico em que o Estado se traduz. Ao acolher valores, ao proteger ambições emprestando-lhes um eloquente artifício persuasivo, à ameaça da sanção, o Estado é instrumento de defesa de interesses. Mas ele defende os interesses daqueles que por diversos – e, muitas vezes, inconfessáveis – meios conseguiram estabelecer na experiência política as finalidades a serem alcançadas. Nas autocracias de partido único, não há dúvidas quanto aos interesses a serem protegidos

---

i   A obra *Teoría general del estado* foi escrita em 1925, quando teria sido impossível a Hans Kelsen pronunciar-se no tempo passado, como o faz, a respeito do nazismo e do fascismo. Entretanto, esses comentários foram pelo próprio Kelsen acrescentados à versão espanhola da obra, publicada em 1934.

ii   Cf., por exemplo, KELSEN, 2004e, p. IX e X; KELSEN, 2000b, p. 377; KELSEN, 2002c, p. 592-600; KELSEN, 2003, p. 301-303; e KELSEN, 2000a, p. 134-135, 153-154 e 183.

iii   Cf., por exemplo, e na íntegra, KELSEN, 2004i.

pelo Estado. Invariavelmente presentes em qualquer pronunciamento político, tais interesses persistem nada obstante a verossímil existência de divergências silenciadas à força. A manifestação do pensamento, a possibilidade de reunião, o exercício da imprensa, a escolha da confissão religiosa e, não raro, até mesmo a opção sexual a seguir subsistem como moralmente legítimas e juridicamente lícitas apenas e tão somente se reafirmarem – ou se, na melhor das hipóteses, não apresentarem qualquer indício de um dia poderem vir a negar – os interesses dos integrantes do partido. A burguesia, ou parte dela, refugiou-se no partido nazista ou no partido fascista. O proletariado, ou parte dele, abrigou-se no partido comunista inspirado pelo marxismo-leninismo. Ao contrário das circunstâncias protagonizadas por tais modelos institucionais, na democracia, para Kelsen, *tolerância* é palavra de ordem[i].

Apenas com a tolerância os múltiplos interesses presentes na comunidade podem entrar em contradição. Resolvido institucionalmente por um contexto favorável à sua existência, o embate entre interesses opostos é concluído por meio de um compromisso (KELSEN, 2000b; 2002a; 2002c; 2003). Os regimes de partido único, do qual o proposto por Lênin seria um grande exemplo, não realizam seus projetos por meio do compromisso político, eles os impõem ao negar aos seus opositores a existência institucional. Nesse sentido, Kelsen afirma ser a democracia um modelo francamente inclinado à realização da paz, ao passo que a autocracia teria a tendência a reproduzir no plano internacional a intransigência absolutista em que se expressa na esfera interna, tornando propício o surgimento de um espírito beligerante que dirigiria suas ações[ii].

As perdas que o movimento liberal impôs à democracia passariam a ser, então, mais dramáticas na proposta leninista, como antes já o havia sido pelo marxismo. A rigor, para Kelsen, Lênin repetiu os problemas que Marx havia apresentado no século anterior. A crença na existência de uma já mencionada "realidade verdadeira", a compreensão segundo a qual a democracia seria revelada pelo socialismo mediante uma investigação científica da realidade aparente, uma realidade que, desmistificada pelo regime de força e opressão que se instalaria destituindo em definitivo a burguesia, sua criadora, poderia ser percebida, e recusada, por ilusória, pelos demais membros do proletariado. Estes, uma vez conhecedores da "verdade" revelada, seriam

---

i   Cf. KELSEN, 2000b, p. 129; KELSEN, 1989, p. 123; KELSEN, 2004b, p. 206; e KELSEN, 2000a, p. 182-185 e 202.

ii   Consultar: KELSEN, 2002a, p. 125 e KELSEN, 2000a, p. 191-192.

finalmente livres. A distorção a que a democracia seria submetida também marcaria ambos personagens históricos. Segundo Lênin (citado por KELSEN, 2000a, p. 147), "a democracia socialista não se coloca, de modo algum, em contradição com o governo individual ou a ditadura, e a vontade de uma classe pode às vezes ser concretizada por um ditador, que em determinados momentos pode fazer mais sozinho, e que frequentemente se faz mais necessário".

Em *State and Revolution*, e repetindo o firmado por Marx em *Manifest der Kommunistischen Partei*, surge a justificativa leninista para defender a ditadura por ele pretendida como uma espécie de "democracia verdadeira". Seria ela um regime construído para promover o real sentido de justiça para a imensa maioria (KELSEN, 2000a). Em realidade, Lênin não hesita em declarar ser a democracia perfeitamente compatível com a ditadura proletária ou com o governo individual porque essa ditadura, ou esse governo individual, estaria atuando de modo verdadeiramente correto e justo, sempre no inequívoco interesse dos governados. Para o entendimento kelseniano, porém, tal compreensão não consegue desvencilhar-se do ônus de ser uma falácia um tanto frágil, afinal, o critério distintivo da democracia não está no fato de ser ela um regime **orientado para os governados**, mas sim de ser um modelo político **dirigido pelos governados**, o que a alternativa da ditadura proletária recusa, opondo-se à singular figura do criador-destinatário de normas jurídicas. Ora, não há dúvida de que a defesa de alguns interesses do povo, como a reorganização da sociedade após o advento de uma catástrofe natural ou a urgente mobilização do Estado em tempo de guerra, não é prerrogativa das democracias, pois nada impede que mesmo uma inflexível ditadura obtenha êxito nesses casos; tal sucesso, contudo, evidentemente, não tem o condão de suprimir seu acento autocrata. Kelsen (2000a, p. 147-148) acrescenta, por outro lado, não existir governo que renuncie ao discurso de estar agindo no firme interesse dos governados e que, visto não haver qualquer critério objetivo que possa definir o que seja o "bem do povo", a fórmula "governar para o povo" é um inconsistente apelo retórico no qual podem caber os mais diversos tipos de projetos políticos, constituindo-se, assim, em uma mera ideologia de justificação do poder.

A distorção que a retórica leninista promove do conceito de democracia, na linha do raciocínio em tela, torna-se ainda mais evidente quando se realiza a elementar pergunta: onde está o povo? Pelo que o próprio Lênin afirma em *State and Revolution*, assinala Kelsen (2000a), *povo* seria sinônimo de classe proletária, e tudo aquilo que fosse supostamente realizado em seu favor, ainda que por um aparato burocrático-partidário, seria a expressão mesma de seus reais desejos e de suas legítimas ambições. Haveria um conjunto de valores tidos como imanentes à "realidade verdadeira" em que se encontra o povo, como se a esta fossem próprios vetores políticos e inclinações axiológicas naturais que restariam encobertos pela sempre espúria cultura burguesa. Seus traços distintivos seriam apenas por certos indivíduos – leia-se *dirigentes do partido* – alcançáveis. Estes estariam dispostos a derrubar a democracia formal, que entendem como fenômeno burguês, para em seu lugar instituir a "democracia verdadeira", proletária, destinada a atribuir a todos os do povo – com exceção dos indivíduos insurgentes, que a rigor do povo não fazem parte – idênticas condições materiais (KELSEN, 2000a; 2000b).

Ora, para Kelsen (2000b), a igualdade material não pode ser considerada como traço essencialmente democrático, pois mesmo regimes autoritários podem, de modo um tanto eficiente e talvez com maior celeridade, realizá-la. *Democracia* não é um conceito suscetível de ser confundido com toda espécie de virtude social. Se a igualdade pode ser alcançada tanto por ela quanto por um regime supressor das liberdades políticas, mas atento ao igualitarismo material dos governados, este não pode ser o critério que distingue democracia e autocracia. Daí porque a igualdade fundamental à democracia, tal como a entende Kelsen (2004e), é a igualdade político-formal dos governados na participação tão extensa quanto possível na escolha dos valores a serem acolhidos pelo direito – ou, em outras palavras, a serem protegidos pelo Estado.

Para Kelsen, a acusação que costuma ser dirigida à compreensão formalista da democracia tem o mal dissimulado propósito de desestimular os governados a participar diretamente na decisão acerca dos destinos de sua comunidade, sugerindo-lhes como caminho plausível a omissão política sempre em favor daqueles que se apresentam como capazes de fornecer a igualdade material desejada. Por supostamente conhecerem o interesse do povo, os líderes dessa "democracia verdadeira" – insiste Kelsen (2000a) – seriam considerados qualificados para o exercício exclusivo da direção do Estado, vez que o povo poderia, se partícipe fosse dessa circunstância, enganar-se quanto ao seu "verdadeiro" interesse. Em tom conclusivo, Kelsen (2000a, p. 146) diz que "nesta 'democracia verdadeira' o povo pode ser 'representado' por uma elite, uma vanguarda ou mesmo por um líder carismático", bastando, para tanto, que seja desviada da "definição de democracia" o sentido de ser "o 'governo do povo' para 'governo para o povo'".

Democracia sem participação dos governados não é admissível na leitura kelseniana. Há, porém, uma trágica coerência na perspectiva que afasta o povo do centro das decisões políticas. Ora, pergunta Kelsen

(2002c, p. 603) em *Allgemeine Staatslehre*, "se existe alguém que se encontra de posse do sumo bem, o que se pode pedir senão a obediência cega, rendida, desinteressada e até agradecida daqueles para os quais a imposição do afortunado que alcançou a 'verdade' há de ser a salvação?".

Referências

BAUME, S. **Plaider la démocratie**. Paris: Édition Michalon, 2007.

DREIER, H. **Rechtslehre, Staatssoziologie und Demokratietheorie bei Hans Kelsen**. Baden-Baden, West Germany: Nomos Verlagsgesellschaft, 1986.

EISENMANN, C. La classification des formes politiques selon Hans Kelsen. **La Pensée Politique de Hans Kelsen**, Caen: Centre de Publications de l'Université de Caen, n. 17, 1990.

GOYARD-FABRE, S. L'État du droit et la démocratie selon Kelsen. In: **La Pensée Politique de Hans Kelsen**, Caen: Centre de Publications de l'Université de Caen, n. 17, 1990.

GUASTINI, R. Kelsen y Marx. In: CORREAS, O. (Org.). **El outro Kelsen**. Cidade do México: Universidad Nacional Autónoma de Mexico, 1989.

HERRERA, C. M. Kelsen et le libéralisme. In: HERRERA, C. M. (Org.). **Le droit, le politique**. Autour de Max Weber, Hans Kelsen, Carl Schmitt. Paris: L'Harmattan, 1995.

HERRERA, C. M. **Théorie juridique et politique chez Hans Kelsen**. Paris: Kimé, 1997.

KELSEN, H. A dynamic theory of natural law. In: KELSEN, H. **What is Justice?** Justice, Law and Politics in the Mirror of Science – Collected essays. 3. ed. Berkeley: University of California Press, 2004a.

KELSEN, H. Absolutism and Relativism in Philosophy and Politics. In: KELSEN, H. **What is Justice?** Justice, Law and Politics in the Mirror of Science – Collected essays. 3. ed. Berkeley: University of California Press, 2004b.

KELSEN, H. Causality and Imputation. In: KELSEN, H. **What is Justice?** Justice, Law and Politics in the Mirror of Science – Collected essays. 3. ed. Berkeley: University of California Press, 2004c.

KELSEN, H. Causality and Retribution. In: KELSEN, Hans. **What is Justice?** Justice, Law and Politics in the Mirror of Science – Collected essays. 3. ed. Berkeley: University of California Press, 2004d.

KELSEN, H. Forma de estado y filosofía. In: KELSEN, H. **Esencia y valor de la democracia**. Trad. Rafael Tapia e Luis Legaz Lacambra. Granada: Editorial Comares, 2002a.

KELSEN, H. Forma de Estado y visión del mundo. In: CORREAS, O. (Org.). **El outro Kelsen**. Cidade do México: Universidad Nacional Autónoma de Mexico, 1989.

KELSEN, H. Fundamentos da democracia. In: KELSEN, H. **A democracia**. 2. ed. Trad. Ivone C. Benedetti et al. São Paulo: Martins Fontes, 2000a.

KELSEN, H. **General Theory of Law and State**. 6. ed. Trad. Anders Wedberg. Cambridge: Harvard University Press, 2003.

KELSEN, H. **Introduction to the problems of legal theory**. Trad. Bonnie Litschewski Paulson and Stanley L. Paulson. New York: Oxford University Press, 2002b.

KELSEN, H. **La démocratie**. Sa nature, sa valeur. 2. ed. Trad. Charles Eisenmann. Paris: Édition Dalioz, 2004e.

KELSEN, H. Law, State and Justice in the Pure Theory of Law. In: KELSEN, H. **What is Justice?** Justice, Law and Politics in the Mirror of Science – Collected essays. 3. ed. Berkeley: University of California Press, 2004f.

KELSEN, H. O problema do parlamentarismo. Trad. Vera Barkow. In: KELSEN, H. **A democracia**. 2. ed. São Paulo: Martins Fontes, 2000b.

KELSEN, H. **Pure Theory of Law**. Trad. Max Knight. Berkeley: University of Califórnia Press, 2004g.

KELSEN, H. Science and Politics. In: KELSEN, H. **What is Justice?** Justice, Law and Politics in the Mirror of Science – Collected essays. 3. ed. Berkeley: University of California Press, 2004h.

KELSEN, H. **Socialismo y Estado**: una investigación sobre la teoría política del marxismo. Trad. Rolf Behrman. Madrid: Revista de Derecho Privado, 1985.

KELSEN, H. **Sociedad y naturaleza**. Trad. Jaime Perriaux. Buenos Aires: Depalma, 1945.

KELSEN, H. **Teoría comunista del derecho y del Estado**. Trad. Alfredo Weiss. Buenos Aires: Emecé Editores, 1957.

KELSEN, H. **Teoría general del Estado**. Trad. Luis Legaz Lacambra. Granada: Comares, 2002c.

KELSEN, H. The Law as a Specific Social Technique. In: KELSEN, H. **What is Justice?** Justice, Law and Politics in the Mirror of Science – Collected essays. 3. ed. Berkeley: University of California Press, 2004i.

KELSEN, H. The Natural-Law Doctrine Before the Tribunal of Science. In: KELSEN, H. **What is Justice?** Justice, Law and Politics in the Mirror of Science – Collected essays. 3. ed. Berkeley: University of California Press, 2004j.

KELSEN, H. The Pure Theory of Law and Analytical Jurisprudence. In: KELSEN, H. **What is Justice?** Justice, Law and Politics in the Mirror of Science – Collected essays. 3. ed. Berkeley: University of California Press, 2004k.

KELSEN, H. Value Judgments in the Science of Law. In: KELSEN, H. **What is Justice?** Justice, Law and Politics in the Mirror of Science – Collected essays. 3. ed. Berkeley: University of California Press, 2004l.

PAULSON, S. L. Kelsen as Political Theorist. **La Pensée Politique de Hans Kelsen**, Caen: Centre de Publications de l'Université de Caen, n. 17, 1990.

PECORA, G. **La democracia di Hans Kelsen**. Una analisi critica. Napoli: Edizioni Scientifiche Italiane, 1992.

RUIZ MANERO, J. Sobre la crítica de Kelsen al marxismo. In: CORREAS, O. (org.). **El outro Kelsen**. Cidade do México: Universidad Nacional Autónoma de Mexico, 1989.

VINX, L. **Hans Kelsen's Pure Theory of Law**. Legality and Legitimacy. New York: Oxford University Press, 2007.

*Quanto de direitos humanos o
capitalismo suporta?*[i]

*¿Cuánto de derechos humanos el
capitalismo puede soportar?*

*How much human rights
can capitalism stand?*

---

i   Artigo anteriormente publicado pela Editora InterSaberes *In:* PAGLIA-RINI, A. C.; CLETO, V. H. **Direito e jurisdições:** interna e internacional. Curitiba, 2018. p. 633-653.

*Martonio Mont'Alverne
Barreto Lima*

Professor Titular da Universidade de Fortaleza e Procurador do Município de Fortaleza-CE.

Resumo: Este artigo analisa a tensão entre a necessidade de resguardo dos direitos humanos e o modo capitalista de produção.

Palavras-chave: Direitos humanos. Sistema econômico. Capitalismo.

Resumen: Este artículo analiza la tensión entre la necesidad de salvaguardar los derechos humanos y el modo capitalista de producción.

Palabras clave: Derechos humanos. Sistema económico. Capitalismo.

Abstract: This article analyzes the tensions between the need for safeguarding human rights and capitalism.

Keywords: Human rights. Economic system. Capitalism.

Sumário: 1. Ensaio.

Sumario: 1. Ensayo.

Summary: 1. Essay.

1
Ensaio

O capital tem horror à ausência do lucro ou do lucro pequeno, como a natureza do vazio. Com lucro adequado o capital torna-se audaz; com 10%, seguro; com 20%, excitado; com 50% de lucro, temerário; com 100% pisoteará qualquer lei humana; com 300% de lucro não há crime que não cometa mesmo sob a ameaça da força. Se tumulto e confusão trouxerem lucro, serão pelo capital encorajados. Prova: contrabando e comércio de escravos.[i]

---

i   MARX, 1969, p. 788. Esta passagem é uma citação de Marx da obra de Thomas Jefferson Dunning, **Trades' Unions and Strikes: Their philosophy and Intention**, pp. 35-36, publicada em Londres, 1860.

Eis a verdadeira razão da crise que assola a economia mundial desde 2008: a busca pelo lucro. Decorre daí a insistência na ausência de lei – conseguida em diversos países – a fim de que inexista o risco ao capital, ou melhor: para que sequer o perigo da forca não paire sobre aqueles que buscam o lucro a qualquer custo. A necessidade desta ausência de legislação, ou de regulamentação, ou ainda de presença do Estado, boa parte de cientistas sociais e políticos, juristas e economistas chama de incremento à produtividade ou de imprescindível competitividade.

Este cenário convive com a incessante procura por maior vigilância no que diz respeito aos direitos humanos, em que os pactos internacionais firmam-se quase todos os dias pelas mais distintas nações. Ao lado desta atitude, as cortes internacionais de direitos humanos são abarrotadas com processos de crime contra a humanidade e o esforço cotidiano daqueles a lutarem por obediência aos direitos humanos, nos âmbitos internos e externos, não para de crescer. Especialmente em países que viveram regimes totalitários ou autoritários, o "trabalhar do passado" ainda é uma realidade distante.

O que desperta atenção é uma dubiedade que salta aos olhos. Ao mesmo tempo em que constituições democráticas produzem-se em meio a processos democráticos, condenam elas toda forma de violação aos direitos humanos, atribuindo-lhes a sua condição de crimes imprescritíveis. Paralelamente, as mesmas sociedades esbarram em tratamentos judiciais a impedirem o "trabalhar do passado" ou a punição de quem, nos tempos autoritários ou totalitários, praticou delitos como morte, perseguição política, sequestro e tortura. O caso do Brasil é apenas mais um que se soma ao panorama jurídico mundial. Neste sentido, o julgamento da ADPF 153[i] pelo Supremo Tribunal Federal brasileiro, em 29 de abril de 2010, entendeu não mais ser possível a punição dos que praticaram crimes durante a ditadura militar brasileira iniciada em 31 de março de 1964, atestando a completa adequação da Lei da Anistia (Lei nº 6.683, de 19.12.1979) à Constituição Federal de 1988.

Dessa forma, despontam como legítimas as indagações sobre o quanto de direitos humanos pode suportar o sistema de economia de mercado; quais são os parâmetros para que se afira a sinceridade das nações e de seus respectivos governos quando assinam tratados internacionais favoráveis aos direitos humanos, quando aceitam a submissão

---

i   http://www.stf.jus.br/portal/geral/verPdfPaginado.asp?id=612960& tipo=AC&descricao=Inteiro%20Teor%20ADPF%20/%20153.

de seus poderes à jurisdição de tribunais internacionais e – mais polêmico ainda – quando decidem entregar seus cidadãos nacionais para julgamentos em tais cortes internacionais.

As indagações sobre o quanto de direitos humanos o capitalismo suporta revestem-se de maior destaque quando se correlacionam os ganhos comerciais que um país pode ter ao optar, por exemplo, em fazer trocas comerciais com outros reconhecidos perante a opinião pública internacional como violadores dos direitos humanos. Em outras palavras: a busca por mercados desencadeada pelo desenvolvimento econômico capitalista será capaz de violar as leis e arriscar seu pescoço em nome do lucro e do ganho de protagonismo político-econômico? Está será a pergunta que se tenta brevemente enfrentar. Ainda que se trate de um esforço localizado, não parece inviável a provocação sobre o tema.

A troca de mercadorias foi responsável por formas de contatos econômicos, culturais e políticos inesperados para a grande maioria dos indivíduos. Darcy Ribeiro analisa que a expansão europeia a partir do final do século XV e o começo do século XVI mudou os rumos da humanidade. Marx também afirmou que "a era capitalista só tem início no século XVI"[i], embora a produção capitalista já se apresente esporadicamente nos século XIV e XV. Neste limiar situa-se, portanto, o nascimento do capitalismo que ainda não conhece forças capazes de impedir seu desenvolvimento.

A moral ou a relação entre moralidade e comportamento econômico não fazem parte do catálogo da história do desenvolvimento capitalista. Aliás, desencadeia-se o contrário: as preocupações de índole moral, a desaguarem em abstratas lições humanistas, somente passam a integrar o pensamento liberal após o Iluminismo, e, com maior ênfase, após a Revolução Francesa e o século XIX. O liberalismo, ao contrário do que previu Noberto Bobbio[ii], por também ser cobrado por movimentos sociais fortemente anticapitalistas, somente incorporará noções como igualdade de todos perante a lei, depois de vivenciar as revoluções europeias a partir de 1848 e, definitivamente, com o sucesso da Revolução Russa e a proliferação das ideias socialistas.

A ambiguidade do liberalismo que se deixou representar pela oposição à Revolução Francesa não poderia ser melhor traduzida por um dos mais significativos pensadores contra a Revolução e tido como formulador do liberalismo inglês: Edmund Burke. Em suas *Reflections* sobre

---

i   MARX, 1969, p. 743.
ii   LOSURDO, 2009, p. 102-.

a Revolução na França afirmou a democracia trazida por este movimento consistiria na degeneração e na corrupção do sistema político daquele país. A propósito, Burke indaga se estes "doutores dos direitos do homem"[i] não acreditam que James II não seria um leal soberano à Inglaterra? Nessa sucessão de acontecimentos, a França paga um alto preço por suas escolhas, prossegue Burke, que ocasionam simplesmente a ruína de seu sistema financeiro, com males como corrupção institucional da política e a anarquia militar e civil[ii]. Todo este cenário encontra na igualdade, nas novas leis da Revolução e na inobservância da tradição as suas causas. As origens da desgraça das nações residiriam na escolha democrática, na ampliação da participação de todos, reitere-se, na igualdade apregoada tão radicalmente pelos franceses. O sentimento antipovo não poderia ser mais claro: a *gentry* não sabe governar, não entende da complexa engenharia institucional e não está preparada para as honrosas tarefas de representação governamental, atribuição que somente pode ser exercida por poucos, por quem foi educado para esta finalidade.

Edmund Burke e o correspondente pensamento liberal que continuamente solidificava-se na Inglaterra demonstraram que o aristocrata ainda era o melhor antídoto contra a corrupção dos costumes, contra a tragédia da igualdade a abater qualquer nação que pretenda desenvolver suas glória e riqueza[iii]. Assim, não haveria como se negar que a opção pelos ricos e afortunados para o governo fundamenta o desenvolvimento do capitalismo, ao mesmo tempo em que comprova sua distância das reivindicações humanistas. E os acontecimentos históricos indicam ao próprio Burke o sabor amargo de suas teses.

Na obra sobre o *Impeachment of Warren Hastings*[iv] será o próprio Burke quem acusará um alto funcionário do Império Britânico, antigo

---

i   BURKE, 1975, p. 261.

ii   BURKE, 1975, p. 281-282.

iii Cf. Walter Bagehot: **Physics and Politics or Thoughts on the Application of the Principles of 'Natural Selection and 'Inheritance' to Political Society**. London: Henry S. King & Co., 1872. A matriz conservadora de Bagehot é evidente também quanto à possibilidade de inclusão de todos nos processos decisórios políticos do Estado: "*Two great classes of people, the slaves and women, were almost excluded from such qualities; even the free population, doubtless contained a far greater proportion of very ignorant and very superstitious persons than we are in the habit of imagining*" (Physics and Politics, p. 171).

iv Cf. BURKE, 1975.

Governador-Geral de Bengala. Homem de confiança da Coroa inglesa, Warren Hastings gastará quase toda sua fortuna com sua defesa perante a Câmara dos Lordes, num tumultuado processo que se arrastaria por mais de sete anos e terminaria por declará-lo *not guilty*. O mais surpreendente é que a Coroa britânica arcará com parte dos custos de sua defesa, destinando a Hasting pensão razoável até o fim da vida, o que lhe permitiu manter seu *estate* em Daylesford, mesmo com as pesadas acusações contra Hastings durante o processo da prática sistemática de assassinatos, roubalheira, subornos a ministros, subversão da ordem.

Se os homens de bem, proprietários são aqueles capazes da boa governabilidade, e de impedir a corrupção do Estado, não foi exatamente o caso que o próprio Burke foi obrigado a viver: ele fora o protagonista das acusações de corrupção contra um homem do liberalismo, e não contra um dos novos "doutores dos direitos do homem". Não se tratou de julgar um homem comum para a política, a economia e a cultura; o julgamento fora de um administrador de confiança do governo inglês e que se encarregava de adotar arriscadas decisões políticas e econômicas para a mais importante das possessões do Império Britânico.

Não havia sido o sistema político inventado na França revolucionária a criar Warren Hastings: foram as concepções liberais e segregacionistas do capitalismo inglês que forjaram Hastings, que produziram a Companhia das Índias para onde acorreram os investimentos de que o próprio Burke participava. Foi este mesmo sistema que produziu os crimes apurados no processo de impeachment. Afinal, bastam 100% de lucro para que o capital faça qualquer lei humana voar pelos ares. Não se trata aqui de romantizar a virtude como patrimônio da *gentry*, e a não virtude como monopólio dos *lords*, numa perspectiva analítica pobremente maniqueísta Tampouco é nesta construção que reside o equívoco de Burke e dos liberais: o erro localiza-se no ponto em que Burke e o liberalismo do século XIX, já precedido pelo Federalista, pressupõem que a virtude é melhor e mais produtiva quando vinda dos ricos. Losurdo anota em especial as palavras de Hamilton para justificar, pelos *founding fathers*, a exclusão de largas camadas da população dos Estados Unidos da participação política: "A vantagem está certamente do lado dos ricos. Provavelmente, seus vícios são mais vantajosos para a prosperidade do Estado do que aqueles dos carentes. E, entre os primeiros, existe menor depravação moral"[i]. Constata-se, realmente, no *Paper LXXXV*, a defesa dos ricos

---

i   LOSURDO, 2004, p. 102.

que Hamilton (Publius) elabora: "Os contínuos ataques que têm ressoado contra os ricos, os bem nascidos e os que ocupam uma posição eminente têm sido de tal natureza que têm provocado a repugnância de todos os homens sensatos"[i].

Analisando um passado igualmente distante, porém para aplicá-lo à contemporaneidade, Raymond Aron registra o debate ocidental a respeito de a guerra dar-se apenas entre Estados independentes, onde organizações privadas – ou mesmo indivíduos – seriam excluídos da investigação do direito internacional, e nesta condição, não teriam como integrar a legislação internacional[ii].

Não se contesta que a preocupação com o "direito das gentes" e o mínimo de respeito à integridade física de populações, especialmente entre nações em estado de beligerância entre si, têm sido um objetivo perseguido pela efetivação do direito internacional. O surgimento de organismos internacionais, com sofisticados instrumentos jurídicos, a difusão intelectual da disciplina de direito internacional, e a comunicação mundial nos dias atuais conduziram a opinião pública internacional à qualidade de elemento objetivo a não ser completamente ignorado por governos e decisões de seus Estados quando se trata de política internacional. Este panorama não implicou na evolução da situação de povos e Estados mais fracos diante do poder daqueles mais fortes. Não implicou também que os chamados crimes contra a humanidade tenham desaparecido do palco das tensões e da expectativa sempre seguinte à eclosão de qualquer conflito. O caráter dúplice de posições tanto de Estados nacionais como de organismos internacionais, a depender dos atores envolvidos, tem desanimado os próprios formuladores do direito internacional, a reconhecerem muito do fracasso quando de sua intervenção discursiva.

O que aparece como novidade à reflexão de Raymond Aron é o surgimento de atores privados – e não somente Estados – como protagonistas dos conflitos e da violação aos direitos humanos. Flávia Piovesan indica que das cem maiores economias do mundo 51 são empresas multinacionais e 49 Estados nacionais[iii]. Apesar de esta autora defender posicionamentos de que empréstimos internacionais venham acompanhados de compromissos humanistas[iv], registra ela a inexistência de

---

i   HAMILTON, 1959, p. 353.
ii   ARON, 1986, p. 174-.
iii PIOVESAN, 2006, p. 26.
iv PIOVESAN, 2006, p. 25-.

mecanismos capazes de convencer instituições financeiras internacionais a observarem os direitos humanos econômicos, sociais e culturais, bem como de dar voz às populações afetadas pelas decisões macroeconômicas destas instituições quando de suas negociações financeiras. É óbvio o cenário descrito não provoca o menor espanto.

Percebe-se que a consolidação do capitalismo financeiro necessita ainda do Estado nacional para a sua livre circulação, tanto é que a proposta de taxação de capital circulante mundial jamais saiu do rol de boas intenções. É precisamente o Estado nacional das economias centrais do capitalismo a não permitir a tributação do capitalismo financeiro em escala global. Porém, para dar cabo à sua circulação, o capital, se não prescinde do Estado nacional, adquire vida própria a ponto de converter-se, como ressalta Flávia Piovesan, em detentor de tanto ou mais poder que o próprio Estado.

Uma rápida olhada no apoio às ditaduras da América Latina, da África e da Ásia permite concluir que os interesses dos agentes privados da economia roubaram na cena e incentivaram o desencadear das ações de seus Estados sobre outros mais vulneráveis economicamente, a ponto de substituir governos eleitos por ditadores. Outro ligeiro olhar para o caso do Oriente Médio dissipa eventuais incertezas sobre o quanto podem, por exemplo, empresas petrolíferas privadas movimentar aparatos bélicos estatais para submetê-los à defesa de seus interesses, ainda que a custo da vida e da organização de povos inteiros.

Por fim, até uma análise mais desatenta sobre o desenrolar do episódio de 2014 a envolver Ucrânia, Comunidade Europeia, Estados Unidos, de um lado, e Rússia, de outro, confirma a autonomia do capital privado sobre os Estados nacionais. O início do atual conflito teve origem na recusa do então governo ucraniano de aceitar imposições do Fundo Monetário Internacional e da Comunidade Europeia a fim de receber empréstimos. Ao rejeitar a tradicional receita de corte de gastos públicos, "equilíbrio fiscal" e aumento de tarifas públicas, a Ucrânia também foi impedida de ingressar no bloco europeu. A oferta de ajuda financeira veio da Rússia, o que levou grande parte da população a protestar contra maior aproximação entre Ucrânia e Federação Russa. Comunidade Europeia e Estados Unidos não hesitaram em apoiar e encorajar movimentos contra o antigo governo ucraniano, apoiando dirigentes abertamente nacionalistas e simpatizantes do nazismo que desejavam a aproximação com o bloco da Europa. O nacionalismo presente no atual governo ucraniano é representativo daquilo que mais o tem caracterizado após o século XIX, ou seja, seu componente racial e xenófobo[i]. A história não perdoa e faz com que na mesma Ucrânia fortemente vitimada pelo horror da *Wehrmacht* alemã durante a Segunda Guerra, abram-se novamente as portas para aqueles que dão pouca importância às violações extremas de direitos humanos, como intolerância étnica, social, racial e religiosa. Os protestos levaram à queda do governo na Ucrânia, formando-se outra coalizão claramente composta por setores políticos nazistas e de inspiração de supremacia racial. O suprimento da Ucrância de gás natural pela Rússia – que também abastece a Europa por meio da empresa Gasprom – os nexos financeiros entre banqueiros russos e ocidentais, os produtos europeus exportados para a Rússia, agora sob sanções, compõem o cenário onde Estados nacionais e poder econômico e político privados passam a ser considerados em conjunto. Se se constatasse a prevalência dos direitos humanos assinados e depositados em organismos internacional por Estados Unidos e Comunidade Europeia, sequer haveria a formação do novo governo ucraniano na composição em que hoje existe.

Em nenhum destes instantes o discurso dos direitos humanos foi capaz de fazer frente efetiva às ações de organismos internacionais. Nestes cruciais momentos da democracia e do desenvolvimento dos direitos humanos não prevaleceu a vertente que os defende ou procura fortalecê-los. Entre os direitos humanos e posição geopolítica e capitalismo financeiro, corporificado no caso da Ucrânia pela necessidade da tolerância, o Ocidente escolheu mais uma vez o segundo. A Europa, novamente no *front* da economia e da geopolítica internacional, parece ter esquecido de que "destruiu a si mesma por meio de guerras que se pode chamar de nacionais [...]"[ii]. A sugestão aqui já parece nítida: o capitalismo suporta muito pouco de direitos humanos. O que chama a atenção, neste caso, é o detalhe de que, transcorridos apenas quase 70 anos do fim da Segunda Guerra Mundial, os Estados nacionais não disponham da possibilidade de frear ideologias francamente hostis ao que estes mesmos Estados sepultaram – ou dizem ter sepultado – após 1945. Permanece a sensação de que, como na lição de Hannah Arendt, após o holocausto, o homem provou ser capaz de tudo.

No campo da legalidade, a assimilação dos direitos humanos no capitalismo jamais recebeu apoio deste mesmo sistema. O combate à legislação menos desumana das relações de trabalho integrou a agenda liberal capitalista desde sua origem. Karl Marx descreve as intrincadas

---

i   HUNT, 2009, p. 186.
ii ARON, 1986, p. 389.

relações na luta pela redução da jornada de trabalho na Inglaterra e na França de 1833 a 1864. Durante o reinado de Luis Felipe, a França somente aprovou uma única lei de fábrica que estabelecia uma jornada de trabalho de 8 horas para crianças de 8 a 12 anos, e de 12 horas para crianças de 12 a 16 anos (*Fabrikgesetz vom 22. März 1841*). A lei continha tantas exceções que o trabalho noturno para crianças de 8 anos terminou por ser permitido[i].

Na Inglaterra, a aprovação da lei de 1º de maio de 1848 foi responsável por complexas reações. Esta legislação procurou disciplinar a jornada de trabalho em 10 horas diárias, com restrições ao trabalho de crianças e mulheres. Aqui começaram os problemas sobre a interpretação do alcance da lei no parlamento e na administração pública encarregada da fiscalização do cumprimento da lei. As discussões judiciais, não raro, eram resolvidas em juízos onde os juízes eram os mesmos fabricantes de fios de algodão, como na localidade de Stockport[ii]. O interessante é que um dos quatro tribunais superiores da Inglaterra, a *Court of Exchequer*, decidiu em 8 de fevereiro de 1850 que a Lei de 1844 "continha certas palavras que a tornavam sem sentido. Com essa decisão, a Lei das 10 horas estava revogada"[iii]. Mencionada decisão provocou fortes protestos dos trabalhadores. Em 1853 os fabricantes de seda afirmaram que "se fossem privados da liberdade de explorar crianças de qualquer idade por 10 horas diárias, isso paralisaria suas fábricas"[iv].

As marchas e contramarchas da legislação a regular jornadas de trabalho em favor de homens, mulheres e crianças exemplifica apenas uma parte da busca pelo mínimo de humanização das relações capitalistas, e o quanto o capitalismo pode resistir até seu limite de absorção, com o objetivo do lucro, sendo absolutamente desimportantes os mesmos critérios humanizadores.

Não passava pelo pensamento dos convencionais dos Estados Unidos da América – ou pela cabeça dos fundadores da nação brasileira – excluir escravos de qualquer participação em processos decisórios de suas sociedades, uma vez que "este limite era claro para seu

---

i   MARX, 1969, pp. 294-295.

ii MARX, 1969, p. 306.

iii MARX, 1969, p. 308

iv MARX, 1969, p. 309.

pensamento"[i]. A questão era econômica: à manutenção da escravidão correspondia uma forma de organização de marcados que enriqueceria os *founding fathers* e a jovem nação norte-americana. A escolha nem seria tão difícil: entre efetivação de direitos fundamentais e humanos para todos e o enriquecimento mais rápido, optou-se por este em desfavor daquele, igualmente não por razões abstratas, porém objetivas e evidentes. Os proprietários de escravos e de terras dispunham da força política e econômica para seguirem por esta escolha e sustentá-la por quase um século, confirmando a tese de que a expansão econômica geral de um país em pouco se relaciona, até os dias atuais, com melhor distribuição de renda entre a população, ou com melhora na qualidade de vida dos que geram a riqueza acumulada, centralizada e circular.

Se os Estados Unidos da América tinham em seus fundadores republicanos de primeira hora, não se pode afirmar que estes eram democratas: fundaram uma sociedade com base na extrema desigualdade, materializada na forma da escravidão, e na exclusão de pobres e mulheres de qualquer participação política. Do mesmo modo deu-se a fundação do Brasil ao tornar-se independente de Portugal: fundamos uma monarquia, porém não democrática. Nas constituições dos dois países, termos como liberdade e igualdade estiveram presentes e também esta presença não impediu a escravidão com a exclusão de maior parte de suas populações respectivas das decisões sociais e políticas.

Seja nos argumentos da região sul dos Estados Unidos ou na boca dos proprietários de escravos brasileiros a abolição significava antes de tudo a falência dos negócios: nos Estados Unidos, o fim da atividade econômica do algodão; no Brasil, o comprometimento da produção açucareira. Nos Estados Unidos o móvel do fim da escravidão deu-se na forma de sequência a uma guerra fraticida do País, impulsionada sobretudo pela necessidade da expansão da industrialização já dominante da região norte. A imperiosa criação de mercados para o consumo interno e externo da produção norte-americana fez com que suas lideranças políticas compreendessem rapidamente a "necessidade do exterior" para a acumulação capitalista: "o capital é um organismo que não pode se manter sem olhar constantemente para além de suas fronteiras, alimentando-se de seu ambiente externo. Seu exterior é essencial"[ii].

---

i   ABENDROTH, 1969, p. 252: *"weil diese Schranke für ihr Denken selbsverständlich war"*.

ii   HARDT; NEGRI, 2001, pp. 242-243.

No Brasil, o fim da escravidão também aparece em momento de ruptura, quando alguns mais atentos pressentiram que uma economia baseada na agricultura não teria sobrevivência. Declarada a abolição dos escravos, o último apoio ao imperador brasileiro esvaiu-se: os grandes proprietários de terra e de homens escravizados nada mais tinham a perder.

Se é verdade que nos dois casos o discurso humanizador do abolicionismo desempenhou função de relevância para o fim da escravidão, não é menos verdade que o sistema de economia de mercado: a) procurou prolongar a escravidão até seu limite; b) enquanto não se viu minimamente pronto para a transição, lutou como lhe foi possível no combate às investidas da liberdade; e c) não permitiu que o fim da escravidão traduzisse-se também no fim da forte diferenciação econômica e social entre as populações livres e brancas, e aquela ex escravizada, negra e pobre. Seriam necessários quase cem anos, num caso e noutro, para que pelo menos o direito constitucional absorvesse a igualdade. Praticamente, só nos dias atuais é que se começa a sentir o realista fim da escravidão e de sua maior consequência – o segregacionismo racial – com a adoção de incentivos governamentais a promoverem a presença de negros e pobres no serviço público mais elevado, nas escolas, nas universidades. E mesmo assim, não sem questionamentos judiciais contra tal aparato igualitários dos direitos humanos. Tanto nos Estados Unidos quanto no Brasil, a introdução de legislação para cotas e de criminalização de práticas racistas não se operou sem cerrada oposição de setores conservadores da sociedade, na verdade saudosos de tempos em que era possível viver distante da *gentry*.

O desafio dos direitos humanos parece consistir naquele de impor-se numa sociedade capitalista, a fim de realizar sua tarefa central: domesticar a feroz vocação do impulso imediatista do lucro, relevando as consequências políticas e sociais causadas por este impulso. Liberdade de opinião, de ir e vir, de imprensa, devido processo legal, estado democrático de direito, propriedade do povo de suas riquezas naturais e a repartição de seus resultados para o bem estar da população e para proporcionar o avanço tecnológico a retirá-los de situação de miséria econômica e política, perdem-se nas ações concretas de governos que os reivindicam, quando estes governos toleram violação aos direitos humanos em nações com as quais negociam amplamente. Para os que enxergam a política como esta deveria ser, e não como é na realidade, seria possível imaginar a convivência harmoniosa entre direitos humanos e capitalismo, já que o idealismo sempre aguarda a solução dos conflitos por si só, na forma de natural evolução dos tempos. A história sugere outro caminho.

A Constituição Mexicana de 5 de fevereiro de 1917 foi a primeira na história a incluir os direitos sociais em seu texto: nacionalização do solo e das riquezas minerais, educação laica e gratuita a todos, reforma agrária e leis sociais, com a jornada de trabalho limitada a oito horas diárias, além do direito de associação sindical, salário mínimo, direito de greve e forte limitação ao trabalho feminino e infantil. Merece destaque a diminuição do poder da Igreja Católica: perda do controle do estado civil dos cidadãos, nacionalização dos locais de culto, proibição aos membros do clero de se candidatarem em eleições, de expressão política e perda do direito de herdar ou transmitir heranças. Resta claro que este rol de direitos nada mais é do que limitador ao capitalismo.

Pouco mais de dois anos após a Constituição Mexicana surgiu a Constituição de Weimar, em 11 de agosto de 1919. Igualmente intervencionista, caracteriza-se por marcar o fim da monarquia na Alemanha derrotada na Primeira Guerra Mundial, e por tentar estabelecer uma democracia social, pela primeira vez, na mesma Alemanha. Com limitações ao direito de propriedade e ao capital, a Constituição de Weimar soava aos alemães como derrota, e não como vitória, a exemplo da mexicana. Weimar significava para a sociedade alemã derrota, humilhação, dívidas a serem pagas como obrigação impostas pelo Tratado de Versalhes. Apesar de ter ingressado no discernimento comum a ideia de que a Constituição de Weimar formou "uma democracia sem democratas", são notórias as evidências contrárias. O pluripartidarismo amplo, as liberdades tradicionais, bem como uma ampla participação política etc. convencem de que havia democratas dispostos a construírem uma democracia no turbulento período entre guerras da Europa.

Na análise de constitucionalistas, tanto a Constituição Mexicana como aquela de Weimar eram intervencionistas porque rumavam para o socialismo, ambiente em que era possível a efetivação dos direitos sociais, hoje incorporados pelos direitos humanos. Assim, a teoria dos direitos sociais e da constituição dirigente nada é do que aplicável ao socialismo, vez que é bastante improvável sua efetivação no capitalismo, onde a busca do lucro ignora, se assim se fizer necessário, quaisquer direitos sociais ou humanos.

A maior expressão da nova perspectiva da *Staatslehre* alemã da primeira metade do século XX é Hermann Heller. Ao construir sua teoria do Estado, afirma Heller que o positivismo de Weimar é direito por ser produto de um debate democrático, aberto: "Se se prescinde de uma normalidade social positivamente valorada, a constituição, como uma mera formação normativa de sentido, diz sempre muito pouco"[i]. A heterogeneidade das forças política integrantes do processo de construção de Weimar, a busca por uma democracia social e o protagonismo do Estado na organização da vida econômica daquele País tentaram dotar de força política um documento inspirado na busca pela superação das dificuldades da maior parte da mesma sociedade, com a inclusão desta parte não somente nas decisões política, mas também na riqueza e tranquilidade que esperavam ser gerada a partir daquele instante. O concreto compromisso intencionado pela Constituição Mexicana e por Weimar foi exatamente a busca entre economia e política e não sua dissociação. Gilberto Bercovici compartilha este posicionamento quando afirma que " [a] opção de Heller pelo Estado Social não se destinava a aperfeiçoar ou a legitimar o capitalismo [...]. Heller é um anticapitalista e seu Estado Social de Direito é um Estado Socialista e Democrático"[ii].

A fim de se comprovar a atualidade dos compromissos mexicano e alemão, basta que se atente à sincera disposição do liberalismo – e de sua cria, o neoliberalismo – em combater o dirigismo constitucional da redemocratização na América Latina na década de 80. Tais compromissos estatuídos nestas constituições pós-ditaduras, como a brasileira Constituição Federal de 1988 – tiveram seus primeiros inimigos na formulação da política econômica dos anos 90, planejada e perseguida por Fundo Monetário Internacional e Banco Mundial: "Esse projeto pretendia igualmente excluir ou despolitizar as forças nacionalistas, socialistas ou populares e democráticas restringindo suas ações àquilo que James Buchnan e outros neoliberais chamaram da política normal, os quais garantiram, por via constitucional, os direitos do capital contra as pressões populares [...]. Nos países onde estas forças não se resignaram ao fato de não haver alternativas ao neoliberalismo, outras táticas foram utilizadas para tentar intimidar, domesticar, cooptar u torna irrelevante diversas formas de oposição"[iii].

Não provoca surpresa este entendimento. Já se sabe de muito tempo que os direitos humanos sempre desfrutaram de uma condição secundária no desenvolvimento do capitalismo. Giovanni Arrighi oferece um interessante panorama sobre a história da formação de três significativos instantes da evolução capitalista, por ele qualificada de

---

i   HELLER, 1983, p. 290.
ii   BERCOVICI, 2008, p. 230.
iii   GILL, Stephen, 2007, p. 14.

territorialista e expansionista do capitalismo, onde direitos humanos, como a autodeterminação dos povos, somente surgem com a Revolução Russa de 1917. O primeiro destes momentos dá-se coma hegemonia holandesa, baseada mais no controle de redes financeiras mundiais do que daquelas comerciais[i]. O segundo foi aquele liderado por Inglaterra e França, caracterizado por "colonialismo de povoamento, escravismo capitalista e nacionalismo econômico"[ii]; o terceiro caracterizou a hegemonia dos Estados Unidos da América, mas com elemento inovador: a Revolução Russa, com suas reivindicações de autodeterminação e a "precedência do direito de subsistência sobre o direito de propriedade"[iii]. A novidade é que para contornar tais reivindicações que evoluíram para os direitos humanos, o capitalismo decidiu pela criação de organismos internacionais – Fundo Monetário Internacional, Banco Mundial, Banco de Compensações Internacionais – os quais garantiram o domínio financeiro e econômico do novo bloco político hegemônico, encabeçado pelos Estados Unidos, a fim de, ao mesmo tempo, consolidar um novo capitalismo e causar a divisão do mundo entre dois polos duradouros até o início dos anos 90.

Novamente, o discurso pelos direitos humanos permaneceu apenas subjacente. E nesta condição permanece. Lado a lado Estados nacionais e atores privados protegem e incentivam a circulação do capital, com a garantia de tranquilidade para os espaços territoriais fornecedores de matérias-primas necessárias, e a garantia de mercados consumidores domesticados para seus produtos.

O desafio da efetivação de direitos humanos não é simples porque, quase sempre, será confrontado com a necessidade de enfrentamento do capitalismo financeiro e mercantil atual. Neste breve estudo, procurei por meio da dinâmica das relações históricas explicações que indicassem o percurso para o qual futuras e mais maduras reflexões devam arriscar. Constato que não há como se abrir mão da radicalidade da pesquisa histórica do concreto, com a renúncia à perspectiva idealista. E nesse realismo pode-se afirmar, pelo menos até aqui, que o capitalismo suporta pouco de direitos humanos.

Não se duvida dos positivos esforços realizados por organismos internacionais e organizações sociais honestamente interessados na efetivação dos direitos humanos. Tomo a liberdade, porém, de chamar

---

i   ARRIGHI, 2007, p. 246.
ii ARRIGHI, 2007, p. 251.
iii ARRIGHI, 2007, p. 266.

atenção de que o embate será mais penoso, já que consiste primeiramente na submissão dos mais fortes econômica e militarmente. Ocorre que esta tarefa, ao que parece, não será completada apenas com constituições dirigentes, a procurarem relativizar a queda de braço do confronto da política.

Referências

ABENDROTH, Wolfgang. Über den Zusammenhang von Grundrechtssystem und Demokratie. In: **Grundrechte als Fundament der demokratie**. Hrsg. Joachim Perels. Frankfurt/M.: Suhrkamp, 1979.

ARRIGHI, Giovanni. As três hegemonias do capitalismo histórico. In: **Gramsci, materialismo histórico e relações internacionais**. Rio de Janeiro: Editora da UFRJ, 2007.

ARON, Raymond. **Paz e guerra entre as nações**. 2. ed. Brasília: Editora da UnB, 1986.

BERCOVICI, Gilberto. Democracia, inclusão social e igualdade. In: **Educação e metodologia para os direitos humanos**. São Paulo: Quartier Latin do Brasil, 2008.

BRASIL. Supremo Tribunal Federal. **Inteiro teor do Acórdão da ADP nº 153**. Disponível em: <http://www.stf.jus.br/portal/geral/verPdfPaginado.asp?id=612960&tipo=AC&descricao=Inteiro%20Teor%20ADPF%20/%20153>. Último acesso em 06.09.14.

BURKE, Edmund. Reflections on the Revolution in France. In: **Edmund Burke – The Works**, Vol. III/IV. Hildesheim/New York: Georg Olms Verlag, 1975.

GILL, Stephen. A América Latina e o príncipe pós-moderno. In: **Gramsci, materialismo histórico e relações internacionais**. Rio de Janeiro: Editora da UFRJ, 2007.

HAMILTON, Alexander. O Federalista LXXXV. In: **O Federalista – Um Comentário à Constituição Americana, Alexander Hamilton, John Jay, James Madison**. Rio de Janeiro: Editora Nacional de Direito, 1959.

HARDT, Michael; NEGRI, Antonio. **Império**. Rio de Janeiro/São Paulo: Record, 2001.

HELLER, Hermann. **Staatslehre**. Tübingen: J.C.B. Mohr/Paul Siebeck, 1983.

HUNT, Lynn. **A invenção dos direitos humanos** – uma história. São Paulo: Cia. da Letras, 2009.

LOSURDO, Domenico. **Democracia e bonapartismo**. Rio de Janeiro/São Paulo: Editora da UFRJ/UNESP 2004.

MARX, Karl. **Das Kapital – Erster Band**. MEW. Berlin: Dietz Verlag, 1969.

PIOVESAN, Flávia. **Direitos humanos e justiça internacional**. São Paulo: Saraiva, 2006.

*Os direitos humanos podem ser
genuinamente universais?*[i]

*¿Pueden los derechos humanos ser
verdaderamente universales?*

*Can human rights be
truly universal?*

---

[i] Artigo inédito.

Vinicius Hsu Cleto

Mestre em Direito Internacional Público pelo Centro Universitário Internacional Uninter. Pós-graduado *lato sensu* pela Fempar/UniBrasil. Pós-graduado *lato sensu* pela Universidade Positivo. Bacharel em Direito pela Universidade Federal do Paraná. Advogado. Procurador Municipal.

Seção 2

Resumo: Os direitos humanos são frequentemente retratados como piso de direitos assegurado a todas as pessoas naturais, independentemente de nacionalidade, raça, credo e gênero. No entanto, por terem sido concebidos no Ocidente, há correntes interpretativas que afirmam existência de direitos humanos regionalizados, mais condizentes com a realidade cultural particular. Este artigo descreve as críticas dirigidas aos direitos humanos universais, bem como as combate. O método de pesquisa é a análise bibliográfica.

Palavras-chave: Direitos humanos. Universalidade. Ocidente.

Resumen: Los derechos humanos a menudo se representan como un piso de derechos garantizados a todas las personas físicas, independientemente de su nacionalidad, raza, credo y género. No obstante, debido a que fueron concebidos en Occidente, existen corrientes interpretativas que afirman la existencia de derechos humanos regionalizados, más consistentes con la realidad cultural particular. Este artículo describe las críticas dirigidas a los derechos humanos universales, así como la lucha contra ellos. El método de investigación es el análisis bibliográfico.

Palabras clave*: Derechos humanos. Universalidad. Occidente.*

Abstract: Human rights are often portraited as a body of minimum rights assured to all human beings regardless of nationality, race, creed, or gender. However, since its birthplace is the Western civilization, different viewpoints advocate for the existence of regional human rights, created according to cultural particularities. This article describes criticism over universal human rights, though it combats these remarks. The adopted method is bibliographical research.

Keywords*: Human rights. Universalism. West.*

Sumário. 1. Introdução. 2. Críticas aos direitos humanos. 2.1. Críticas quanto à legitimidade dos direitos humanos. 2.2. Críticas quanto à eficácia dos direitos humanos. 3. A universalidade dos direitos humanos. 3.1. A legitimidade dos direitos humanos universais. 3.2. A eficácia dos direitos humanos universais. 4. Considerações finais.

Sumario. *1. Introducción. 2. Críticas a los derechos humanos. 2.1. Críticas sobre la legitimidad de los derechos humanos. 2.2. Críticas sobre la efectividad de los derechos humanos. 3. La universalidad de los derechos humanos. 3.1. La legitimidad de los derechos humanos universales. 3.2. La efectividad de los derechos humanos universales. 4. Consideraciones finales.*

Summary. *1. Introduction. 2. Criticism over human rights. 2.1. Criticism over human rights legitimacy. 2.2. Criticism over human rights efficacy. 3. Universal human rights. 3.1. Legitimacy of universal human rights. 3.2. Efficacy of universal human rights. 4. Final considerations.*

1
Introdução

Discursivamente, os direitos humanos apresentam domínio relativo na arena do debate público. Não há registro de oposição séria – ao menos formal – à ideia de que existem certos direitos inalienáveis, destinados a todos quem sustentam a condição de pessoa natural. Trata-se de corpo de direitos que deve ser respeitado pelos Estados nacionais, cuja atuação protagônica, paradoxalmente, apenas é contrastada pelas violações graves que podem ser ensejadas pelo poder político centralizado e militarizado.

A consolidação da ideia de direitos humanos é ocidental e vinculada aos ideais iluministas de igualdade. Entretanto, no final do século XVIII, a noção não se havia difundido para além das fronteiras do mundo europeu. A existência de colônias, especialmente na Ásia e na África, subordinadas a comando externo, tolhiam o caráter universal que lhes era atribuído. Com efeito, não havia manifestação autônoma de vontade dos agrupamentos colonizados no sentido de se aceitar e de se proteger certo corpo de direitos, tampouco a potência colonizadora se lhes garantia.

Teria sido a descolonização operada a partir dos anos 1950 e 1960 o principal fator para que os direitos humanos se disseminassem? Em verdade, a época áurea dos direitos humanos não data da década de 1960, embora o Pacto de Direitos Civis e Políticos e o Pacto de

Direitos Econômicos, Sociais e Culturais tenham sido gestados à ocasião. Naquele tempo, a severidade da Guerra Fria impedia que discursos unificadores tivessem qualquer aderência à realidade. Foi na década de 1990 que os direitos humanos passaram à vanguarda dos programas estatais. Na Conferência Mundial de Viena de 1993, a Declaração de Viena e o Programa de Ação contaram com a aceitação unânime dos 171 Estados participantes. Em 1993, a Organização das Nações Unidas contava com 184 membros[i]. Em outras palavras, mais de 90% dos Estados nacionais reconhecidos admitiram a universalidade, a interdependência e a indivisibilidade dos direitos humanos, número suficiente para marginalizar entidades estatais recalcitrantes.

No entanto, as entidades resistentes existiam[ii]. Os doutrinadores de direito internacional público – ramo de que os direitos humanos fazem parte – seguramente sofreram (e sofrem) para explanar a universalidade desse corpo de direitos, uma vez que a vontade estatal sempre foi elemento crucial para que um Estado se obrigasse no âmbito internacional, não obstante os esforços hercúleos dos teóricos objetivistas do fundamento do direito internacional.

Ainda assim, diante da pressão internacional, poucos Estados contemporâneos teriam a desfaçatez de manifestar oposição ideológica aos direitos humanos. Não apenas os Estados nacionais participantes adotaram a Declaração de Viena, mas entes da sociedade civil, como as organizações não governamentais, passaram a advogar pela manutenção

---

i   O acompanhamento da evolução do número de membros onusianos pode ser realizado no sítio eletrônico oficial da Organização das Nações Unidas, em: UNITED NATIONS, 2020.

ii   "*A reafirmação da universalidade dos direitos humanos* constituiu, por sinal, uma das conquistas mais difíceis da Declaração de Viena. Não havendo participado da elaboração e da aprovação da Declaração Universal, e em função de seus sistemas culturais, religiosos e ideológicos diferentes daqueles do Ocidente, muitos países asiáticos e africanos insurgiram-se, no processo preparatório, contra a própria ideia dos direitos humanos que inspirou o texto de 48. Algumas delegações chegaram a declarar, no Plenário e nas discussões de trabalho da Conferência, que ela correspondia a uma tentativa de imposição de valores ocidentais sobre o resto do mundo. Sua aceitação de tais direitos seria, pois, sempre condicionada à adaptabilidade de cada um desses direitos aos respectivos sistemas. Em vista de tais posturas, foi um tento extraordinário da Conferência de Viena conseguir superar o relativismo cultural ou religioso ao afirmar, no Artigo 1º da Declaração: 'A natureza universal de tais direitos não admite dúvidas'." (ALVES, 1994, p. 173) desse piso de direitos. Por conseguinte, governantes inconformados e segmentos das sociedades civis que os sustentam se valeram de solução de compromisso capaz de manter a fachada cosmeticamente agradável que acompanha a condição de "defensor dos direitos humanos" sem que realmente os protegessem. O relativismo cultural foi a panaceia encontrada por vários governos autocráticos. Apontava-se: (a) a gênese europeia dos direitos humanos, cujos valores estavam embebidos das particularidades daquela civilização; (b) a aceitação condicionada dos direitos humanos à conformação destes à realidade local, diligência possibilitada pelo alto grau de abstração desses direitos; (c) a conformação operacionalizada unicamente pelo governo local e soberano; (d) a recusa de intervenção externa na defesa de direitos humanos, sob pena de violação da soberania estatal.

Este artigo apresenta as críticas colacionadas que são recorrentemente dirigidas ao universalismo dos direitos humanos. As classes de juízos negativos são divididas em "críticas quanto à legitimidade" e "críticas quanto à eficácia". Na sequência, o ensaio apresenta resposta argumentativa às preposições. Sustenta-se, ao final, que a relativização cultural dos direitos humanos ofende a essência mesma desse conjunto de direitos.

Por se tratar de atividade típica da ciência do direito, o método de pesquisa é o bibliográfico. Buscam-se argumentos favoráveis e desfavoráveis à noção de direitos humanos universais, é dizer, ubíquos, independentes do local de concretização. Do cotejo deles, apresenta-se narrativa que, à guisa de conclusão, defende a universalidade dos direitos humanos. Por consequência, a falta de adesão a esse padrão de condutas determinaria violação desses direitos.

2
Críticas aos direitos humanos

Este apartado busca sumarizar a coleção de críticas à existência legítima e à eficácia de direitos humanos nos termos apresentados na Conferência de Viena de 1993. Enfatizam-se as narrativas relativistas, que, em nome da proteção da reputação dos governos nacionais, não objetam francamente um corpo de direitos mínimos, mas buscam enfraquecê-los por meio do relativismo cultural. Analogamente, é como, na atualidade, governos com viés autocrático tendem a solapar as democracias por meio de mecanismos democráticos[i] – plebiscitos, constituintes, reformas institucionais operacionalizadas por emendas constitucionais. Não há clara ofensa formal ao discurso democrático, mas peças essenciais para o funcionamento do sistema são trocadas para favorecer a manutenção do grupo que está no poder.

2.1 Críticas quanto à legitimidade dos direitos humanos

A literatura crítica à concepção universal dos direitos humanos denota, invariavelmente, o aspecto geográfico como fator deslegitimador. A gênese dos direitos humanos ocorreu em contexto limitado à civilização apodada Ocidental, de matriz europeia.

Nisso, todo contexto cultural que é substrato para os direitos humanos não poderia ser imposto à força em regiões que sustentam valores diferentes – nem melhores, nem piores, mas distintos.

Assim, na década de 1990, registrou-se resistência por parte de delegações nacionais que defendiam "valores asiáticos" e "direitos humanos asiáticos" (YASUAKI, 2017, p. 277). Afirma-se que a Ásia tende a prestigiar a coletividade em detrimento de interesses individuais, o que justificaria a distinção.

Na África, em que organização internacional regional estabeleceu o Tribunal de Direitos Humanos – atual Tribunal Africano dos Direitos do Homem e dos Povos –, a fraca adesão à jurisdição compulsória foi explicada pela ausência de tradição judicial[ii], pois os métodos de resolução de litígios baseavam-se precipuamente na conciliação. Recorrentemente, estadistas do continente destacam que o Tribunal Penal Internacional criado pelo Estatuto de Roma os alveja

---

i   Sobre o tema, remete-se ao artigo de SCHEPELLE, 2018.

ii   "It is important to note that the African Charter did not establish a human rights court to apply and enforce the rights protected in the African Charter because there was insufficient support for a human rights court at the time. Although this was based on the claim that such a mechanism was 'alien' to the African concept of justice because African customs and traditions emphasise conciliation rather than judicial settlement of disputes, the reality is that African States were not prepared to accept judicial scrutiny for human rights violations at the time as this could 'interfere' in the internal affairs of OAU member States." (SSENYONJO, 2012a, p. 9-10) especialmente[i], apesar de violações graves de direitos humanos ocorrerem noutros lugares. Daí que, para além de apresentar tradição cultural diversa, seria possível apontar intuito neocolonizador.

No Oriente Médio e na Ásia muçulmana, a religião islâmica é apontada como fator de diferenciação[ii]. Determinadas práticas são pautadas no Corão. Qualquer intento de modificação desvirtuaria prática ancestral em nome da satisfação de valores estrangeiros.

Na América, a discordância com relação aos direitos humanos é atenuada por conta do histórico modelo educacional e governamental, baseado no Ocidente. Contudo, manifestações autóctones de "potencial criativo" em relação a "direitos humanos americanos" – especialmente "direitos humanos latino-americanos"[iii] – também se fazem presentes.

---

i   "Até a data, todos os inquéritos abertos pelo Tribunal Penal Internacional (TPI), nos termos dos n. 3 e 4 do artigo 15.º e n.º 1 do artigo 53.º do Estatuto de Roma do Tribunal Penal Internacional (ETPI), envolveram países africanos. Foram nomeadamente os casos da República Democrática do Congo (RDC), da República Centro-Africana (RCA), do Uganda, do Sudão, do Quénia, da Líbia, da Costa do Marfim e do Mali." (AMBOS, 2015, p. 79)

ii   "The cultural relativists normally turn to religion: asserting that this or that cultural norm is based on religion. Two notable instances from Islamic tradition are purdah (dress code for women covering them from head to toe) and Female Genital Mutilation (FGM). The so-called Islamic repressive regime of the Taliban in Afghanistan forced women to observe full purdah outside their house and required male members of the family to accompany a woman in public". Ou: "Os relativistas culturais usualmente se voltam à religião: afirmando que esta ou aquela norma cultural é baseada na religião. Dois exemplos notáveis da tradição islâmica são o *purdah* (código de vestimenta das mulheres que exige cobertura da cabeça aos pés) e a Mutilação Genital Feminina (MGF). O infame regime repressivo islâmico do Talibã no Afeganistão forçou mulheres a observarem o *purdah* fora de casa na íntegra, bem como requereu que membros do sexo masculino da família acompanhassem a mulher em público." (SHAH, 2006, p. 207, tradução nossa).

iii   "Asimismo, se evidenciaba la necesidad de pensar, o repensar, los Derechos Humanos en clave latinoamericana. La producción de contenido jurídico 'desde el Sur' se mostraba como un objetivo de imprescindible concreción ante una amplia literatura que existía sobre la materia en Europa y los Estados Unidos. Como señalaba Jauretche, se copia el modelo europeo, a la medida de sus intereses, por desconocimiento de las propias posibilidades creadoras. En este sentido, ¿quién mejor que los sudamericanos para entender cuáles son los problemas de Sudamérica? Algo similar veíamos que ocurría en África." (REY, 2012a, p. V-VI)

Diante de semelhantes resistências – as ilustrações citadas datam do final do século XX e início do século XXI –, relativiza-se o que fora proclamado na Conferência de Bandung (1955), cuja Declaração de Princípios pretendia respeito por direitos humanos universais por parte de Estados tão diversos como Afeganistão, Arábia Saudita, China, Egito, Irã, Iraque, Japão e Vietnã. A universalidade em abstrato seria assegurada, mas a concretização particular dependeria das variáveis locais.

No campo ideológico, segmento do marxismo nas relações internacionais denuncia que o discurso fundante dos direitos humanos pode e é apropriado pela classe dominante contemporânea, a burguesia[i]. A origem desses direitos, que pode ser referenciada na Revolução Francesa, seria evidência a favor dessa afirmação. Nisso, seria corpo de direitos classista a serviço de interesses particulares vendidos como interesse geral. Com efeito, o próprio Karl Marx (1991) denunciou os direitos humanos, tal como vistos em sua época, como direitos da burguesia, do homem egoísta e separado da comunidade. Logo, incondizentes com a genuína emancipação.

Por fim, a legitimidade dos direitos humanos universais é controvertida em decorrência do relativismo do conteúdo. Se são válidos para todos os lugares – esse é o conceito básico de universalismo – quais seriam esses direitos? A produção normativa dos direitos humanos, pautada em convenções internacionais, abarcaria apenas os Estados que estivessem dispostos a se submeter aos tratados pactuados. Até por haver dúvida fundamental sobre qual seria o conteúdo dos direitos humanos, há questionamentos quanto à origem histórica deles[ii]. O debate foi ainda mais intensificado quando os direitos humanos passaram pelo que Norberto Bobbio (2004, p. 59) denomina "fase de especificação": nem toda a humanidade teria direitos iguais, uma vez que seria necessário corpo básico de direitos para parcelas da humanidade, como as mulheres. Essas convenções internacionais particulares fragmentaram ainda mais a universalidade dos direitos humanos.

---

i   China Miéville (2005, p. 303) destaca que os direitos humanos são carregados de "direitos negativos" de liberdade burguesa, bem como podem ser empregados em "missões civilizatórias ocidentais".

ii   Historiadores selecionados por Steven Wheatley ressaltam que os direitos humanos apenas datariam do pós-II Guerra Mundial (WHEATLEY, 2019).

2.2 Críticas quanto à eficácia dos direitos humanos

Ainda que marginalizadas as críticas anteriores, enfatizados apenas os Estados nacionais que reconhecem, na íntegra e na literalidade, os direitos humanos encerrados em tratados internacionais, questiona-se a qualidade da resposta institucional caso haja violação das normas substantivas.

Os Comitês criados por convenções internacionais[i] de direitos humanos, como o Comitê de Direitos Humanos e o Comitê dos Direitos Econômicos, Sociais e Culturais, apresentam resposta tímida. Mesmo que haja reconhecimento da violação, a pior sanção é o *shaming* ou *vexing*, aferido nas recomendações realizadas por estes *treaty bodies*.

As duas experiências mais tradicionais de tribunais internacionais de direitos humanos no mundo, consubstanciadas no Tribunal Europeu de Direitos Humanos (TEDH) e na Corte Interamericana de Direitos Humanos (Corte IDH), não representam grande dessemelhança. Conquanto a teoria internacionalista ressalte que as sentenças são obrigatórias e vinculantes, a eventual desobediência do Estado infrator apenas determina sanções políticas, traduzidas em resoluções de supervisão, ora da própria Corte IDH, ora do Comitê de Ministros do Conselho da Europa. Novamente, depende-se da vexação internacional. Apenas o caso americano permite execução, no juízo interno, da obrigação pecuniária estabelecida na sentença internacional. Trata-se, porém, de pequena exceção se comparada à regra geral.

A possibilidade de imposição, por parte de terceiros, de contramedidas dirigidas a Estados infratores por violação de normas *jus cogens* e *erga omnes* – como se poderia classificar o corpo de direitos humanos – ainda é enfrentada com ceticismo pela comunidade internacional (PELLET, 2017). Receia-se o uso politizado das retaliações, bem como a escalada das tensões. Por fim, as contramedidas podem acabar por prejudicar a sociedade civil do Estado sem que sejam afetados os altos burocratas, que, usualmente, são os responsáveis diretos pela violação de direitos humanos.

---

i   Para síntese dessas instituições, cf. RAMOS, 2017, p. 384.

3
A universalidade dos direitos humanos

Diante desse quadro desfavorável, seria possível cogitar da universalidade dos direitos humanos para além da retórica e dos anseios para o futuro? A resposta, afirmativa, é desenvolvida nas subseções seguintes.

3.1 A legitimidade dos direitos humanos universais

Os direitos humanos, inalienáveis, universais, interdependentes e assegurados em especial por entidades políticas cujos governos são centralizados e racionalmente ordenados, são, sem lugar a dúvidas, criação marcadamente ocidental. O que se faz com essa asseveração é que determina as consequências práticas sobre os direitos humanos.

Pode-se, de plano, descartá-los, uma vez que são apenas pertinentes para a realidade europeia ocidental. Noutro sentido, pode-se entender que demonstram preocupação válida, mas que deve ser enfrentada de acordo com as particularidades regionais e locais. Por fim, pode-se compreender que a origem dos direitos humanos, bem como o processo de formação de seu conteúdo, são questões de menor importância. Aderimos a essa terceira corrente de pensamento.

Ao mesmo tempo que os direitos humanos são tributários do mundo das ideias concebidas no Ocidente, a noção contemporânea de inviolabilidade da soberania do Estado, entendido como conjunção de população permanente, território definido, governo centralizado e com capacidade de entabular relações diplomáticas, também tem raiz europeizada. Os Estados que relativizam os direitos humanos por conta da origem regional parecem não se importar com a genética da soberania estatal, sempre e quando possam sustentá-la para evitar qualquer tipo de intervenção estrangeira. Paradoxo similar foi constatado quando a China, dominada pelo Partido Comunista, empreendia esforços para se afastar da "cultura ocidental"[i], embora o partido único fosse baseado na teoria marxista, é dizer, em criação do Oeste.

---

i "Embora dissociado do movimento neoconservador, o então Secretário-Geral do PCC, Jiang Zemin, também valorizaria o modelo asiático de organização política, que considerava superior ao modelo ocidental porque baseado na prevalência dos direitos coletivos sobre os direitos de um indivíduo autocentrado, individualismo que Zemin afirmou ser um dos fatores do que chamou de 'falência moral' do Ocidente." (LYRIO, 2010, p. 113)

Manifestações civilizacionais merecem ser consideradas pela utilidade e pela adaptabilidade. Assim como a figura do Estado central não foi repudiada pelas ondas de descolonização na Ásia e na África, não há motivos para repugnar a existência de direitos humanos a serem protegidos pelos Estados recém-independentes. A retórica que pretende deslegitimar os direitos humanos em decorrência da origem geográfica esconde, em verdade, desígnios problemáticos por parte da elite burocrática.

Em outras palavras, os direitos humanos podem ter sido, como de fato foram, gestados por determinada classe social em determinado continente: nem por isso são descartáveis por outras sociedades, tal como modelos de governo e tal como tecnologias disruptivas podem ser replicadas em comunidades diferentes das pioneiras. O conteúdo normativo, portanto, espelha as reflexões de outros, inclusive falecidos há séculos, sem que semelhante constatação fulmine a utilidade e a empregabilidade do que foi arquitetado.

Os direitos humanos são um corpo de direitos mínimos codificados precipuamente nos Pactos onusianos de 1966[i]; podem e devem ser aplicados universalmente, assim como a "tecnologia" do Estado centralizado foi aplicada, quase acriticamente, mundo afora. Nota-se, destarte, que as críticas são mais ou menos intensas, a depender da conveniência do *corpus* político.

3.2 A eficácia dos direitos humanos universais

Alcança-se, a seguir, o tema da eficácia desses direitos humanos universais. Assevera-se a contínua e infeliz violação desses direitos ao longo das décadas. No entanto, o primeiro passo em direção ao progresso depende da abolição da relativização cultural. Dado que existem tratados internacionais que buscam criar piso de direitos; dado que os direitos são codificados e explicitados; dado que eles dependem, fundamentalmente, da aquiescência estatal; dado que os regimes de sancionamento jamais superarão a voluntariedade burocrática, todos os

---

i   Admite-se que convenções dirigidas a grupamentos específicos, como de mulheres, pessoas com deficiência e minorias raciais façam parte do ramo de direitos humanos, porquanto esses segmentos precisariam de proteção especial para que se assegurasse o piso já existente – ou ao menos mais consolidado – de que gozam camadas privilegiadas.

Estados nacionais são, potencialmente, defensores ou detratores dos direitos humanos. Essa constatação denota que tanto os países europeus ocidentais quanto suas ex-colônias mais similares (Estados Unidos da América, Austrália, Nova Zelândia...), assim como ditaduras personalistas africanas e asiáticas, podem cometer violações de direitos humanos ou podem tornar-se modelos exemplares para a comunidade internacional. Cabe à doutrina internacionalista fulminar narrativas que buscam "transações civis" entre narrativas nacionalistas, como se a violação de direitos humanos de um Estado ocidental absolvesse as práticas vis de um Estado subsaariano.

A máscara do relativismo cultural serve tão somente à perpetuação das violações de direitos humanos. Ela fomenta ondas de refúgio e asilo – dois institutos jurídicos internacionais que, diga-se, foram largamente desenvolvidos no Ocidente.

Nisso, afirma-se que existem direitos humanos genuinamente universais. Foram concebidos no Ocidente, pela burguesia florescente do final do século XVIII. Nem por isso merecem quaisquer relativizações particularistas.

Se há recalcitrância em nome da pureza cultural, pois que a comunidade política resistente seja tachada como deve: como violadora de direitos humanos. Se a pecha não a incomoda, é porque realmente se mostra alheia às "ideias ocidentais". O que não pode ocorrer é a adulteração dos direitos humanos para que violações sejam mais aceitáveis. A flexibilização do padrão mínimo de direitos envenena o âmago de qualquer estândar: a possibilidade de replicação.

4
Considerações finais

Se o mundo hodierno assiste à existência de Estados nacionais homólogos, paritários e soberanamente respeitáveis, significa que cada qual pode (e deveria) adotar padrão mínimo de direitos destinado a toda pessoa natural submetida à sua jurisdição. Esses são os direitos humanos, cuja codificação vem sendo empreendida pelo menos desde a década de 1960.

A relativização cultural dos direitos humanos é nociva, daninha e merece o bom combate. Ao se apegar à retórica da "igualdade entre culturas", diferentes mas iguais, negligencia que certos direitos são inalienáveis e universais. O fato de terem sido impulsionados em determinada região e por classe social específica nada impede que sejam trasladados para outras sociedades, tal como aconteceu com o Estado centralizado da Idade Moderna.

A relativização cultural, entretanto, sobreviverá como retórica soberana e isolacionista. Contra ela, atitudes materiais parecem distantes ou desaconselháveis. Todavia, cabe à doutrina internacionalista relegá-la ao fosso das ideias descabidas. Estados nacionais que relativizam os direitos humanos, isso quando não os descartam de plano, merecem ser classificados de acordo com suas práticas. São violadores de direitos humanos. Não se deve, jamais, modificar o patamar protetivo para que susceptibilidades não sejam feridas.

Referências

ALVES, J. A. L. Direitos humanos: o significado político da Conferência de Viena. **Lua Nova: Revista de Cultura e Política**, São Paulo, n. 32, p. 169-180, abr./1994.

AMBOS, K. Tribunal Penal Internacional ou Tribunal Penal Africano? In: AMBOS, K. et al. (Coords.). **Direito penal internacional, TPI e a perspectiva da África de língua portuguesa**. Lisboa: Imprensa Nacional-Casa da Moeda, 2015. p. 79-113.

AMBOS, K. et al. (Coords.). **Direito penal internacional, TPI e a perspectiva da África de língua portuguesa**. Lisboa: Imprensa Nacional-Casa da Moeda, 2015.

BOBBIO, N. **A era dos direitos**. Rio de Janeiro: Elsevier, 2004.

CRAWFORD, J. et al. (Orgs.). **The International Legal Order**: Current Needs and Possible Responses – Essays in Honour of Djamchid Momtaz. Leiden/Boston: Brill Nijhoff, 2017.

LYRIO, M. C. **A ascensão da China como potência**: fundamentos políticos internos. Brasília: FUNAG, 2010.

MARX, K. **A questão judaica**. 2. ed. São Paulo: Editora Moraes, 1991.

MIÉVILLE, C. **Between Equal Rights**: A Marxist Theory of International Law. Leiden/Boston: Brill, 2005.

PELLET, A. Responsibility of States in Cases of Human-Rights or Humanitarian-Law Violations. In: CRAWFORD, J. et al. (Orgs.). **The International Legal Order**: Current Needs and Possible Responses – Essays in Honour of Djamchid Momtaz. Leiden/Boston: Brill Nijhoff, 2017. p. 230-251.

RAMOS, A. de C. **Curso de direitos humanos**. 4. ed. São Paulo: Saraiva, 2017.

REY, S. A.; FILARDI, M. E. Nota de los Coordinadores. In: REY, S. A.; FILARDI, M. E. **Derechos humanos**: reflexiones desde el Sur. Buenos Aires: Infojus, 2012a. p. V-VI.

REY, S. A.; FILARDI, M. E. **Derechos humanos**: reflexiones desde el Sur. Buenos Aires: Infojus, 2012b.

SCHEPELLE, K. L. Autocratic Legalism. **The University of Chicago Law Review**, Chicago, n. 85, p. 545-583, 2018.

SHAH, N. A. **Women, the Koran and International Human Rights Law**: The Experience of Pakistan. Leiden/Boston: Martinus Nijhoff, 2006.

SSENYONJO, M. An Introduction to the Development of the African Regional Human Rights System: 30 Years after the Adoption of the African Charter on Human and People's Rights. In: SSENYONJO, M. (Org.). **The African Regional Human Rights System**: 30 Years After the African Charter on Human and People's Rights. Leiden/Boston: Martinus Nijhoff, 2012a. p. 9-10.

SSENYONJO, M. (Org.). **The African Regional Human Rights System**: 30 Years After the African Charter on Human and People's Rights. Leiden/Boston: Martinus Nijhoff, 2012b.

UNITED NATIONS. **Growth in United Nations membership, 1945-present**. Disponível em: <https://www.un.org/en/sections/member-states/growth-united-nations-membership-1945-present/index.html>. Acesso em: 20 set. 2020.

WHEATLEY, S. **The Idea of International Human Rights Law**. Oxford: Oxford University Press, 2019.

YASUAKI, O. **Direito internacional em perspectiva transcivilizacional**: questionamento da estrutura cognitiva predominante no emergente mundo multipolar e multicivilizacional do século XXI. Belo Horizonte: Arraes Editores, 2017.

Os papéis utilizados neste livro, certificados por instituições ambientais competentes, são recicláveis, provenientes de fontes renováveis e, portanto, um meio **respons**ável e natural de informação e conhecimento.

FSC
www.fsc.org
MISTO
Papel produzido
a partir de
fontes responsáveis
FSC® C103535

Impressão: Reproset

Junho/2021